U0519713

谁是中国人？

大禹传说与华夏民族的建构

陈嘉礼 著

商务印书馆
The Commercial Press

总　序

　　山东大学素以文史见长。20世纪30年代与50—80年代，闻一多、梁实秋、杨振声、老舍、沈从文、冯沅君、陆侃如、高亨、萧涤非、殷孟伦、殷焕先、丁山、郑鹤生、黄云眉、张维华、杨向奎、童书业、王仲荦、赵俪生等先贤学人，铸就了山东大学文史研究的两次辉煌。2002年，山东大学组建文史哲研究院。2012年，为进一步发挥山东作为孔孟故里、儒学发祥地的地域优势和山东大学"文史见长"的学科特色，文史哲研究院、儒学高等研究院、儒学研究中心和《文史哲》编辑部，整合组建为新的儒学高等研究院（"文史哲研究院"名称保留）。重组后的儒学高等研究院，以儒学研究为特色，以古文、古史、古哲、古籍研究为重心，倡导多学科协同发展，推出了一批具有时代高度与全球影响力的重大研究成果。为深入阐发中华传统文化精髓，持续推进以儒学为代表的中华优秀传统文化创造性转化与创新性发展，积极参与并推动世界文明交流互鉴，构建中国特色哲学社会科学学科体系、学术体系、话语体系，我们特别策划推出了以象征孔子诞生地、儒家思想与中华人文精神的尼山为名的"尼山文库"。该套丛书侧重理论研究，以儒学与中华文化的义理凝练与阐释为特色，第一辑自推出后受到学术界的广泛关注与好评。在此基础上，现全力推出"尼山文库"第二辑，欢迎海内外朋友提出宝贵意见。

山东大学儒学高等研究院
2023年6月

序一

夏含夷（美国汉学家）

谁是中国人？这个问题看起来很简单，但是稍微深入思考以后我们会体会到这实际上并不简单。举一个简单的例子，我的老师爱新觉罗·毓鋆是不是中国人？从他的姓名可知，他是满族人，从他的出生年代，也知道他原来是清帝国的一员，是不是中国人很难说。然而，1912年中华民国建立以后，他确实变成了中国人，但是他的故事并未以此结束。从1931年到1945年，他在伪满洲国政府做官员，变成"满洲国人"，又不是"中国人"了。幸亏，他很长寿，他的命运还将经历最后的改变。1948年他去了台湾。自此以后，他不但又成为中国人，并且也自以为他是维护中国文化的人，建立了天德黉舍和奉元书院，将孔子思想教给来自全世界的人，包括像我这样的非中国人。

从长远的历史角度看，这个问题更为复杂。当我的老师出生前后，中国最有名的知识分子正在辩论这个问题，提出了一些非常出乎意料的说法。在1899年，章炳麟发表了《訄书》，说黄帝原来是来自西亚的美索不达米亚，以后迁徙到东亚地区打败了蚩尤领导的当地人。这样一来，西亚人就变成了中国人的领导。据章炳麟的历史观，夏代建立以后，西亚人才渐渐地采取了东亚人的习惯，失去了原来的身份而变成中国人。章炳麟提出这种看法以后不久，刘师培发表了一系列著作，诸如《中国民族志》《攘书》《古政原始论》《中国历史教科书》等，像章炳麟一样，也说黄帝原来是美索不达米亚的"白"族人，迁徙到东亚以后才建立"中国"。因此，刘师培提出利用"黄帝历"来代替带有西方偏见的公元历。

中国人大多知道章炳麟和刘师培在上海编辑了《国粹学报》，可能也知道他们曾经在日本留过学，但是恐怕很少人知道他们这个"西来说"原来来自日本。1900 年，白河次郎和国府种德合著的《支那文明史》宣扬了美索不达米亚人的迁徙①，无疑对章炳麟和刘师培有极大的影响。然而，白河次郎和国府种德的说法也并不是他们两个人创造的，而是从法裔英国人拉克伯里（Terrien de Lacouperie，1845—1894）所著《早期中国文明的西方来源（公元前 2300 年至公元 200 年）》（1892）转译的。在该书前言里，拉克伯里谓：

> 如历史科学所证明，文明都从民族之间的斗争而起，都是一个先进文明的民族通过交流和宗教的迁徙所启发的。……所有的能够证明的发明和改变都是西亚影响了中国。相反的影响是不存在的，因为古代中国毫无文明可以供给西亚。②

尽管拉克伯里说这个"西来说"是根据当时最先进的语言科学和历史科学，可是现在看起来实在好笑。虽然如此，我们要知道在一百多年以前的中国，这个学说是主流。不仅是有名的学者和政治家如章炳麟和刘师培所宣扬的，并且据卫挺生说，在辛亥革命之前这个说法是申请庚子赔款的学生非常积极地讨论的题目。③ 那样的话，三千多年前的中国人不但不是中国人，也不是东亚人，反而是西亚人。如此，一百多年以前的炎黄子孙不但都是清帝国的臣民，在某种程度上也不是中国人。"谁是中国人"实在是个很麻烦的问题。

所以回顾一百多年以前的学术史，是因为正像美国作家福克纳所说的那样，"过去不但没死，并且也没有过去"。过去的说法很可能会变成未来的说法，至少会变成未来讨论的问题。我们现在幸而有陈嘉礼《谁是中国人？大禹传说与华夏民族的建构》这样非常有启发性的著作，围绕大禹治水神话来探讨中国文明的起源。大禹治水本身是一个很麻烦的问题。

---

① 白河次郎、国府种德：《支那文明史》，东京：博文馆，1900 年。
② Terrien de Lacouperie, *Western Origin of the Early Chinese Civilisation from 2300 B.C. to 200 A.D.*, London: Ashe, 1894, pp. ix-x.
③ 卫挺生：《穆天子传今考》，阳明山华冈：中华学术院总经销华冈文化书局，1970 年，第 1 页。

将近一百年以前，顾颉刚提出了一个很有名的说法，说禹不是人，而是某种水属动物转变成的神。顾氏的这个说法震惊了当时的学术界，并在之后引起了极端地反攻，一般老百姓以为是笑话，不少学者讽刺他，甚至不但找到了禹的陵墓以证明确有其人，并且找到了至少三座不同的陵，包括浙江绍兴、山东泰山附近、湖南攸县。

大禹到底葬身在什么地方仍然是一个谜，我们现在无法知道究竟会不会被从中国土地中发掘出来，这恐怕也是未来的问题。但是几年前，一些中国和外国的科学家说他们找到了大禹所治洪水的痕迹。2016年8月5日，《科学》（Science）发表了吴庆龙等十六位学者的报告，说在公元前1920年黄河流域曾出现一次大洪水。[1] 这个年代虽然比夏商周断代工程所推定的夏朝的开始年份晚150年，可是因为接近于倪德卫（David S. Nivison）所拟定的夏代年代[2]，所以他们以为这一次洪水就是大禹治的洪水。吴庆龙说，大禹治水以后"获得天命，建立夏朝，是中国历史上第一个朝代"。参加这项研究工作的台湾大学人类学系教授高德（David Cohen）说："如果真的发生过大洪水，也许夏朝可能真正存在过。二者直接相互关联。"[3] 问题是"如果"不是证据，其他学者并没有接受吴庆龙等人的结论。[4] 大禹治水是否"真正存在过"仍然是一个谜，我们现在还无法确知。

实际上，大禹的真相恐怕不是科学能够解决的问题（至少不是现在的科学能够解决的问题），这并不是说我们无法探索大禹的样子。要回答

---

[1] Qinglong Wu, Zhizhun Zhao, Li Liu, Darryl E. Granger, Hui Wang, David J. Cohen, Xiaohong Wu, Maolin Ye, Ofer Bar-Yosef, Bin Lu, Jin Zhang, Peizhen Zhang, Daoyang Yuan, Wuyun Qi, Linhai Cai, and Shibiao Bai, "Outburst Flood at 1920 BCE Supports Historicity of China's Great Flood and the Xia Dynasty," *Antiquity* 353/6299, 5 August 2015, pp. 579-582.

[2] David S. Nivison and Kevin D. Pang, "Astronomical Evidence for the *Bamboo Annals'* Chronicle of Early Xia", *Early China* 15, 1990, pp.87-95.

[3] 见 http://m.cankaoxiaoxi.com/science/20160806/1258139.shtml。

[4] 见 Sarah Allan, "The Jishi Outburst Flood of 1920 BCE and the Great Flood Legend in Ancient China: Preliminary Reflections", *Journal of Chinese Humanities*, 3.1, 2017, pp.23-34。

这个问题，我们大概只能通过传统文献学和神话学的途径来探索。陈嘉礼的《谁是中国人？大禹传说与华夏民族的建构》正好是这样的探索。陈教授说："本书研究大禹传说的源流，目的不在找出大禹的真相，而是发掘历朝历代是如何持续地、选择性地塑造、保留、修订与建构大禹传说的。"（第3页）陈教授利用非常丰富的文献证据来探索大禹出生、治水、征战、娶涂山女、铸九鼎诸传说，然后探索大禹的历史形象是怎样被创造、被建构的以说明其与中国文明起源的关系。这些问题是我们现在可以探索的问题，陈嘉礼试图追根溯源，其解释在我看来都非常合理。按照现在的知识，我敢说，这些传说比大禹的陵墓甚至大禹的洪水都重要多了。这些传说才是真正的"大禹之迹"。

序二

韩子奇（北京师范大学-香港浸会大学联合国际学院）

学术著作往往风格不一，有些以新方法、新思维为号召；有些以材料翔实、包罗万象为卖点；有些是以惊人论点、发前人之未发为贵。但很少著作能式式具备，既体大思精又翔实独到。

《谁是中国人？大禹传说与华夏民族的建构》则例外。首先，这部书思路清晰，从头到尾只问一个问题："谁是中国人？"但这个问题后面包含了另一个更重要的问题："何为中国？"要同时解答这两个问题，作者不能不回顾从晚清以来对建立民族国家（nation-state）的种种论述，不得不分析各个论述背后的历史证据。

这些回顾与分析便引发出这本书的不同篇章，产生了本书的第二个特点：综述"大禹传说与华夏民族的建构"的漫长过程。这个过程涵盖了中国五千年历史，从夏代一直延展至今天。更重要的是，历史材料浩如烟海，俯拾即是。要诗歌，有诗歌；要文物，有文物。问题是如何入手？如何把故事讲清楚？这方面作者做了大量工作，细致地把材料分为六大类：（1）大禹出身。（2）大禹治水。（3）大禹征战。（4）大禹娶妻。（5）大禹铸九鼎。（6）大禹的历史形象。

从大量材料中，作者得出一个结论：大禹故事其实是"不立一真，惟穷流转"。这个结论可以细分为两个部分。一是从时间来看，大禹故事的内容是一代复一代在改变，不断有人添加新元素，也不断有人删掉旧的部分，充分证明集体回忆确实是"记忆"和"失忆"的双重变奏。二是从空间来看，大禹故事的变化往往来自中央与地方、统治阶层与平民百姓的互动，有时是中央和上层先带动，有时是地方（尤其是偏远地区）先走一步。不论谁先谁后，互动的结果是平衡各方矛盾，通过建构大禹故事来达成新的共识。

《谁是中国人？大禹传说与华夏民族的建构》给我们的启示是：今天，我们更需要用"不立一真，惟穷流转"的态度去看待21世纪的"中国"和"中国人"。试想想，单是历史，大禹故事已经是如此复杂多样，何况"三皇五帝"，又何况我们千千万万的"民族英雄"。三是从时代来看，今天的中国已是全球经济大国，中国商人、技工、留学生遍布全球各个角落，今天的"中国"和"中国人"岂不更是"不立一真，惟穷流转"吗？

绪论——传说与民族建构

中国人无疑是全世界人口最多的族群。除了居住在现今中华人民共和国政治领属空间上的 14 亿人外，世界各地仍有无数被认为或自认为是华人或中国人。然而，谁是中国人？当代学界普遍相信，如果一个族群能回答"我们是谁"，背后一定有其族群理论，事实上，我们更要解答的是"为何我们要宣称我们是谁"[1]。

过去研究一个族群的本质，可由多方面着手。例如中国人的体质、基因、语言、聚落形态，但这些角度，都是描述"谁是中国人"，而非回答"为何他们是中国人"[2]。因此，从史料中找出族群的本质成为当代学术备受重视的课题。以历史神话为研究的，以徐旭生的"三大集团论"[3]为代表；考古学研究的，以苏秉琦的"区系类型说"[4]及张光直的"多中心互动说"[5]为代表。20 世纪末，大陆学界亦进行"夏商周断代工程"，以及接续进行"中华文明探源工程"，试图以科学研究为中华文明的起源"寻

---

[1] 当代的族群研究（ethnicity study）是许多学科的焦点，尤以社会学及人类学为甚，有关著述汗牛充栋。对社会学家而言，关心的多为两个族群间或种族间的互动关系；对人类学家而言，他们更关心的是什么是一个族群，为何人类要组成族群及家族、国家、党派有何不同等。有关近数十年族群研究的著作众多，无法一一列出，较具参考价值者包括 Regina E. Holloman and Serghei A. Arutiunov (eds.), *Perspectives on Ethnicity*, The Hague: Mouton Publishers, 1978; Nathan Glazer (1923-2019) and Daniel P. Moynihan (1927-2003) (eds.), *Ethnicity: Theory and Experience*, Cambridge, Mass: Harvard University Press, 1975。

[2] 有关这方面的研究及评价，可参考王明珂：《什么是中国人》，载氏著：《华夏边缘：历史记忆与族群认同》，杭州：浙江人民出版社，2013 年，第 2—4 页。

[3] 即华夏、东夷与苗蛮。详参徐旭生：《中国古史的传说时代》，桂林：广西师范大学出版社，2003 年。

[4] "区系类型说"是以器物类型学为主体，把各地新石器文化分别纳入不同的分类体系之中，由此建立不同的考古文化分类体系。详参苏秉琦：《中国文明起源新探》，沈阳：辽宁人民出版社，2009 年。

[5] "多中心互动说"是以新石器时期分布在中国的多元地域考古文化，如何体现其互动及文化共性，成为夏、商、周三代的基础。详参 K. C. Chang, *The Archaeology of Ancient China*, New Haven: Yale University Press, 1986。

根"，找出历史的起点。①

事实上，一个族群的形成与变迁需要有共同的历史记忆，正如家族成员记得夫妻的结婚纪念日、子女的生日、家族的先祖等。同样，一个民族都需要共同的起源或一些重要的事件成为该族群的集体记忆。大禹一直在中华民族占有崇隆地位，有关大禹的传说对华夏民族的族群历史记忆形成起了关键的作用。本书透过大禹传说，探索古人如何以文献或文物等来组织、保存大禹的传说，借此传达或承载某种民族或族群记忆，以此延伸至整个华夏民族的形成。

无论"禹"、"大禹"、"夏禹"，都是指中国历史上夏朝的开国君主。为避免混淆，本书统一使用"大禹"。

"上古之事，传说与史实混而不分。"② 夏朝的史事，也纠缠在传说与史实之间。作为夏朝首位君主，大禹有很多事迹在古文献中被记载下来，当中有神话、传说，亦有史实。

第一节 研究目的及意义

大禹是中国历史上一位重要人物。他治水、划九州、平诸侯乱等功劳，带领先民建立夏朝。虽然夏朝存在与否在学界仍有争议③，但因二里头文化的确认④，至少在商代以前中国曾出现夏朝是主流意见。大禹历来被视

---

① 陈嘉礼：《书评：陈民镇〈中华文明起源研究——虞朝、良渚文化考论〉》，《历史人类学学刊》2012 年第 10 卷第 1 期，第 145 页。

② 王国维：《古史新证》，长沙：湖南人民出版社，2010 年，第 1 页。

③ 如艾兰（Sarah Allan）即认为夏朝的传说是商代的神话发展演变而来。详参氏著 "The Myth of Xia Dynasty," *Royal Asiatic Society of Great Britain & Ireland Journal*, 116, no. 2, April 1984, pp. 242-256。夏朝的存在受到质疑，主要原因在于有关夏朝的各种文献资料大多晚出于夏朝数百年之后，特别是系统记载夏史的《史记·夏本纪》更是晚出于夏朝之后一千多年。事实上，现在研究夏史所用的文献都是西周以后的资料。

④ 随着科学考古学的发展，借考古学类型对夏文化探索而形成的意见先后至少有 10 种。详参郑杰祥：《新石器文化与夏代文明》，南京：凤凰出版社，2004 年，第 326—346 页。目前，学术界对夏文化的看法，主要分为两家。一种是二里头一至四都是夏文化；一种是二里头主体是夏文化，但上限应前推至二里头一期之前，在四期之间属于商代早期的"后夏文化"。详参中国社会科学院考古研究所编：《中国考古学·夏商卷》，北京：中国社会科学出版社，2003 年，第 29 页。

为夏代的开国君主和贤明帝王的代表。

顾颉刚著名的"层累说"认为：

> 第一，可以说明"时代愈后，传说的古史期愈长"。
>
> 第二，可以说明"时代愈后，传说中的中心人物愈放愈大"。
>
> 第三，我们在这上，即不能知道某一件事的真确的状况，但可以知道某一件事在传说中的最早的状况。①

诚如顾氏之言，大禹的确在不同时代，呈现不同的"状况"。顾颉刚对于古史研究的观点，乃"不在牠（它）的真相而在牠的变化"②，他此言实为"不立一真，惟穷流变"③，不求历史真相而重故事变化，本书旨在透过大禹不同的传说，检索历朝有关大禹叙述之发展，并从政治、社会、学术等多角度探讨大禹文化的源与流。

事实上，大禹研究一直忽略其传说的推演过程，而集中讨论以大禹为首的夏代史，或中国上古史真伪问题。学界以"走出疑古"为号召，宣告疑古时代结束④，"走出疑古时代"成为国家的口号。学者对上古史求真的关心固然值得崇敬，但这正忽视了大禹传说是真是伪背后的塑造原因及目的，"大禹是虫不是虫"不是笔者的考虑，其与夏的关系亦不是本书的重点。因此，本书研究大禹传说的源流，目的不在找出大禹的真相，而是发掘历朝历代对大禹传说是如何持续地、选择性地塑造、保留、修订与建构的。

本书将审视大禹在不同文献、器物、书画，甚至非物质文化上的形象，相信从史学发展的角度为"禹学"做出增补与贡献，为探讨华夏古代文化带来一些启发。

---

① 顾颉刚：《与钱玄同先生论古史书》，载氏编著：《古史辨》第一册，海口：海南出版社，2003年，第75—76页。

② 顾颉刚：《答李玄伯先生》，载氏编著：《古史辨》第一册，第223页。

③ 同上书。

④ 谷中信一认为"李学勤的《走出疑古时代》的出版，可说是宣告疑古时代的结束"，氏著：《新出土资料的发现与疑古主义的走向》，载吴锐编：《后古史辨时代之中国古典学》，台北：唐山出版社，2006年，第29页。

顾颉刚的"层累说"说明古史不断被拉长,古史不断被添加。其实,在古史流传的过程中,不可能只有不断添加而无流失。"层累说"忽略了古史在史学中的剥蚀。① 事实上,刘起釪认为,一些史料毁失过甚、史实面貌不清,但不能因此而断定就是伪史,古史也有遗失的一面,并名之曰"层累地遗失的古史"②。顾颉刚认为"不能知道某一件事的真确的状况,但可以知道某一件事在传说中的最早的状况",这是正确的。从大禹的传说而言,本研究关心的也正是大禹在不同时期的不同状况。"禹的演进史"是"层累说"不可或缺的临门一脚③,也正因如此,顾颉刚关心的是大禹在"层累说"中如何被添加成不同的状况,却忽略大禹传说的流传中也有流失的元素。在中国上古史领域中,史事流失的现象普遍存在,晚近以来大量出土文献就弥补了文献的缺失④,所以,"禹的演进史"中,流失和添加的史料都是我们应当关心的。

20世纪的疑古运动是由大禹的问题而展开的,无论支持或反对疑古派的学者,都肯定大禹是从神话演变而来⑤,张光直更进一步指出:"黄帝、颛顼、唐尧、虞舜、夏禹都是'神话'中的人物,在东周及东周以后

---

① 葛兆光注意到历史记录会增加史实的同时,亦有一些风俗、知识、思想和观念会被人"减去"。详参氏著:《思想史研究中的加法和减法》,载许纪霖、刘擎编:《丽娃河畔论思想:华东师范大学思与文讲座演讲录》,上海:华东师范大学出版社,2004年,第158—161页。事实上,顾颉刚本人也注意到历史记录阙失的情况。他在《虬江市隐杂记(二)》中说:"贾谊《过秦论》中所举六国之士,如徐尚、杜赫、齐明、召滑、翟景、带佗等谋臣良将,当时必有故事流传,徒以史迁不为表章,遂致泯灭,惜哉!"载氏著:《顾颉刚读书笔记》,收入氏著:《顾颉刚全集》卷四,北京:中华书局,2011年,第472页。
② 刘起釪:《顾颉刚先生学述》,北京:中华书局,1986年,第150页。
③ 叶忆如:《顾颉刚古史神话观研究》,台北高雄师范大学硕士论文,1993年,第116页。
④ 1928年,傅斯年在其经典性文章《历史语言研究所工作之旨趣》指出:"一分材料出一分货,十分材料出十分货,没有材料便不出货"(原刊《中央研究院历史语言研究所学刊》创刊号,收入氏著,欧阳哲生编:《傅斯年全集》卷三,长沙:湖南教育出版社,2000年,第10页)。是故史学建基于史料的近代史学精神,而民国以来史学界坚持史料应尽量扩充,但又出现"不看二十四史"的诡论现象,有学者认为背后是有鲜明的疑古思潮背景。详罗志田:《史料的尽量扩充与不看二十四史——民国新史学的一个诡论现象》,载氏著:《近代中国史学十论》,上海:复旦大学出版社,2003年,第84—125页。
⑤ 即使顾颉刚都同意大禹是神话演变而来,只是他认为"古史是神话"。"古史是神话"这一命题的确定是经过多篇中国古代神话史研究的论著而成。详参张光直:《商周神话之分类》,载氏著:《中国青铜时代》,台北:联经出版事业股份有限公司,1983年,第286页,注释1。

在古史传说中，尧、舜、禹并举，顾颉刚曾"预言到将来考古学十分发达的时候也寻不出这种人（三皇五帝）的痕迹"①，不过，考古学的发现，至少引发我们对三皇五帝时代的代表人物在中国各地有所活动的思考。②尧、舜、禹三人的关系，其实反映在古史系统中。一般认为，夏是最前的朝代，但墨家在夏商周之前加上虞代，于是出现了虞夏商周的四代古史系统。③而在战国古书和出土文献中，屡见"唐虞之际"、"唐虞之道"，实质是和"尧舜"并举，即是说，"唐虞"实即"尧舜"。④禹处在尧舜之后，也就是"唐虞"朝代之后，开始另一朝代的人物，禹虽然不是五帝，但在神话、史实、世系交织的古史系统中有着重要的地位。⑤直到夏代的开始，世系也显得清楚，因此李学勤认为，"从夏禹以后，中国古代的历史进入另外一个重要的阶段……禹不是属于五帝时代，而是属于三代的开始……这样看来，夏禹对我们研究历史，尤其是研究先秦历史的人来说，我感觉是很重要的一个界线"⑥。

近数十年，族群研究成了许多学科关注的焦点。笔者关心的是，华夏民族是怎样看待大禹，如何把大禹的种种传说编写成"社会记忆"或

---

① 顾颉刚：《自序》，载氏编著：《古史辨》第二册，第3页。
② 陶寺文化绝对年代为公元前2600年至公元前2000年；遗址处于山西襄汾，很可能就是三皇五帝时期的考古学文化。此外，郭大顺审视中国各地的考古文化，认为三皇五帝在上古时期有在中国各地活动的可能。详参氏著：《追寻五帝》，香港：商务印书馆（香港）有限公司，2000年。
③ 详参童书业："'帝尧陶唐氏'名号溯源》，载吕思勉、童书业编著：《古史辨》第七册，第491—508页。
④ 郭永秉：《帝系新研：楚地出土战国文献中的传说时代古帝王系统研究》，北京：北京大学出版社，2008年，第70页。
⑤ 张光直为 *The Cambridge History of Ancient China: From the Origins of Civilization to 221 B.C.* 撰写其中一章时，把"五帝"放在"The Legendary Kings"（传说的帝王）中加以介绍："The three 'emperors' following Zhuan Xu were Yao, Shun, and Yu"（Michael Loewe and Edward L. Shaughnessy [eds.], *The Cambridge History of Ancient China: From the Origins of Civilization to 221 B.C.*, Cambridge and New York: Cambridge University Press, 1999, pp. 70-71），把并非五帝之一的 Yu（禹）加进。张说有误。正如论者所言，古籍上出现的"五帝"是不存在严格意义，但不能说纳入"五帝"名单的那些古人没有实际存在过，或者"五帝"名单可以随时列（韩建业、杨新改：《五帝时代：以华夏为核心的古史体系的考古学观察·前言》，北京：学苑出版社，2006年，第3页）。
⑥ 李学勤：《在"全国大禹文化研讨会"上的演讲》，载氏著：《通向文明之路》，北京：商务印书馆，2010年，第40页。

"集体记忆"[①]，而成为一个民族的"历史记忆"。历史记忆是分析性的、批判性的和理性的，而集体记忆（如本书的大禹传说）是流动的、易变形的，且不断地夹着某个社会群体的传统[②]，是故历史记忆可以与现实相关或无关[③]，就本书涉及的话题而言，有些历史记忆，如西周青铜器燹公盨就是西周时人对大禹的集体回忆，至少与造器者对大禹的认同有密切关系。但亦有些历史记忆，如一般民众不会接触到的燹公盨中承载的历史记忆，则与当前社会及人群无关，其讲述之目的已在千百年前。这种集体记忆，一部分变成"历史记忆"后就成了人们也许会相信的"历史"，正如今天肯定有人确信燹公盨内记载大禹的事迹；另一部分则是"社会记忆"，静止于社会当中，正如燹公盨记载的内容静止于西周时代。

由此可见，本书致力爬梳史料，厘清大禹历史形象之演进，将有助于我们重新理解中国近代学术史、大禹传说的文化内涵和华夏文明起源及华夏民族形成的问题。

第二节　研究回顾

大禹研究涉及面广，包括早期夏文化、早期夏朝、中国文明起源、神话学、人类学、考古学等，大禹传说的内容又牵涉到地理学、水利工程学、民间信仰，因此20世纪以来学者对此相当重视。

每个民族都重视本民族的世系。清代以前的大禹研究，均集中在对夏代世系的资料整理。《世系》、《五帝德》、《帝系》、《竹书纪年》等都是

[①] "社会记忆"或"集体记忆"两个词都是学者们所惯用，它们间差别不大。有些学者认为集体记得过于强调记忆的集体性，而可能让人忽略社会中个人的意图与主动性，因此，许多学者倾向于以社会记忆取代集体记忆。详参 Jeffrey K. Olick and Joyce Robbins, "Social Memory Studies: From 'Collective Memory' to the Historical Sociology of Mnemonic Practices", *Annual Review of Sociology*, vol. 24, 1998, pp. 105-140。

[②] 帕特里克·格里（Patrick Geary）著，罗新编：《历史、记忆与书写》，北京：北京大学出版社，2018年，第132页。

[③] Lewis A. Coser, "Introduction: Maurice Halbwachs", in Lewis A. Coser (ed.) & trans, *On Collective Memory*, Chicago: The University of Chicago Press, 1992, pp. 23-24.

古人整理夏史资料的成果。《史记·夏本纪》更是系统地记录夏史和研究夏史的开山之作，功不可没，其中有关大禹的部分不能忽视。然而，由于古史年代久远，古人对古史传说早已抱怀疑态度。唐代史家刘知幾认为舜禅让于大禹一事是一种虚语，他言"禹黜舜而立商均"[1]，最后又取而代之，并指出后代史书称帝王篡夺为禅让皆属虚妄。及至清代崔述的《考信录》重点考辨了大禹的各项事迹，如治水的地点、治水的方法、崩年与崩地等。[2]崔适则提出"禹之本义为虫名，犹鲧之本义为鱼名"[3]一说，但他没有进一步阐释，因此在学界影响不大。

对大禹进行较有系统的研究是发轫于20世纪初的疑古学派。顾颉刚在1923年发表《与钱玄同先生论古史书》，揭橥学术界对大禹的研究，他承崔适之说，提到大禹是动物，出于九鼎[4]，后来在《讨论古史答刘胡二先生》中，坚持禹为动物说，但放弃禹出九鼎[5]，1937年的《九州之戎与戎禹》一文中，又放弃了禹是南方民族神话中的人物的假定，提出大禹的传说产生于西方戎族，原为戎的宗神，随着九州、四岳的扩大演化为全土共戴的神禹，后更演化为三代之首君。[6]顾颉刚至晚年仍以文字学和民俗学为证，坚持禹为动物之说。[7]无论顾颉刚对大禹的观点成立与否，他对大禹研究确有开创之功。

此后，学者就顾颉刚的禹研究纷纷撰文，如胡适《论帝天及九鼎书》、丁文江《论禹治水说不可信书》、钱玄同《论〈说文〉及壁中古文

---

[1] 刘知幾撰，浦起龙释：《史通通释》卷十三《疑古》，上海：上海古籍出版社，1978年，第386页。
[2] 崔述：《崔东壁遗书》，《夏考信录》卷之一，上海：上海古籍出版社，1983年，第108—117页。
[3] 崔适：《史记探源》，北京：中华书局，1986年，第32页。
[4] 顾颉刚：《与钱玄同先生论古史书》，载氏编著：《古史辨》第一册，第78页。
[5] 顾颉刚：《讨论古史答刘胡二先生》，载氏编著：《古史辨》第一册，第117页。
[6] 顾颉刚：《九州之戎与戎禹》，载吕思勉、童书业编著：《古史辨》第七册，第561—572页。
[7] 顾颉刚：《叔向名禹》，载氏著：《虬江市隐杂记》，收入氏著：《顾颉刚读书笔记》卷四，第540—541页；顾颉刚：《高山族之蛇图腾》，载氏著：《法华读书记》，收入氏著：《顾颉刚读书笔记》卷六，第316页。

经书》等。① 此外，杨宽著有《中国上古史导论》②，对大禹与句龙、生于石、娶涂山女、征有苗进行研究③，颇见作者有意系统地研究大禹传说。而顾颉刚与童书业撰成《鲧禹的传说》和吕思勉的《唐虞夏史考》，均有对禹治水、禹来源作论述。④ 与顾颉刚"埙篪相应"⑤的傅斯年在著名的《夷夏东西说》中亦宣称禹具神性⑥，此乃基本沿袭顾颉刚的观点。⑦

同时，反对顾颉刚等疑古派观点的学者也发表论著，陈述意见。王国维虽没有参与古史论战，但他以秦公敦（或称秦公簋）和齐国叔弓镈（或称齐侯镈钟）的有关禹的史料，认为在春秋时代的两个大国已承认禹。⑧ 胡堇人、刘掞藜、柳诒徵批评疑古派，掀起古史论战。⑨ 1925年，张荫麟《评近人对于中国古史之讨论》，认为顾颉刚使用默证法过多，致论点不足信。⑩

---

① 三文皆载顾颉刚编著：《古史辨》第一册，第169—170、177—178、195—202页。
② 收入吕思勉、童书业编著：《古史辨》第七册，第39—246页。
③ 见《古史辨》第七册，第205—213页。
④ 顾颉刚、童书业：《鲧禹的传说》，载吕思勉、童书业编著：《古史辨》第七册，第575—604页；吕思勉：《唐虞夏史考》，载吕思勉、童书业编著：《古史辨》第七册，第647—661页。
⑤ 顾颉刚：《我是怎样编写〈古史辨〉的？》（上），中国哲学编辑部：《中国哲学》第二辑，北京：生活·读书·新知三联书店，1980年，第332页。
⑥ 傅斯年：《夷夏东西说》，收入氏著，欧阳哲生编：《傅斯年全集》卷三，第181—232页。
⑦ 顾颉刚读到傅斯年的文章后，认为"此说助我张目"，顾颉刚：《夏、越、匈奴奉禹为神，演以为祖》，载氏著：《浪口村随笔（二）》，收入氏著：《顾颉刚读书笔记》卷四，第112页。
⑧ 王国维：《古史新证》，第3页。虽然王国维不否定疑古派，但对疑古派过于怀疑的态度作出了批评。王国维在顾颉刚提出"层累地造成的中国古史说"时，刊印了《古史新证》，对殷周史作了重新的考证，并指出："疑古之过，乃并尧舜禹之人物而亦疑之。其于怀疑之态度，反批评之精神不无可取，然惜于古史材料未尝为充分之处理。"（王国维：《古史新证》，第2页）
⑨ 有关古史论战，详见田旭东：《二十世纪中国古史研究主要思潮概论》，北京：中华书局，2003年，第111—176页；张越：《五四时期中国史坛的学术论辩》，南昌：百花洲文艺出版社，2004年，第118—325页；谢保成：《民国史学述论稿（1912—1949）》，上海：上海人民出版社，2011年，第66—94页。
⑩ 张荫麟：《评近人对于中国古史之讨论》，载顾颉刚编著：《古史辨》第二册，第199—209页。对于张荫麟的批评，顾颉刚本来有回应的打算，在《古史辨》第一册后附《古史辨第二册拟目》，本有顾颉刚《答张荫麟先生》一篇（《中华民国十五年六月初版广告》），顾颉刚编著：《古史辨》第一册，第1页，但最后却没有发表。学界似乎一致认同张氏的批评。到2007年彭国良撰文质疑张荫麟，认为张氏在默证适用之限度绝无可能达到的情况下，用默证适用之限度规范顾颉刚的论证方法，并先入为主，预设战国秦汉时代的古史传说是从前代继承而非创作，以此为出发点考察《诗》、《书》、《论语》的时代是否存在古史传说。详参氏著：《一个流行了八十余年的伪命题——对张荫麟"默证"说的重新审视》，载文史哲编辑部编：《"疑古"与"走出疑古"》，

陆懋德《评顾颉刚〈古史辨〉》亦对顾氏研究不太赞成,他在认同顾氏的治史方法的同时,又反对顾氏仅凭书本文字否定古史,不过也认为疑古思潮能具一定影响。① 唯物史观派的史家亦反对疑古派对禹的研究,郭沫若在《中国古代社会研究》中认为大禹与夏就文献中所见确有关系②,此说明显针对顾颉刚指禹与夏无关系论而发。徐旭生对夏墟进行考察,又写成《中国古史的传说时代》,指出疑古派存在的问题,不认为传说都是虚造③,此书亦有对鲧禹治水作考证。④

丁山认为禹是山川之主。⑤ 1950年,他再对大禹进行考证,认为他是"辟地大神"。⑥ 这时期的大禹研究都在古史研究及神话研究两个角度下进行,并为大禹传说的相关材料作了排列和梳理。⑦ 古史论战结束后,顾颉刚对禹的问题仍有零碎的见解,他发表《息壤考》,对鲧禹以息壤治水的神话作了考辨,把鲧禹治水的故事做进一步论述。事实上,顾颉刚对夏史的研究,分别由传说的古史和科学的古史两个系统作叙述,传说的夏史根据《春秋》和《左传》而来,至于他所谓的科学的夏史,则出于他的推想。⑧

古史论战结束后,学者多针对大禹个别传说作研究,当中以治水传说成果最丰,学者们从自然科学、考古学角度论证夏朝建立前曾出现洪水⑨、

(接上页)北京:商务印书馆,2010年,第186—209页。不过彭文发表后,又有学者反驳彭氏史料运用水平仍在20世纪二三十年代,无视近来出土材料,以致整篇文章空洞无物。详参宁镇疆:《"层累"说之"默证"问题再讨论》,载陈勇、谢维扬编:《中国传统学术的近代转型》,上海:上海人民出版社,2011年,第249—264页。

① 陆懋德:《评顾颉刚〈古史辨〉》,载顾颉刚编著:《古史辨》第二册,第267—277页。
② 郭沫若:《夏禹的问题》,载氏著:《中国古代社会研究》,石家庄:河北教育出版社,2000年,第232—237页。
③ 徐旭生:《中国古史的传说时代》,第24—31页。
④ 同上书,第148—189页。
⑤ 丁山:《禹平水土本事考》,载氏著:《古代神话与民族》,北京:商务印书馆,2006年,第179—217页。
⑥ 丁山:《中国古代宗教与神话考》,上海:上海书店,2011年,第219—223页。
⑦ 孙国江:《20世纪以来大禹传说研究综述》,《长春师范学院学报》(人文社会科学版)2010年第29卷第6期,第87页。
⑧ 陈志明:《顾颉刚的疑古史学》,台北:商鼎文化出版社,1993年,第267页。
⑨ 吴文胜、葛金胜:《夏朝前夕洪水发生的可能性及大禹治水真相》,《第四纪研究》2005年第25卷第6期,第741—749页。

治水的分法[①]、治水的范围等不同角度分析。[②] 其次如禹都问题，学界亦颇为重视，多数学者认为登封阳城最为可靠，原因在于登封告成镇附近发现多处二里头类型文化遗址。[③] 沈长云则提出"禹都阳城即濮阳说"[④]，近年完成的王城岗遗址发掘，配合地望、年代、文献等，王城岗即"禹都阳城"之阳城，已在学界成为定论。[⑤]

自20世纪80年代开始，有关夏代的专书也陆续出版，中国先秦学会于1985年已编成《夏史论丛》[⑥]，收集有关夏文化的论文；孙淼的《夏商史稿》由夏代以前始，止于商亡[⑦]，其中也有讨论有关大禹居地、治水及娶于涂山之事；[⑧] 郑杰祥的《夏史初探》则对夏朝兴亡作了全面的讨论，并加以考古学的分析，惜对大禹研究较为简略。[⑨] 1990年，周鸿翔编成《夏史夏文化研究书目》，把夏史及夏文化分类达32项之多，其中有关禹的分类包括"鲧、禹"、"禹贡"、"治水"、"三江、九江、水名"、"九州"等[⑩]，为大禹传说的研究带来极大的方便，可惜资料止于20世纪。1991

---

① 如罗独修：《大禹治水与国家起源一些关键问题之探讨》，载王仲孚主编：《中国上古史研究专刊》第3期，台北：兰台出版社，2003年，第67—82页；王晖：《大禹治水方法新探》，《陕西师范大学学报》（哲学社会科学版）2008年第37卷第2期，第27—36页。

② 如邵望平：《〈禹贡〉"九州"的考古学研究》，载郑杰祥编：《夏文化论集》下，北京：文物出版社，2002年，第500—519页；朱渊清：《禹画九州论》，载氏著：《书写历史》，第529—541页。

③ 安金槐：《豫西夏代文化初探》，《中原文物》1978年第2期，第38—39、41页；杨宝成：《登封王城岗与"禹都阳城"》，《文物》1984年第2期，第63—66页；京浦：《禹都阳城与王城岗遗址》，《文物》1984年第2期，第67—69页；安金槐：《试论登封王城岗龙山文化城址与夏代阳城》，载中国考古学会编：《中国考古学会第四次年会论文集》，北京：文物出版社，1985年，第1—6页；马世之：《王城岗遗址的再探讨》，《中原文物》1995年第3期，第53—57页；裴明相：《论登封王城岗城堡的性质》，载中国先秦史学会、洛阳市第二文物工作队编：《夏文化研究论集》，北京：中华书局，1996年，第60—65页；李先登：《登封告成王城岗遗址的初步分析》，载中国考古学会编：《中国考古学会第四次年会论文集》，第7—12页。

④ 沈长云：《禹都阳城即濮阳说》，载氏著：《上古史探研》，北京：中华书局，2002年，第34—48页。

⑤ 李伯谦：《"禹都阳城"的新证据》，载氏著：《文明探源与三代考古论集》，第115—118页。

⑥ 中国先秦学会编：《夏史论丛》，济南：齐鲁书社，1985年。

⑦ 孙淼：《夏商史稿》，北京：文物出版社，1987年。

⑧ 孙淼：《夏商史稿》，第138—171页。

⑨ 郑杰祥：《夏史初探》，郑州：中州古籍出版社，1988年。

⑩ 周鸿翔编：《夏史夏文化研究书目》，香港：香港大学中文系，1990年。

年钟利戡和王清贵辑编的《大禹史料汇集》为首本有关大禹的史料集①，同年的四川省大禹研究会编的《大禹研究文集》收录多篇大禹研究的论文。②1993年，四川省大禹研究会编《大禹及夏文化研究》一书，收录数十篇有关大禹研究的论文③，虽然撰文者多持极大偏见（多主大禹与四川的关系密切），但此书毕竟开启了大禹传说研究的新一页。1995年，绍兴市社会科学院编《大禹研究》，论文已基本能覆盖大禹的生平事迹；④沈建中编的《大禹颂》对禹史、禹迹、禹颂、禹祭作史料的选编，力求保存有关大禹的史料原貌。⑤

2000年以后，大禹传说的研究也逐渐脱离夏史研究而独立。事实上，早在1995年，魏桥已倡议建立"禹学"⑥。近些年，各地学者也召开有关大禹文化的研讨会。2000年至2010年，"海峡两岸大禹文化研讨会"多次召开，相关论文亦有出版。⑦2009年至2013年，绍兴市社会科学界联合会与浙江越秀外国语学院联合主办了两届"大禹文化国际学术研讨会"。⑧2012年，刘训华等编成《大禹文化学概论》，"禹学"已成一门专学。⑨周幼涛主编的《中国禹学》亦已出版两辑，共收录约70篇文章。⑩而近数十年，出土文献陆续出土，为上古史带来新的史料，《容成氏》、《子羔》、《厚

---

① 钟利戡、王清贵辑编：《大禹史料汇集》，成都：巴蜀书社，1991年。
② 四川省大禹研究会编：《大禹研究文集》，成都：四川省大禹研究会，1991年。
③ 四川省大禹研究会编：《大禹及夏文化研究》，成都：巴蜀书社，1993年。
④ 绍兴市社会科学院编：《大禹研究》，杭州：浙江人民出版社，1995年。
⑤ 沈建中编：《大禹颂》，杭州：浙江人民出版社，1995年。
⑥ 魏桥：《何不建立一门禹学》，《浙江学刊》1995年第4期，第10、15页。
⑦ 就笔者所知，"海峡两岸大禹文化研讨会"分别在2000年及2008年召开。两次会议论文亦分别出版，详参四川省大禹研究会编：《海峡两岸大禹文化研讨会论文集》，2000年；王建华编：《海峡两岸大禹文化研究》，北京：中国社会科学出版社，2010年。另外，2008年的研究会报道可参郭秋娟：《2008"中国·绍兴"海峡两岸大禹文化研究会综述》，《高考社科动态》2008年第5期，第3—5页。
⑧ 有关"第二届大禹文化国际学术研讨会"的会议报道，可参简洪玲：《第二届大禹文化国际学术研讨会综述》，《高考社科动态》2013年第4期，第8—11页。
⑨ 刘训华等编：《大禹文化学概论》，武汉：武汉大学出版社，2012年。
⑩ 周幼涛编：《中国禹学》第一辑，长春：吉林大学出版社，2011年；周幼涛编：《中国禹学》第二辑，长春：吉林大学出版社，2014年。

父》等均有提及大禹的事迹，裘锡圭《新出土先秦文献与古史传说》对禹的传说作出审视，贡献良多。[①] 亦有学者对《容成氏》内容辨析，纠正一些学者认为《容成氏》简 32 是论禹的看法。[②] 此外，郭泳《夏史》论大禹为"三代第一王"[③]。李旻从社会记忆的角度分析"夏文化"，认为不同时代人们不断利用龙山时代及之后的早期材料来塑造符合他们目的的记忆[④]。2018 年，孙庆伟的《鼏宅禹迹——夏代信史的考古学重建》，明确提出夏文化不是有没有发现的问题，而是用什么方法去识别的问题，认为通过考古学文化的比较，我们无需出土文字材料亦能判断夏代的真实存在。[⑤]

20 世纪初，不少中国学者已注意到汉学的域外研究，这促成中国古史的研究加入域外元素。1909 年，东京大学的白鸟库吉提出"尧舜禹抹杀论"，认为尧、舜、禹在中国历史传说中是代表三种中国文化价值，尧是代表属于天的天下为公，舜是代表属于人的孝顺，禹是代表属于地的勤劳。"尧舜禹抹杀论"的核心意思是代表天人地是儒家思想的三大柱石，从儒家出现的时间而言，断言尧舜禹是春秋战国以后创造出来的，目的只是儒家宣扬其价值。[⑥] 白鸟库吉的"尧舜禹抹杀论"中基本否定大禹的存在，他认为大禹治水不可能以十三年来完成，一笔抹杀大禹的出现。[⑦] "尧舜禹抹杀论"掀起日本汉学界的广泛讨论，余波扩至天文学史的论战，但就此而生的论文都非专门论及大禹。

"尧舜禹抹杀论"否定尧舜禹，自然刺痛不少中国人，王汎森论点与

---

① 裘锡圭：《新出土先秦文献与古史传说》，载氏著：《中国出土古文献十讲》，上海：复旦大学出版社，2004 年，第 20—23、27—30 页。
② 白于蓝：《〈上博简（二）〉〈容成氏〉编连问题补议》，《华东师范大学学报》（社会科学版）2004 年第 4 期，第 91—94、105 页。另可参郭永秉：《帝系新研：楚地出土战国文献中的传说时代古帝王系统研究》，第 47 页。
③ 郭泳：《夏史》，上海：上海人民出版社，2015 年。
④ 李旻：《重返夏墟：社会记忆与经典的发生》，《考古学报》2017 年第 3 期，第 287—316 页。
⑤ 孙庆伟：《鼏宅禹迹——夏代信史的考古学重建》，北京：生活·读书·新知三联书店，2018 年。
⑥ 参白鸟库吉：《中国古传说之研究》，载刘俊文编，黄约瑟等译：《日本学者研究中国史论著选译》第一卷，北京：中华书局，1992 年，第 1—10 页。
⑦ 同上书，第 3—4 页。

顾颉刚为首的疑古派亦相似，学者纷纷讨论白鸟与顾氏的关系，王汎森①、刘起釪②都否定了二人关系，张京华认为二人阐述历史发生的顺序规律是基本一致的③，廖名春则认为顾颉刚接受白鸟的观点。④而李学勤的立场则摇摆不定，1993 年，李学勤在《古史、考古学与炎黄二帝》一文中指出，疑古思潮可追溯至晚清时候，而差不多同时，"日本和欧洲也都有人对中国的古史表示怀疑，他们的见解对中国学者也有或多或少的影响。到了辛亥革命以后，疑古思潮在中外都有进一步的发展，外国的例子如日本的白鸟库吉有'尧舜禹抹杀论'，是很有名的"⑤。1999 年他提出白鸟与顾氏虽有共同点，但认为顾颉刚主要是继承宋清以来的辨伪思潮，并且配合新的思想。⑥李学勤的观点被学者视为肯定顾氏与白鸟的关系，更有认为

---

① 王汎森：《古史辨运动的兴起》，台北：允晨文化实业股份有限公司，1987 年，第 53 页，注释 56。
② 刘起釪：《现代日本的〈尚书〉研究》，《传统文化与现代化》1994 年第 2 期，第 83 页。
③ 张京华：《古史辨与中国现代学术走向》，厦门：厦门大学出版社，2009 年，第 170 页。
④ 廖名春：《试论古史辨运动兴起的思想来源》，载陈其泰、张京华编：《古史辨学说评价讨论集（1949—2000）》，北京：京华出版社，2000 年，第 253—269 页。又，廖文认为："近代以来，日本社会意识中占统治地位的是'脱亚入欧'。1885 年福泽谕吉发表《脱亚论》，提出日本要与'亚细亚之政教风俗'相决裂；日本人应以自己的行动，使西方人从成见中将日本与中国、朝鲜区别开来；成为东洋中的西洋国，以亚洲国家身份在亚洲推行西方列强的侵亚路线。对中国和朝鲜的蔑视情绪，混杂着对本民族非理性的优越感和对欧化的庸俗理解，再发展为对外扩张意识，这样，就一步步走向发动大规模侵略战争。19 世纪末 20 世纪初日本史学的主流是实证史学，实证史学是明治政府的思想工具，它虽然在表面上埋头于考证旧事，但在其客观主义的背后，却隐藏着最大的政治目的，即宣扬天皇史观，从根本上为天皇制政权服务。鼓吹日本优越，主张侵略扩张自然是其题中应有之义。"（第 267 页）笔者认为，廖文视"尧舜禹抹杀论"是白鸟为了轻视侵略对象的历史，反映日本的优越，这是不理解白鸟库吉的史学。因为白鸟库吉不仅对中国古史怀疑，也对日本神代史提出质疑，并提出日本不是"神国"，"神代史"只是世俗历史在神秘天空的投影与古代御用史家别具目的的杜撰。详参白鸟库吉：《神代史の新研究》，收入氏著：《白鸟库吉全集》第一卷，东京：岩波书店，1969 年，第 191—580 页。
⑤ 李学勤：《古史、考古学与炎黄二帝》，载氏著：《走出疑古时代》，长春：长春出版社，2007 年，第 23 页。李学勤此言似乎忽略了"尧舜禹抹杀论"是发表在 1909 年，或者忽略了辛亥革命是在 1911 年发生。白鸟库吉的《中国古代传说的研究》写于 1909 年，当在辛亥革命之前。又，刘起釪曾针对李学勤有关"尧舜禹抹杀论"的立场提出质疑。详参刘起釪：《关于"走出疑古时代"问题》，《传统文化与现代化》1995 年第 4 期，第 27—28 页。
⑥ 李学勤：《疑古思潮与重构古史》，载氏著：《重写学术史》，石家庄：河北教育出版社，2001 年，第 214 页。

廖名春的文章是为了维护李氏而写。①认为顾颉刚与白鸟库吉有关系的还有何星亮，他认为"层累说"是借自"尧舜禹抹杀论"，主要目的是使日本"脱亚入欧"。②田旭东的博士论文也承她的老师李学勤之论，虽然两者有无关系"目前还不能有所定论"，但就认为《崔东壁遗书》是中日交流的媒介，同时期很多中国的社会思潮都是受日本影响，似是暗示两者有关系。③钱婉约登堂入室研究日文原著，她引1956年内藤湖南弟子宫崎市定《独创的支那学者内藤湖南博士》一文的观点指出"层累说"更相似内藤湖南的"加上原则"，④钱氏比较"层累说"和"加上原则"，认为中日疑古辨伪思潮的结论只是历史性的巧合。⑤王小林亦同意两者存在巧合，并主张要通过发掘新资料，对中日比较思想史和学术史做全面比较。⑥无论如何，日本的疑古思潮确在日本的中国上古史学界带来一定的影响。

除白鸟库吉外，内藤湖南对中国上古史研究亦有所贡献。1921年，他完成《中国上古史》（原题《支那上古史》）的写作，考察和整理自三皇五帝至东汉时期的历史文化以及发展规律。处理大禹的历史时，内藤

---

① 参吴锐：《中国思想的起源》第一卷，济南：山东教育出版社，2002年，第35—47页。
② 徐杰舜问，何星亮答：《创新：人类学本土化的关键——人类学学者访谈录之七》，《广西民族学院学报》（哲学社会科学版）2000年第22卷第4期，第34页。
③ 田旭东：《二十世纪中国古史研究主要思潮概论》，第80—82页。
④ 宫崎市定一直抱怀疑的态度看待两者关系，见氏著：《独创のなシナ学者内藤湖南博士》，收入《宫崎市定全集》卷二十四，东京：岩波书店，1994年，第268页；《内藤湖南とシナ学》，收入《宫崎市定全集》卷二十四，第244页。有关这一点，李学勤、廖名春的文章都不见论及。又，"加上原则"原出于日本江户时代大阪町人学者富永仲基（1715—1746）《出定后语》一书，富永仲基这一"加上说"是通过内藤湖南的推崇而影响日本汉学界，内藤亦十分推崇富永。详参内藤湖南：《大阪の町人学者富永仲基》，载氏著：《内藤湖南全集》第九卷，东京：筑摩书房，1969—1976年，第370—393页；Joshua A. Fogel, *Politics and Sinology: The Case of Naitō Konan(1866-1934)*, Cambridge, Mass and London: Harvard University Press, 1984, p. 38.
⑤ 钱婉约：《"层累地造成说"与"加上原则"——中日交代史学上之古史辨伪理论》，载顾潮编：《顾颉刚学记》，北京：生活·读书·新知三联书店，2002年，第195—223页。台湾学者王孝廉把顾颉刚的古史观和富永仲基的"加上说"比较，虽然认为二人的思想一致，但没有发现顾颉刚受富永仲基之说影响的痕迹，可能是一种"心同理同"的暗合。详参氏著：《中国神话世界——中原民族的神话与信仰》下编，台北：洪叶文化事业有限公司，2006年，第411—421页。
⑥ 王小林：《从汉才到和魂：日本国学思想的形成与发展》，台北：联经出版事业股份有限公司，2013年，第235—258页。

认为墨家把大禹加在周公之前，是墨家的学说较儒家学说靠后才出现，他又认为历史上被放在最古时代的帝王，与其有关的文献形成年代往往越后，因此在中国史上，只有夏朝有迹可循，其他则均值得怀疑。[1] 1922年，内藤写成《禹贡制作的时代》一文，《禹贡》在《尚书》中属于夏书，按宋儒的说法是《禹贡》为夏时的史官据大禹向天子上奏的文书加工润色而成。内藤指出，要判定《禹贡》的真实制作时代，必然牵涉大禹是神话人物还是实在人物，并要讨论大禹时是否已有文字，即便有文字，文字成熟程度能否写成如此鸿篇大论。他从《禹贡》考证，通过对其中九州、四至、山脉、水脉、贡赋等资料的分析，说明《禹贡》中关于这些记载，与《尔雅》、《周礼》等书的记载相近，为战国时代思想知识的反映，尤其是关于水脉的记载，与《汉书·地理志》相近。总结为《禹贡》是利用战国末年最发达的地理学知识编撰而成，其中的材料不可能是战国以前。所以，大禹治水故事是战国时期种种大禹传说的一种而已。[2] 此外，赤冢忠、小南一郎等都曾撰文研究鲧禹。[3]

同为日本学者的饭岛武次则集中从考古学角度研究夏朝和夏文化，如《夏殷文化の考古学研究》，主要认为二里头一、二期为夏文化，三、四期为商前期文化，二里头文化分布于有夏的传说的地域，年代也相近，得出此即古代国家及王朝文化出现以前的部族国家时代的结论。[4] 事实上，饭岛被视为日本研究夏文化的专家，该书在日本学界经常被引用。[5]

根据《剑桥中国古代史》(*The Cambridge History of Ancient China: From the Origins of Civilization to 221 B.C.*)一书的介绍，西方学界对中国古史研

---

[1] 详参内藤湖南著，夏应元编译：《中国上古史》，收入氏著：《中国史通论》(上)，北京：社会科学文献出版社，2004年，第39—55页。
[2] 内藤湖南：《禹贡制作的时代》，载氏著：《内藤湖南全集》第七卷，第165—171页。
[3] 赤冢忠：《鲧禹と水盘の纹》，《甲骨学》1961年第9期，第135—136页；小南一郎：《大地の神话——鲧禹传说原始》，《古史春秋》1985年第2号，第2—22页。
[4] 详参饭岛武次：《夏殷文化の考古学研究》一书，东京：山川出版社，1985年。
[5] 张立东、任飞编：《手铲释天书》，郑州：大象出版社，2001年，第458页。

究应始于冯秉正（Joseph de Mailla）出版西方语言的第一种中国通史——《中国通史或该帝国的纪念》。同时代的耶稣会会士亦有出版一些中国上古史的著作①，当中对大禹的研究稍具代表的当算是杜赫德（Halde）《中华帝国全志》(*The General History of China*) 中的介绍，他提到大禹定都山西省、治水时勘平商地以通水道、分九州、铸九鼎，并认为大禹开启了国家世袭制。据吴莉苇的分析，杜赫德基本沿《皇王大纪》、《通志》、《路史》等资料编成。②

此后，西方汉学家对一系列的古代文献作了翻译，如毕瓯（Édouard Biot）所作《周礼》的法文翻译和理雅各（James Legge）英译《中国经典》，其中就包含了众多儒家经典和文献。19世纪末年，沙畹（Édouard Chavannes）所译的《史记》被推到巅峰。随后，沙畹的入室弟子伯希和（Paul Pelliot）、马伯乐（Henri Maspero）、葛兰言（Marcel Granet）和戴密微（Paul Demiéville），以及法国以外的重要学者，如高本汉（Bernhard Karlgren）和罗佛（Berthold Laufer）都被视为是继沙畹后第二代的西方汉学家。③ 如果有留心七册《古史辨》的人都应会注意到，古史辨运动在当时已引起西方学界的关注，时在北平的美籍汉学家恒慕义（Arthur William Hummel）与中国史学界多有接触，④ 他分别撰有"Ku Shih Pien (Discussion in Ancient Chinese History) Volume One"和"What Chinese Historians are Doing in Their Own History"⑤ 两文介绍古史辨运动，两文亦同时引录在《古史辨》第二册内⑥，恒氏亦把顾颉刚《古史辨》中的《自序》英译，出版成 The

---

① 有关著作及其研究可参吴莉苇：《当诺亚方舟遭遇伏羲神农：启蒙时代欧洲的中国上古史论争》，北京：中国人民大学出版社，2004年。

② 同上书，第180—186页。

③ Michael Loewe and Edward L. Shaughnessy (eds.), *The Cambridge History of Ancient China: From the Origins of Civilization to 221 B.C.*, pp. 2-3.

④ 李孝迁：《域外汉学与中国现代史学》，上海：上海古籍出版社，2014年，第327页。

⑤ Arthur W. Hummel, "Ku Shih Pien (Discussion in Ancient Chinese History) Volume One," *China Journal of Science and Arts*, vol. V, no. 5, November 1926, pp. 247-249; Arthur W. Hummel, "What Chinese Historians are Doing in Their Own History," *The American Historical Review*, vol. 34, no. 4, July 1929, pp. 715-724.

⑥ 载顾颉刚编著：《古史辨》第二册，第263—265、299—309页。

Auto-biography of a Chinese Historian: Being the Preface to a Symposium on Ancient Chinese History 一书。① 不过，西方汉学界对大禹传说研究却寥若晨星。1999 年由当代西方最主要汉学家联手完成的《剑桥中国古代史》，全书就不设"夏朝"一章。② 不过，该书的两位作者鲁惟一（Michael Loewe）和夏含夷（Edward L. Shaughnessy）则认为可以重新考虑中国传统文献及其相关史学，他们虽非曾专门研究大禹，但指出顾颉刚有意识地采用考古学的术语来建立所谓"层累"的研究方法，以说明中国传统历史文献都经过改动，时间越晚近，传说的性质越浓厚。顾氏以为我们可以通过发掘这些文献所堆积的层累而回归到它最原始的核心，并且，传说的核心不如后代史家想象的伟大。③

西方学者对中国神话研究亦取得可观成果。马伯乐和何可思（Eduard Erkes）深受自然主义神话学派的影响而分别出版有关《尚书》中的神话和中国与美洲印第安人神话比较的论文。④ 葛兰言本民族学的方法，主张古代中国神话系由仪式性戏剧和宗教性舞蹈衍生而来。⑤ 卜德（Derk Bodde）"Myths of Ancient China"一文将中国最重要的人类诞生神话、太阳神话和洪水神话一一加以讨论，虽然篇幅不长，但研究方法极为严谨。⑥ 鲁惟一亦以西王母为例，研究各类长生不老神话人物的

---

① Arthur W. Hummel (ed.), *The Autobiography of a Chinese Historian: Being the Preface to a Symposium on Ancient Chinese History*, Leyden: E. J. Brill, 1931.

② 纵使该书不设"夏朝"一章，但在对待夏史的问题上，张光直在其撰写的《历史时期前夜的中国》一章就写了《夏朝问题》和《神话、中国的起源与夏朝》两节。张光直肯定夏朝历史的存在，但这显然不能代表全书整体的立场。

③ Michael Loewe and Edward L. Shaughnessy (eds.), *The Cambridge History of Ancient China: From the Origins of Civilization to 221 B.C.*, p. 5.

④ Henri Maspero, "Mythological Legends in Classic of History", *Journal Asiatique*, vol. 204, 1924, pp. 1-110; Eduard Erkes, "Parallels in Chinese and American Indian Myths", *T'oung Pao*, vol. 24, 1926, pp. 32-53.

⑤ Marcel Granet, *Danses et légendes de la Chine ancienne*, Paris: Presses Univ. de France, 1926, new ed. 1959.

⑥ Derk Bodde, "Myths of Ancient China", in Charles Le Blanc and Dorothy Borei (eds.), *Essays on Chinese Civilization by Derk Bodde*, Princeton, NJ: Princetion University Press, 1981, pp. 45-84.

主题。①

更细致的研究，可以艾兰为首。艾兰的博士论文是以神话学改造而来的结构主义方法，分析直到西周初年的有关尧、舜、禹权力转移的历史记载，指出王朝循环的观念在以德为治与权力世袭的原则之间含有一种内在矛盾。②艾氏的著作虽非只针对大禹，但对尧、舜到周代的王朝更替有了新颖的看法。她透过文献整理和排列，先发现有关论述出现不少矛盾③，而这些矛盾正显示诸子百家不同的政治及哲学观点，表现出春秋战国时代的多元论述的格局；其次，艾氏认为文献所传述的王朝更替不一致，正是突显王朝的政治观点或社会态度不同，故此，诸子百家所传述的古史未必是历史之真相，但对其学说主张而言，却有特定的意义。此外，她亦有对大禹传说作过考证，她认为大禹传说是意味着制定物质和政治上的次序，文字间可见，她不认为大禹是真实的人物，她更清楚地说明，从黄帝到启的传说阶段都只是神话时期④，她指出，舜没有建立一个世袭的王朝，而是传位于禹，这只是周人的传说，与夏有关的神话主题是殷商神话中与殷商相关的神话的转换。⑤吉德炜（David N. Keightley）亦认为，夏世系当中有一些帝王是周人杜撰。⑥此外，比埃尔（Anne Birrell）所著《中国神话》（*Chinese Mythology: An Introduction*）一书的绪论，相当精彩地对中国古代神话作了完整的介绍，包括中国神话的研究方法、中国神话

---

① Michael Loewe, *Ways to Paradise: The Chinese Quest for Immortality*, London: Allen & Unwin, 1979.

② 参见 Sarah Allan, *The Heir and the Sage: Dynastic Legend in Early China*, San Francisco: Chinese Materials Center, 1981。

③ 以尧舜权力转移为例。所有文献都认同统治权是从尧传到舜手中，舜并不是尧的儿子，而是他的女婿，娶了他的两个女儿。艾氏认为在这些"约束"、"限制"之下，任何人都可以讲尧传位或禅位于舜，也可以说舜逼尧退位，但绝不会讲舜是尧的儿子。这就是不变的"框架"，而"框架"中的种种事情，如权力的转移方式却是可变的，而可变的因素则在于传述者的政治和哲学态度的不同。

④ Sarah Allan, "The Myth of Xia Dynasty," pp. 242-256.

⑤ 艾兰著，杨民等译：《早期中国历史思想与文化》，沈阳：辽宁教育出版社，1999年，第55页。

⑥ David N. Keightley, "The Bamboo Annals and Shang-Chou Chronology," *Harvard Journal of Asiatic Studies*, vol. 38, No. 2, Dec. 1978, pp. 423-438.

的本质和功能,并对中国神话研究的未来提出见解。①

陆威仪(Mark Lewis)就上古中国治水神话出版题为 The Flood Myths of Early China 的专著,该书揭露古人如何以治水神话重建他们有关国家、血统、婚姻的世界观,大禹在书中理所当然成为主角之一,书中提出大禹崇拜在早期中国十分普遍,大禹既是一个很好的管理人,但同时又具玄妙的一面。② 魏德理(Vera Dorofeeva-Lichtmann)则研究与大禹有关的地图,她在劳格文(John Lagerwey)和马克(Marc Kalinowski)主编的 Early Chinese Religion: Part One: Shang through Han (1250 B.C.-220A.D.) 发表文章,关注文献中大禹与宇宙活动绘制成地图的方式,这种地图可分为一种如《山海经》充满神怪和另一种如传世文献《禹贡》般完全没神怪的。③ 而柯鹤立(Constance A. Cook)亦曾发表题为"Sage King Yu and The Bin Gong Xu"的文章,以燹公盨独特的铭文为例,分析大禹在周代社会的角色,并提出大禹在东周之前也可像传统的周代祖神后稷一样,具有双重角色,既为祖神又为地神,但后来其地位与重要性均为后稷所掩。④ 而杜朴(Robert Thorp)于 1991 年撰文,讨论二里头与夏文化,他特别注意到二里头遗址中的某些特点,如布局、建筑特征、墓葬及作为权势象征的手工艺品,此文亦讨论了一系列与此相关的方法上或理论上的问题,如文化与次文化、断代分期、文化接续、发展阶段、族属以及朝代等。⑤

学位论文方面,孙隆基的硕士论文《禹神话的研究》,目的是借大禹重建中国古史的大部分,作者以神话学理论,把重点放在禹神话的原型和

---

① Anne Birrell, *Chinese Mythology: An Introduction*, Baltimore: Johns Hopkins University Press, 1999, pp. 1-22.
② Mark Lewis, *The Flood Myths of Early China*, Albany: State University of New York, 2006.
③ Vera Dorofeeva-Lichtmann, "Ritual Practices for Constructing Terrestrial Space, Warring States-Early Han", in John Lagerwey and Marc Kalinowski (eds.), *Early Chinese Religion: Part One: Shang through Han (1250 B.C.-220A.D.)*, Leiden, Boston: Brill, 2011, pp. 595-644.
④ Constance A. Cook, "Sage King Yu and The Bin Gong Xu", *Early China*, vol. 35/36, 2012-2013, pp. 69-103.
⑤ Robert L. Thorp, "Erlitou and the Search for the Xia", *Early China*, vol. 16, 1991, pp. 1-38.

母题上，不注重禹神话在各地的变化。①孙氏的论文以神话学理论及传统文献处理为主，课题限于禹的神话（包括禹为社神、禹为开辟神、禹为丰沃神、鲧禹的太阳性、禹和西王母），受时代背景影响，也未能用上出土文献及考古学的资料。杨栋的博士论文《神话与历史：大禹传说研究》，可视为一部大禹传，内容讨论大禹在古帝王系中的位置，包括禹与诸帝王的关系，也处理夏族起源的问题，杨文亦提及禹治水、征伐、娶涂山女、铸九鼎等传说。②杨文重视的是大禹传说的历史真确性及文本上呈现的大禹传说，本书却更广泛地运用所有大禹传说的载体，而分析其传说流传的过程，彼此使用的史料固然有重复之处，但目的却有明显分别，所侧重的大禹研究亦各有不同。

综观以上大禹的研究可见，在古史辨运动产生的背景上虽仍有争议，但结合考古及出土文献等新资料，大禹研究已成为专门学问；过去的研究多集中于大禹其人其事之探讨，而大禹传说的演变和接受史则无人问津而亟待开拓。

第三节 研究材料及方法

为配合大禹问题所涉猎的层面，本研究运用的材料十分广泛。由于参考资料繁多，现归纳为以下几类：

经部资料

《尚书》、《诗经》、《周礼》、《礼记》、《春秋左传》、《论语》、《孟子》等传统经典提供大量有关大禹的资料。这些资料中，特别是《尚书》、《诗经》都是较原始记载大禹的资料，虽然后人不断整理、注疏，经典亦出现

---

① 孙隆基：《禹神话的研究》，台湾大学历史所硕士论文，1970年，第1—5页。
② 参杨栋：《神话与历史：大禹传说研究》，东北师范大学博士论文，2010年。2019年，杨氏在其博士论文的基础上增补修改成《夏禹神话研究》一书出版，值得一看，见杨栋：《夏禹神话研究》，北京：中华书局，2019年。

古今文之争，但这些资料都反映一时代人的主张或见解。① 由于经部资料出现时间较早，在追溯大禹传说的演变过程时，这些资料显得弥足珍贵。

史部资料

传统史籍有大量记载大禹传说的资料。前四史中，《史记》、《汉书》记载最多。《晋书》以后，正史多在《地理志》中只言片语地记载大禹治水。② 《御批通鉴辑览》、《纲鉴易知录》、《国语》、《战国策》记录资料虽然不多，但每条史料都极具价值。古本和今本《竹书纪年》、《世本》、《帝王世纪》更是上古史研究必备之书，三书均为辑佚书，内容也不尽相同，神话成分虽重，但也反映时人的观念。

一些地方史志的史料，也提供大量大禹传说的资料。由于大禹传说广及中国各地，其传说染上浓厚的地方色彩。地方史志记载的"禹迹"众多，山东、河南、山西、陕西、四川、贵州、湖南、湖北、安徽、江苏、浙江等普遍存在大禹古迹。③

编年类、纪事本末类、别史类、杂史类、载记类都有丰富的上古资料可以参用。而地理类中一些总志、河渠、山水、古迹、杂记和游记亦可补传统地方史志之不足。

子部资料

子部是经史子集四部中最庞杂的一部，内容丰富。墨家对夏史有诸多论述，其中对大禹举益、大禹治水、伐三苗等多有论述。儒家类的书籍，可以补充经部的资料。术数类中有些资料涉及易学，连接洪范之学，

---

① 当一部书引起世人共鸣，而被诠释注解，其思想内涵必然影响了诠释者；而同时解经之"传"，受限于与"经"的时代不同，其对经典原文的解释，必然有符合原义和不甚符合原义的部分。详参郑吉雄：《从卦爻辞字义的演绎论〈易传〉对〈易经〉的诠释》，台湾大学"东亚近世儒学中的经典诠释传统国际学术研究会"论文，2004年，第1页。
② 如《晋书·地理志》、《隋书·地理志》、《旧唐书·地理志》、《新唐书·地理志》、《宋史·地理志》、《元史·地理志》、《明史·地理志》、《清史稿·地理志》。
③ 刘训华编：《大禹文化学概论》，武汉：武汉大学出版社，2012年，第84页。

虽与大禹无直接关系,但亦是因大禹治水而衍生之学,具参考价值。先秦诸子亦多有论及大禹政治地位。杂家类除了大量有关大禹的描述和评价外,一些杂考的资料,保留了上古史的片言只语,也会一并参考。而不同时代编辑的类书,亦有不少辑录古籍中已佚的资料。小说家类有关大禹或上古时期的杂事、逸闻颇为丰富。

集部资料

集部的资料以总集、别集最多。历代学人、文士之"咏禹"作品极其丰富,从中可以窥见有关大禹的评价,并探讨大禹形象如何被塑造、诠释和建构。除了诗词文章之外,各地禹庙的对联匾额亦是重要史料,它们多由帝王撰写,颇能反映大禹文化与后世政治千丝万缕的关系。

考古资料

自五四以来,传统中国史学中的先秦部分已失去它的权威性。此后,从事先秦史研究的学者,主要以田野考古学与古文字学作为新的资料和工具。[1] 大禹作为"打开中国古史奥秘的一把重要钥匙"[2],本书自然不能视考古学和古文字学资料而不见。虽然,有关中国古代文明起源的具体形成过程仍在探讨,但从新石器时代到商代之间的考古文化序列,已明确确立,具体来说就是裴李岗文化、中原仰韶文化、河南龙山文化、二里头文化、二里岗文化和殷墟文化。[3] 可以肯定的是,二里岗文化和殷墟文化都是商文化,按商继夏的说法,二里岗文化前的考古文化当属夏文化。由于大禹传说在尧、舜之后,夏建国之前,龙山文化与二里头文化的衔接被视为大禹在考古学上的体现。有学者揭示"禹征三苗"时,三苗为以江汉平原为中心的屈家岭文化和石家河文化[4],而三苗与禹发生冲突时,应该是石家

---

[1] 张光直:《对中国先秦史新结构的一个建议》,载氏著:《中国考古学论文集》,台北:联经出版事业股份有限公司,1995年,第32页。
[2] 孙隆基:《禹神话的研究》,第1页。
[3] 郑杰祥:《新石器文化与夏代文明》,第5页。
[4] 俞伟超:《先楚与三苗文化的考古学推测》,《文物》1980年第10期,第1—12页。

河文化。石家河文化与龙山文化王湾三期相关，以王湾三期为主体的中原龙山文化更取代了石家河文化，很可能就是"禹征三苗"的考古学体现[1]，再者，二里头文化已证实来源于王湾三期文化[2]，王湾三期文化的绝对年代为公元前2600年至公元前1900年之间[3]，虽然跨度有700年，但视为早期夏文化是合理的。[4] 此外，王城岗遗址、新密新砦是早期夏文化的考古学类型，都已成为学术界共识。[5] 其中王城岗遗址更被视为大禹治水的考古学体现。[6]

---

[1] 韩建业、杨新改：《禹生三苗探索》，载氏著：《五帝时代：以华夏为核心的古史体系的考古学观察》，第3、14页；韩建业：《早期中国：中国文化圈的形成和发展》，上海：上海古籍出版社，2015年，第247页。

[2] 中国社会科学院考古研究所编：《中国考古学·新石器时代卷》，北京：中国社会科学出版社，2010年，第529页。

[3] 王湾三期文化的相对年代，从各遗址发现的地层关系来看，它晚于庙底沟二期文化，早于二里头文化。目前用以测定其绝对年代的遗址共有10个、样本44个，上文的绝对年代是据各样本碳14年代数据得出的说法。详参中国社会科学院考古研究所：《中国考古学中碳十四年代数据集（1965—1991）》，北京：文物出版社，1992年，第150页；中国社会科学院考古研究所实验室：《放射性碳素测定年代报告（十九）》，《考古》1992年第7期，第658页；原思训等：《碳十四年代测定报告（九）》，《文物》1994年第4期，第89—95页；夏商周断代工程专家组：《夏商代断代工程1996—2000年阶段成果报告》，北京：世界图书出版公司，2000年，第74—80页。

[4] 王湾遗址早在1959年和1960年已经发掘，王湾遗址可分三大期，其中第三期就是所谓"河南龙山文化"。参北京大学考古实习队：《洛阳王湾遗址发掘简报》，《考古》1961年第4期，第175—178页。其后，学术界一般将王湾三期为代表的一类遗存看作是"河南龙山文化"的一个地方类型，安志敏亦首次使用"河南龙山文化"一词，并将其分为豫西、豫北、豫东三区，并称为"王湾类型"。详氏著：《中国新石器时代的物质文化》，《文物参考资料》1956年第8期，第41—49页。邹衡就将王湾三期和后岗二期所代表的两类遗存当两个文化看待。详参邹衡：《试论夏文化》，载氏著：《夏商周考古学论文集》，北京：文物出版社，1980年，第95—182页。安金槐除把豫中、豫西、豫东、豫北的"龙山文化"从考古学文化的层次上加以区分外，更指出这种以现代行政区划来命名文化是不可取的。详参安金槐：《试论河南"龙山文化"与夏商文化的关系》，载中国考古学会编：《中国考古学会第二次年会论文集》，北京：文物出版社，1982年，第153—160页。严文明虽使用"王湾三期文化"一词，但对其作为地方类型或考古学文化的问题暂时存疑。详参严文明：《龙山文化和龙山时代》，载蔡凤书、栾丰实编：《山东龙山文化研究文集》，济南：齐鲁书社，1992年，第135—151页。李伯谦提出"王湾三期文化"应是独立的考古学文化。详参李伯谦：《论造律台类型》，《文物》1983年第4期，第50—59页。韩建业、杨新改亦认为王湾三期文化和后岗二期文化，都在一定的区域内经过长时期的发展，并贯穿龙山时代。详参韩建业、杨新改：《王湾三期文化研究》，载氏著：《五帝时代：以华夏为核心的古史体系的考古学观察》，第97—118页。

[5] 中国社会科学院考古研究所编：《中国考古学·夏商卷》，第45—46页。

[6] 河南省文物研究所、中国历史博物馆考古部编：《登封王城岗与阳城》，北京：文物出版社，1992年，第30—31页；袁广阔：《关于孟庄龙山城址毁因的思考》，《考古》2000年第3期，第39—44页。

目前对早期夏文化的研究，几乎全部集中在河南中部①，这现象是无视大禹传说地区广泛性的事实，刘起釪很早就认为夏文化最早发生在山西南部，然后才扩至河南②，山西陶寺遗址也被认为与早期夏族遗存有关。③ 中国考古学自萌芽以来，从未放弃透过物质以探求古人活动的尝试④，本书有关大禹活动的处理，均以具有可信科学考古证据者为取舍原则。

古文字资料

在商代甲骨文以前，中国汉字肯定已经经历一段相当长的发展过程。⑤ 在新石器时代，中国各地均已有文字符号，而到商代武丁，甲骨文已是有系统的成熟文字，于是学者们多认为夏朝是中国文字产生的时代。⑥ 目前考古学未能发现甲骨文前的文字⑦，但假如夏朝真的已有文字，相信对大

---

① 刘绪：《对探讨早期夏文化的几点看法》，载北京大学震旦古代文明研究中心等编：《早期夏文化与先商文化研究论文集》，北京：科学出版社，2012年，第9页。
② 刘起釪：《由夏族原居地纵论夏文化始于晋南》，载氏著：《古史续辨》，北京：中国社会科学出版社，1991年，第132—166页。
③ 吕琪昌：《青铜爵、斝的秘密：从史前陶到夏商文化起源并断代问题研究》，杭州：浙江大学出版社，2007年，第193—194页。
④ 杜正胜：《新史学与中国考古学的发展》，载氏编：《考古、文明与历史》，台北："中央研究院"历史语言研究所，1999年，第134页。
⑤ 高明：《中国古文字学通论》，北京：北京大学出版社，1996年，第3页。
⑥ 陈炜湛：《汉字起源试论》，《中山大学学报》（社会科学版）1978年第1期，第69—76页；高明：《论陶符兼谈汉字的起源》，《北京大学学报》（哲学社会科学版）1984年第6期，第47—60页；李先登：《试论中国文字之起源》，《天津师范大学学报》（社会科学版）1985年第4期，第75—79页；曹定云：《夏代文字求证——二里头文化陶文考》，《考古》2004年第12期，第76—83页。
⑦ 在新石器时代，中国黄河流域、淮河流域、长江流域、南方及北方的地区已发现陶器文字符号。详参何崝：《中国文字起源研究》，成都：巴蜀书社，2011年，第104—361页。裘锡圭认为这些符号不是有系统的东西，有可能用来记数或作标记之用，后来的汉字可能吸取一些符号，但不等于承认这些符号就是文字。高明亦认为陶符无语言基础，也不代表语言，无词义，亦无读音，只是一种记号。详参裘锡圭：《汉字形成问题的初步探索》，《中国语文》1978年第3期，第162—167页；高明：《论陶符兼谈汉字的起源》，《北京大学学报》（哲学社会科学版）1984年第6期，第47—60页。至甲骨文已具备有系统的造字方法，被认为是现今发现最早的汉字。详参陈炜湛：《甲骨文简论》，上海：上海古籍出版社，1987年，第59—62页；马如森：《殷墟甲骨文引论》，长春：东北师范大学出版社，1993年，第231—235页；李圃：《甲骨文文字学》，上海：学林出版社，1995年，第40—82页。

禹传说会有一定记载。可幸的是，20世纪90年代以来，一些记载古史传说的先秦文献破土而出，对本书的研究资料提供了更多的补充，如马王堆帛书中的《春秋事语》和慈利县石板村战国楚简中的《国语·吴语》的有关内容，与《左传》和《国语》流传有关[①]，表明这些曾被今文学家斥为伪作的古籍，其真实性不容置疑。而燹公盨铭、上博简《子羔》和《容成氏》以及清华简《厚父》更直接提到大禹的事迹，补充传统文献之不足。随着传统文献资料的长期积累以及新史料的不断发现，先秦史研究已可在原有基础上作进一步深入。[②]

本书以大禹传说的研究为主体，分纵横二线建构全书。横者为大禹传说中较重要的部分，包括"禹生石纽"、"大禹治水"、"禹娶涂山女"、"禹征伐"、"禹铸九鼎"等，以及历来对大禹的整体评价。纵者则不受时代限制，由先秦时期迄至现代，有关上述大禹传说中的描述，均在包揽之列。大禹作为上古先王和夏朝开国君主，与后世的开国之君一样，自然是不平凡的人物，有些与常人不同之处。故此，大禹的传说与很多开国之君一样，总有不同寻常的事情发生。[③] 本研究旨在从不同时代对大禹传说的描述，窥探其叠加或流失的成分，梳理阐释其演变发展过程，分析传说变化的原因。由于演变过程、变化原因不一定在不同传说中统一地出现，相信这亦有助于分析当时人们如何接受大禹。由于史料繁多，本书整理了大量图表，旨在引用古籍史料上方便使用，此外，亦加插附表、附图以更有效地呈现有关大禹的史料。

虽然本书是一篇史学著作，但单靠史学方法并未能全面解决大禹的问题。大禹处于中国文明发展进程的关键时刻，从聚落到国家的形成，背后牵涉很多学科的理论，正如前文所言，考古学、文字学是本研究参考

[①] 李学勤：《〈春秋事语〉与〈左传〉的传流》，载氏著：《简帛佚籍与学术史》，南昌：江西教育出版社，2001年，第287—299页；湖南省文物考古所等：《湖南慈利县石板村战国墓》，《考古学报》1995年第2期，第173—207页。

[②] 张岂之编：《中国近代史学学术史》，北京：中国社会科学出版社，1996年，第304页。

[③] 此说为笔者借用吕宗力对汉高祖开国神话的研究而得出的论述，参见吕宗力：《汉代开国之君神话的建构与语境》，《史学集刊》2010年第2期，第11—18页。

的重要材料,其学科理论都是本研究将应用的方法。此外,原始社会的独特性,体现在社会、信仰、风俗习惯、经济生产等范畴上,本研究亦会利用民族学、人类学、神话学等理论辅助。例如,"禹都阳城"和二里头文化遗址被视为中国文明起源的关键考古发现,当中就牵涉到人类社会自发生至国家所产生的不同阶段。这方面,以美国人类学家埃尔曼·塞维斯(Elman Service)提出的"酋邦理论"最受重视,他提出的进化模式由游团、部落、酋邦至国家,标准在于经济模式的不同。① 1983年,张光直首次将此理论引进中国,并对照中国的考古分期。② 此外,大禹的神话在流传过程中,都是原始社会人民对自然和社会形态不自觉的艺术加工③,因此,本研究也借用茅盾④、鲁迅⑤、袁珂⑥、叶舒宪⑦等人所建立的中国神话理论基础,对大禹传说中神话的内涵进行研究。这些理论不构成全书主线,但在解释一些史事和史实现象上可有补苴之功。

---

① 埃尔曼·塞维斯最先在1962年出版 *Primitive Social Organization: An Evolutionary Perspective*, New York: Random House, 1962, 只谈到游团、部落、酋邦。在他另一本书 *Origins of the State and Civilization: The Process of Cultural Evolution*, New York: W. W. Nortion, 1975, 则详细讨论了"国家"这一阶段。

② 详参张光直:《从夏商周三代考古论三代关系与中国古代国家的形成》,载氏著:《中国青铜时代》,第31—63页。此外,不少学者均应用酋邦理论研究中国古代国家形成。如谢维扬:《中国早期国家》,杭州:浙江人民出版社,1995年;Li Liu, *The Chinese Neolithic: Trajectories to Early States*, Cambridge: Cambridge University Press, 2004, 第六章;沈长云:《酋邦理论与中国古代国家起源及形成问题研究》,《天津社会科学》2006年第3期,第113—119页;何艳杰:《五帝时代的酋邦轮回与中国早期国家形成》,《河南大学学报》(哲学社会科学版)2007年第34卷第2期,第85—88页。又,易建平对谢维扬的"酋邦模式"有很好的阐述。详参氏著:《部落联盟与酋邦——民主·专制·国家:起源问题比较研究》,北京:社会科学文献出版社,2004年,第105—136页。

③ 黄震云、孙娟:《汉代神话史》,长春:长春出版社,2009年,第12页。

④ 茅盾:《中国神话研究 ABC》,上海:上海书店,1992年。

⑤ 鲁迅:《中国小说史略》,上海:上海古籍出版社,2006年,第6—12页。

⑥ 参见袁珂:《中国神话通论》。

⑦ 叶舒宪:《中国神话哲学》,北京:中国社会科学出版社,1992年。

第一章　添加与遗失之间——大禹出生传说

"当我们无法理解一则谚语、一个笑话、一个仪式或一首诗歌时，我们应当知道自己已触及一些事情。发掘这些难以理解的文献，我们或许会得知一个十分异类的意义，这样的线索或会带领我们以一奇特的眼光来观看此世界。"[①]

大禹出生最广为流传的传说为"生于石纽"说，亦即大禹出生于相当于今天的巴蜀一带。然而，笔者相信对大部分中原华夏族人（或汉人）来说，此说难以理解——为何一位中原夏王朝的"英雄圣王"是在巴蜀——一处似是"蛮荒"之地的中原边缘地区——出生？[②] 文首语引述美国历史学者罗伯·丹屯（Robert Darnton）的一段话，无非是借此说明大禹出生是一"异例"，应让我们这群中原华夏族人反思，如何借大禹出生的传说去发掘和认识华夏中原与边缘的关系。

关于大禹的出生神话非常复杂，始祖母、感生物、感孕经过、出生方式、出生地点等都有不同说法。《史记》指出：

> 夏禹，名曰文命。禹之父曰鲧，鲧之父曰帝颛顼，颛顼之父曰

[①] Robert Darnton, *The Great Cat Massacre: And Other Episodes in French Cultural History*, New York: Basic Books, 1984, p.5. 原文为："When we cannot get a proverb, or a joke, or a ritual, or a poem, we know we are on to something. By picking at the document where it is most opaque, we may be able to unravel an alien system of meaning. The thread might even lead into a strange and wonderful world view。"

[②] 本书有关"边缘"的研究，乃指对政治与知识权威所建构的各种性别、阶级、族群、国家"边界"进行新的了解，有关"边缘"的研究汗牛充栋，笔者深受影响的研究包括：D. Emily Hicks, *Border Writing: The Multi-dimensional Text*, Minneapolis and Oxford: University of Minnesota Press, 1991; Partha Chatterjee, *The Nation and Its Fragments: Colonial and Postcolonial Histories*, Princeton: Princeton University Press, 1995; Prasenjit Duara, *Rescuing History from the Nation: Questioning Narratives of Morden China*, Chicago: The University of Chicago Press, 1995。

昌意，昌意之父曰黄帝。禹者，黄帝之玄孙而帝颛顼之孙也。禹之曾大父昌意及父鲧皆不得在帝位，为人臣。①

又如《大戴礼记》所载：

> 颛顼产鲧，鲧产文命，是为禹。②

而《孔子家语》也云：

> 宰我曰："请问禹。"孔子曰："高阳之孙，鲧之子也，曰文命。"③

这些记载都说明，鲧之父是颛顼。然而，《汉书·律历志》引《帝系》云"颛顼五世而生鲧，鲧生禹"④，和《山海经·海内经》"黄帝生骆明，骆明生白马，白马是为鲧"⑤都认为颛顼不是鲧之父。因而有学者认为追查鲧禹世系，止于鲧，应是较合适的做法。⑥不过，上博楚简的《子羔》没有契和后稷为帝喾之子，大禹为鲧之子的说法。鉴于《子羔》成于战国⑦，"禹为鲧之子"一说最早只能在战国晚期才出现。由是之故，大禹的祖父辈一直都有着不同说法，使其出生神话出现不同版本，当中以"禹生石纽"最为后人所道。

第一节　大禹出生传说

根据传世文献，大禹的出生，至少有两种版本，一是始祖母心有所

---

① 司马迁：《史记》卷二《夏本纪第二》，北京：中华书局，1959年，第50页。
② 戴德：《大戴礼记》卷七《帝系》，北京：中华书局，1985年，第118页。
③ 王肃：《孔子家语·五帝德第二十三》，沈阳：辽宁教育出版社，1997年，第65页。
④ 班固：《汉书》卷二十一下《律历志第一下》，北京：中华书局，1962年，第1013页。
⑤ 郭璞、郝懿行注，袁珂译注：《山海经》卷十八《海内经》，台北：台湾古籍出版有限公司，1996年，第462页。
⑥ 孙淼：《夏商史稿》，第140页。
⑦ 有关《子羔》的成书时代，可详参裘锡圭：《新出土先秦文献与古史传说》，载氏著：《中国出土古文献十讲》，第29—30页。

感而生①，二是鲧腹生禹。在第一个版本中，始祖母的身份共有三人，分别为修己、女狄、女嬉，而感生物包括薏苡、珠、石子。以下以表格形式，列出大禹出生传说。

表一 大禹出生传说表

出处	原文	生者	感生物	感孕方式	出生方式
《世本》	禹母修己，吞神珠如薏苡，胸拆生禹。[1]	修己	薏苡	吞神珠	胸拆生禹
《山海经》	洪水滔天，鲧窃帝之息壤以埋洪水，不待帝命。帝令祝融杀鲧于羽郊，鲧复生禹。[2]	鲧			鲧腹生禹
《归藏》	鲧殛死，三岁不腐，副之以吴刀，是用出禹。[3]	鲧			鲧腹生禹
《楚辞》	伯鲧腹禹，夫何以变化？[4]	鲧			鲧腹生禹
《淮南子》	禹生于石。高诱注：禹母修己，感石而生禹，折胸而出。[5]	修己	石		胸拆生禹
《春秋繁露》	至禹生发于背。[6]				背拆生禹
《蜀王本纪》	禹本汶山广柔县人，生于石纽，其地名痢儿畔。禹母含珠孕禹，坼堛而生于县。涂山妻生子启。[7]		珠		坼堛
《河图》	修己见流星，意感，生帝戎文禹，一名文命。[8]	修己		见流星	
《遁甲开山图》	女狄暮汲石纽山下泉水中，得月精如鸡子，爱而含之，不觉而吞，遂有娠。十四月生夏禹。[9]	女狄	月精如鸡子	吞	
《遁甲开山图》	古有大禹，女娲十九代孙，寿三百六十岁，入九嶷山，仙飞去。后三千六百岁，尧理天下，洪水既甚，人民垫溺，大禹念之，乃化生于石纽山泉。女狄暮汲水，得石子如珠，爱而吞之，有娠，十四月生子。及长，能知泉源，代父鲧理洪水。尧帝知其功，如古大禹知水源，乃赐号禹。[10]	女狄	石子	吞石子	
《尚书·帝命验》	修纪见流星，意感，生帝文命，我禹兴。[11]	修经		见流星	
《礼纬》	禹母修己，吞薏苡而生禹，因姓姒氏。[12]	修纪		吞薏苡	

---

① 母亲感生的神话，是"民知其母而不知其父"（高亨注释：《商君书·开塞篇第七》，北京：中华书局，1974年，第73页）下的产物，这时期应是母系社会。这些传说的重点也在母而不在父。详参李则纲：《始祖的诞生与图腾》，上海：商务印书馆，1935年，第18页。

续表

出处	原文	生者	感生物	感孕方式	出生方式
《尚书·刑德放》	禹生姒，祖昌意，以薏苡生。[13]				薏苡生
《论衡》	禹母吞薏苡而生禹，故夏姓曰姒。[14]		薏苡	吞薏苡	
《吴越春秋》	禹父鲧者，帝颛顼之后，鲧娶于有莘氏之女，名曰女嬉，年壮未孳，嬉于砥山，得薏苡而吞之，意若为人所感，因而妊孕，剖胁而产高密。[15]	女嬉	薏苡	吞薏苡	剖胁
《史记集解》	若夫前志所传，修己背拆而生禹。[16]	修己			背拆生禹
《宋书》	帝禹有夏氏，母曰修己，出行，见流星贯昴，梦接意感，既而吞神珠。修己背剖，而生禹于石纽。虎鼻大口，两耳参镂，首戴钩钤，胸有玉斗，足文履己，故名文命。[17]	修己	神珠	吞神珠、见流星贯昴	背剖生
《史记正义》	父鲧妻修己，见流星贯昴，梦接意感，又吞神珠薏苡，胸坼而生禹。名文命。[18]	修己	薏苡	吞神珠、见流星贯昴	胸坼生禹
《路史》	鲧纳有莘氏，曰志是，为修己，年壮不字，获若后于石纽，服媚之，而遂孕，岁有二月，以六月六日屠䪞而生禹于僰道之石纽乡，所谓刳儿坪者。[19]	修己			坼堨

1　张澍辑注：《世本》卷四，张澍稡集补注本，收入《世本八种》，北京：中华书局，据1957年商务印书馆版重印，2008年，第91页。
2　《山海经》卷十八《海内经》，第467页。
3　《全上古三代文全秦文》引《归藏·启筮》(严可均辑：《全上古三代文全秦文》卷十五，北京：商务印书馆，1999年，第195页)。
4　朱熹：《楚辞集注》卷三《天问第三》，上海：上海古籍出版社，2001年，第54页。
5　何宁：《淮南子集释》卷十九《修务训》，北京：中华书局，1998年，第1336页。
6　董仲舒：《春秋繁露》卷七，台北：台湾中华书局股份有限公司，1968年，据抱经堂本校刊，叶8反。
7　《太平御览》引《蜀王本纪》(李昉等：《太平御览》卷八十二《皇王部第七·夏帝篇》)，石家庄：河北教育出版社，1994年，第635页。
8　黄奭编：《河图》卷十二《稽命征》，上海：上海古籍出版社，1993年，第60页。
9　《太平御览》引《遁甲开山图》(李昉等：《太平御览》卷四《天部第四》，第37页)。
10　《绎史》引《遁甲开山图》(马骕撰，王利器整理：《绎史》卷十一《禹平水土》，北京：中华书局，2002年，第125页)。
11　黄奭辑：《尚书帝命验》，扬州：江苏广陵古籍刻印社，1984年，叶7正反。
12　黄奭辑：《礼纬》，上海：上海古籍出版社，1983年，第3页。
13　黄奭辑：《尚书刑德放》，扬州：江苏广陵古籍刻印社，1984年，叶3反。
14　王充：《论衡》卷三《奇怪篇》，北京：中华书局，1985年，第34页。
15　赵晔：《吴越春秋》卷四《越王无余外传第六》，北京：中华书局，1985年，第123—124页。
16　裴骃：《史记集解》，司马迁：《史记》卷四十《楚世家第十》，第1690页。案：除特别说明外，下文凡引《史记》三家注（裴骃《史记集解》、司马贞《史记索隐》、张守节《史记正义》）皆本《史记》中华书局1959年版。
17　沈约等：《宋书》卷二十七《符瑞志第十七上》，北京：中华书局，1974年，第7630页。
18　张守节：《史记正义》引《帝王纪》；司马迁：《史记》卷二《夏本纪第二》，第49页。
19　罗泌：《路史》，收入《景印文渊阁四库全书·史部一四一·别史类》，册三八三，卷二十二，第212页下—213页上。

由上表即知，大禹的生者、禹母感生物、感生方式和出生方法都有不同说法，无论是鲧生或禹母所生，所有传说都不是由男女正常交合后怀孕生出的。而占绝对多数的禹母感孕产子的神话，也是典型的感生神话，即一个女子有感而生下一个男孩，该男孩成为氏族或民族的始祖、英雄、圣人。① 大禹出生的神话中，以石所生之说最为后人所讨论。

第二节　"禹生石纽"说

在第一节所见有关大禹的出生，只涉及其个人。但由于大禹与夏族的关系密切，探讨大禹的出生，跟夏族的来源也有了连带关系，无论其始祖母或出生方式为何，各版本在传世文献中都提到大禹出生地的问题，在此基础上，探讨禹的出生地点，就与探讨夏族发源地同具意义。②

先秦至宋代已对大禹出生地有不同的记载：

表二　先秦至宋代有关大禹出生地的记载表

时代	人物	记载
先秦	《艺文类聚》引《随巢子》	禹产于砥石，启生于石。1
	《史记集解》引《孟子》	孟子称禹生石纽，西夷人。2

① 女性感孕产男婴的神话不只在中国汉族有很多例子，世界各地的民族都有，详参姜韬霞：《从性别角度看始祖诞生的感生神话》，《江淮论坛》2004年第4期，第126—130页。
② 前人已对夏族起源诸说作梳理，如张国硕：《夏商周三族起源研究述评》，《中国史研究动态》1996年第10期，第10—18页；吕琪昌：《青铜爵、斝的秘密：从史前陶到夏商文化起源并断代问题研究》，第182—188页。而有关夏族渊源问题，至少应包括夏族的祖先为何人及它的发源地在何处。详参杨国勇：《夏族渊源地域考》，载中国先秦史学会编：《夏史论丛》，第280页。

续表

时代	人物	记载
西汉 （前206—8）	陆贾、司马迁	禹兴于西羌。[3]
	扬雄	禹本汶山广柔县人，生于石纽。[4]
东汉 （25—220）	赵晔	女嬉……于砥山，得薏苡而吞之……产高密（禹）……地曰石纽，在蜀西川也。[5]
西晋 （266—316）	皇甫谧	禹生于石纽……长于西羌，西夷人也。[6]
	陈寿引秦宓之言	禹生可纽，今之汶山郡是也。[7]
	谯周	禹本汶山广柔县人也，生于石纽，其地名刳儿坪。[8]
东晋十六国 （317—420）	常璩	五岳华山表其阳，四渎则汶江出其徼，故上圣则大禹生其乡，媾姻则黄帝婚其女。[9]
	范晔《后汉书》引《华阳国志》	夷人营其地，方百里，不敢居牧。有过，逃其野中不敢追，云畏禹神；能藏三年，为人所得，则共原之，云禹神灵佑之。[10]
唐	徐坚《初学记》引《帝王世纪》	禹，姒姓也，其先出颛顼，颛顼生鲧，尧封为崇伯，纳有莘氏女，曰志，是为修己，见流星贯昴，又吞神珠，意感而生禹于石纽，名文命，字高密，长于西羌，西夷人也。[11]
宋	罗泌	禹先出于高阳，高阳生骆明，骆明生白马，是为伯鲧……鲧，高阳氏孙，字熙，汶山广柔人也。鲧纳有莘氏女曰志，是为修己，年壮不字，获若后于石纽，服媦之而孕，岁有二月，以六月六日屠䐃而生禹于僰道之石纽乡，所谓刳儿坪者，长于西羌，西夷之人也。[12]

1　欧阳询：《艺文类聚》卷六《石部·石》，上海：上海古籍出版社，1965年，第107页。《随巢子》于《汉书·艺文志》有录，班固自注："墨翟弟子"，班固：《汉书》卷三十《艺文志第十》，第1738页。《隋书·经籍志》、《新唐书·艺文志》都著录，《旧唐书·经籍志》则不见著录，宋以后的书目也未见引录，可能大约亡于南宋之后。清人马国翰有迄今最早的辑本，并摘录该句为"禹产于昆石，娶涂山，治洪水，通辕轘，山化为熊，涂山氏见之，惭而去，至嵩高山下化为石。禹曰：'归我子'，石破北方而生启"（马国翰：《玉函山房辑佚书及补遗》第四册，京都：中文出版社，1990年，第2796页，研究者多忽略此引文中"碇石"之"碇"，饶宗颐为此作过初步的考证，详参饶宗颐：《论雷泽与西陵氏之蚕陵及禹出生地的碇石》，载氏著：《西南文化创世纪：殷代陇蜀部族地理与三星堆、金沙文化》，上海：上海古籍出版社，2010年，第236页。

2　裴骃：《史记集解》，司马迁：《史记》卷十五《六国年表第三》，第686页。又，今本《孟子》不见此句。

3　陆贾撰，王利器校注：《新语校注》卷上《术事第二》，北京：中华书局，1986年，第43页；司马迁：《史记》卷十五《六国年表第三》，第686页。

4　《随园随笔》引《蜀王本纪》；袁枚：《摘〈史记〉注》，载氏著：《随园随笔》，收入氏著《袁枚全集》第五册卷二，南京：江苏古籍出版社，1993年，第20页。

5　赵晔：《吴越春秋》卷四《越王无余外传第六》，第123—124页。

6　皇甫谧：《帝王世纪》，北京：中华书局，1985年，第14页。
7　陈寿：《三国志》卷三十八《蜀书八·秦宓传第八》，北京：中华书局，1959年，第975页。
8　《三国志》引《蜀本纪》；陈寿：《三国志》卷三十八《蜀书八·秦宓传第八》，第975页。
9　常璩：《华阳国志》卷三，北京：中华书局，1985年，第42页。
10　范晔：《后汉书》卷二十三《郡国志第五》，北京：中华书局，1965年，第3509页。
11　徐坚：《初学记》卷九《总叙帝王》，北京：中华书局，1962年，第198页。
12　罗泌：《路史》收入《景印文渊阁四库全书·史部一四一·别史类》，册三八三，卷二十二，第212页下—213页上。

　　陆贾和司马迁明言"禹兴于西羌"，然而，如此重要的讯息，司马迁竟不在《夏本纪》而在《六国年表》说明。①徐坚和罗泌的记载，大篇幅地详细叙述大禹出生的情况，比以往的文献有更丰富的资料。"禹生石纽"的说法，在一些大型类书或史书中都有出现，如《太平御览》和《册府元龟》、《通志》都点明禹生石纽②，《资治通鉴》除指禹生于石纽，更对石纽地望有初步考证。③从上引文看，扬雄言禹生石纽，赵晔的说法则加入禹母，并交代禹母得薏苡而生下禹，皇甫谧则把禹与西羌和石纽的关系扯在一起，谯周更添加了禹生石纽之地名是刳儿坪。西羌是一个范围，可以指今天整个西部。④我们不知道陆贾的根据，但司马迁的说法，可以解释为他在全国进行历史考察时得到的传说。无论如何，禹生西羌的记载比禹生石纽早。

　　今本《孟子》不见禹生石纽的记载，《孟子》佚文可信程度亦不高⑤，

---

①　冯汉骥：《禹生石纽辨》，收入氏著：《川大史学·冯汉骥卷》，成都：四川大学出版社，2006年，第21页。

②　李昉：《太平御览》卷五百三十一《礼仪部第十》，第184页；王钦若等：《册府元龟》卷八百三十三《总录部》，台北：明文书局股份有限公司，1984年，第4304页；郑樵：《通志》卷一百一十八上《列传第三十一上》，北京：中华书局，1987年，第1786页。

③　司马光撰，胡三省注：《资治通鉴》卷一百九十《唐纪六》，北京：中华书局，1956年，第5976页。

④　谭继和：《禹生石纽简论》，《阿坝师范高等专科学校学报》2008年第25卷第1期，第1页。羌族仅仅是华夏对西方异族的"概念"，不一定指特定的一个"民族"。详参 Ming-ke Wang, "The Ch'iang of Ancient China through the Han Dynasty: Ecological Frontiers and Ethnic Boundaries," Ph. D. dissertation, Harvard University, 1992.

⑤　《孟子》一书，脱简甚少，加上孟子爱辩，书中杜撰之事随处可见，此佚文只属孤证。详参冯汉骥：《禹生石纽辨》，收入氏著：《川大史学·冯汉骥卷》，第22页。

而《史记》亦只言及禹兴于西羌，而非"生"于西羌，陆贾和司马迁只有禹出于西羌的记载，而无"禹生石纽"的记载。晚于司马迁的扬雄等人竟能指出禹生石纽是可疑的。冯汉骥认为禹生石纽说实即"禹生于西羌"[①]，司马迁之外，此说回应者众：

> 学于西王国。[②]
> 禹学乎西王国。[③]
> 禹出西羌，文王生北夷。[④]
> 大禹生石夷之野。[⑤]
> 禹家于西羌，地曰石纽；石纽，在蜀四川也。[⑥]
> 仲尼长东鲁，大禹出西羌。[⑦]

司马迁言"禹兴于西羌"，到"禹生石纽"之说，冯汉骥认为禹生石纽就是后起的传说，难成有力证据，他更指出"汉武帝开冉駹置汶山郡，羌人每来蜀为佣，蜀人对汶山郡之羌人，知之渐稔。禹既有兴于西羌之说，而汶川有羌人，禹即可以生于汶山郡了"[⑧]。禹的出生不见于《尚书》、《史记》等古籍，显然其出生的神话，是后人妄加。[⑨]事实上，在明代陆深已提出禹生石纽之不可信：

> 成都学官前绰楔题曰"神禹乡邦"，予始至视学见而疑之。昔尧舜禹嗣兴冀为中州两河之间，声教暨焉，而舆地尚未拓也。后千余年而周始有江汉之化。至秦盛强，蜀始通焉。彼所谓蚕丛、鱼凫、

---

① 冯汉骥：《禹生石纽辨》，收入氏著：《川大史学·冯汉骥卷》，第22页。
② 《荀子》注释组：《荀子新注》卷二十七《大略》，北京：中华书局，1979年，第442页。
③ 韩婴：《韩诗外传》卷五，北京：中华书局，1985年，第71页。
④ 桓宽：《盐铁论》卷五《国病第二十八》，北京：中华书局，1985年，第145页。
⑤ 焦延寿：《易林》，收入《四部备要·子部》，册三八三，卷一，叶6反。
⑥ 赵晔：《吴越春秋》卷四《越王无余外传第六》，第123—124页。
⑦ 范晔：《后汉书》卷八十三《逸民列传第七十三·戴良》，第2773页。
⑧ 冯汉骥：《禹生石纽辨》，收入氏著：《川大史学·冯汉骥卷》，第24页。
⑨ 陈志良：《禹生石纽考》，《禹贡半月刊》1936年第6卷第6期，第39、41页。

鳖灵、望帝者，文物未备，且在衰周之世，蜀之先可知也。禹都在今之安邑，鲧实四岳，封为崇伯。崇今之鄠县，其地辽绝，何得禹生于此乎？新志亦以此为疑，问之人士，皆曰禹生于汶川之石纽村，禹穴在焉。检旧志称唐《元和志》广柔县有石纽村，禹所生也，以六月六日为降诞云，是盖凡于巫觋之谈。至宋计有功作禹庙碑，始大书曰崇伯得有莘氏女，治水行天下，而禹生于此，其言颇为无据，有莘氏于鲧亦不经见。按莘今之陈留，与崇近，鲧娶当或有之。鲧为诸侯，厥有封守，九载弗绩，多在河北，今诸处之鲧城是已，安得治水行天下乎？又安得以室家自随荒裔之地如石纽者乎？予亦疑之。虽有功亦曰稽诸人事，理或宜然，盖疑词也。此必承《元和志》之误，而后说益纷纷矣。此虽于事无所损益，而蜀故不可以不辨。按扬雄《蜀都赋》止云禹治其江，左思《三都》所赋人物奇若相如君平，文若王褒扬雄，怪若苌弘杜宇，僭若公孙刘璋，皆列独不及禹生耶？至宋王腾不平左词，作赋致辨，颇极辞锋，亦云岷山导江，历经营于禹迹。其后云鲧为父，而禹子，此概人伦之辨尔，亦不言禹所生也。又按《华阳国志》载禹治水，命巴蜀以属梁州，禹娶于涂山，辛壬甲而去，生子启，呱呱啼，不及视，三过其门而不入室，务在救时，今江州之涂山是也，帝禹之庙铭存焉，志作于晋常璩，可谓博雅矣，况留意蜀之材贤，然亦不云禹所生也。今徒以石纽有禹穴二字证之，又安知非后人所为耶？禹穴实在今会稽，窆石在焉。古称穴居，众词也。禹平水土，时已为司空，恐不穴居。今言穴盖窆处，非生处也。《古今集记》则云岷山水源分二派，正南入溢村，至石纽过汶川，则禹之所导江也。由是言之，石纽盖禹迹之始，而非谓禹所生也。又按涂山亦有数说，江州今重庆之巴县，有山曰涂；凤阳之怀远，古钟离也，自有涂山，启母石在焉，江州治水所经，钟离帝都为近，未知孰是。苏鹗又云，涂山有四，皆禹迹也，并指会稽与当涂云。宋景濂游山记甚详，然亦不能决。孔安国曰，涂山国名，非山也。《史记》所载，启禹之子，其母涂山氏之女，又似姓氏，犹今司马氏、欧阳氏之谓，恐亦非国名也，聊附所疑于此。①

清人李超孙亦言：

> 案《史记正义》、《三国蜀志》、《华阳国志》、《吴越春秋》，并言禹生石纽乡，为蜀之汶山广柔人。然古帝王多起冀方，其时蜀又不与中国通，且鲧娶有莘氏女莘在陈留，其封于崇，为今鄠县相去不甚远，何缘家居蜀土？考《世纪》，禹生石坳，《路史》注有人出石夷，引《随巢子》云：禹生昆石，又言随巢谓生碣石之东，然则所称石夷、石坳、昆石者，指昆仑碣石戎夷之地，与《后书戴良传》言禹生西羌，合世人傅会其说，移于蜀之石纽也。②

梁玉绳亦辩之曰：

> 案禹之生卒，莫详其地……而所生之处，《史记》正义引《蜀王本纪》，《三国蜀志·秦宓传》水经沬水注，《华阳国志》、《吴越春秋》并言禹生石纽乡，为蜀之汶山广柔人。嗣后志地理者仍之。夫古帝王多起冀方，其时蜀又不与中国通，即或禹曾至其地，亦必导江涉历，距得指为生处乎，且鲧娶有莘氏女，莘在陈留，其封于崇，为今鄠县，相去不甚远，何缘家居蜀土？③

陆深认为，先秦史籍中记禹的事迹都不提及其出生，因此贸然记载禹生于石纽恐难令人置信；李超孙则先从交通不便而论，认为禹难以奔走多地，又以诸书只记载禹生于石，认为石纽是后人附会之说；梁玉绳从"不与中国通"为由，拒绝接受"禹生石纽"说。他们的意见或从文献、地理、常理来否定"禹生石纽"说，反映明清学人已认为此说实属无稽之论。

在分析"禹生石纽"的传说时，宜留心此说先见于西汉扬雄，其后

---

① 陆深：《蜀都东抄》，载《续修四库全书·史部·地理类》，册七三五，第123—124页。
② 李超孙辑：《诗氏族考》卷六，北京：中华书局，1985年，第152页。
③ 梁玉绳：《汉书人表考》卷一，上海：上海商务印书馆，1937年，第28页。

由陈寿、秦宓、谯周所继承，扬雄之前有没有人说过禹生石纽，我们不得而知，但谯周是秦宓的学生，谯周的说法比他的老师秦宓有所增润——是更指明石纽之地名是"刳儿坪"。而"生于石纽"比"兴于西羌"更具体。可惜的是，当年谯周没有明指"刳儿坪"的地望。大禹的事迹，在先秦典籍都不言其出生之事又是事实，就算扬雄之后的刘向、班固、桓谭等人也未言及，东汉的郑玄在考古注经时也未有以大禹为生石纽。

顾颉刚在 1937 年发表《九州之戎与戎禹》一文，指禹兴于西羌之说，"可信据之程度甚低下，然任何一传说皆非无因而来"[①]，他从大禹与戎禹的传说推断大禹就是戎族。其实，这种推测也存在问题，从上文已知，禹兴于西羌之说始于汉代，但顾颉刚以《商颂》、《吕刑》作为论据[②]，根本与戎禹无关。他又用九州四岳的岳山地望偏西论证大禹传说之起源[③]，也是证据薄弱，因为九州之解泛指中国，非地区专名，而四岳即嵩山，即太岳，嵩山即崇山，与戎禹亦无关。[④] 大禹的夏族姬姓，与羌族姜姓为两大族系，两者虽有交融之机会，但不能证明大禹就是戎族。近来，学者亦从社会的发展形态分析，论证"大禹为四川人、西羌人……可能性不大"[⑤]。

谈及上古传说帝王的诞生神话，自然不能不提及出土文献《子羔》。《子羔》篇是子羔与孔子一问一答的形式，借孔子之口叙述禹、契、后稷的出生神话。[⑥] 而在《子羔》写作年代时（战国中期），尧、舜传说应已广泛流传，所以三位帝王都被当作舜的臣下。[⑦] 有关禹的出生，在最初出土时的排序中，整理者把简文排成："妊而划于背而生，生而能言，是禹也。契之母，有乃氏之女也，观于伊而得之三也。"[⑧] 后经不少学者重新排

---

① 顾颉刚：《九州之戎与戎禹》，载吕思勉、童书业编著：《古史辨》第七册，第 569 页。
② 同上。
③ 同上书，第 571 页。
④ 杨向奎：《宗周社会与礼乐文明》，北京：人民出版社，1992 年，第 35—37 页。
⑤ 廖名春：《大禹故里说文献考辨》，《中原文化研究》2018 年第 6 期，第 26 页。
⑥ 郭永秉：《帝系新研：楚地出土战国文献中的传说时代古帝王系统研究》，第 112—115 页。
⑦ 裘锡圭：《新出土先秦文献与古史传说》，载氏著：《中国出土古文献十讲》，第 27 页。
⑧ 马承源编：《上海博物馆藏战国楚竹书》，上海：上海古籍出版社，2001 年，第 193—195 页，这个排序是自第九简至第十一简。

序并加入香港中文大学所藏的竹简,现时学界对这几简有新的看法如下:

> 子羔问于孔子曰:三王者之作也,皆人子也,而其父贱不足称也与?殹(抑)亦成天子也与?孔子曰:善,而问之也。久矣,其莫☐[禹之母……之]【9】女也,观于伊而得之,㰠(娠)三【11上段】念(年)而画(?)于背而生,生而能言,是禹也。契之母,有娀氏之女【10】也,游于央台之上,有燕衔卵而措诸其前,取而吞之,㰠(娠)【11下段】三念(年)而画(?)于雁(膺),生乃呼曰:【香港中文大学藏简】"䤹(金)。"① 是契也。后稷之母,有邰氏之女也,游于串(?)咎之内,冬见芺攸而荐之,乃见人武,履以祈祷曰:帝之武,尚使【12】☐是后稷之母也。三王者之作也如是。子羔曰:然则三王者孰为☐【13】②

子羔问孔子,夏商周三位始祖禹、契、后稷究竟是他们的父亲地位低贱不足称道,还是他们真的就是天帝之子呢?孔子认为此问题提得很好,向他讲述了三位先王的降生神话,肯定三人是天帝之子的说法。大禹在《子羔》中的诞生方式,跟《春秋繁露》所说相近,与《山海经》的"鲧腹生禹"不同,《子羔》的出土,说明了汉以后说禹、契生自母背、母胸的降生神话,有颇古老的来源。③ 若细心阅读简文,不难发现《子羔》的作者借子羔之口向三王为天子的身份提出怀疑,说明战国时代人们心目中夏、商、周三代始祖都没有明确的父系祖先。那就是说,后世对大禹出生的叙述、描绘的不同,就是因为早在战国之时已缺乏一个统一的口径。

---

① "䤹(金)"字的释读是裘锡圭提出的意见。详参氏著:《释子羔篇"䤹"字并论商得金德说》,载武汉大学简帛研究中心编:《简帛》第二辑,上海:上海古籍出版社,2007年,第63—70页。他认为此字从"色"从"金","金"为声,是金色之"金"的专字,在简文中应读为金锡之金。"契"生乃呼"金",说明商的得金德始自始祖契,并不是到始得天下的汤才开始,而黄帝为土德、周得火德之说也有可能在邹衍之前就存在。

② 陈剑:《上博简〈子羔〉、〈从政〉篇的拼合与编连问题小议》,见《简帛研究》网站 http://www.bamboosilk.org/Wssf/2003/chenjian01.htm。

③ 裘锡圭:《新出土先秦文献与古史传说》,载氏著:《中国出土古文献十讲》,第29页。

第三节　石纽地望

"禹生石纽"传说中,石纽地望被认为是探索夏族起源最为关键的一点。

要考察石纽的地望,笔者认为应先分析各地建置时间。汉武帝在元鼎元年(前116)征西南夷后初置广柔县,据《旧唐书·地理志》和《元和郡县志》,汉广柔县地在唐代已变成汶川县东的通化县。[①]最早确定禹生地为广柔的是扬雄,在他之前,广柔县仍未设置,记史者就只能写成"兴于西羌"。北宋欧阳忞的《舆地广记》载:"汶川县,本汉绵虒、广柔二县地,初属汶山郡,寻属蜀郡"[②],而在绵州石泉县又提到:"本汉广柔县地,隋开皇初置金川县,仁寿初改曰通化,属汶山郡,后废焉。唐咸亨二年(671)以生羌户置小封县,后复改曰通化。"[③]《旧唐书》把石纽山说在汶川县,并指明是汉的绵虒;[④]《新唐书》将石纽山置于茂州通化郡的石泉县。[⑤]由此可见,到唐宋年间,汶川和石泉都有石纽山之名。这里产生一个问题,《舆地广记》指明汶川是汉的绵虒、广柔,但两《唐书》都没有说石纽山在广柔。南宋时王象之《舆地纪胜》则载:"石纽山,《寰宇记》在汶川县。《新唐志》及《舆地广记》在石泉县。《志》云:'石纽山,禹之所生也。'"[⑥]显然,王氏倾向于石纽山在石泉。

石泉初置时间为唐初,《元和郡县志》载:"石泉县,本汉汶江县地,贞观八年(634)置石泉县,属茂州。"[⑦]《旧唐书》也言:"石泉,汉岷山

[①] 李吉甫:《元和郡县志》卷三十二《剑南道中》,北京:中华书局,1983年,第813页。
[②] 欧阳忞:《舆地广记》卷三十,成都:四川大学出版社,2003年,第866页。
[③] 同上书,第869页。
[④] 刘昫等:《旧唐书》卷四十一《地理志第二十一》,北京:中华书局,1975年,第1688—1689页。
[⑤] 欧阳修等:《新唐书》卷四十二《地理志第三十二》,北京:中华书局,1975年,第1084页。
[⑥] 王象之:《舆地纪胜》卷一百五十二《石泉军》,北京:中华书局,1992年,第4116页。
[⑦] 李吉甫:《元和郡县志》卷三十二《剑南道中》,第813页。

县，属蜀郡，贞观八年置石泉县也。"[1] 两说都指贞观八年置县，只是一说为汉汶江县，一说为汉岷山县地。不过，汉代只有汶江县，根本没有岷山县。《通典》言："石泉，汉岷山县，有岷山"[2]，与《旧志》同。"汶"、"岷"二字本可通用，汉汶山当是隋岷山。但唐宋石泉则显然不是汉广柔，因为汉广柔在汶江、绵虒之西，即今岷江之西，而石泉则在今岷江岷山之东。也就是说，石纽地望不能在石泉。[3]

由此分析，本为石纽地望的广柔随着不同记载的添减，先后出现了汶川、石泉、通化等地。事实上，禹生石纽本已有神话色彩，在神话之上验证禹的出生，根本无法做到。为了"证明"禹生于四川，不少骚人墨客都指称四川禹迹处处。《禹生北川》一书更开宗明义点明大禹就是生于北川；[4] 四川省大禹研究会编的《大禹研究文集》收录了多篇文章，不约而同地指出大禹诞生于四川石纽，[5] 在北川羌族的禹里、治城两地，分别有"石纽山"、"甘泉"、"一线天"、"禹穴"、"洗儿池"、"禹床"、"禹母池"、"采药山"、"望崇山"等。[6] 冯广宏新近亦提出大禹"生于西部"、"出自西

---

[1] 刘昫等：《旧唐书》卷四十一《地理志第二十一》，第1688页。
[2] 杜佑：《通典》卷一百七十六《州郡六》，北京：中华书局，1988年，第4631页。
[3] 蒙默：《"禹生石纽"续辨》，《西华大学学报》（哲学社会科学版）2010年第29卷第4期，第20页。
[4] 详参《禹生北川》编辑组编：《禹生北川》，北川：政协北川县文史办公室，1988年。
[5] 周九香：《大禹精神的历史和现实意义——"禹生北川"之我见》、谢元鲁：《关于大禹治水及禹的出生地新考》、李佩金：《大禹生于蜀之石泉》、李德书：《禹生石纽在北川》、钟利勘：《禹生北川绝非无稽之谈》、陈观荣：《关于大禹生地葬地及其精神的一点粗浅认识》、郑光斗：《县志中有关禹生北川的一些记载》、薛涪：《大禹出生在哪里》、陈勤帜：《禹生石纽考察座谈会综述》、张善云：《禹生胜地何处寻》，均载四川省大禹研究会编：《大禹研究文集》，1991年，第25—33、43—51、58—68、75—83、93—96、120—129、133—138、148—155页。
[6] "石纽山"于治城南，山隔河相望即有一崖，崖上有"甘泉"二字，可能就是石泉之义。在石纽西北，有"禹穴"，就是禹之生地，"禹穴"外有桥头，立着高2米，宽、厚各45厘米的石碑，上有"禹穴"二字，落款为"颜真卿书"。旁有"一线天"，峡沟，上又有"禹穴"二字，传为大禹亲书，人称"小禹穴"，"小禹穴"背后为九龙山第五峰，是"剖儿坪"，"剖儿坪"下的瀑布有一巨石，其色赤，传为禹母生禹后，为禹洗涤之处，称为"洗儿池"，池对面的山崖上，有一洞穴，名曰"禹床"，是禹母生禹后，将禹放在此处。"禹母池"传说为禹母沐浴之处。"禹穴"上有一座大山，野生药厂繁多，相传禹幼时随母在此采药，至今人称"采药山"。采药山、石纽山、九龙山第五峰通称蜀山，而石纽山对面为望崇山，传为崇伯（鲧）外出治水，禹母与禹登山思念鲧之处。详参《禹生北川》编辑组编：《禹生北川》，第7—11页。

羌"。① 冯汉骥亲至汶川考察，指出其地有石无土，不宜居住。② 事实上，上举的一系列"禹迹"，都是以"物"来强化当地人对大禹的"记忆"。人类社会常以自然物、人为构筑、古建筑遗址等来与神话、故事、往事联系在一起，如纪念碑、考古遗址等，因为这些地点本身可以成为回忆的主体和载体③，当地人见到这些大禹的"物"时，一些地方神话传说（即"禹生石纽"）之记忆自然被唤起，这些有关大禹之"物"，都能强化羌族认同大禹生于其乡这样的历史记忆。在石纽"发现"的"物"，正是羌人将自己以为的"记忆"与"现实"联系起来，并在"现实"中产生意义，以"物"来重建"记忆"亦是在理解记忆来说无比重要的一环。④ 值得反思的是，少数民族多以博物馆或文物展览馆来传播这些社会记忆，同样是"物"，但社会借此接收的往往是"文化"，而非该民族的"历史"。⑤

笔者认为，禹出生地望的考证，要与夏民族兴起结合，才更具意义。夏民族兴起的研究有多种说法。长期以来，不少记载指夏兴于河南，《史记·货殖列传》："颍川、南阳，夏人之居也。夏人政尚忠朴，犹有先王之遗风，颍川敦愿。"⑥《史记集解》引徐广曰："禹居阳翟"⑦，《史记正义》："禹居阳城。颍川、南阳皆夏地也。"⑧ 阳翟在今河南登封东南、颍水流域

---

① 冯广宏：《西羌大禹治水丰功史》，北京：民族出版社，2017年，第72—96页。
② 参冯汉骥：《禹生石纽辨》，收入氏著：《川大史学·冯汉骥卷》，第25—29页。
③ Aleida Assmann, *Erinnerungsräume: Formen und Wandlungen des kulturellen Gedächtnisses*, Munich: C.H. Beck, 1999, p. 298.
④ 英国心理学家巴特雷特（Frederic Bartlett，1886—1969）于1930年曾进行一项有关记忆过程的经典研究。他发现人们看见一件物件之后的"图像记忆"会产生"主导思想"，整合个别的"物"可"回忆"出整幅图像，也被应用到其他方面，他视之为记忆的变形和重建。羌人见到不同大禹的"物"也自然"回忆"起大禹的"过去"，而重建他们"相信的记忆"。有关研究详参：Frederic Bartlett, *Remembering: A Study in Experimental and Social Psychology*, Cambridge: Cambridge University Press, 1932.
⑤ 这里提到"文化"与"历史"的偏见，多见于欧美学界对第三世界的研究之中，详参 John Comaroff & Jean Comaroff, *Ethnography and the Historical Imagination*, Boulder: Westview Press, 1992, pp. 5-6.
⑥ 司马迁：《史记》卷一百二十九《货殖列传第六十九》，第3269页。
⑦ 裴骃：《史记集解》，司马迁：《史记》卷一百二十九《货殖列传第六十九》，第3269页。
⑧ 张守节：《史记正义》，司马迁：《史记》卷一百二十九《货殖列传第六十九》，第3269页。

的禹县，徐旭生在1959年调查夏墟，即以此地为首选。①20世纪30年代，傅斯年提出"夷夏东西说"，主张商族发源于东北渤海，夏则在今山西省南半部，近河南省西部中部一带②，但傅斯年强调夏是西方之帝国或联盟，实相对东方的殷商说。到20世纪80年代，刘起釪以陶寺遗址的新发现，指出夏始于晋南，后东进河南。③

随着傅斯年"夷夏东西说"的热潮，杨向奎却反驳老师傅斯年而另辟新说，认为夏民族起于东方，夏代中叶以前之活动中心以山东为主。④傅斯年虽说夷东而夏西，但《夷夏东西说》实际主张夏起于中部，确指夏起源于西部的是顾颉刚，他认为夏族发源西方⑤，又把中国古代民族分为东方族和西方族，归纳虞商为东方族，夏周为西方族。⑥

由"禹生西羌"以至"禹生石纽"，有学者由此联想禹为羌人，夏民族发源于岷江流域。⑦但此论早被驳斥，学界已无人依附。⑧这个说法与清末民初流行的"华夏民族西来说"一致⑨，在中日战争期间，国民政府迁渝时期出现"禹兴于西羌"等说，多少都反映出中国历史学者在体会到民族危机与挫败时，重新诠释本民族的族源以期望民族复兴的情感与

---

① 徐旭生：《1959年夏豫西调查"夏墟"的初步报告》，《考古》1959年第11期，第592—600页。

② 傅斯年：《夷夏东西说》，收入氏著：《傅斯年全集》卷三，长沙：湖南教育出版社，2003年，第181—232页。

③ 刘起釪：《古史续辨》，第132—166页。

④ 杨向奎：《夏民族起于东方考》，《禹贡半月刊》1937年第7卷第6、7合期，第1—19页；杨向奎：《宗周社会与礼乐文明》，第6—13页。

⑤ 顾颉刚：《夏族起源与发展》，载氏著：《甲寅杂记》，收入氏著：《顾颉刚读书笔记》卷十四，北京：中华书局，2011年，第309页。

⑥ 顾颉刚：《中国古代民族分合的线索》，载氏著：《古史杂记（七）》，收入氏著：《顾颉刚读书笔记》卷十四，第103页。

⑦ 罗香林：《夏民族发祥于岷江流域说》，《说文月刊》1943年第3卷第9期，第48—68页；陈志良：《禹与四川的关系》，《说文月刊》1943年第3卷第9期，第38—47页。

⑧ 冯汉骥批评罗文"不问材料之真伪，不问时代之先后，凡有一字一音一义之相似者，都糅杂在一起，骤看起来，似乎博洽非常，但如此作文，何事不可证明！不只可以证明禹是羌人，夏民族发祥于岷江流域，而利用同样材料，亦可证明禹是太平洋岛中吃人的黑人，夏民族发祥于新几内亚"。冯汉骥：《禹生石纽辨》，收入氏著：《川大史学·冯汉骥卷》，第31—32页。

⑨ 有关中国文明起源的争论，可参瓦西里耶夫（Леонид Сергеевич Васильев），郝镇华等译：《中国文明的起源问题》，北京：文物出版社，1989年，第41—80页。

意图。①虽然,现时四川羌族保留了大量有关禹的神话②,如以"禹"作为对祭司的称呼,又以"禹步"为原始宗教礼仪③,但羌人什么时候迁至四川才是最为重要。李白《蜀道难》已点明入蜀之路困难无比④,上古之时,古人入蜀就必定更加困难了。《后汉书》指出,羌人自无弋爱剑后,始向西南迁徙,当在秦穆公后⑤,亦即东周时期。无独有偶,上文所举的古籍中,有关禹兴于西羌之说,都是春秋战国时期或以后的作品。所以,徐中舒引"禹兴于西羌"一句,指出夏民族与羌人有关⑥,固然值得我们深思。不过,更重要的是陈梦家以此提出羌人为商革夏命后的夏人。⑦朱岐祥亦从甲骨文角度,提出羌是商代时夏遗民的说法。⑧在多重证据下,禹为西

---

① 王明珂:《华夏边缘:历史记忆与族群认同》,第42页。事实上,这种"族源历史"的虚构,在古代中国已经出现。"太伯奔吴"可谓代表,商代末年,姬周王室的一支迁徙,到春秋时代被江苏南部吴国统治家族借来强调自己是华夏之裔,或被华夏用来证明此土著上层家族为华夏之裔。战国到西汉的文献中,都把吴国王室说成是周太伯的后代(如《史记·吴太伯世家》),乃至当代许多学者都相信吴国王室是姬姓周人的后代;张筱衡就曾提出,太伯所奔之吴是虞。20世纪70年代,陕西宝鸡附近的矢国遗址在出土后,张说获得考古学上的证实,太伯所奔之吴,就是矢国("虞"、"吴"都是"矢"的异体字)而非东南沿海之吴。这说明了从西周到战国,人们都"忘记"了太伯所奔之吴是在宝鸡一带,吴国统治者长期受华夏影响,借"太伯奔吴"传说以成为一个华夏祖先的后代,相反,渭河流域的矢国就被"忘记"。详参唐兰:《宜侯矢簋考释》,《考古学报》1956年第2期,第79—83页;张筱衡:《散盘考释(上)》,《人文杂志》1958年第3期,第68—81、88页;《散盘考释(下)》,《人文杂志》1958年第4期,第81—98页;卢连成、尹盛平:《古矢国遗址墓地调查记》,《文物》1982年第2期,第48—57页;李学勤:《宜侯大簋与吴国》,《文物》1985年第7期,第16页;张云:《春秋时代的吴国》,台北:台湾大学历史学研究所硕士论文,1993年;李龙海:《汉民族形成之研究》,北京:科学出版社,2010年,第227—238页;王明珂:《华夏边缘:历史记忆与族群认同》,第171—193页。

② 20世纪30至40年代前,大多数近代中国知识分子心目中的"羌"只是一个历史上的异族概念,很少有人认真思考当代那些人是"羌族",或其看法不一。如林惠祥认为羌族即当时青海的唐古特族(Tanguts);吕思勉则以为当代羌族主要在青海、康藏、川西北及云南维西、中甸。详参林惠祥:《中国民族史》,上海:商务印书馆,1937年,第142页;吕思勉:《中国民族史》,北京:东方出版社,1996年,第4、286—287页。

③ 详参耿少将:《羌族通史》,第27页。

④ 李白:《蜀道难》,载氏著,王琦注:《李太白全集》卷之三,北京:中华书局,1999年,第162—165页。

⑤ 范晔:《后汉书》卷八十七《西羌传第七十七》,第2875—2876页。

⑥ 徐中舒:《徐中舒先秦史讲义》,天津:天津古籍出版社,2008年,第232、240页。

⑦ 陈梦家:《殷虚卜辞综述》,北京:中华书局,1988年,第282页。

⑧ 朱岐祥:《说羌——评估甲骨文的羌是夏遗民说》,载氏著:《甲骨文研究——中国古文字与文化论稿》,台北:里仁书局,1998年,第41—50页。

羌或夏族源于西部说都是晚起之说，最早的说法是商灭夏后才出现羌人。是故有学者提出"大禹与羌人的关系是华夏文化西向传播的结果"，似较客观。① 假如大禹真是起于西羌而后来到中原为王，那么中原与西部的关系就不需等到秦灭蜀国后才有密切的联系。故此，把"禹兴西羌"视为禹是西羌人或夏起源西部，似乎是倒果为因。

认为禹生于西部的学者好用三星堆文化作证据，证明禹生石纽在考古学文化上有所反映②，也有学者认为三星堆文化是反映夏亡后入蜀的夏遗民带进的文化。③ 事实上，从典范中国史来看，由新石器时代至商周时期，长江上游之成都平原与中原地区的文化往来较少，当时蜀国与中原诸国往来并不积极。甲骨文中虽有"蜀"字，但是否指成都平原之蜀尚不可知；④《尚书·牧誓》虽提及武王（姬发）伐纣时其盟军中有蜀⑤，但《牧誓》成篇较晚，内容可能反映的是战国人的观念。⑥ 换言之，商周时期，长江上游的历史图像在人们心目中应是一片蛮荒。三星堆文化出土的青铜人面

---

① 李健胜等：《早期羌史研究》，北京：人民出版社，2014 年，第 71 页。

② 陈显丹：《三星堆一、二号坑几个问题的研究》，《四川文物》1989 年增刊 1 期，第 20—22 页。

③ 沈仲常、黄家祥：《从新繁水观音遗址谈早期蜀文化的有关问题》，《四川文物》1984 年第 2 期，第 5 页；杜金鹏：《三星堆文化与二里头文化的关系及相关问题》，载氏著：《夏商周考古学研究》，北京：科学出版社，2007 年，第 191 页。

④ 甲骨文的蜀可指某一地名或方国名，但不能确证为四川之蜀。详参李孝定：《甲骨文字集释》，台北："中央研究院"历史语言研究所，1982 年，第 3911 页；徐中舒编：《甲骨文字典》，成都：四川辞书出版社，2006 年，第 1425 页。杜勇新近研究举出三点认为甲骨文中的蜀不是四川：（1）殷商与蜀地频繁活动，意味两地地理上的阻隔不大，恐怕当时不能具备便利的交通条件入蜀；（2）两地紧密联系在文化面貌上多有反映，这就不能解释为何三星堆文化与中原文化有极大差距；（3）周原甲骨文有"伐蜀"、"克蜀"之事，但四川地区不戍为周人东进伐商的军事障碍，周人无须对它大事征伐。杜氏则提出甲骨文的蜀是指今河南长葛。详参氏著：《中国早期国家的形成与国家结构》，北京：中国社会科学出版社，2013 年，第 219—226 页。

⑤《尚书·牧誓》载"王曰：嗟！我友邦冢君、御事、司徒、司马、司空、亚旅、师氏、千夫长、百夫长，及庸、蜀、羌、髳、微、卢、彭、濮人，称尔戈，比尔干，立尔矛，予其誓"，孔颖达疏：《尚书正义》卷十一《牧誓》（阮元校《十三经注疏》本，北京：中华书局，1980 年），第 183 页。这里的"蜀"当指今陕南汉中一带。详参顾颉刚、刘起釪：《尚书校释译论》第三册，北京：中华书局，2005 年，第 1134 页。

⑥《牧誓》一文当是周武王讲话时，史臣记录下来，但词汇和语法都有西周以后的风格，而虚词的运用也受了东周人的影响。故此文应是东周时期的文章。详参顾颉刚、刘起釪：《尚书校释译论》第三册，第 1141—1142 页。

像、玉璋、玉戈、面罩等显然代表复杂的宗教仪式及高度文明的社会已存在于此。因此，三星堆文化之存在，至少说明了汉代以来蜀人与华夏都曾对这些文化的"过去"失忆。① 在三星堆文化仍在探索的前提下，笔者不认同以此作为证明禹生石纽的根据。除了考古学上的所谓"证据"外，还有学者征引《帝系》、《纪年》等古籍，认为禹祖辈的昌意、颛顼所居在若水（今四川西部），所以得出如此结论："昌意到颛顼这一系出于今四川，并不是蜀人独有的说法，而是古代公认的传说。禹生石纽之说放在这样的背景里，便不是独立的了。"② 张光直曾言"凡是有史学常识的人，都知道《帝系姓》、《晋语》、《帝系》、《五帝本纪》与《三皇本纪》等古籍所载的中国古代史是靠不住的，从黄帝到大禹的帝系是伪古史"③，要引用这些古籍的史料，就必须为《帝系》树立被"古史辨"派扫荡后的权威。若水之所在，主要有四川和河南两说，文献最先对若水的记载当属《山海经》和《吕氏春秋》，两本书都无提及"蜀山氏"，是故若水在四川的论点难以佐证。④ 再者，上古之时，"蜀"未必是指四川。⑤ 若回归文献而论，《史记》只言"禹兴于西羌"，这里用"兴"，而不是"生"，说明司马迁不认为禹是生于西部。《史记·六国年表》载："或曰'东方物所始生，西方物之成孰'。夫作事者必于东南，收功实者常于西北。故禹兴于西羌，汤起于亳，周之王也以丰镐伐殷，秦之帝用雍州兴，汉之兴自蜀汉。"⑥ 司马迁的意思

---

① 王明珂：《英雄祖先与弟兄民族：根基历史的文本与情境》，台北：允晨文化实业股份有限公司，2006年，第89页。
② 李学勤：《禹生石纽说的历史背景》，载氏著：《走出疑古时代》，第137页。
③ 张光直：《商周神话之分类》，收入氏著：《中国青铜时代》，台北：联经出版事业股份有限公司，1983年，第285页。
④ 闫德亮：《中国古代神话文化寻踪》，北京：人民出版社，2011年，第138页。
⑤ 《逸周书》记载"新荒伐蜀"之事，在庚子伐蜀前后共享六天时间，说明"蜀"只能在牧野附近，不能远征至四川。详参林向：《三星堆遗址与殷商的西土——兼释殷墟卜辞中的"蜀"的地理位置》，《四川文物》1989年增刊期，第29页。也就是说，《帝系》言昌意娶"蜀山氏"都指是发生于山东或河南。
⑥ 司马迁：《史记》卷十五《六国年表第三》，第686页。从上文引《夏本纪》已清楚表明司马迁把大禹归入黄帝姓族集团，并且编排了一个完整清晰的世系。崔述是较有系统地质疑司马迁的学者，他指出"上古天子本不相继，而帝颛顼至尧其世盖远"，认为这个世系出于臆度，断言"禹断非颛顼之孙，而亦未必果颛顼之裔"，崔述：《崔东壁遗书》，《夏考信录》卷之一，第108页。

很明显，东方是事物发生的地方，而在西方收获，禹、汤、文王、武王、秦汉的先帝都是在西羌、亳、丰镐、雍州、蜀汉成功，说明他们最终获得成功地是在西方。

记述禹生于四川的作者，都是四川人。扬雄是成都人；陈寿是南充人，《三国志》也在南充写成；谯周西充人；常璩是崇庆人。的确，蜀人能获得较近的材料，甚至可实地考察，但有乡土之情亦难避免。西汉以后，人们普遍认为石纽就在巴蜀，2004 年于重庆市云阳县旧县坪遗址出土的《景云碑》记载禹的出生。碑主景云叔于是东汉和帝时县令，碑中部分揭示西汉朝廷向巴蜀移民的情况。碑文其中有"大业既定，镇安海内，先人伯沇，匪志慷慨，述禹石纽、汶川之会"，这里应指伯沇迁到蜀地。①与传世文献互证，汉代石纽为四川似乎已成定论。由于西汉初年确有迁民于蜀之事②，而禹生石纽说又初见于西汉，巧合至此，难免令人生疑。

据一些巴蜀史研究可知，战国时的蜀与其北方之秦及东边的巴、楚往来较多。公元前 4 世纪中叶，蜀与巴交恶，巴向秦求援，于是秦军在公元前 315 年出兵灭蜀，后秦曾数度与蜀王之后来统治本地，但由于发生叛乱，公元前 285 年最后一次平蜀之后，秦便直接设郡统治。③刘邦曾借巴、蜀、汉中为基地与项羽对峙，因此秦汉之交，实有不少中原人士入蜀。"禹生石纽"、"禹兴西羌"在汉代蜀地士人间受重视的环境因素显而易见，他们说大禹出生于蜀时，也隐喻了他们自身所在的四川为华夏之地。本来蜀地在空间和政治上都处于华夏边缘，他们自觉地述说"大禹出生于此"，亦表现出蜀人不甘居于边陲的本土华夏认同。④很明显的例子反映在秦宓

---

① 碑文的考释，可参考魏启鹏：《读三峡新出土东汉景云碑》，《四川文物》2006 年第 1 期，第 94—97 页。

② 《汉书·高帝纪》："关中大饥，米斛万钱，人相食。令民就食蜀汉"，班固：《汉书》卷一上《高帝纪第一上》，第 38 页；《汉书·食货志》："汉兴，接秦之敝，诸侯并起，民失作业，而大饥馑，凡米石五千，人相食，死者过半。高祖乃令民得卖子，就食蜀汉"，班固：《汉书》卷二十四上《食货志第四上》，第 1127 页。

③ 童恩正：《古代的巴蜀》，成都：四川人民出版社，1979 年，第 148—151 页。

④ 王明珂：《华夏边缘：历史记忆与族群认同》，第 283—284 页。

的言行中：当时中原来的广汉太守夏侯纂因受秦宓怠慢，所以故意问秦宓当地士人比起其他地方的士人如何，以示轻蔑本地人之意，秦宓傲然回答："禹生石纽，今之汶山郡是也。"① 蜀地在汉晋为边陲地区，汶山郡更是边陲中的边陲，石纽地望不能确切亦可能因为汉晋时人随当时政治、文化势力的扩张而转移，当他们"发现"石纽，也因此"找到"广柔。

杨宽认为，"石纽石夷之说即由禹生于石之说推演而出"②，这个说法值得深思。从现存文献可见，禹生于石是最初的记载，到汉代才有禹生于石纽的说法。石纽地望亦难以确定，但好事者多定石纽位处四川与夏民族来源扯上关系。事实上，禹的出生与夏民族的来源地都难以确定，纵使四川禹迹处处，都不能说明禹就是生于四川。难怪有学者认为禹生石纽系出于蜀人乡土观念而附会之说。③

第四节 石头崇拜

基于三代王朝创立者的功德，他们的事迹都带有巫术和超自然的色彩。④ 无论是禹生石纽、禹生琨石、禹生石子，禹的出生都与石有很大关系。⑤ 事实上，禹的出生传说是来自石头，这种超自然的现象，反映先民对石头的崇拜。而石头崇拜在中国历史上普遍存在。自旧石器时代

---

① 陈寿：《三国志》卷三十八《蜀书八·秦宓传第八》，第975页。
② 杨宽：《中国上古史导论》，收入吕思勉、童书业编著：《古史辨》第七册，第211页。
③ 饶宗颐：《西南文化》，收入氏著，《饶宗颐二十世纪学术文集》编辑委员会主编：《饶宗颐二十世纪学术文集》卷六《史学·南方民族学论丛》，台北：新文丰出版股份有限公司，2003年，第961页，注释10。此外，除了大禹，汉晋蜀人对黄帝的叙述，同样有攀附之嫌。有关研究可参王明珂：《英雄祖先与弟兄民族：根基历史的文本与情境》，第99—102页。有趣的是，《史记》一锤定音地把大禹视为"黄帝之玄孙"，也就在《史记》问世后，汉晋蜀人，"忽然"成了黄帝（和大禹）的子孙（王明珂认为蜀人因边缘身份危机，攀附黄帝和大禹来强调自己的华夏认同，使巴蜀在中原历史上从未缺席），这似乎是蜀人对自己本土历史记忆的改造，不要忘记的是，大禹也恰好在汉代"忽然"生于石纽。
④ Kwang-chih Chang, *Art, Myth, and Ritual, the Path to Political Authority in Ancient China*, Cambridge, Mass and London: Harvard University Press, 1983, p. 45.
⑤ 刘训华：《大禹文化学概论》，第4页。

开始，石头是先民们赖以生存的工具，人类制作石器及其技术亦相当进步，可以说，先民离开石头一天也过不了。由于人们长时期接触石头，在制作石器的过程中所出现不同形状的石头，容易使先民产生联想，并赋予石头不同的解释，这是先民对石头的认识从物质转向精神的巨变。[①]

进入农耕社会[②]，繁殖成为先民面对的最重要问题，男女婚媾生子，成为增加人口的方法，于是有了重视生殖的观念[③]，便有重视生殖的礼俗。《周礼·地官》：

> 中春之月，令会男女，于是时也，奔者不禁。若无故而不用令者罚之。司男女之无夫家者而会之……凡男女之阴讼，听之于胜国之社。[④]

《礼记》说明男女自相为婚配而无媒氏之言，是要受罚。于是产生了禖祀：

> 是月也，玄鸟至。至之日，以大牢祠于高禖，天子亲往。后妃帅九嫔御，乃礼天子所御，带以弓韣，授以弓矢，于高禖之前。[⑤]

---

① 王孝廉：《中国的神话世界》，台北：洪叶文化事业有限公司，2006年，第172页。

② 从考古学角度而论，农耕社会即生产性经济，这亦是区分旧石器时代与新石器时代的重要定义。亦即新石器时代是生产性经济为主，除沿用旧石器时代以打制为主的生产外，亦应较多使用磨制石器从事生产。但由于世界各地生态环境不同，农业和家畜饲养业产生的时间也不同，判断一个石器时代的遗址是否进入新石器时代是非常复杂的，一般不能根据有无磨制石器，而更重要是分析遗址的遗存有无农业生产工具，有无农作物或家畜的遗存。详参张之恒：《中国新石器时代考古》，南京：南京大学出版社，2004年，第7页。就中国而言，中国进入新石器时代的绝对年份约由公元前8000年至公元前2000年。详参张江凯、魏峻：《新石器时代考古》，北京：文物出版社，2004年，第21—22页。

③ 在世界各地的原始文化中都存在生殖崇拜。从考古材料中而论，对生殖崇拜的具体表现，可分为"女神像"、"男根模拟物"和"交合图"。仅摘具代表性研究成果如下：陈星灿：《丰产巫术与祖先崇拜——红山文化出土女性塑像试探》，《华夏考古》1990年第3期，第92—93页；宋兆麟：《生育神与性巫术研究》，北京：文物出版社，1990年；宋兆麟：《中国生育信仰》，上海：上海文艺出版社，1999年；李零：《中国方术正考》，北京：中华书局，2007年重印。

④ 郑玄注，贾公彦疏：《周礼注疏》卷十四《媒氏》，阮元校《十三经注疏》本，第733页。

⑤ 郑玄注，孔颖达疏：《礼记正义》卷十五《月令》，阮元校《十三经注疏》本，第1361页。此段文字与《吕氏春秋·仲春》略同。参高诱注：《吕氏春秋》卷二《仲春纪第二·仲春》，上海：上海书店，据世界书局《诸子集成》本影印，1992年，第12页。

这段文字说明仲春之时,玄鸟飞至并以动物祭祀高禖。① 天子所幸的妃嫔祈祷,祈求生育。天子则带备弓袋弓矢,在高禖庙堂前祭祀,祈求生男孩,说明高禖是掌生育的神祇,"高禖,求子之神也"②。凡祭祀,必有象征物或依托物,也就是"宝",从《通典》的记载可知,高禖之宝是用石:

> 汉武帝晚得太子,始为立高禖之祠。高禖者,人之先也,故立石为主,祀以太牢也。③

《文献通考》则清楚记载禖宝用石:

> 宋仁宗景祐四年(1037),御史张奎请亲祀高禖。下礼院,定筑坛南郊。春分之日祀青帝,本《诗》"克禋以祓"之义,配以伏羲、帝喾,以禖神从祀,报古为禖之先。以石为主,依东汉、晋、隋之旧。④

前人的研究已指明,各民族所祀的高禖,其实是各自的先妣。⑤ 这样,高禖之宝为石与禹出于石的传说就更有关系。上文所引《随巢子》或《淮南子》言禹母感孕而"禹生于石"的记载固然直接道出,而后世的石纽、石泉可能都与禖石有关。⑥ 大禹还有另一个名字——高密⑦,据

---

① 郑玄注云:"玄鸟,燕也,燕以施生时来巢人堂宇而孚乳,嫁娶之象也,禖氏之官以为候",郑玄注、孔颖达疏:《礼记正义》卷十五《月令》,第1361页;《诗·生民》孔疏也言:"玄鸟,燕也。燕至在春分二月之中,燕以此时感阳气来集人堂宇,其来主为产乳蕃滋,故王者重其初至之日,用牛羊豕之太牢祀于郊禖之神",郑玄笺,孔颖达疏:《毛诗正义》(阮元校《十三经注疏》本)卷十七《大雅·生民》,第528页。春分时节,燕子产卵孵化,视作生育的象征。
② 班固著,颜师古注:《汉书》卷五十一《枚皋传第二十一》,第2367页。
③ 《通典》引束晳言,杜佑:《通典》卷五十五《礼十五·沿革十五·吉礼十四》,第1551—1552页。
④ 马端临:《文献通考》卷八十五《郊社考十八》,上海:商务印书馆,1936年,第773页。
⑤ 闻一多:《高唐神女传说之分析》,载氏著:《神话与诗》,长沙:湖南人民出版社,2010年,第86—87页。
⑥ 孙作云:《中国古代的灵石崇拜》,载苑利编:《二十世纪中国民俗学经典·信仰民俗卷》,北京:社会科学文献出版社,2002年,第46页。
⑦ 司马贞:《史记索隐》,司马迁:《史记》卷二《夏本纪第二》,第49页;赵晔:《吴越春秋》卷四《越王无余外传第六》,第123—124页;皇甫谧:《帝王世纪》,第14页。

闻一多考证，高密与高禖音近义通①，大禹也就是掌生育的神。除了大禹的传说，禹子启同样是由涂山氏感石而生②，感石而产子的传说，说明她们都是夏族高禖。此外，涂山氏可能是女娲③，而"女娲"一名更解作古代高禖。④有趣的是，女娲正是以石头来补天。⑤补天传说当然来自自然环境的剧变，而她用具有生殖意义的石头来补天可能意味以石头才能繁殖人口。⑥

"禹生于石"可视为先民以石头为生殖崇拜的典型例子，并植根在中

---

① 闻一多：《高唐神女传说之分析》，载氏著：《神话与诗》，第87页。
② 《山海经·中山经》郭璞注："启母化为石而生启"，载《山海经》卷五《中山经》，第199页；《绎史》引《随巢子》："禹娶涂山治鸿水，通辕辕山化为熊。涂山氏见之惭而去，至嵩高山下化为石。禹曰'归我子！'石破北方而生启"，马骕撰，王利器整理：《绎史》卷十二《夏禹受禅》，第158页。
③ 在现存文献中，女娲之名最早见于战国，楚帛书有提到"女娲，是生子四☐"。详参中岛敏夫编：《中国神话人物资料集——三皇五帝夏禹先秦资料集成》，东京：汲古书院，2001年，第289页；而最早提出女娲的是《楚辞》："女娲有体，孰制匠之？"（《楚辞集注》卷三《天问第三》，第62页）女娲在神话中的记载十分错综复杂。有神圣女说（许慎：《说文解字》卷十二下《女部》，北京：中华书局，2002年重印，第260页）、三皇之一（何宁：《淮南子集释》卷六《览冥训》，第479页）、禹妻（张守节：《史记正义》，司马迁：《史记》卷二《夏本纪第二》，第81页）等。王孝廉论证涂山氏即女娲，颇具说服力。详参王孝廉：《石头的古代信仰与神话传说》，载氏著：《中国的神话与传说》（台北：联经出版事业股份有限公司，1983年），第66页。又，中国广泛流传女娲、伏羲洪水兄妹婚神话。所谓洪水兄妹婚，指洪水发生后，乱伦、兄妹或姐弟为夫妻，并成为创世神、人类始祖的观念。女娲形象是"人首蛇身"，或曰"人面蛇身"，这种"半人半兽"的形象在汉代定型为女娲的标准像，在河南南阳发现的汉代砖画像和山东嘉祥武氏祠汉代画像石刻上女娲和伏羲都是"人首蛇身"形象；四川新津宝子山汉代石棺画像上女娲和伏羲是"人面蛇身"的形象。这类"半人半兽"的怪异形象最早可追溯至《山海经》。一直以来，伏羲、女娲神话传说与洪水兄妹婚神话相提并论，尤其是洪水兄妹婚神话的象征意涵，与伏羲、女娲神话传说之间，似乎存在着某种兼容的特性，又使得伏羲、女娲神话传说在许多地区自觉或不觉地与之相黏合，但中国西南地区的洪水兄妹婚传说，未必完全等于伏羲、女娲的洪水兄妹婚神话传说。详参杨利慧：《女娲的神话与信仰》，北京：中国社会科学出版社，1997年，第96—103页；刘惠萍：《伏羲神话传说与信仰研究》，台北：文津出版社有限公司，2005年，第106—109页。
④ 《路史》："皋（高）禖古祀女娲"，罗泌：《路史》（收入《景印文渊阁四库全书·史部一四一·别史类》，册三八三），卷三十九，第572下—573页上。
⑤ 女娲补天的神话始见《淮南子·览冥训》，何宁：《淮南子集释》卷六《览冥训》，第479页，同为《淮南子·原道训》则有共工氏与高辛争为帝而触倒不周山的记载（何宁：《淮南子集释》卷一《原道训》，第44页），《原道训》虽无女娲补天之记载，但到了《论衡·谈天篇》就有由不周山天柱折而女娲补之的记载。
⑥ 闫德亮：《中国古代神话文化寻踪》，第27页。

国文化之内。《西游记》描述孙悟空于花果山的仙石出生[①]、《红楼梦》中的贾宝玉更是青埂峰下女娲补天时遗下的顽石所化[②]、《水浒传》的梁山一百零八将是三十六天罡星、七十二地煞星的化身，也是出自龙虎山的青石板下。[③] 审视中国的石文化，除了石头产子、人石交媾之外，亦有人爱石如命，唐代方外诗僧寒山子有诗云："细草作卧褥，青天为被盖。快活枕石头，天地任变改"；"一住寒山万事休，更无杂念挂心头。闲于石壁题诗句，任远还同不系舟。"[④] 他视石头为抒发和寄托的对象，中国文化中人与石的生命认同，在这些例子上得到充分的体现。

第五节　小结

大禹出生传说纷纭，这些传说中又多与"石"有不可分割的关系，从"禹生于石"到"禹生石纽"，自然有其层累造成的过程。笔者认为，"禹生石纽"是基于"禹生于石"的传说。大抵夏人被商灭后，走到巴蜀一带，也把大禹的传说带进该地。汉代时期，好事者本于乡土之情和强调族群与华夏文化的关系，把石纽说成是大禹出生之处。不过历代已有学者加以驳斥。"禹生石纽"传说的流传过程中，讨论焦点都在石纽之地，但对禹出生之方式、禹父、禹母却罕见谈及。层累地造成的"禹生石纽"亦出现了层累地遗失的"禹母感孕方式"和"禹出生方式"。

人类以真实或想象的共同血缘根源来建构群体，这种"血缘建构"具体体现为如同出一母体的起始记忆，并以此强化其成员之间的基本情感。[⑤] 现实作用就是维护他们共有的生存空间与相关资源。明显地，处于华夏西陲边缘的羌人，努力地"想象"或"建构"大禹的出生，并以此传

---

① 吴承恩：《西游记》第一回，香港：中华书局，1972年，第2—4页。
② 曹雪芹、高鹗：《红楼梦》第一回，北京：人民文学出版社，1982年，第2—4页。
③ 施耐庵、罗贯中：《水浒传》第一回，北京：人民文学出版社，1982年，第9—10页。
④ 均载《全唐诗》卷八百六，北京：中华书局，1960年，第9083、9086页。
⑤ 如华人称本民族成员为"同胞"，美国人称本民族，国族的成员为"our brothers and sisters"。

递特定讯息，作为他们的社会记忆。事实上，"禹生石纽"、"禹兴西羌"在汉代蜀地士人间受重视的环境因素显而易见，他们说大禹出生于蜀时，也想象了他们自身所在的四川（应）为华夏之地。本来蜀地在空间和政治上都处于华夏边缘，他们自觉地述说"大禹出生于此"，亦表现出蜀人不甘居于边陲的本土华夏认同。[1] 很明显的例子反映在秦宓的言行中：当时中原来的广汉太守夏侯纂因受秦宓怠慢，所以故意问秦宓当地士人比起其他地方的士人如何，以示轻蔑本地人之意，秦宓傲然回答："禹生石纽，今之汶山郡是也。"[2] 蜀地在汉晋为边缘地区，汶山郡更是边缘中的边缘，石纽地望不能确切亦可能因为汉晋时人随当时政治、文化势力的扩张而转移，当他们"发现"石纽，也因此"找到"广柔。从现存文献可见，禹生于石是最初的记载，到汉代才有禹生于石纽的说法。石纽地望亦难以确定，但好事者多定石纽位处四川，与夏民族来源扯上关系。

由汉代开始，处于中原帝国西边边缘的羌人，常想象大禹的出生地就在本乡，以此强调本地人的华夏性，此地便成为华夏边缘之地。毫无疑问，大禹出生于石纽是羌人其中一项社会记忆。社会记忆理论的开山祖哈伏瓦斯（Maurice Halbwachs）强调一个群体，如家庭、家族、国家、民族等，都有其对应的集体记忆，及许多社会活动，并能长时期地以此凝聚人群。[3] 而要增强群体成员对群体的认同（ethic identity），就要建立对自身族群起源（历史记忆）的共同信念。族群间会借此更加牢固地记得族群的"历史"，亦会失忆地忘记一些"历史"以解释族群的变迁。[4] 而当人们"记得"过去时，人们就会把自己展现给自己和周围的人知道，变成"我们记得什么，我们就是什么"[5]，当羌人"记得"大禹的出生地，就理所当

---

[1] 王明珂：《华夏边缘：历史记忆与族群认同》，第283—284页。
[2] 陈寿：《三国志》卷三十八《蜀书八·秦宓传第八》，第975页。
[3] 详参 Lewis A. Coser, "Introduction: Maurice Halbwachs," in his (ed.) & trans, *On Collective Memory*, p. 22。
[4] 详参 Jonathan D. Hill (ed.), *Rethinking History and Myth: Indigenous South American Perspectives on the Past*, Urbana: University of Illinois Press, 1988; Elizabeth Tonkin, Maryon McDonald, and Malcolm Chapman (eds.), *History and Ethnicity*, London and New York: Routledge, 1989。
[5] James Fentress & Chris Wickham, *Social Memory*, Oxford: Blackwell Publishers, 1992, p. 7。

然地视之为"真实",也就是说,在人类社会中,凝聚与区分人群的最重要符号,是人们对本群体之祖先起源与相关重要事件的记忆。① 处于华夏边缘的羌人视大禹的出生地为蜀,是以此历史事件(禹生石纽)来造成羌人的集体记忆,并攀附中原华夏族群,视此为华夏(华夏中原与华夏边缘)的族群认同。

秦汉帝国的形成,是华夏认同的政治体现②,由秦统一到汉初形成的中原帝国情境,是当时中国从未出现之象,笔者要强调的是,秦汉帝国塑造的是中原帝国的政治情境,有别于"四夷"或"边疆"③,亦在同一时候,巴蜀士人的著作中出现"禹生石纽"之说,正是处于中原帝国边缘的蜀地,强调中原帝王(大禹)生于其乡。而"中原"与"边缘"的关系,亦正好体现在各文本之上,《史记》、《汉书》、《后汉书》等成书于汉晋的正史,正是在秦汉中原帝国的政治情境下诞生;这类正史记载大禹的出生都不在《夏本纪》;而同样成书于汉晋的《华阳国志》、《吴越春秋》或《三国蜀志》等,就是有别于正史的地方志文本,这类地方志文本在空间上是中原帝国的一部分,而在强调"禹生石纽"就是从空间延伸至血脉,结果体现为地缘与血缘上与中原扯上关系,这亦是边缘蜀人不敢侵凌中原帝国的地位,故此,大禹非蜀人之祖先,而只是生于蜀。

《史记·南越列传》载西汉南越国权臣吕嘉之言:"太后,中国人也。"④ 这话可见司马迁和吕嘉都不认为当时粤地人为"中国人",毫无疑问,"中国人"是在历史上一项不断变迁的人群概念,而从秦汉史籍中可见,非中原帝国地区的"中国人",因自身边缘的色彩,而要强调中原帝王与本土之关系,视大禹生于其乡,无非是向中原帝国靠拢的一个例子,亦反映了自汉晋开始,蜀人以"大禹"为其认同之英雄圣人。我们不需要

---

① 王明珂:《反思史学与史学反思》,上海:上海人民出版社,2016年,第97页。
② 同上书,第220页。
③ 事实上,汉代亦是"中国人"自我形象形成的关键时代。详参王明珂:《华夏边缘:历史记忆与族群认同》,第215页。
④ 司马迁:《史记》卷一百一十三《南越列传第五十三》,第2974页。

坚持大禹出生是真实还是虚构，笔者只是指出，这是被蜀人作为社会记忆的"过去"。居于核心的人们经常建构或想象这样的边缘人群的"过去"，这是可以帮助我们——无论是华夏族人或巴蜀羌人，如何理解及体认自己相信或不相信的"过去"，亦让我们了解古人——华夏文人的祖先或巴蜀羌人的祖先如何叙述、建构、接受、修饰、遗忘或否定这"过去"。

第二章 人性与神性之间——大禹治水传说

"水"在中国传统思想中被视为"万物之本源"。[①] 在中西神话中,水是神圣之物,除了崇敬外,人类对水更抱有一种莫大的畏惧之心。《圣经》的"诺亚方舟"、希腊的"杜卡利翁时的洪水"(Deucalion's Flood),以及中国的"女娲、共工、鲧及禹治水",当中其实有不少相似的情节。[②] 与中国相邻的日本,也有与"大禹治水"相似的"土母治水"[③],这些现象或许暗示着在上古时期,地球很可能出现过一次世界性的大洪水。[④]

第一节 治水背景

从考古学和地理学的研究可知,更新世最后一次冰期以后,世界进

[①] 黎翔凤:《管子校注》卷十四《水地第三十九》,北京:中华书局,2004年,第813页。有关"水"在中国传统思想的角色,艾兰的 *The Way of Water and Sprouts of Virtue* (Albany: State University of New York Press, 1997) 一书有很好的讨论。1993年从郭店出土的竹简《太一生水》,揭示了诸多中国哲学的重要概念,《太一生水》描述中国宇宙论由太一、水、天、地、神明、阴阳、四时等的相辅关系,认为"水"是"太一"的化生,天地之始。《太一生水》引起国内外学术界的重视,亦有专书讨论《太一生水》的思想。李小光:《中国先秦之信仰与宇宙论:以〈太一生水〉为中心的考察》(成都:巴蜀书社,2009年)一书是以《太一生水》为主题,首先揭示先秦时期"水"思想的著作,颇具参考价值。不过,李书中有关战国时期的道家宇宙论的一章,在2011年被确认抄袭台湾一篇硕士论文。详参凤凰网网站:http://news.ifeng.com/society/2/detail_2011_08/10/8291944_0.shtml。笔者不以人废言,剽窃他人成果乃可耻行为,不过李书的其他部分仍有学术价值。

[②] 有关世界各地洪水神话的资料,可参:James G. Frazer(富勒策,又译弗雷泽,1854—1941),*Folklore in the Old Testament*, London: MacMillan & Co., 1919, vol. I, pp. 104-332。作者在同书中阐述洪水故事传播地域时指出这类故事的模板不见于东亚、中亚及北亚,并指出中国和日本纵然卷帙繁多,但都没有保存有关洪水的本土传说(Ibid., pp. 332-333),此说有误。

[③] 详参张爱蘋:《中日古代文化源流——以神话比较研究为中心》,杭州:浙江大学出版社,2005年,第113—125页。

[④] 流播于全球的洪水传说渊源于真实发生过的水灾记忆,可能包含着历史的真实。详参富勒策著,苏秉琦译:《洪水故事的起源》,收入徐旭生:《中国古史的传说时代》,第306—326页。

入全新世时期，全球气候回暖。这时期（距今约8500—3000年）相当于中国的仰韶文化时期，所以学界普遍称为"仰韶温暖期"[①]，而在"仰韶温暖期"期间，世界各地的海平面总体上呈快速上升，平均超出今天的海平面2米—5米（图一）。在中国环渤海湾平原地区，海岸线西移50公里，到达今天津西侧，淹没27000平方公里的陆地。在长江以北的平原，海岸线内迁60公里—100公里，长江以南平原海水入侵纵深200公里，淹没的地域至镇江。根据专家的研究，在"仰韶温暖期"时期，中国海平面超出现在2米—4米。[②] 也有学者指出，在15000年前末次冰期最盛期结束后，中国东面海面开始回升，至12000年前，都是急剧上升时期，这3000年间，海平面上升90米左右。[③]

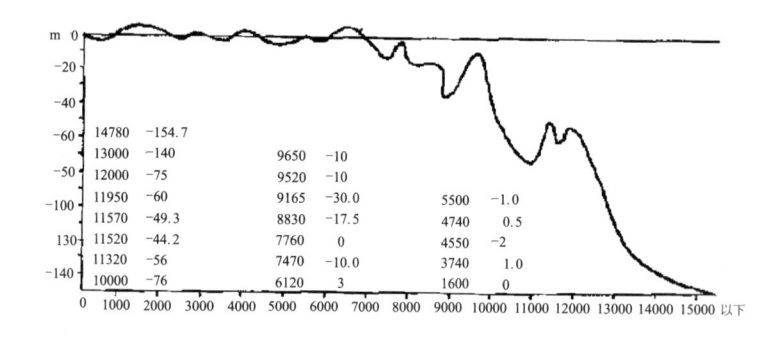

图一　一万五千年来东中国海海面变化曲线图
转录自赵希涛编：《中国海面变化》，第35页。

2016年，有学者在 Science 发表题为 "Outburst Flood at 1920 BCE Supports Historicity of China's Great Flood and the Xia Dynasty" 考古报告[④]，指出公元前1920年一次地震及随之而来的土石流，在积石峡河谷因土石流造成的天

[①] 竺可桢：《中国近五千年来气候变迁的初步研究》，《考古学报》1972年第1期，第16—18页；段万倜、浦庆余、吴锡浩：《我国第四纪气候变迁的初步研究》，载中央气象局科学研究院天气气候研究所编：《全国气候变化学术讨论会文集》，北京：科学出版社，1981年，第7—17页。
[②] 黄春长：《环境变迁》，北京：科学出版社，2000年，第124页。
[③] 赵希涛编：《中国海面变化》，济南：山东科学技术出版社，1996年，第32—36页。
[④] Qinglong Wu et al., "Outburst Flood at 1920 BCE Supports Historicity of China's Great Flood and the Xia Dynasty," Science 353, pp.579-582.

然水坝堵塞了河谷，在水坝后方造成约200公尺深的堰塞湖。然而水体过于庞大，累积6至9个月的黄河水量，最终出现溃堤，大水顺势倾泻而出，溢出河道，对行经河段产生严重破坏，影响遍及黄河下游及其支流约2000公里。虽然文章说明了此次地震引发的洪水与夏王朝建立（乃至中国文明起源）有关，让人不禁联想此次考古发现的洪水证据，就是大禹所治的那场洪水。然而，笔者认为此篇文章提供的只是科学上的证据，说明在公元前1920年的确有一场洪水，但完全无证据证明这就是"大禹所治的那场"洪水。[1]

此外，在距今约4000年前，曾出现所谓"九星地心汇聚"的天文现象，"九星会聚"指太阳和地球以外的八大行星，运行到地球的同一侧，所在扇面区夹角达到最小时，就是"九星会聚"，这是地球公转的半径和速度乃至夏冬长短都会变化，如果夹角小于47度，还会有洪水、地震等灾害。[2]

过去亦有学者指出史前时期的洪水传说不是江河泛滥，而是大地起源神话中，先于大地而生的"原初之水"或"宇宙海"，这种大地起源神话是指宇宙生成之先，到处都是茫茫洪水，无边无际的"原始初海"（Primordial Ocean），宇宙万物正从水中逐步诞生，就是大地创生于原初大水之中。[3]而鲧是"大地潜水者"和"支撑者"，而且和大禹一样，都是"造地大神"。[4]艾兰对大禹治水有这样的见解：

> （大禹治水）其实是创造故事的一种类型，它是人类第一次赋予这个世界的山川河流等自然现象以秩序，对这个世界第一次作政治组织的划分；这个行为并不是自然本身之所为，而是人类有意识的活动，对这个故事我们可以作为创造故事来理解。神话中，禹在这个大

---

[1] 2017年，艾兰发表文章指出文献中没有记载大禹所治之"水"为黄河洪水，中原地区目前也没有实质的考古证据可以支持该说法。详参Sarah Allan, "The Jishi Outburst Flood of 1920 BCE and the Great Flood Legend in Ancient China: Preliminary Reflections", *Journal of Chinese Humanities*, vol. 3 (2017), pp. 23-34。

[2] 王清：《大禹治水的地理背景》，《中原文物》1999年第1期，第36页。

[3] 有关治水与宇宙观的研究，可参Mark Lewis, *The Flood Myths of Early China*, pp. 19-48。

[4] 李道和：《昆仑：鲧禹所造之大地》，《民间文学论坛》1990年第4期，第12—20页。

地的中心地带治理水流，让它可以为人类居住。其实，这个神话透露了一个真实，即新石器时期，这里可能是一个宗教活动的中心。①

艾兰的意见认为大禹治水的神话，关乎到上古时代在宗教场所的某种礼仪祭祀活动，治水可能不是史实。事实上，艾兰以神话角度理解大禹治水，认为夏代的传说是商代神话发展演变而来，当记录下来时成为"历史化"。②

第二节　大禹治水传说与《禹贡》九州

据记载，在大禹治水之前，中国已有洪水之患：

> 当尧之时，天下犹未平，洪水横流，泛滥于天下；草木畅茂，禽兽繁殖；五谷不登，禽兽逼人；兽蹄鸟迹之道，交于中国。③

《孟子》所言的"洪水"，"洪"释为"大"，④"洪水"就是"大水"之意。同样出于《孟子》，则有另一种记载：

> 当尧之时，水逆行当尧之时，水逆行，泛滥于中国，蛇龙居之。民无所定，下者为巢，上者为营窟。书曰："洚水警余。"洚水者，洪水也。使禹治之，禹掘地而注之海，驱蛇龙而放之菹。水由地中行，江、淮、河、汉是也。险阻既远，鸟兽之害人者消，然后人得平土而居之。⑤

徐旭生认为"洚水"是古初传说的写法，"洪水"是战国时普通的写法。⑥这两段文字说明，中国在尧时已有一场洪水。

先秦文献中已有不少鲧禹治水的记载：

---

① 艾兰著，汪涛译：《"亚"形与殷人的宇宙观》，载氏著：《早期中国历史、思想与文化》，第117页。
② 详参 Sarah Allan, "The Myth of Xia Dynasty", pp. 242-256。
③ 孙奭疏：《孟子注疏》卷五下《滕文公上》（阮元校《十三经注疏》本），第2705页。
④ 郭璞注：《尔雅注疏》卷一《释诂上》（阮元校《十三经注疏》本），第2568页。
⑤ 孙奭疏：《孟子注疏》卷六下《滕文公下》，第2714页。
⑥ 徐旭生：《中国古史的传说时代》，第152页。

洪水芒芒，禹敷下土方。①

基于《诗经》的记载，顾颉刚和史念海认为最早治水的人物即为大禹。②《诗经》这个记载与燹公盨铭文的记载很相近，燹公盨铭文言"天命禹敷土"③，《诗经》缺了"天"，燹公盨铭文则确定禹是受天，即上帝之命来平治水土。而在《尚书·洪范》则云：

> 惟十有三祀，王访于箕子。王乃言曰："呜呼！箕子。惟天阴骘下民，相协厥居，我不知其彝伦攸叙。"箕子乃言曰："我闻在昔，鲧堙洪水，汩陈其五行；帝乃震怒，不畀洪范九畴，彝伦攸斁。鲧则殛死，禹乃嗣兴，天乃锡禹洪范九畴，彝伦攸叙。"④

"洪范"是指大法。武王克殷之后面临的首要任务是建立稳定协和的政治秩序，他向箕子请教治理整顿的方略，箕子便把帝（天）赐大禹的九畴讲述出来。由于鲧的行为得罪了帝，于是帝拒绝给予人间的九项治国大法，人伦崩解，鲧死禹兴，天才重新赐下九项大法。⑤ 顾颉刚分析《洪范》的记载，指《洪范》"天"、"帝"互称，认为帝即天，殛鲧的是天，兴禹的亦是天。⑥ 就《洪范》而言，这是对的，因为"帝乃震怒"、"天乃赐禹洪范九畴"都可以说明"帝"是有人格有情感的主宰者，祂佑万民，

---

① 郑玄笺，孔颖达疏：《毛诗正义》卷二十《商颂·长发》，第 626 页。
② 顾颉刚、史念海：《中国疆域沿革史》，北京：商务印书馆，1999 年，第 12 页。
③ 对燹公盨已有多家（周凤五、李学勤、李零、裘锡圭、朱凤瀚、饶宗颐）释文。详参周凤五：《燹公盨铭初探》，载饶宗颐编：《华学》第六辑，北京：紫禁城出版社，2003 年，第 7—14 页；李学勤：《论燹公盨及其重要意义》，《中国历史文物》2002 年第 6 期，第 4—13 页；李零：《论燹公盨发现的意义》，同上书，第 35—45 页；裘锡圭：《燹公盨铭文考释》，同上书，第 13—27 页；朱凤瀚：《燹公盨铭文初释》，第 28—34 页。此释文据饶宗颐：《燹公盨与夏书佚篇〈禹之总德〉》，载氏编：《华学》第六辑，第 5 页。盨的形状椭圆而敦实，由西周中期食器簋演变而来。详参 Lothar von Falkenhausen（罗泰），"Ritual Music in Bronze Age China: An Archaeological Perspective," Ph. D. Dissertation, Harvard University, 1988.
④ 孔颖达疏：《尚书正义》卷十二《洪范》，阮元校《十三经注疏》本，第 187 页。
⑤ 陈来：《古代宗教与伦理：儒家思想的根源》，北京：生活·读书·新知三联书店，2009 年，第 219 页。
⑥ 顾颉刚：《讨论古史答刘胡二先生》，载氏编：《古史辨》第一册，第 111 页。

定大法,授君权。① 而顾氏指出,"《周颂》三十一篇没有'禹'的一字,那时人竟没有禹的伟大功绩的观念;一到穆王末年的《吕刑》,禹就出现了"②;又认为"禹是西周中期起来的"③。虽然燹公盨恰好是西周中期器,但不能就此印证顾颉刚之说法是正确的,因为燹公盨铸造的时代,大禹的传说已经是相当古老,而且被人们当成一个传说了。不然,器主不会把禹的事铺写为一篇有明显教训意义的铭文,铸在准备传之子孙的器物上。④ 故此,这只能证明大禹治水传说在西周时期相当流行。

同样是《尚书》的文献,《尧典》却有另一版本的记载:

> 帝曰:"咨!四岳!汤汤洪水方割,荡荡怀山襄陵,浩浩滔天。下民其咨,有能俾乂?"佥曰:"于,鲧哉!"帝曰:"吁!咈哉!方命圮族。"岳曰:"异哉,试可,乃已。"帝曰:"往,钦哉!"九载,绩用弗成。⑤

《山海经》则云:

> 洪水滔天,鲧窃帝之息壤以湮洪水,不待帝命,帝命祝融杀鲧于羽郊。鲧复生禹,帝乃命禹卒布土以定九州。⑥

在《尧典》中,鲧治水是得到四岳的推荐,尧曾提出异议,最后还是批准了鲧去治水。如果把《洪范》和《尧典》与《山海经》的说法比较,《山海经》与《洪范》说法较为相近,可能是原始的说法。

此外,《尚书·益稷》言:

> 禹曰:"洪水滔天,浩浩怀山襄陵;下民昏垫。予乘四载,随山刊木。暨益奏庶鲜食。予决九川,距四海;浚畎浍,距川。暨稷播

---

① 陈来:《古代宗教与伦理:儒家思想的根源》,第225页。
② 顾颉刚:《讨论古史答刘胡二先生》,第122页。
③ 同上书,第125页。
④ 裘锡圭:《新出土先秦文献与古史传说》,载氏著:《中国出土古文献十讲》,第22页。
⑤ 孔颖达疏:《尚书正义》卷二《尧典》,第122页。
⑥ 《山海经》卷十八《海内经》,第467页。

奏庶艰食、鲜食，懋迁有无化居。烝民乃粒，万邦作乂。"①

《益稷》的叙述加强了洪水的气势，而且禹的形象进展至能够"决九川，距四海"。值得留意的是，《益稷》提到的"随山刊木"、"浚畎浍，距川"与燹公盨铭文的"堕山"、"浚川"相近。②《尚书》的记载成了以后文献记载的模板，《吕氏春秋》：

> 昔上古龙门未开，吕梁未发，河出孟门，大溢逆流，无有丘陵沃衍、平原高阜，尽皆灭之，名曰鸿水。禹于是疏河决江，为彭蠡之障，干东土，所活者千八百国，此禹之功也。③

再看《淮南子》中数篇的记载：

> 决江疏河，凿龙门，辟伊阙，修彭蠡之防，乘四载，随山栞木，平治水土，定千八百国。④

> 禹之时，天下大水。禹身执虆垂，以为民先，剔河而导九岐。凿江而通九路，辟五湖而定东海。⑤

> 舜乃使禹疏三江五湖，辟伊阙，导瀍涧，平通沟陆，流注东海，鸿水漏，九州干，万民皆宁其性，是以称尧、舜以为圣。⑥

从以上《吕氏春秋》和《淮南子》的记载可见，两书作者都认为洪水是平于禹手，亦是禹用疏导之方法成其事，与《尚书》的记载很相近，顾颉刚认为是《尚书》于汉武帝之时立于官学，古代传说为儒家所统一，洪水之事也不出《尚书》、《孟子》二书。⑦

---

① 孔颖达疏：《尚书正义》卷五《益稷》，第141页。
② 饶宗颐：《燹公盨与夏书佚篇〈禹之总德〉》，载氏编：《华学》第六辑，第4页。
③ 高诱注：《吕氏春秋》卷二十一《开春论第一·爱类》，第282页。
④ 何宁：《淮南子集释》卷十九《修务训》，第1314页。
⑤ 何宁：《淮南子集释》卷二十一《要略》，第1460页。
⑥ 何宁：《淮南子集释》卷八《本经训》，第579页。
⑦ 顾颉刚：《洪水之传说及治水等之传说》，载氏著：《顾颉刚民俗学论集》，上海：上海文艺出版社，1998年，第81页。

除了上文提到的《洪范》、《尧典》和《皋陶谟》之外，研究禹治水传说，必然要论及《禹贡》。[①]《禹贡》记述了九州的地理分野，而甲骨文、西周金文都无"九州"一词，"九州"的问题在大禹治水传说流传中显得非常重要。《诗经》没有"九州"，却有以"九"划分区域的观念。[②] 例如"帝命式于九围"[③]，毛注云："九围，九州也"[④]，孔颖达疏："谓九州为九围者，盖以九分天下，各为九处规围然，故谓之九围也。"[⑤] 此外，《玄鸟》："方命厥后，奄有九有。"[⑥] 毛注云："九有，九州也"[⑦]，郑笺云："汤有是德，故覆有九州，为之王也。"[⑧] 再者，《长发》："九有有截，韦顾既伐，昆吾夏桀。"[⑨] 九州，也就是"禹迹"，《左传·襄公四年》引《虞人之箴》言"芒芒禹迹，画为九州"[⑩]，《虞人之箴》据说是商末周初辛甲大夫所作，表明商周之际已有禹画九州的传说。上引《诗》不但可以说明商人后代追

[①] 《禹贡》是《尚书·虞夏书》中的一篇，内容主要记载大禹治水至功成复命的情况，内容包括大禹平定水后，将天下划为九州，任土作贡的事迹，以及导山、导水、五服等部分。但《禹贡》不同《尚书》其他篇章的体例，并不属于典、谟、誓、诰、命这类文献。《禹贡》的研究由来已久，涉及问题之多令人咋舌。据辛树帜录顾颉刚之言，《禹贡》在史学史上存在问题不下五百余。汉唐以来著作多以解经为主，宋、元至明清则着重释地，尤其是宋代开始单独将《禹贡》视为一部专著来研究。清代以前学者普遍地认为《禹贡》是虞夏时期作品，并深信不疑，至康有为才提出怀疑。近代学者则主要讨论《禹贡》成书年代。详参辛树帜：《禹贡新解》，北京：农业出版社，1964年，第109页；刘起釪：《尚书学史》，北京：中华书局，1989年，第258—261、314—318页；高上雯：《禹贡著作时代考辨之回顾与检讨——兼论禹贡的史料价值》，载王仲孚主编：《中国上古史研究专刊》第3期，台北：兰台出版社，2003年，第83—107页。

[②] 古代"九"这个数字，往往只是一个约数，"凡一、二之所不能尽者，则约之三以见其多；三之所不能尽者，则约之九以见其极多"（汪中：《汪中集》卷二，台北："中央研究院"中国文哲研究所筹备处，2000年，第73页），也就是说，"九"是虚数。亦有说"九"乃"冀"之音转，冀州即九州，即中州。详参姜亮夫：《九州说》，载氏著：《古史学论文集》，上海：上海古籍出版社，1996年，第222页。

[③] 郑玄笺，孔颖达疏：《毛诗正义》卷二十《商颂·长发》，第626页。

[④] 同上。

[⑤] 同上。

[⑥] 郑玄笺，孔颖达疏：《毛诗正义》卷二十《商颂·玄鸟》，第623页。

[⑦] 同上。

[⑧] 同上。

[⑨] 郑玄笺，孔颖达疏：《毛诗正义》卷二十《商颂·长发》，第627页。

[⑩] 杜预注，孔颖达疏：《春秋左传正义》卷二十九《襄公四年》，阮元校：《十三经注疏》本，第1933页。

述其族源是住在"禹迹",其实周人的后代也是一样①,春秋时期的铜器铭文如秦公敦、叔弓镈也分别提到"禹迹"和"九州",九州的概念就可上溯于春秋时代。②值得注意的是,王国维注意到秦公敦、叔弓镈两器物分别出于西戎的秦和海隅的齐,嬴秦子宋都不约而同地说自己的祖先是住在大禹住过的地方,说明"春秋之世,东西二大国无不信禹为古之帝王,且先汤而有天下也"③。

事实上,作为《尚书》其中一篇的《禹贡》,其地位随着《尚书》经典化而受到士人们的尊崇。汉代确立儒家的正统地位后,《汉书·地理志》转录《禹贡》全文④,已可反映汉代社会对其的重视。当然,班固着眼的更可能在反映夏朝的地理面貌。而反映一个地理形态,地图是最为直接清晰的方法。据任昉《述异记》的记载可知,最早有关《禹贡》的地图是"鲁班刻石为《禹九州图》,今在洛城石室山"⑤,清人俞樾就谓"此图未知今尚在否,果得而拓之,图画中无古于此者"⑥,不过,秦以前的石刻确信者只有石鼓文,鲁班刻石一事,未必可信。

《后汉书》确切记载了最早的《禹贡》地图。东汉永平十二年(69)明帝派遣王景主持修治黄河河道时,"乃赐景《山海经》、《河渠书》、《禹贡图》,及钱帛衣物"⑦。惜此图未见后来者著录。清代《禹贡》大师胡渭

---

① 详参《诗·大雅·文王有声》(郑玄笺,孔颖达疏:《毛诗正义》卷十六《大雅·文王有声》,第526页)、《尚书·立政》(孔颖达疏《尚书正义》卷十七《立政》,第232页)、《逸周书·商誓》(黄怀信、张懋镕、田旭东:《逸周书汇校集注》卷五《商誓第四十三》,上海:上海古籍出版社,1995年,第481页)。

② 王国维:《古史新证》,第3页。夏、商、周、齐、秦等国都说自己住的地点在"禹迹",说明"九州"的大小和划界可能无一定的标准。《诗经》中《大雅》、《小雅》的"雅",本来写成"夏",可见"夏"不仅是一种地域狭小、为短暂的国族之名,而且还成为后继类似地域集团在文化上以认同的典范。详参李零:《中国方术续考》,北京:中华书局,2007年重印,第200页。有关"雅"、"夏"的字源关系,可参陈致著,吴仰湘、黄梓勇、许景昭译:《从礼仪化到世俗化:诗经的形成》,上海:上海古籍出版社,2009年,第110—114页。

③ 王国维:《古史新证》,第3页。

④ 班固:《汉书》卷二十八上《地理志第八上》,第1524—1538页。

⑤ 任昉:《述异记》,收入《景印文渊阁四库全书·子部三五三·小说家类》,册一〇四七,卷下,第627页下。

⑥ 俞樾:《茶香室丛抄》卷十二,北京:中华书局,1985年,第275页。

⑦ 范晔:《后汉书》卷七十六《循吏列传第六十六·王景》,第246页。

本于文献言"《禹贡图》之名，自后汉永平中赐王景始也"①，此说诚是，后徐文靖推断该图"当犹是收秦图书所得"②，就近想当然之说。至西晋时期，又有裴秀编《禹贡地域图》，此图同样失传，但据《晋书》的记述，亦可对此图略知一二：

> 秀儒学洽闻，且留心政事，当禅代之际，总纳言之要，其所裁当，礼无违者。又以职在地官，以《禹贡》山川地名，从来久远，多有变易。后世说者或强牵引，渐以暗昧。于是甄擿旧文，疑者则阙，古有名而今无者，皆随事注列，作《禹贡地域图》十八篇，奏之，藏于秘府……今上考禹贡山海川流，原隰陂泽，古之九州，及今之十六州，郡国县邑，疆界乡陬，及古国盟会旧名，水陆径路，为地图十八篇。③

按裴秀本人的说法，《禹贡地域图》记述了《禹贡》的山川地名、州郡邑县、古国盟会地点等内容，是古代最早的一幅历史地图。④裴秀之后，唐人裴孝源在《贞观公私画史》著录《禹贡图》二卷，并谓该图"甚精奇"⑤，但刘起釪认为此图"既在画史，自非地图"⑥。此属地图还是画作，实不易下定论，但推断此图本于《禹贡》而绘当无疑矣。⑦

两宋"《禹贡》学"异军突起，著述之丰，可谓空前，尤以南宋最为显著。⑧从地图学史上而言，现存宋代的《禹迹图》石刻是研究《禹贡》地图学仅见的实物数据。《禹迹图》（图二）是伪齐阜昌七年（1136）

---

① 胡渭：《禹贡锥指》卷首，上海：上海古籍出版社，1996年，第16页。
② 徐文靖：《禹贡会笺》，收入《景印文渊阁四库全书·经部六十二·书类》，册六十八，卷首，第252页上。
③ 房玄龄：《晋书》卷三十五《裴秀传第五》，北京：中华书局，1974年，第1039—1040页。
④ 吴其昌：《宋代之地理学史》，《国学论丛》1927年第1卷第1期，第48—49页。
⑤ 裴孝源：《贞观公私画史》，收入《景印文渊阁四库全书·子部一一八·艺术类》，册八一二，第27页上。
⑥ 刘起釪：《尚书学史》，第214、258页。
⑦ 其他有关大禹治水之绘画作品，可参本书第七章第六节。
⑧ 详参刘起釪：《尚书学史》，第258—261页；潘晟：《宋代的〈禹贡〉之学——从经学传注走向地理学》，《历史研究》2009年第3期，第39—58页。

在西安碑林石刻的地图，地图上的海岸线与今天的非常接近，同时，它又是第一幅有方格网的地图，用于表示比例尺[1]，该图除了记载主要河流、州郡地点外，亦把《禹贡》所记山川内容记下。此外，在宋绍兴七年（1142）刻石的另一幅《禹迹图》（图三），与1136年的许多方面都一样，包括方格比例、山脉、河流及地名等，相异在于1142年《禹迹图》不再区分干流及支流。[2] 地图所载的地理讯息，当具实际功能，或行政，或军事。两幅《禹迹图》无疑是"长期科学发展演变的结果"[3]，和"当时世界上最杰出的地图"[4]，但笔者更关心的是，在制图者绘下有《禹贡》地名和以"禹迹"为题的地图在当时的目的和意义。既然名为《禹迹图》，内容与大禹必定相关，两图所记地名与《禹贡》有相合之处外，两图均没有把《禹贡》中精髓的"禹贡九州"画出来，就此，两幅《禹迹图》不是严格意义上的《禹迹图》或《禹贡图》。题为《禹迹图》，内容却有当时的地理内容，制图者似乎是想借古代《禹贡》为名，标榜今世的现实情况。与其相信李约瑟认为此举是"教学生学《禹贡》地理"[5]，笔者宁愿提出此实为在宋代儒学流行与《禹贡》学（包括《尚书》学）大盛下，人们借地图，呈现长时期受孔儒思想支配而成的结果。换句话说，两幅《禹迹图》制图者的目的不在把《禹贡》的文字地图化，而是把《禹贡》的"微言大义"变成有现代意义的地图，也就是大禹治水的传说流传到宋代时，以地图方式展现宋人对大禹的记忆和接受。

---

[1] 余定国（Cordell D. K. Yee）著，姜道章译：《中国地图学史》，北京：北京大学出版社，2006年，第17页。

[2] 同上书，第18页。

[3] Édouard Chavannes, "Les deux plus anciens spécimens de la cartographie chinoise," *Bulletin de l'Ecole Francaise d'Extreme Orient*, vol. 3, 1903, p. 236. 译文据余定国著，姜道章译：《中国地图学史》，第3页。

[4] 李约瑟（Joseph Needham）：《中国科学技术史》第五卷《地学》，北京：科学出版社，1976年，第133页。

[5] 同上书，第135页。

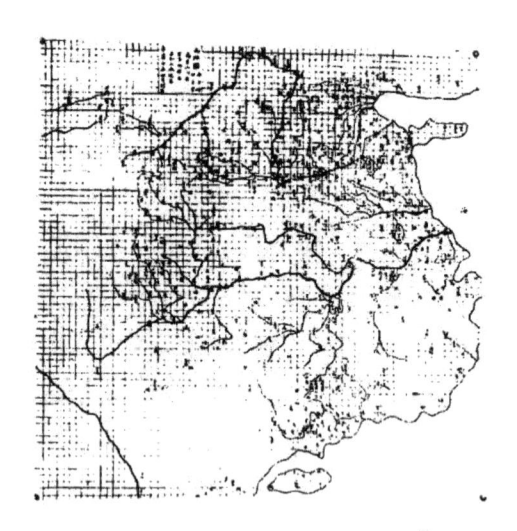

图二　1136 年阜昌石刻《禹迹图》[1]
余定国著，姜道章译：《中国地图学史》，第 18 页。

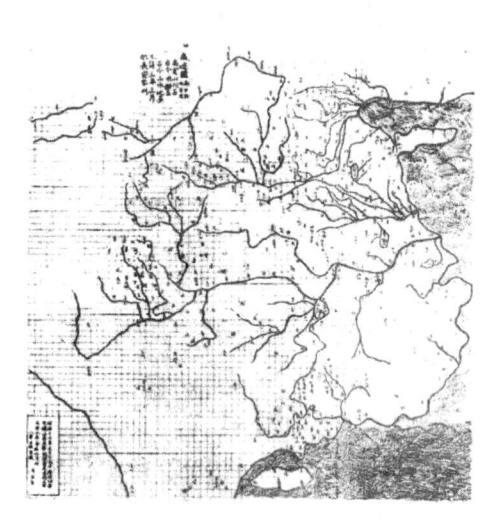

图三　1142 年绍兴石刻《禹迹图》
余定国著，姜道章译：《中国地图学史》，第 19 页。

此外，王圻的《三才图会》绘有《禹贡总图》（图四）及《禹迹图》

---

[1] 笔者已尽力搜集更清晰的图片，但所搜集的图片均未尽人意，而图片旨在方便内文讨论，冀读者谅解。

（图五），从地图绘制精细来看，两图不及阜昌及绍兴两幅《禹迹图》，而只是把《禹贡》文字地图化，这是名副其实的《禹迹图》。

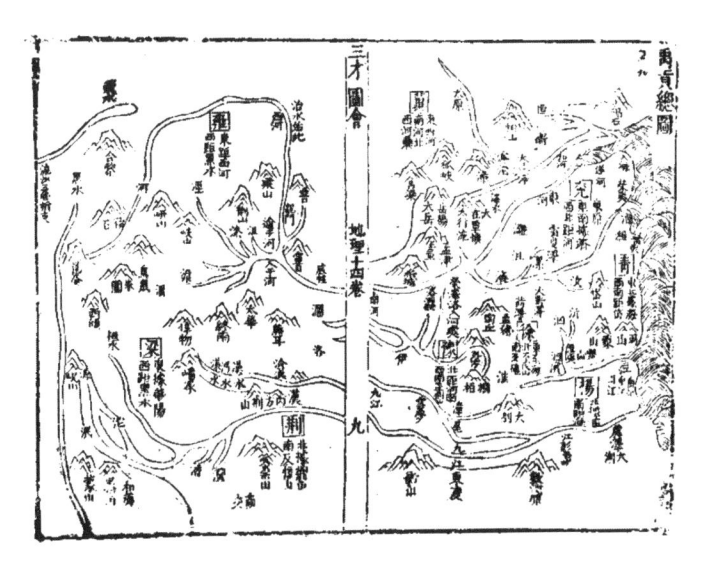

图四 《三才图会·禹贡总图》
王圻：《三才图会·地理卷》卷十四，上海：上海古籍出版社，1988年，第431页上。

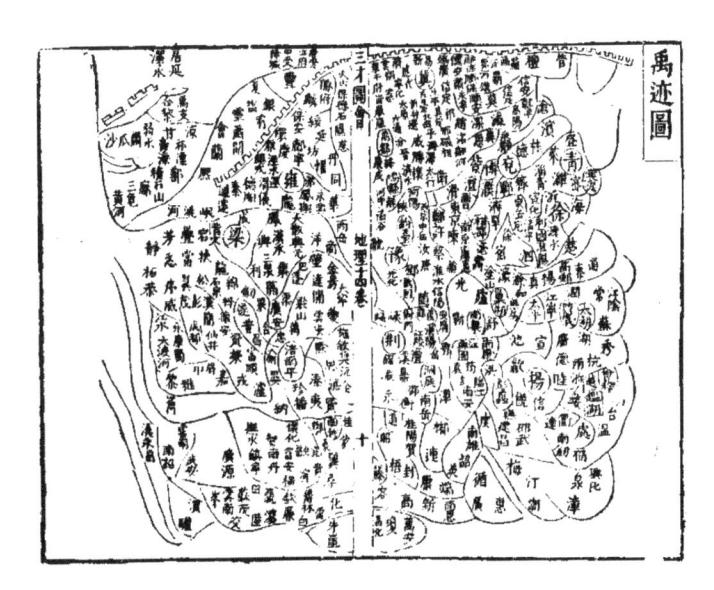

图五 《三才图会·禹迹图》
王圻：《三才图会·地理卷》卷十四，第431页下。

《禹贡》说禹"奠高山大川",并细叙九州的地理位置、地形地貌、物产贡赋,按《禹贡》的排序,九州分别是:冀州、兖州、青州、徐州、扬州、荆州、豫州、梁州、雍州,是从北方冀州顺时针排序。[1] 除了《禹贡》外,具体记列九州之名的书还有《周礼·夏官·职方氏》、《尔雅·释地》以及《吕氏春秋》,下表是对比各文献中所列之九州:

表三　文献上所列九州对照表

禹贡	冀	兖	青	徐	扬	荆	豫	梁	雍			
职方	冀	兖	青		扬	荆	豫		雍	幽	并	
尔雅	冀	兖		徐	扬	荆	豫		雍	幽		营
吕览	冀	兖	青	徐	扬	荆	豫		雍	幽		

这四种九州说,一般认为《禹贡》时代最早。[2] 由上表可见,九州之名大同小异。不过,如果和出土文献《容成氏》相比,则后者记述稍异。《容成氏》对于九州有如下的记载:

> 禹亲执枌耜,以陂明都之泽,决九河[24]之阻,于是乎夹州、徐州始可处。禹通淮与沂,东注之海,于是乎竞州、莒州始可处也。禹乃通蓡与汤,东注之[25]海,于是乎蓏州始可处也。禹乃通三江五湖,东注之海,于是乎荆州、扬州始可处也。禹乃通伊、洛,并瀍、涧,东[26]注之河,于是乎豫州始可处也。禹乃通泾与渭,北注之河,于是乎虘州可处也。[3]

《容成氏》所记载的九州,依次是夹州、涂州、竞州、莒州、蓏州、

---

[1] 邵望平运用文化区系理论对《禹贡》九州进行分析,认为龙山文化时期以来形成的文化区系是九州划分的自然依据,九州是龙山时代中华核心区域的地理文化大框架。详参邵望平:《〈禹贡〉"九州"的考古学研究》,收入郑杰祥编:《夏文化论集》下,第500—519页。

[2] 可参胡阿祥:《"芒芒禹迹,画为九州"述论》,载唐晓峰编:《九州》,北京:商务印书馆,2000年,第39、第47页注释11。

[3] 马承源编:《上海博物馆藏战国楚竹书(二)》,上海:上海古籍出版社,2001年,第268—271页。

荆州、扬州、豫州、虘州。而简文先言疏理水道，后言州土可居，与《墨子》的记载接近：

> 古者禹治天下，西为西河、渔窦，以泄渠孙皇之水。北为防原泒，注后之邸、嘑池之窦，洒为底柱，凿为龙门，以利燕、代、胡、貉与西河之民；东方漏之陆，防孟诸之泽，洒为九浍，以楗东土之水，以利冀州之民；南为江、汉、淮、汝，东流之，注五湖之处，以利荆、楚、干、越与南夷之民。[①]

二者都是先叙水道治理，后言治水功效，只是《墨子》版本没有提及九州。[②]《墨子》成书于战国早期或稍晚[③]，而墨子亦以"尊夏"见称[④]，《墨子》在记载禹治水的九州史料时，应该对当时流行的资料逐一搜集。[⑤]《墨子》不见《禹贡》所载的九州系统，是否反映战国时期九州观念仍未流行？[⑥]

---

① 孙诒让：《墨子间诂》卷四《兼爱中第十五》，北京：中华书局，2001年，第107—111页。
② 晏昌贵：《竹书〈容成氏〉九州考略》，载氏著：《简帛数术与历史地理论集》，北京：商务印书馆，2010年，第264页。
③ 《墨子》成书大约在墨子晚年。墨子生年在《史记》中已不详，钱穆认为墨子至迟在周元王十年（前392）左右；任继愈则认为墨子生于公元前480年，卒于公元前420年，他出生时，约当孔子七十岁的时候，徐希燕以"数据交集方法"，得出墨子生于公元前480年（前后误差不超过3年），卒于公元前389年（前后误差不超过5年）的结论。胡子宗等人就按墨子生平大事及墨子交往的人物，认为墨子生于公元前468年，卒于公元前384年。详参钱穆：《先秦诸子系年》，石家庄：河北教育出版社，2000年，第120页；任继愈：《中国哲学发展史》第1册，北京：人民出版社，1983年，第208页；徐希燕：《墨学研究：墨子学说的现代诠释》，北京：商务印书馆，2001年，第20页；胡子宗等：《墨子思想研究》，北京：人民出版社，2007年，第19页。
④ 《淮南子·要略》言墨家"背周道而用夏政"（何宁：《淮南子集释》卷二十一《要略》，第1459页）为最佳例子。孙诒让亦云"于礼则法夏而绌周"，孙诒让《墨子后语》，收入《墨子间诂》卷上《墨子传略第一》，第683页。
⑤ 易德生：《从楚简〈容成氏〉九州看〈禹贡〉的成书》，《江汉论坛》2009年第12期，第78页。
⑥ 顾颉刚很早就意识到《墨子》引《尚书》的情况，他指出《墨子》引《禹誓》以下甚多，而《尧典》、《皋陶谟》、《禹贡》三篇独无有引者，他认为《墨子·尚贤》中言尧禅舜事甚详，故不引《尧典》、《皋陶谟》。详参顾颉刚：《〈墨子〉中无〈尧典〉、〈皋陶谟〉、〈禹贡〉》，载氏著：《汤山小记（十九）》，收入氏著：《顾颉刚读书笔记》卷九，北京：中华书局，2011年，第278页。他亦认为《墨子》的记载是《禹贡》未出时对大禹治水传说之综合，禹治四方之水以利四方之民的观念已成熟。详参顾颉刚：《〈兼爱〉中言禹治水》，载氏著：《汤山小记（七）》，收入氏著：《顾颉刚读书笔记》卷八，第211页。

《容成氏》的年代，约距今 2257±65 年①，而燹公盨铭文的首名"天命禹敷土，随山浚川，乃厘方设征"，与《尚贡》首句"禹敷土，随山刊木"②一致，燹公盨是西周中期器物。《禹贡》所载的既有燹公盨铭文的句子，又有九州系统，《禹贡》很有可能是晚于西周和《墨子》。所以，《禹贡》所载的"九州"，虽非大禹治水时的实录，但可反映东周人之古代地理观念。③《容成氏》的九州不是《禹贡》般顺时针排序，则意味书写者另有意图。罗泌对治水的先后有精彩的论述：

> 于是尽取凡《禹贡》之传而读之，则无不以为禹之施功，自下而之上。始之于冀，次之兖、青、徐，而终于雍。雍土最高，故治最后。其说也，盖以《禹贡》之所叙九州之次言之，未尝不笑之也。夫上者水之源，而下者水之委也。上者既已襄且怀之，则下者淹没而无余矣。今也治之而先乎下，万万无是理也。吾固谓治水者，必上流始，顾禹亦岂能倒行而逆施哉？予乃屏众传，摄伯禹之书而复之，目营手画于九州之次，而不得其说，则复稽之九州之次以求之，又不得其说也，于是退而求之导山之文，而始得其说焉。然后信予之所谓始上流者，断不疑矣……

> 曰导山者，导水而已。是故，四列之山，自正阴以至于正阳，自北而南也。中国七水，自河以及于江，亦自北而南也。导汧及岐，河之始功也；至于王屋，济之始功也。渭自鸟鼠，洛自熊耳，淮自桐柏，此阴列之山也。汉自嶓冢，江起汶山，此阳列之山也。孰曰

---

① 马承源：《马承源先生谈上博简》，载上海大学古代文明研究中心、清华大学思想文化研究所编：《上博馆藏战国楚竹书研究》，上海：上海书店，2002 年，第 3 页。
② 孔颖达疏：《尚书正义》卷六《禹贡》，第 146 页。
③ 顾颉刚、史念海：《中国疆域沿革史》，第 13 页。顾颉刚亦认为夏朝不可能有九州那样大的地盘，九州只是"战国的时势引起的区划土地的一种假设"，因为意志上要统一，所以划出九州。详参顾颉刚：《秦汉统一的由来和战国人对于世界的想象》，载氏编著：《古史辨》第二册，第 3 页。顾颉刚曾拟写一篇《禹贡作于战国考》的文章，具体章节可参见顾颉刚：《〈禹贡〉作于战国》，载氏著：《淞上读书记（一）》，收入氏著：《顾颉刚读书笔记》卷二，第 11—12 页。又，《淮南子·墬形训》有九州记载为：神州、次州、戎州、弇州、冀州、台州、泲州、薄州、阳州，何宁：《淮南子集释》卷四《墬形训》，第 312—313 页。这个次序与上文所述的九州差异甚大，与《禹贡》、《尔雅》等应不属一个系统。详参丁山：《古代神话与民族》，第 471—479 页。

先后之次而不可见乎？浚畎浍以距之川，决九川以距诸海，先下乎哉？抑又求之尧水之害，盛者莫过于河、济，而短者极于渭、洛。河之害在于冀、兖、雍，而济之害在于兖、青、徐。是故，河、济则治其近，而不治其；源洛止于豫，渭止于雍。是故，渭、洛则附于河，而不待致力，盖河一治而渭、洛自从也……今治冀而首于雍，则治青者必先于徐，而治扬、荆者先于梁也必矣。①

罗泌认为治水是先西后东，从高到低，依山水之序。蔡沈亦云"山水皆原于西北，故禹叙山叙水，皆自西北而东南，导山则先岍、岐，导水则先弱水也"②，说明治水自上流始。《容成氏》的九州排序，也是依中国地势西高东低为先后③，所以，《容成氏》的九州可能是大禹治水时的次序。

王国维总结其中国古史的研究，意识到应该用地下、地上的材料相互印证，才能深刻地认识传世文献，他以"一曰取地下之实物与纸上之遗文互相释证"④的"二重证据法"⑤指出秦公敦中"鼏宅禹绩"与叔弓镈

---

① 罗泌：《路史》，收入《景印文渊阁四库全书·史部一四一·别史类》，册三八三，卷三十七，第544下—555页下。
② 蔡沈：《书集传》，收入《景印文渊阁四库全书·经部五十二·书类》，册五十八，《夏书》，第36页上。案，蔡沈的《书集传》又有提到"禹治水施功之序，则皆自下流始"（同上书，第25页下），治水施功何以能从下流始？不解。
③ 朱渊清：《禹画九州论》，载氏著：《知识的考古——朱渊清自选集》，上海：上海人民出版社，2012年，第37页。
④ 陈寅恪：《王静安先生遗书序》，载氏著：《金明馆丛稿二编》，上海：上海古籍出版社，1980年，第219页。
⑤ 王国维：《古史新证》，第2页。王国维提出"二重证据法"之后，为古文献、古史等领域研究者奉为圭臬。有学者试图扩充"二重证据法"，或者阐发其学理。近些年来亦有学者对"二重证据法"持异议。裘锡圭就认为"二重证据法"不应该被抬得太高，因为以地上地下材料互证，从古代到近代，不少人都这样做，并非王国维发明的新方法。详参氏著：《古史辨派、"二重证据法"及其相关问题》，收入文史哲编辑部编：《"疑古"与"走出疑古"》，第343页。王国维在《古史新证》提出"二重证据法"之前，已在《明堂庙寝通考》提出"二重证明法"（罗振玉校补：《雪堂丛刻》，北京：北京图书馆出版社，2000年，第298—299页，不过后来在《观堂集林》中删去有关内容。"二重证据法"与"二重证明法"确有因袭、相近之处，但两者亦有本质差异。详参李锐：《"二重证据法"的界定及规则探析》，《历史研究》2012年第4期，第117—122页。有关"二重证据法"的专题研究，可参于大成：《二重证据》，载氏著：《理选楼论学稿》，台北：台湾学生书局，1979年，第514—517、520—560页；叶国良：《二重证据法的省思》，载叶国良、郑吉雄、

的"虩虩成唐,有敢在帝所,溥受天命,囗咸有九州,处禹之堵"的记载,证明春秋之世,齐国和秦国已深信禹为古之帝王。① 秦公敦说明秦人声称自己住在禹绩上,而叔弓是宋人之后,当时为齐国大臣,受齐庄公册命。叔弓的祖先是"成唐"(即成汤),灭夏后曾住在"禹堵"。两件

(接上页) 徐富昌编:《出土文献研究方法论文集》,台北:台湾大学出版中心,2005年,第9—12页;乔治忠:《王国维"二重证据法"蕴义与影响的再审视》,《南开学报》(哲学社会科学版)2010年第4期,第131—140页;许冠三:《新史学九十年》,长沙:岳麓书社,2003年,第110—112页;田旭东:《二十世纪中国古史研究主要思潮概论》,第204—233页;刘家和:《史学、经学与思想:在世界史背景下对于中国古代历史文化的思考》,北京:北京师范大学出版社,2005年,第297—302页。笔者则赞同朱渊清对"二重证据法"的意见,即王国维的"二重证据法"目的始终还在于"证史",而不能就新出土的材料而提出新知。历史研究的对象"史"不是文本上的"史",而是过去真实的"史",因此,研究历史也不是为了"证史"。详参朱渊清:《傅斯年的史学思想》,载氏著:《知识的考古——朱渊清自选集》,第170页。

① 王国维:《古史新证》,第3页。又,《古史新证》出版之时,正值疑古运动热闹时期,1925年,顾颉刚将《古史新证》第一、二两章收入《古史辨》第一册,并且作了标点整理和附跋。参见王国维:《古史新证》一、二章,载顾颉刚编:《古史辨》第一册,第215—217页。顾颉刚当然知道《古史新证》是针对疑古运动而发的(王国维在《古史新证》第一章已写明"疑古之过,乃并尧舜禹之人物而亦疑之。其于怀疑之态度,反批评之精神不无可取,然惜于古史材料未尝为充分之处理"),但他认为这两件春秋时期的铜器,也只能够证明春秋社会上有此传说,不能用它解释它之前的事件,也不能因之改变禹为神话的性质,所以王国维的论证为顾颉刚在《与钱玄同先生论古史书》所说的"那时(春秋)并没有黄帝虞舜,那时最古的人王只有禹"的假设提供了"两个有力的证据",顾颉刚:《附跋》,载氏著:《古史辨》第一册,第217页。除了这两件有关大禹的春秋时期铜器外,顾颉刚对王国维的"二重证据法"的研究亦有其他质疑,例如王国维对于商先公王亥的考订,认为《山海经》、《竹书纪年》、《史记》、《世本》的记载基本可信,据此上推《史记·夏本纪》可信,顾颉刚则在《周易卦爻辞中的故事》一文,认为王亥的故事只能是传说。详参张京华:《古史辨派与中国现代学术走向》,厦门:厦门大学出版社,2009年,第136—140页。又,关于顾颉刚与王国维的关系,颇为治史者注意。王国维自沉及"文化大革命"后,顾颉刚回忆他与王氏的关系时说:"真正引为学术上的导师是王国维,而不是胡适。"顾颉刚:《我是怎样编写〈古史辨〉的?(下)》,中国哲学编辑部:《中国哲学》第六辑,北京:生活·读书·新知三联书店,1981年,第387页,又言:"在当代的学者中,我最敬佩的是王国维先生"(同上文,第388页)。笔者以为,近人多以为胡适是顾颉刚的启蒙老师,在排除"文革"前后胡适被批的阴霾下,顾颉刚选择以王国维作他"最敬佩"的人(而不是胡适),是一定程度上也反映王氏在他心中的地位。顾氏更曾在"文革"时冒死收藏他与王国维的通信。参顾潮:《历劫终教志不灰——我的父亲顾颉刚》,上海:华东师范大学出版社,1997年,第309页。既然如此,他在过去的研究工作上,模仿、学习甚至纠正、拉长王国维的研究方法,都应该是合理。而顾颉刚一直重视王国维的治学方法,并对王氏的论著及方法非常关注。详参黄海烈:《顾颉刚"层累说"与20世纪中国古史学》,北京:中华书局,2016年,第217—222页。不过,笔者也必须提出许冠三的意见,他曾猜想《我是怎样编写〈古史辨〉的?》一文曾被改篡,认为"心仪(王国维)虽为实事,引为导师之说却是虚言",又指顾氏"一生不走'二重证据'路线,极少利用王氏赖以成名的文字遗迹与实物,便是显证"(许冠三:《新史学九十年》,第194页)。

器物分别出土西戎的秦和海隅的齐，他们都说自己的祖先住在禹迹之处，这至少说明大禹治水的传说在东西地区均有流传。

《史记·五帝本纪》记载大禹治水则云：

> 驩兜进言共工，尧曰不可而试之工师，共工果淫辟。四岳举鲧治鸿水，尧以为不可，岳强请试之，试之而无功，故百姓不便。三苗在江淮、荆州数为乱。于是舜归而言于帝，请流共工于幽陵，以变北狄；放驩兜于崇山，以变南蛮；迁三苗于三危，以变西戎；殛鲧于羽山，以变东夷：四罪而天下咸服。①

司马迁这段文字明显来自《孟子》中"流共工于幽州，放驩兜于崇山，杀三苗于三危，殛鲧于羽山，四罪而天下咸服"②，他却加入了变北狄、变南蛮、变西戎、变东夷这些内容。同样是《五帝本纪》，则有这段记载：

> 尧又曰："嗟，四岳，汤汤洪水滔天，浩浩怀山襄陵，下民其忧，有能使治者？"皆曰鲧可。尧曰："鲧负命毁族，不可。"岳曰："异哉，试不可用而已。"尧于是听岳用鲧。九岁，功用不成。③

而《史记·夏本纪》则曰：

> 当帝尧之时，鸿水滔天，浩浩怀山襄陵，下民其忧。尧求能治水者，群臣四岳皆曰鲧可。尧曰："鲧为人负命毁族，不可。"四岳曰："等之未有贤于鲧者，愿帝试之。"于是尧听四岳，用鲧治水。九年而水不息，功用不成。于是帝尧乃求人，更得舜。舜登用，摄行天子之政，巡狩。行视鲧之治水无状，乃殛鲧于羽山以死。天下皆以舜之诛为是。于是舜举鲧子禹，而使续鲧之业。④

---

① 司马迁：《史记》卷一《五帝本纪第一》，第 28 页。
② 孙奭疏：《孟子注疏》卷九上《万章上》，第 2735 页。
③ 司马迁：《史记》卷一《五帝本纪第一》，第 20 页。
④ 司马迁：《史记》卷二《夏本纪第二》，第 50 页。

这两段内容是同样来自《尚书·尧典》，不过司马迁在文字上作了若干修饰。《尧典》的"咨"改为"嗟"，作叹词用。"四岳"改成"四岳"。[①]"洪水"变成"鸿水"，是源《孟子》之义。"荡荡"换成"浩浩"。而"浩浩滔天"不见于《夏本纪》，却在《五帝本纪》中有"汤汤洪水滔天，浩浩怀山襄陵"。《史记》又把"有能俾乂"写成"有能使治者"，"佥曰"改"皆曰"，"方命"换为"负命"，"试可，乃已"写成"试不可用而已"[②]，

[①] 无论"四岳"还是"四嶽"，大多以为是官名或主管四方诸侯的方伯。《史记正义》引孔安国说："四岳，即上羲和四子，分掌四岳之诸侯，故称焉"，张守节：《史记正义》，司马迁：《史记》卷一《五帝本纪第一》，第21页，而《史记集解》引郑玄注"四时官，主方岳之事"（裴骃：《史记集解》，司马迁：《史记》卷一《五帝本纪第一》，第21页）。此外，四岳又可能就是许由。《庄子·逍遥游》载尧让天下于许由，许由曰："庖人虽不治庖，尸祝不越樽俎而代之矣"（郭庆藩：《庄子集释》卷一上《内篇·逍遥游第一》，北京：中华书局，1985年，第24页）；《庄子·外物》载："尧与许由天下，许由逃之"（郭庆藩：《庄子集释》卷九上《外篇·外物第二十六》，第943—944页）；《韩非子·说林下》亦云："尧以天下让许由，许由逃之，舍于家人，家人藏其皮冠"（王先慎：《韩非子集解》卷八《说林下第二十三》，北京：中华书局，2003年，第189页）。汉人就不太相信许由不受尧之天下的事，《史记·伯夷列传》："而说者曰尧让天下于许由，许由不受，耻之逃隐。及夏之时，有卞随、务光者。此何以称焉？太史公曰：'余登箕山，其上盖有许由冢云。孔子序列古之仁圣贤人，如吴太伯、伯夷之伦详矣。余以所闻由、光义至高，其文辞不少概见，何哉？'"（司马迁：《史记》卷六十一《伯夷列传第一》，第2121页）；《绎史》引扬雄《法言》："'或问尧将让天下于许由，由耻。有诸？'曰：'好大者为之也，顾由无求于世而已矣。允哲尧舜之重，则不轻于由矣。好大累克，巢父洗耳，不亦宜乎！'"马骕撰，王利器整理：《绎史》卷九《陶唐纪》，第98页。清人宋翔凤就指出："《墨子·所染篇》、《吕氏春秋·当染篇》并云：'舜染于许由、伯阳'，'由'与'夷'，'夷'与'阳'并声之转。《大传》之'阳伯'，《墨》、《吕》之许由、伯阳，与《书》之伯夷，正是一人。伯夷封许，故曰许由。《史记》尧让天下于许由（本《庄子》），正传会'咨四岳巽朕位'之语，百家之言，自有所出"（宋翔凤：《尚书·略说》，收入《续修四库全书·经部·书类》，册四十八，第381上—381页下）。宋氏按《尚书·尧典》中尧所欲让位予四岳，认为四岳也就是许由，杨宽与他的看法又是一致："伯夷固即太岳四岳，四岳有不受让国事，许由亦有不受尧让国事，而许又为太岳之后，'由''夷'又音近，则许由固即伯夷"，杨宽：《中国上古史导论》，收入吕思勉、童书业编著：《古史辨》第七册，第202页。

[②] 由"试可"改成"试不可"，钱大昕就解释为"古人语急，以不可为可"（《廿二史考异》卷一《史记一》，上海：上海古籍出版社，2004年，第2页），戴震亦认为"试用或可，而不可乃退。古人语多省略"（《尚书义考》，收入氏著：《戴震全书》第一册卷一，合肥：黄山书社，1994年，第60页）。孙星衍的《尚书今古文注疏》言"史公'可'为'不可'者，声之缓急。俗字增为叵，即可字也"（《尚书今古文注疏》卷一《尧典上》，北京：中华书局，1986年，第28页），而俞樾则认为"已、以通用之证，'以'，用也。'试可乃以'者，言试之而可，乃用之也。《史记·五帝本纪》作'试不可'用而已，盖不知'已'当作'以'，而疑'试可乃已'文义难通，遂致'可'为'不可'"（《群经平议》，收入《续修四库全书·经部·群经总义类》，册一七八，卷三《尚书一》，第38页上）。

"载"则改为"岁"和"年"。①

《史记》之后,东汉的《越绝书》有这样的记载:

> 尧遭帝誉之后乱,洪水滔天。尧使鲧治之,九年弗能治。尧七十年而得舜。舜明知人情,审于地形,知鲧不能治,数谏不去,尧殛之羽山。②

《吴越春秋》则言:

> 帝尧之时,遭洪水滔滔,天下沉渍,九州阏塞,四渎壅闭。帝乃忧中国之不康,悼黎元之罹咎。乃命四岳,乃举贤良,将任治水。

---

① 同样是《尧典》,有"以闰月定四时成岁",孔颖达疏:《尚书正义》卷二《尧典》,第119页一句。"闰"不见于甲骨文,殷人称闰月为"十三月",周代始有闰字。而所谓"四时",也未必是指四季,因为商代可能只有春、秋两季。详参于省吾:《岁、时起源新考》,《历史研究》1961年第4期,第100—106页;于省吾:《释屯》,载氏著:《甲骨文字释林》,北京:中华书局,2009年,第23—24页;陈梦家:《殷虚卜辞综述》,第217—223页。陈梦家亦认为"岁"字虽已出现于甲骨文,但不是解作年岁或岁星,而只是有关收成方面,并且一年分为两岁。详参陈梦家:《殷虚卜辞综述》,第224—228页。岛邦男同样否定殷人"年"、"岁"称呼历年的事实,他以"今岁"、"来岁"的"岁"为祭祀用语,意为供载牺牲,因此"今岁"即为今之载祀期,"来岁"即是未来的载祀期。详参岛邦男著,濮茅左、顾伟良译:《殷墟卜辞研究》下册,上海:上海古籍出版社,2006年,第989—993页。他们的说法缺乏卜辞与文献的根据。顾炎武云"自今年冬至至明年冬至,岁也;自今年正月朔至明年正月朔,年也",顾炎武著,黄汝成集释:《日知录集释》卷三十二《岁》,上海:上海古籍出版社,2006年,第1811页,前者是365日,实即阳历年,后者354日多,实即阴历年。由于月球绕地球和地球绕太阳两个周期都是不同,阴历12个月比阳历1年要少11天多,必须几年设一闰月才能使二者相合,而这种阴阳历合用在商代已经实行。在《舜典》又有"百姓如丧考妣,三载",孔颖达疏:《尚书正义》卷三《舜典》,第129页,《孟子·万章上》作"百姓如丧考妣三年"(孙奭疏:《孟子注疏》卷九上《万章上》,第2735页),证明东周时期"载"已作"年"用,二者通用。《尔雅·释天》:"夏曰岁,商曰祀,周曰年,唐虞曰载"(郭璞注:《尔雅注疏》卷六《释天第八》,第2608页),实际不可能这样简单。事实上,"年"在甲骨文不仅表示丰收之意,同时也作历年称谓,而"岁"也因谷物收割一次称为一岁而具有年岁的意义。详参胡厚宣:《殷代年岁称谓考》,载氏著:《甲骨学商史论丛初集》上册,石家庄:河北教育出版社,2002年,第242—261页;冯时:《百年来甲骨文天文历法研究》,北京:中国社会科学出版社,2011年,第267页。杨树达认为甲骨文的"𢦏"为"载",为历年之称。详参杨树达:《释𢦏》,载氏著:《耐林廎甲文说》,上海:上海古籍出版社,1986年,第18—23页。亦有学者释为"材",也主历年之称。详参赵峰:《清江陶文及其所反映的殷代农业和祭祀》,《考古》1976年第4期,第221—228页。

② 袁康、吴平辑:《越书》第三卷《吴内传第四》,上海:上海古籍出版社,1985年,第26页。

> 自中国至于条方,莫荐人。帝靡所任,四岳乃举鲧而荐之于尧。帝曰:"鲧负命毁族,不可。"四岳曰:"等之群臣,未有如鲧者。"尧用治水,受命九载,功不成。帝怒曰:"朕知不能也。"乃更求之,得舜,使摄行天子之政,巡狩。观鲧之治水无有形状,乃殛鲧于羽山。鲧投于水,化为黄能,因为羽渊之神。①

《越绝书》和《吴越春秋》都是以吴越争霸的历史事件为主要线索,记录春秋末年吴越两国兴衰成败历史的学术著作,《吴越春秋》是否为《越绝书》的后续之作,学术界仍未有共识②,但《吴越春秋》的神话内容比《越绝书》更为丰富。两者对大禹治水均有相似的记载,《越绝书》的记载与《山海经·海内经》的记载大致相同,只是多了"九年"、"七十年"这两个数字。③而《吴越春秋》的文字显然来自《史记·夏本纪》,并增加了背景的描写。鲧死后化为黄熊说不见于《史记》,此说应来自《国语·晋语》的"昔者鲧违帝命,殛之于羽山,化为黄熊,以入羽渊"④。

对于大禹治水的过程,《越绝书》和《吴越春秋》描写的差异更大。《越绝书》只言"禹始也,忧民救水"⑤,《吴越春秋》则言:

> 舜与四岳举鲧之子高密。四岳谓禹曰:"舜以治水无功,举尔嗣考之勋。"禹曰:"俞!小子敢悉考绩,以统天意。惟委而已!"禹伤父功不成,循江溯河,尽济甄淮,乃劳身焦思以行,七年闻乐不听,

---

① 赵晔:《吴越春秋》卷四《越王无余外传第六》,第124—125页。
② 《越绝书》争议问题较多,自南北朝以来,关于其成书年代、作者、篇名、书名等已经聚讼纷纭,莫衷一是,至今仍悬而未决。详参步嘉:《越绝书研究》,上海:上海古籍出版社,2003年。此书亦是唯一一部研究《越绝书》的专著,集前人诸说与作者考释于一体,有新的切入点。《吴越春秋》虽也是一部完备而有条理记载吴越历史的专著,一直与《越绝书》被视为姊妹篇,但其风格正好和《越绝书》相反。《越绝书》史料价值高,文学艺术性差;《吴越春秋》则文学艺术性高,史料可信程度较低。历代学人治《越绝书》和《吴越春秋》成果颇为丰赡,详参钱茂伟编:《浙东史学研究述评》,北京:海洋出版社,2009年,第38—61页。
③ 《史记》有"九年不治"而殛鲧的说法,但禹"居外十三年,过家门不敢入",司马迁:《史记》卷二《夏本纪第二》,第51页,却没有杀禹,说明司马迁有心对比二者。
④ 徐元诰:《国语集解·晋语第八》,北京:中华书局,2002年,第437页。
⑤ 袁康、吴平辑:《越绝书》第八卷《地传第十》,第57页。

过门不入，冠挂不顾，履遗不蹑。功未及成，愁然沉思。乃案《黄帝中经历》，盖圣人所记曰："在于九山东南天柱，号曰宛委，赤帝在阙。其岩之巅，承以文玉，覆以盘石，其书金简，青玉为字，编以白银，皆琢其文。"禹乃东巡，登衡岳，血白马以祭，不幸所求。禹乃登山，仰天而啸，因梦见赤绣衣男子，自称玄夷苍水使者。闻帝使文命于斯，故来候之。非厥岁月，将告以期，无为戏吟。故倚歌覆釜之山。东顾谓禹曰："欲得我山神书者，斋于黄帝岩岳之下，三月庚子，登山发石，金简之书存矣。"禹退，又斋。三月庚子，登宛委山，发金简之书。案金简玉字，得通水之理。复返归岳，乘四载以行川。始于霍山，徊集五岳，诗云："信彼南山，惟禹甸之。"遂巡行四渎，与益、夔共谋，行到名山大泽，召其神而问之山川脉理、金玉所有、鸟兽昆虫之类，及八方之民俗、殊国异域土地里数，使益疏而记之，故名之曰《山海经》。禹三十未娶，行到涂山，恐时之暮，失其度制，乃辞云："吾娶也，必有应矣。"乃有白狐九尾造于禹。禹曰："白者，吾之服也。其九尾者，王之证也。涂山之歌曰：'绥绥白狐，九尾痝痝。我家嘉夷，来宾为王。成家成室，我造彼昌。天人之际，于兹则行。'明矣哉！"禹因娶涂山，谓之女娇。取辛壬癸甲。禹行十月，女娇生子启。启生不见父，昼夕呱呱啼泣。禹行，使大章步东西，竖亥度南北，畅八极之广，旋天地之数。禹济江，南省水理，黄龙负舟，舟中人怖骇，禹乃哑然而笑曰："我受命于天，竭力以劳万民。生，性也；死，命也。尔何为者？"颜色不变。谓舟人曰："此天所以为我用。"龙曳尾舍舟而去。南到计于苍梧，而见缚人，禹抚其背而哭。益曰："斯人犯法，自合如此，哭之何也？"禹曰："天下有道，民不罹辜；天下无道，罪及善人。吾闻一男不耕，有受其饥；一女不桑，有受其寒。吾为帝统治水土，调民安居，使得其所，今乃罹法如斯，此吾得薄不能化民证也。故哭之悲耳。"于是，周行宇内，东造绝迹，西延积石，南逾赤岸，北过寒谷；徊仑，察六扈，脉地理，名金石；写流沙于西隅，决弱水于北汉；青泉、赤渊，分入洞穴；通江东流，至于碣石；疏九河于涽渊，开五水于东北；凿龙门，辟伊阙；平易相土，观地分州。殊方各进，有所纳贡；民去崎岖，归于中国。尧曰："俞！以固冀于此。"乃号禹曰伯禹，官曰司空，赐姓姒氏，领统州伯，以巡十二部。①

《吴越春秋》是先秦以来关于大禹治水最详尽的叙述。②《吴越春秋》这段文字的开首部分，与《史记》以下文字很相似：

> 禹乃遂与益、后稷奉帝命，命诸侯百姓兴人徒以傅土，行山表木，定高山大川。禹伤先人父鲧功之不成受诛，乃劳身焦思，居外十三年，过家门不敢入。薄衣食，致孝于鬼神。卑宫室，致费于沟减。陆行乘车，水行乘船，泥行乘橇，山行乘檋。左准绳，右规矩，载四时，以开九州，通九道，陂九泽，度九山。令益予众庶稻，可种卑湿。命后稷予众庶难得之食。食少，调有余相给，以均诸侯。③

不过，《吴越春秋》其后所引的《黄帝中经历》，司马迁却没有采用，这段亦提供了有关《山海经》成书的记载。而娶涂山女，源于《左传·哀公七年》"禹合诸侯于涂山，执玉帛者万国"④和《尚书·益稷》的"禹曰：予创若时，娶于涂山，辛壬癸甲，启呱呱而泣。予弗子，惟荒度土功。弼成五服，至于五千"⑤，《史记·夏本纪》说："予娶涂山，癸甲，生启予不

---

① 赵晔：《吴越春秋》卷四《越王无余外传第六》，第125—132页。
② 黄震云、孙娟：《汉代神话史》，第244页。
③ 司马迁：《史记》卷二《夏本纪第二》，第51页。
④ 杜预注，孔颖达疏：《春秋左传正义》卷五十八《哀公七年》，第2163页。"万国"常见于先秦文献，如"古有万国"，《荀子》注释组：《荀子新注》卷十《富国》，第156页、"当禹之时，天下万国"（高诱注：《吕氏春秋》卷十九《离俗览第七·用民》，第244页）、"古者天子之始封诸侯也万有余"（孙诒让：《墨子间诂》卷五《非攻下第十九》，第155页）。这些"万国"只是约数，非实有一万。万国也当指以城邑为主体、实行姓族统治的首邦。详参陈剩勇：《中国第一王朝的崛起——中华文明和国家起源之谜破译》，长沙：湖南出版社，1994年，第263页。虽然不能确实知道"万国"的实数，但夏朝时期万国林立的局面在考古学上多有反映。如分布在豫西晋南的二里头文化外，荦荦大者尚有豫北冀南的下七垣文化、冀北和北方地区的夏家店下层文化、山东的岳石文化等。详参中国社会科学院考古研究所编：《中国考古学·夏商卷》，第142—156、593—605页；张之恒：《中国新石器时代考古》，第132—137页。
⑤ 孔颖达疏：《尚书正义》卷五《益稷》，第143页。有关大禹娶涂山女的传说，可参本书第五章。

子,以故能成水土功。辅成五服,至于五千里"①,与文末的地理资料,明显来自《山海经》和《尚书·禹贡》。《吴越春秋》具有广泛数据源,比《越绝书》更进一步描绘大禹治水的形象。②

在汉代有关大禹治水的史料中,不能忽略汉赋的资料。司马相如的《难蜀父老》言:

> 昔者,洪水沸出,泛滥衍溢,民人升降移徙,崎岖而不安。夏后氏戚之,乃堙洪原,决江疏河,洒沈澹灾,东归之于海,而天下永宁。当斯之勤,岂唯民哉?心烦于虑,而身亲其劳,躬傂骿无胈,肤不生毛。故休烈显乎无穷,声称浃乎于兹。③

扬雄的《蜀都赋》:

> 蜀都之地,古曰梁州。禹治其江,渟皋弥望,郁乎青葱,沃壄千里。④

---

① 司马迁:《史记》卷二《夏本纪第二》,第80页。
② 历代史书和目录学家都把《吴越春秋》视作史书,《隋书·经籍志》、《旧唐书·经籍志》和《新唐书·艺文志》列为杂史;《宋史·艺文志》列为霸史。详参魏徵等:《隋书》卷三十三《经籍志第二十八》,北京:中华书局,1973年,第960页;刘昫等:《旧唐书》卷四十六《经籍志上第二十六》,第1993页;欧阳修等:《新唐书》卷五十八《艺文志二第四十八》,北京:中华书局,1975年,第1463页;脱脱等:《宋史》卷二〇三《艺文志第一五六》,北京:中华书局,1977年,第5094页。《隋志》对其评价不高,认为"其属辞比事,皆不与《春秋》、《史记》、《汉书》相似,盖率尔而作,非史策之正也",《隋书》卷三十三《经籍志第二十八》,第962页。明代钱福首先认为《吴》书"其字句间或似小说家"(氏著:重刊《吴越春秋序》,载钱谷《吴都文粹续集》[收入《景印文渊阁四库全书·集部三二四·总集类》,册一三八五,卷一,第30页下])。鲁迅则言《吴》书"虽本史实,并含异闻"(氏著:《中国小说史略》,第10页)。而《四库全书总目提要》虽说《吴》书"尤近小说家言",但仔细阅读的话,此说并非指整本《吴越春秋》,而只是就"处女试剑"、"老人化猿"和"公孙胜三呼三类"几件事而得出的说法,就全书而言,《四库全书总目提要》仍认为"自是汉晋间稗官杂记之体"(永瑢:《四库全书总目》卷六十六《史部二十二·载记类》,北京:中华书局,1965年,第583页。有关《吴越春秋》的史学价值,可参仓修良:《从〈吴越春秋辑校汇考〉看〈吴越春秋〉的版本、体裁、内容和价值》,载氏著:《史家·史籍·史学》,济南:山东教育出版社,1999年,第57—73页;许聚才:《〈吴越春秋〉的史学价值》,载氏著:《秦汉史学研究》,北京:北京师范大学出版社,2012年,第111—123页。
③ 费振刚、胡双宝、宗明华辑校:《全汉赋》,北京:北京大学出版社,1993年,第107页。
④ 同上书,第160页。

他亦有《河东赋并序》：

> 勤大禹于龙门，洒沈菑于豁渎兮，播九河于东濒。①

张衡有《思玄赋》：

> 朝吾行于汤谷兮，从伯禹于稽山。集群神之执玉兮，疾防风之食言。②

陈琳的《应讥》则言：

> 昔洪水滔天，泛滥中国，伯禹躬之，过门而不入，率万方之民，致力乎沟洫，及至箫韶九成，百兽率舞，垂拱无为，而天下晏如。夫岂前好勤而后偷乐乎，盖以彼劳求斯逸也。③

在汉赋中，大禹形象鲜明，是一位民众的领袖，指导治水。值得留意的是，《难蜀父老》中仍用"堙"洪水的说法，这是沿《山海经》以"息壤堙洪水"一致，说明息壤之说在汉代仍然存在。④ 从《尚书》开始，治水的主角是鲧和大禹，但往后的文献都淡化了鲧。此外，燹公盨铭文、《洪范》、《山海经》都视大禹具有神性，但到了汉代，大禹人性形象渐渐显露出来。事实上，西周的礼乐文化已奠定一种人文主义，相对殷商而言，神的色彩趋于淡化，人文的色彩趋于显著，这也是中国人文思想的起源。⑤

虽然人文色彩在后世越趋浓厚，但不能代表神话色彩的减退。先秦经、子文献载：

> 禹理洪水，观于河，见白面长人鱼身出，曰："吾河精也。"授

---

① 费振刚、胡双宝、宗明华辑校：《全汉赋》，第183页。
② 同上书，第394页。
③ 同上书，第709页。
④ 顾颉刚：《禹治洪水，堙、疏二术并用》，载氏著：《汤山小记（十一）》，收入氏著：《顾颉刚读书笔记》卷八，第390页。
⑤ 陈来：《古代思想文化的世界：春秋时代的宗教、伦理与社会思想》，北京：生活·读书·新知三联书店，2009年，第12页。

禹河图，而还渊中。①

夏禹治水有应龙以尾画地，即水泉流通。②

天与禹，洛出书，神龟负文而出，列于背，有数至于九，禹遂因而第之，以成九类，常道所以次序。③

禹治水时，有神龙，以尾画地，导水所注，当决者因而治之也。④

汉唐元的文献亦有所继承：

《易》曰："天垂象，见吉凶，圣人象之；河出图，雒出书，圣人则之。"刘歆以为虑羲氏继天而王，受河图，则而画之，八卦是也；禹治洪水，赐《雒书》，法而陈之，《洪范》是也。⑤

禹尽力乎沟洫，导川夷岳，黄龙曳尾于前，玄龟负青泥于后。⑥

禹凿龙关之山，亦谓之龙门。至一空岩，深数十里，幽暗不可复行，禹乃负火而进。有兽状如豕，衔夜明之珠，其光如烛。又有青犬，行吠于前。禹计可十里，迷于昼夜。既觉渐明，见向来豕犬变为人形，皆着玄衣。又见一神，蛇身人面。禹因与语，神即示禹八卦之图，列于金版之上。又有八神侍侧。禹曰："华胥生圣子，是汝耶？"答曰："华胥是九河神女，以生余也。"乃探玉简授禹，长一尺二寸，以合十二时之数，使量度天地。禹即执持此简，以平定水土。蛇身之神，即羲皇也。⑦

禹伤其父功不成，乃南逃衡山，斩马以祭之，仰天而啸。忽梦神人，自称玄夷苍水使者，谓禹曰："欲得我书者，斋焉。"禹遂斋

---

① 尸佼著，汪继培辑：《尸子·存疑》，北京：中华书局，1991年，第66页。
② 洪兴祖引《山海经》；洪兴祖：《楚辞补注·天问第三》，北京：中华书局，1983年，第91页。
③ 孔安国传《尚书》；孔颖达疏：《尚书正义》卷十一《洪范》，第187页。
④ 王逸注《楚辞》；洪兴祖：《楚辞补注·天问第三》，第91页。
⑤ 班固：《汉书》卷二十七《五行志第七上》，第1315页。
⑥ 王嘉撰，萧绮录：《拾遗记》卷二，北京：中华书局，1981年，第37页。
⑦ 同上书，第38页。

三日。乃降金简玉字之书,得治水之要。[1]

> 启,夏禹子也。其母涂山氏女也。禹治鸿水,通轘辕山,化为熊,谓涂山氏曰:"欲饷,闻鼓声乃来。"禹跳石,误中鼓。涂山氏往,见禹方作熊,惭而去,至嵩高山下化为石,方生启。禹曰:"归我子。"石破北方而启生。事见《淮南子》。[2]

此外,模仿《尚书》文体的汉代纬书《尚书中候》是众多纬书中较详细叙述大禹治水过程:

> 尧使禹治水……禹辞,天地重功,帝钦择人。伯禹曰:臣观河伯面长人鱼身。出曰:吾河精也。授臣河图去入渊……伯禹在庶,四岳师,举荐之帝尧,握活命不试,爵授司空。伯禹稽首,让于益、归。帝曰:何斯若真,出尔命图,示乃天。
>
> 注曰:禹握括地象,天已命之,故不复试以众官……禹方让隐之。故曰:出汝所天命也……乃天使汝治水,非我也。[3]

这里表明,大禹是受天命治水,尧不过是天命的传达者,而纬书中亦包含神话色彩,上文提到《吴越春秋》中的大禹得天书通治水之理,应该是对纬书记载的发挥和继承,而明清小说则有如此记载:

> 薛少府在亭子里坐了一会,又向山中行去。那山路上没有些树木荫蔽,怎比得亭子里这般凉爽,以此越行越冈。渐渐行了十余里,远远望见一条大江。你道这江是甚么江?昔日大禹治水,从岷山导出岷江。过了茂州、威州地面,又导出这个江水来,叫做沱江。至今江岸上垂着大铁链,也不知道有多少长,沉在江底,乃是大禹锁着应龙的去处。元(原)来禹治江水,但遇水路不通,便差那应龙前去。随你几百里的高山巨石,只消他尾子一抖,登时就分开做了

---

[1] 李冗:《独异志》卷上,北京:中华书局,1985年,第16页。
[2] 颜师古注:《汉书》卷六《武帝纪》,第190页。
[3] 皮锡瑞:《尚书中候疏证》,收入《续修四库全书·经部·书类》,册五十五,第851页下—852页上。

两处，所以世称大禹叫个"神禹"。若不会驱使这样东西，焉能八年之间，洪水底定？至今泗江水上，也有一条铁链，锁着水母。其形似猕猴一般。这沱江却是应龙，皆因水功既成，锁着以镇后害。①

大禹得神龟从浩水负书而出，根据神示而治水成功，这已有浓厚的神话色彩。河图、洛书之说先秦已传②，但与《洪范》和治水联系起来，应起自西汉时期。③ 其后又有神龙、应龙之助的传说，大禹本身亦化为黄熊。闻一多分析应龙画地的神话，认为画地成河的龙实即大禹自己，能画地成河就是大禹疏凿江河。④ 沱江锁应龙的传说就足以代表神力助大禹治水的传说延至明代。由此可见，大禹的治水形象，除了人性一面外，神话色彩亦非常浓厚。

第三节　鲧禹治水方法比较

从以上的引文中可见，除大禹之外，鲧也是治水的人物之一。在一

---

① 冯梦龙：《醒世恒言》卷二十六《薛录事鱼服证仙》，海口：海南出版社，1993年，第443页。

② 《论语·子罕》孔子感叹："河不出图，吾已矣乎"（邢昺疏：《论语注疏》卷九《子罕第九》，阮元校：《十三经注疏》本，第2490页）；《管子·小匡》："河出图，洛出书，地出乘黄"（黎翔凤：《管子校注》卷八《小匡第二十》，第426页）；《墨子·非攻》："天命周文王伐殷有国。泰颠来宾，河出绿图，地出乘黄"（孙诒让：《墨子间诂》卷五《非攻下第十九》，第152页）；《易·系辞》："河出图，洛出书，圣人则之"（孔颖达疏：《周易正义》[阮元校《十三经注疏》本]，《系辞上》卷七，第82页）。司马迁也有记载孔子的感叹，只是文字变成"河不出图，雒不出书，吾已矣夫！"，司马迁：《史记》卷四十七《孔子世家第十七》，第1942页。

③ 根据孔安国的解释，洪范九畴就是洛书，"孔安国以为河图则八卦是也，洛书则九畴是也"（孔颖达疏：《周易正义》，《系辞上》卷七，第82页），刘歆也认同此说，《汉书·五行志》："刘歆以为……禹治洪水，赐洛书，法而陈之，洪范是也"（班固：《汉书》卷二十七《五行志第七上》，第1315页）。值得留意的是，余英时发现《庄子·天运》中所载的"天有六极五常，帝王顺之则治，逆之则凶。九洛之事，治成德备"（王先谦：《庄子集解》卷四《天运第十四》，北京：中华书局，1987年，第122页），是先秦唯一一条直接把河图洛书与巫统联系起来的证据，当巫传说在东汉末年与道教混融时，河图洛书则扮演了"天书"的核心角色。他认为河图洛书的神话可溯至古代巫的传统。详参余英时：《论天人之际：中国古代思想起源试探》，台北：联经出版事业股份有限公司，2014年，第155—156页。

④ 闻一多：《伏羲考》，载氏著：《神话与诗》，第25—26页。

些传统文献中，鲧、禹都被视为是一对父子，而且父子相继治水，一败一成，映衬出"父顽子贤"的典型。① 古籍上记载鲧禹治水的方法很多，笔者整理成下表：

表四　鲧禹治水方法表

用词	原句	出处
敷土	天命禹敷土，随山浚川。	燹公盨铭文。
	禹敷土，随山刊木，奠高山大川。	孔颖达疏：《尚书正义》卷六《禹贡》，第 146 页。
	禹溥土，平天下，躬亲为民行劳苦。	《荀子》注释组：《荀子新注》卷二十五《成相》，第 420 页。
	傅土，行山表木，定高山大川。	司马迁：《史记》卷二《夏本纪第二》，第 51 页。
	使禹傅土，主明山川。	戴德：《大戴礼记》卷七《五帝德》，第 117 页。
敷下土方	濬哲维商，长发其祥。洪水芒芒，禹敷下土方。	郑玄笺，孔颖达疏：《毛诗正义》卷二十《商颂·长发》，第 626 页。
布土	禹、鲧是始布土，均定九州。	《山海经》卷十八《海内经》，第 465 页。
平治水土	咨禹，汝平水土，惟时懋哉。	孔颖达疏：《尚书正义》卷三《舜典》，第 130 页。
	禹平水土，主名山川。	孔颖达疏：《尚书正义》卷十九《吕刑》，第 248 页。
	禹之治水土也。	杨伯峻：《列子集释》卷五《汤问》，北京：中华书局，1979 年，第 163 页。
	大费，与禹平水土。	司马迁：《史记》卷五《秦本纪第五》，第 173 页。
	（太公望吕尚）其先祖尝为四岳，佐禹平水土甚有功。	司马迁：《史记》卷三十二《齐太公世家第二》，第 1477 页。
	古者，沟防不修，水为民害，禹凿龙门，辟伊阙，平治水土，使民得陆处。	何宁：《淮南子集释》卷十八《人闲训》，第 1254 页。

---

① 胡万川：《真实与想象：神话传说探微》，新竹：台北清华大学出版社，2003 年，第 1 页。

第二章　人性与神性之间——大禹治水传说　　87

续表

用词	原句	出处
随山浚川	禹别九州，随山浚川，任土作贡。	孔颖达疏：《尚书正义》卷六《禹贡》，第146页。
	天命禹敷土，随山浚川。	燹公盨铭文。
	《夏书》曰：禹抑洪水十三年，过家不入门。陆行载车，水行载舟，泥行蹈毳，山行即桥。以别九州，随山浚川，任土作贡。	司马迁：《史记》卷二十九《河渠书第七》，第1405页。
随行刊木	禹敷土，随山刊木，奠高山大川。	孔颖达疏：《尚书正义》卷六《禹贡》，第146页。
	乘四载，随行刊木。	孔颖达疏：《尚书正义》卷五《益稷》，第141页。
	禹沐浴霪雨，栉扶风，决江疏河，凿龙门，辟伊阙，修彭蠡之防，乘四载，随山栞木，平治水土，定千八百国。	何宁：《淮南子集释》卷十九《修务训》，第1313—1314页。
	陆行乘车，水行乘舟，泥行乘橇，山行乘檋，行山栞木。	司马迁：《史记》卷二《夏本纪第二》，第51页。
	傅土，行山表木，定高山大川。	司马迁：《史记》卷二《夏本纪第二》，第51页。
斩高桥下	禹身决渎，斩高桥下，以致民利。	黎翔凤：《管子校注》卷二十《形势解第六十四》，第1183页。
决江疏河	禹于是疏河决江，十年不窥家。	尸佼著，汪继培辑：《尸子》卷下，第36页。
	昔禹决江浚河，而民聚瓦石。	王先慎：《韩非子集解》卷十九《显学第五十》，第464页。
	圣王通士不出于利民者无有。昔上古龙门未开，吕梁未发，河出孟门，大溢逆流，无有丘陵沃衍、平原高阜，尽皆灭之，名曰鸿水。禹于是疏河决江，为彭蠡之障，干东土，所活者千八百国，此禹之功也。勤劳为民，无苦乎禹者矣。	高诱注：《吕氏春秋》卷二十一《开春论第一·爱类》，第292页。
	禹沐浴霪雨，栉扶风，决江疏河，凿龙门，辟伊阙，修彭蠡之防，乘四载，随山栞木，平治水土，定千八百国。	何宁：《淮南子集释》卷十九《修务训》，第1313—1314页。
	决河浚江者，禹也。	何宁：《淮南子集释》卷十四《诠言训》，第1000页。
	决江流河者，禹也。	韩婴：《韩诗外传》卷二，第15页。

续表

用词	原句	出处
疏导	导弱水至于合黎，余波入于流沙。导黑水至于三危，入于南海。导河积石，至于龙门，南至于华阴，东至于底柱，又东至于孟津；东过洛汭，至于大伾；北过降水，至于大陆；又北播为九河，同为逆河，入于海。	孔颖达疏：《尚书正义》卷六《禹贡》，第151页。
疏导	禹立，勤劳天下，日夜不懈，通大川，决壅塞，凿龙门，降通潦水以导河，疏三江五湖，注之东海，以利黔首。	高诱注：《吕氏春秋》卷五《仲夏纪第五·古乐》，第53页。
疏导	禹于是疏河决江。	高诱注：《吕氏春秋》卷二十一《开春论第一·爱类》，第282页。
疏导	中古之世，天下大水，而鲧、禹决渎。	王先慎：《韩非子集解》卷十九《五蠹第四十九》，第442页。
疏导	舜之时，共工振滔洪水，以薄空桑，龙门未开，吕梁未发，江、淮通流，四海溟涬，民皆上丘陵，赴树木。舜乃使禹疏三江五湖，辟伊阙，导廛、涧，平通沟陆，流注东海。鸿水漏，九州干，万民皆宁其性。	何宁：《淮南子集释》卷八《本经训》，第578—579页。
疏导	昔禹疏九江，决四渎。	司马迁：《史记》卷十二《孝武本纪第十二》，第463页；司马迁：《史记》卷二十八《封禅书第六》，第1391页；《汉书·郊祀志》。
陻	箕子曰："我闻在昔，鲧陻洪水，汩陈其五行。"	孔颖达疏：《尚书正义》卷十二《洪范》，第187页。
陻	鲧窃帝之息壤以陻洪水。	《山海经》卷十八《海内经》，第467页。
陻	禹湮洪水，杀相繇，其血腥臭，不可生谷，其地多水，不可居也。禹湮之，三仞三沮，乃以为池，群帝因是以为台。	《山海经》卷十八《海内经》，第435页。
陻	庄子引墨子语："昔者禹之湮洪水，决江河而通四夷九州也。"	王先谦：《庄子集解》卷八《天下第三十三》，第289页。
陻	凡鸿水渊薮自三百仞以上，二亿三万三千五百五十里有九渊，禹乃以息土填洪水，以为名山。	何宁：《淮南子集释》卷四《墬形训》，第322页。
陻	以息壤陻洪水之州。	何宁：《淮南子集释》卷五《时则训》，第434页。
陻	《夏书》曰："禹陻洪水十三年。"	班固：《汉书》卷二十九《沟洫志第九》，第1675页。
陻	洪泉极深，何以寘之？	屈原著，朱熹注：《楚辞集注》卷三《天问第三》，第55页。

续表

用词	原句	出处
作城	夏鲧作城。	高诱注:《吕氏春秋》卷十七《审分览第五·君守》,第203页。
	鲧作城郭。	张澍辑注:《世本·张澍稡集补注本》卷一,收入《世本八种》本,第22页。
	昔者,夏鲧作三仞之城。诸侯背之,海外有狡心。禹知天下之叛也,乃坏城平池,散财物,焚甲兵,施之以德,海外宾伏,四夷纳职,合诸侯于涂山,执玉帛者万国。	何宁:《淮南子集释》卷一《原道训》,第29—30页。
抑	昔者禹抑洪水,而天下平。	孙奭疏:《孟子注疏》卷六下《滕文公下》,第2715页。
	禹有功,抑下鸿,辟除民害逐共工。	《荀子》注释组:《荀子新注》卷二十五《成相》,第419页。
多法并用	灵王二十二年(550),谷、洛斗,将毁王宫。王欲壅之,太子晋谏曰:"不可。晋闻古之长民者,不堕山,不崇薮,不防川,不窦泽。夫山,土之聚也。薮,物之归也。川,气之导也。泽,水之钟也。夫天地成而聚于高,归物于下。疏为川谷,以导其气。陂唐汙庳,以钟其美。是故聚不阤崩,而物有所归。气不沈滞,而亦不散越。是以民生有财用,而死有所葬。然则无夭昏札瘥之忧,而无饥寒乏匮之患,故上下能相固,以待不虞。古之圣王,唯此之慎。昔共工弃此道也,虞于湛乐,淫失其身,欲壅防百川,堕高堙庳,以害天下。皇天弗福,庶民弗助,祸乱并兴,共工用灭。其在有虞,有崇伯鲧,播其淫心,称遂共工之过,尧用殛之于羽山。其后伯禹念前之非度,厘改制量,象物天地,比类百则,仪之于民,而度之于群生,共之从孙四岳佐之,高高下下,疏川导滞,钟水丰物,封崇九山,决汨九川,陂鄣九泽,丰殖九薮,汩越九原,宅居九隩,合通四海。故天无伏阴,地无散阳,水无沈气,火无灾燀,神无闲行,民无淫心,时无逆数,物无害生。帅象禹之功,度之于轨仪,莫非嘉绩,克厌帝心。皇天嘉之,祚以天下,赐姓曰'姒'、氏曰'有夏',谓其能以嘉祉殷富生物也。祚四岳国,命以侯伯,赐姓曰'姜'、氏曰'有吕',谓其能为禹股肱心膂,以养物丰民人也。"	徐元诰:《国语集解·周语下第三》,第92—97页。

续表

用词	原句	出处
多法并用	古者禹治天下,西为西河渔窦,以泄渠、孙、皇之水。北为防、原、派,注后之邸、嘑池之窦,洒为底柱,凿为龙门,以利燕代胡貉与西河之民。东方漏之陆,防孟诸之泽,洒为九浍,以楗东土之水,以利冀州之民。南为江、汉、淮、汝,东流之注五湖之处,以利荆楚、干、越与南夷之民。此言禹之事。	孙诒让:《墨子间诂》卷四《兼爱中第十五》,第107—111页。
	禹疏九河,瀹济漯,而注诸海,决汝汉,排淮泗,而注之江,然后中国可得而食也。	孙奭疏:《孟子注疏》卷五下《滕文公上》,第2705页。

"用词"栏上"敷土"之"敷"与"尃"、"傅"同,三字可通用。[1]"敷"与"布"音义皆近,《诗经·小雅·小旻》毛传云:"敷,布也。"[2]在茫茫大水之上,敷土下方,即铺上泥土,大概就是在一片原水之上,铺上可生长的泥土。在《山海经》"禹鲧是始布土,均定九州"一句中,前后文都和洪水无关,可能只是一段独立叙述语。[3]而在众多治水之法中,典籍《吕氏春秋》和《淮南子》均载大禹是"凿龙门"[4],要凿龙门的原因相信是因为龙门壅塞洪水。朱熹则怀疑凿龙门之事的可信性;[5]丁文江认为以石之硬度,非铁器可易穿凿;[6]徐旭生认为龙门传说形成于春秋末期,同时质疑当时一群无金属工具或具粗陋金属工具的人是不能凿开险陕;[7]赵铁寒也质疑上古时期工具简陋,未必可解决此等河工问题;[8]孙淼则认为治水工程要具一定物质基础,凿龙门只是后人附会,不可凭信。[9]罗独

---

[1] 裘锡圭:《新出土先秦文献与古史传说》,载氏著:《中国出土古文献十讲》,第49页。

[2] 郑玄笺,孔颖达疏:《毛诗正义》卷十二《小雅·小旻》,第448页。

[3] 胡万川:《真实与想象:神话传说探微》,第29页。

[4] 龙门地望至少有23处,详参齐觉生:《大禹治水之研究》,《国立政治大学学报》1963年第7期,第244、247页注释1。

[5] 朱熹曾言:"今人说禹治水始于壶口,凿龙门,某未敢深信。方河水汹涌,其势迅激,纵使凿下龙门,恐这石仍旧壅塞。又下面水未有分杀,必且溃决四出。"朱熹:《朱子语类》,收入氏著:《朱子全书》第十七册卷七十九《尚书二》,上海:上海古籍出版社、合肥:安徽教育出版社,2010年,第2683页。

[6] 丁文江:《论禹治水说不可信书》,载顾颉刚编著:《古史辨》第一册,第177页。

[7] 徐旭生:《中国古史的传说时代》,第179页。

[8] 赵铁寒:《禹与洪水》,载氏著:《古史考述》,台北:正中书局,1965年,第60页。

[9] 孙淼:《夏商史稿》,第163页。

修引《后汉书》、《续汉书》等文献，认为大禹治水之时，已有崩岩裂石的能力，而自春秋时代到秦代，中国开凿工程技术得到急促提升，时代稍前的大禹治水中凿龙门一事不会尽属神话。[①] 笔者认为，罗独修之论未必符合真相，春秋至秦的工程技术确实有飞跃的提升，但大禹至春秋之时，也有千年之距，凿龙门之事始见于秦汉文献，很可能是秦汉开凿技术成熟后附会于大禹。伊阙之名，也不见于《禹贡》，汉朝人及后世部分史家，以伊阙为龙门[②]，无论如何，凿龙门、辟伊阙之说法不见于先秦时期。

由先秦至汉代的文献，都记载大禹治水有利用疏导的方法。而鲧，则用"陻"、"作城"。《山海经》、《天问》等文献说鲧陻的是息壤，而《山海经》更说鲧是因为偷了帝的息壤而被殛。"息壤，言土自长无限，故可以塞洪水也"[③]、"息土不耗减，掘之益多，故以填洪水。"[④] 从造字结构来看，"息"，从自、从心，自是鼻形，"始也"[⑤]，有初始的意思，"息，喘也"[⑥]，有生长之意，"息壤"就可以指"最初的土壤"[⑦]、"能生长的土壤"。[⑧]

---

① 罗独修：《大禹治水与国家起源—些关键问题之探讨》，载王仲孚主编：《中国上古史研究专刊》第3期，台北：兰台出版社，2003年，第69—73页。
② 最初以伊阙为龙门见于《淮南子·本经训》。参何宁：《淮南子集释》卷八《本经训》，第578—579页；此后《杜少陵集》也有把伊阙说成龙门。详参杜甫：《龙门》，载氏著，仇兆鳌注：《杜少陵集详注》卷一，北京：北京图书馆出版社，1999年，第17页。
③ 郭璞注：《山海经》卷十八《海内经》，第468页。
④ 何宁：《淮南子集释》卷四《堕形训》，第322页。
⑤ 许慎：《说文解字》卷十下《心部》，第217页。
⑥ 同上。
⑦ 叶舒宪：《中国神话哲学》，北京：中国社会科学出版社，1992年，第341页。
⑧ 周延良：《夏商周原始文化要论》，北京：学苑出版社，2004年，第71页。学术界对息壤出现的解释有不同说法，阿兰·邓迪斯（Alan Dundes）以为这是人类粪便排泄联想而来，因为排泄物总是由小变大，而其性质又与泥土相近，因此而有息壤创世观念。又有认为是上帝用吹气方式把生命灵魂赋予泥土，使成为有神秘力量的泥土，又有认为是指五色社土。详参 Alan Dundes, "Earth-Diver: Creation of the Mythopoeic Male", in Alan Dundes (ed), *Sacred Narrative, Readings in the Theory of Myth*, Berkeley: University of California Press, 1984, p. 280；叶舒宪：《中国神话哲学》，第358页；张岩：《山海经与古代社会》，北京：文艺出版社，1999年，第179页。亦有意见指息壤原型是观测天象变化的"社坛"。详参尹荣方：《社与中国上古神话》，上海：上海古籍出版社，2012年，第162—165页。除此之外，1973—1975年，江陵凤凰山167号汉墓中发现用红绢包装的长方形泥土和标记成"薄土一枚"的遣策竹简，而在8号和168号墓也发现分别标记为"簿土"

柳宗元的《永州龙兴寺息壤记》似乎蕴含一种宗教流传和民间传说：

> 永州龙兴寺东北陬有堂，堂之地隆然负砖甓而起者，广四步，高一尺五寸。始之为堂也，夷之而又高，凡持锸者尽死。永州居楚越闲，其人鬼且禨，由是寺之人皆神之，人莫敢夷。《史记·天官书》及《汉志》有地长之占，而亡其说。甘茂盟息壤，盖其地有是类也。昔之异书，有记洪水滔天，鲧窃帝之息壤，以湮洪水，帝乃令祝融杀鲧于羽郊，其言不经见。今是土也，夷之者不幸而死，岂帝之所爱耶？南方多疫，劳者先死，则彼持锸者，其死于劳且疫也，土乌能神？余恐学者之至于斯，征是言，而唯异书之信，故记于堂上。①

从这段记载可见，汉代以后，"息壤"带有原始巫术的本质，一方面作为神话传说在民间流动，一方面形成具有明显民俗特征的宗教。② 柳宗元否定"息壤"的神话，而后来的苏轼对"息壤"的看法则是：

> 《淮南子》曰，鲧堙洪水，窃帝之息壤，帝使祝融杀之于羽渊。今荆州南门外，有状若屋宇，陷入地中，而犹见其脊者。傍有石，记云："不可犯。"畚锸所及，辄复如故。又颇以致雷雨，岁大旱，屡发有应。予感之，乃为作诗，其辞曰……③

（接上页）和"薄土"的遣策，整理人员认为"薄土"即"簿土"，即"簿籍的土地"，把它解释床墓主生前拥有土地的象征。李家浩认为"薄土"就是"息土"、"息壤"，随葬它的理由是借着"薄土的神存来御水、镇水，以保证死后的安全"。考古报告见凤凰山一六七号汉墓发掘整理小组：《江陵凤凰山一六七号汉墓发掘简报》，《文物》1976 年第 10 期，第 31—37 页；文字考释见吉林大学历史系考古专业赴纪南城开门办学小分队：《凤凰山一六七号汉墓遣策考释》，《文物》1976 年第 10 期，第 38—46 页；李家浩意见参氏著：《江陵凤凰山八号汉墓"龟盾"漆画试探》，《文物》1974 年第 6 期，第 62—65 页。

① 柳宗元：《永州龙兴寺息壤记》，载氏著：《柳河东集》卷二十八，上海：上海人民出版社，1974 年，第 461—462 页。
② 周延良：《夏商周原始文化要论》，第 73 页。
③ 苏轼：《息壤诗并叙》，载氏著：《苏东坡全集》第一册卷二，珠海：珠海出版社，1996 年，第 50 页。

柳宗元强调"息壤"的危害性及不可信,苏轼则强调"息壤"的有益性而又作诗予以赞颂。①"息壤"的特殊性在中国神话中似乎唯一仅见,有学者就认为这是与欧亚大陆流传的"捞泥造陆"具同一母型。②

从情理上说,鲧陻洪水的方式失败,也不致于被流放。我们亦不清楚他怎样去陻洪水。从《国语·周语》的记载可知,鲧所用的不适当办法是沿用共工氏的旧法,"壅防百川,堕高堙庳,以害天下",就是他想防治水流,把高地方铲平,把低地方填高,也就是后人解释的筑堤防。③"陻"解为筑堤防应是不合理的,释为堵塞应会更佳,因为鲧使用的"作城",相比"陻",更接近现代的堤防,但堤防技术不会早于战国之前,先秦文献不见"作城"技术,而早在西汉时,贾让陈《治水三策》就说:"古者立国居民,疆理土地,必遗川泽之分,度水势所不及。大川无防,小水得入,陂障卑下,以为污泽,使秋水多,得有所休息,左右游波,宽缓而不迫。夫土之有川,犹人之有口也。治土而防其川,犹止儿啼而塞其口,岂不遽止,然其死可立而待也。故曰:'善为川者,决之使道;善为民者,宣之使言。'盖堤防之作,近起战国,雍防百川,各以自利。齐与赵、魏,以河为竟。赵、魏濒山,齐地卑下,作堤去河二十五里。河水东抵齐堤,则西泛赵、魏,赵、魏亦为堤去河二十五里。虽非其正,水尚有所游荡。时至而去,则填淤肥美,民耕田之。或久无害,稍筑室宅,遂成聚落。大水时至漂没,则更起堤防以自救,稍去其城郭,排水泽而居之,湛溺自其宜也。"④《国语·周语》记载的,也是洪水来临时,将要冲毁洛阳王宫,周灵王打算加筑堤坝阻挡洪水,太子晋以古训阻止,"不堕山,不崇薮,不防川,不窦泽"就是春秋之前对待洪水的态度,所

---

① 柳宗元的《息壤记》呈现他典型对神学谶纬迷信与天人感应思想的批判。他在孔学史、儒学史上都是以否定天人感应、天与人是客观自然存在,提出天人相分以著称。详参罗安宪编:《中国孔学史》,北京:人民出版社,2008年,第384—388页。
② 胡万川:《真实与想象:神话传说探微》,第24—26页。
③ 徐旭生:《中国古史的传说时代》,第168页。
④ 班固:《汉书》卷二十九《沟洫志第十九》,第1692页。

以太子晋举共工、鲧以"壅防百川，堕高堙庳"的过失作反面教材。①《国语·周语》的记载说明共工的从孙四岳曾辅助大禹治理洪水，但鲧以及四岳的先祖都犯过"壅防百川，堕高堙庳，以害天下"的错误，这种"壅防百川，堕高堙庳"的治水方法亦只会为河流下游带来灾害。②这就可能是《尧典》所说的"方命圮族"。③《禹贡》中无"陲"、"防"，却有"九泽既陂"，与《国语》之"陂鄣九泽"同。而我们也应注意到，大禹同样有用陲之方法，为何鲧为被殛而禹则"皇天嘉之"？④无论如何，鲧由在《山海经》中偷息壤堙洪水，一变而为作堤和作城，而"作城"之法是战国以后才使用，鲧作城治水应是后人附会。

《墨子》、《孟子》提到的"泄"、"洒"、"注"之法，可能都多法并用，但应都是以疏导为主，只是字眼不同。⑤王夫之解释"导"最有识见，他说："夫导者，有事之辞。水流而禹行之，云导可也。山峙而不行，奚云导哉？然则导者，为之道也……刊木治道，以通行旅，'刊'、'旅'之云，正导之谓矣。"⑥而《孟子》中提到的九河和济、漯都应是黄河

---

① 丁山认为《国语·周语》所载周灵王太子晋有关共工、鲧治水的故事中，共工壅防百川实乃鲧堙洪水之分化。详参丁山：《古代神话与民族》，第218—219页。
② 修筑堤堰的治河方法一直为后世沿用，贾让的《治水三策》，已把这方法列为下策。修筑堤堰不能治本，因为不能解决河患症结的泥沙问题。详参班固：《汉书》卷二十九《沟洫志第十九》，第1692—1696页；史念海：《黄河流域诸河流的演变与治理》，西安：陕西人民出版社，1999年，第406页。钱穆认为贾让的筑堤防方法令到西汉朝廷把河道变徙。可详参钱穆：《水利与水害（上篇：论北方黄河）》，载氏著：《古史地理论丛》，北京：生活·读书·新知三联书店，2004年，第241—242页。
③ 有学者从地域上讨论鲧作城引起诸侯不满的原因，论者认为鲧部落原在共地（今芮城县），用堵方法防止洪水，使黄河无法从北向的支流泻洪，对致河水改道，泛滥成灾。受难的就是位处黄河下游的祝融系统诸部。详参王青：《鲧禹治水传说新探》，《南京师范大学文学院学报》2003年第3期，第40—45页。
④ 从常理上而言，洪水来势汹汹，无论使用什么方法，都难以治理，所以屈原早有"洪泉极深，何以窴之？地方九则，何以坟之？应龙何画？河海何历？鲧何所营？禹何所成？"（朱熹：《楚辞集注》卷三《天问第三》，第55—56页）的疑问。有学者认为，禹成鲧败不在于治水方法，而是自然气候使然，大禹之时，气候转变，洪水减退，大禹自然成功。详参吴文祥、葛全胜：《夏朝前夕洪水发生的可能性及大禹治水真相》，《第四纪研究》2005年第25卷第6期，第741—749页。
⑤ 陈昭瑢：《大禹神话传说及治水英雄崇拜研究》，《嘉南学报》2005年第31期，第541页。
⑥ 王夫之：《尚书稗疏》，收入氏著：《船山全集》第二册卷二，长沙：岳麓书社，1988年，第79页。

的支流，皆在黄河的下游。渭水支流的充丰水能够安流东注，这种治理方法，不仅有限兼顾中下游，全河一线都在掌握之中，史念海称此为"全河派"①。

鲧败禹成，鲧被殛的原因在不同文献上记载也有不同：

表五　文献所见鲧被殛原因一览

原因	原文	出处
不待帝命	洪水滔天。鲧窃帝之息壤以堙洪水，不待帝命。帝令祝融杀鲧于羽郊。鲧复生禹。帝乃命禹卒布土以定九州。	《山海经》卷十八《海内经》，第467页。
治水失败	帝尧之时，遭洪水滔滔，天下沉渍，九州阏塞，四渎壅闭。帝乃忧中国之不康，悼黎元之罹咎。乃命四岳，乃举贤良，将任治水。自中国至于条方，莫荐人。帝靡所任，四岳乃举鲧而荐之于尧。帝曰："鲧负命毁族，不可。"四岳曰："等之群臣，未有如鲧者。"尧用治水，受命九载，功不成。帝怒曰："朕知不能也。"乃更求之，得舜，使摄行天子之政，巡狩。观鲧之治水无有形状，乃殛鲧于羽山。鲧投于水，化为黄能，因为羽渊之神。	赵晔：《吴越春秋》卷四《越王无余外传第六》，第124—125页。
	尧命夏鲧治水，九载无绩，鲧自沉于羽渊，化为玄鱼，时扬须振鳞，横修波之上，见者谓为河精。	王嘉撰，萧绮录：《拾遗记》卷二，第33页。
	尧使鲧治洪水，不胜其任，遂诛鲧于羽山，化为黄熊，入于羽泉。	任昉：《述异记》，收入《景印文渊阁四库全书·子部三五三·小说家类》，册一○四七，卷上，第613页下。
政治立场分歧	其在有虞，有崇伯鲧，播其淫心，称遂共工之过，尧用殛之于羽山。	徐元诰：《国语集解·周语下第三》，第94页。

---

① 史念海：《黄河流域诸河流的演变与治理》，第405页。

续表

原因	原文	出处
政治立场分歧	尧欲传天下于舜。鲧谏曰:"不祥哉!孰以天下而传之于匹夫乎?"尧不听,举兵而诛杀鲧于羽山之郊。共工又谏曰:"孰以天下而传之于匹夫乎?"尧不听,又举兵而诛共工于幽州之都。于是天下莫敢言无传天下于舜。仲尼闻之曰:"尧之知舜之贤,非其难者也。夫至乎诛谏者,必传之舜,乃其难也。"一曰:"不以其所疑败其所察则难也。"	王先慎:《韩非子集解》卷十三《外储说右上第三十四》,第324页。
	尧以天下让舜。鲧为诸侯,怒于尧曰:"得天之道者为帝,为帝之道者为三公。今我得地之道,而不以我为三公。"以尧为失论,欲得三公。怒甚猛兽,欲以为乱。比兽之角,能以为城;举其尾,能以为旌。召之不来,仿佯于野以患帝。舜于是殛之于羽山,副之以吴刀。禹不敢怨,而反事之。官为司空,以通水潦。颜色黎黑,步不相过,窍气不通,以中帝心。	王先慎:《韩非子集解》卷十三《外储说右上第三十四》,第324页。
	尧以天下让舜。鲧为诸侯,怒于尧曰:"得天之道者为帝,为帝之道者为三公。今我得地之道,而不以我为三公。"以尧为失论,欲得三公。怒甚猛兽,欲以为乱。比兽之角,能以为城;举其尾,能以为旌。召之不来,仿佯于野以患帝。舜于是殛之于羽山,副之以吴刀。禹不敢怨,而反事之。官为司空,以通水潦。颜色黎黑,步不相过,窍气不通,以中帝心。	高诱注:《吕氏春秋》卷二十《恃君览第八·行论》,第267页。

在《山海经》中的说法,是鲧未得到"帝"的同意来治水,所以,令祝融杀之。不过,令人产生疑惑的是,祝融氏是火正,无掌刑罚之权,杀鲧不应由祝融来执行。再者,既然洪水滔天,鲧去治水,他应该是受尊敬而不是受责备。王青认为鲧治水用堵的方法,只会形成某些地区的泛滥,祝融族是受灾最重的地区,所以鲧被祝融所杀;[①] 而早在战国时期,《楚辞》

---

① 王青:《鲧禹治水传说新探》,第42—44页。

的作者已为鲧抱不平："鲧婞直以亡身兮，终然殀乎羽之野"①、"鸱龟曳衔，鲧何听焉？顺欲成功，帝何刑焉？"②、"咸播秬黍，莆雚是营。何由并投，而鲧疾修盈？"③、"行婞直而不豫兮，鲧功用而不就。吾闻作忠以造怨兮，忽谓之过言。九折臂而成医兮，吾至今而知其信然。"④鲧被殛应该是与治水失败无甚关系。《天问》叙鲧事不受其他记载影响，对鲧具同情的态度，甚至认为鲧治水实际是有功效的：

鲧何所营？禹何所成？康回冯怒，地何故以东南倾？九州安错，川谷何洿？东流不溢，孰知其故？⑤

不过，屈原的描述始终改变不了后人对鲧、禹父子的形象。戴名世有诗云："治水殊途意向同，父遭杀戮子为雄。因堙疏凿堤防便，功罪难容只手蒙"⑥，鲧败禹成的形象为中国文化留下深深的烙印。

第四节　大禹治水的意义

《孟子》言"禹之治水，水之道也，是故禹以四海为壑"⑦。《诗经·长发》："洪水芒芒，禹敷土下方。外大国是疆，幅陨既长"⑧，郑笺："乃用洪水，禹敷下土，正四方，定诸夏，广大其竟界之时，始有王天下之萌

---

① 朱熹：《楚辞集注》卷一《离骚第一》，第15页。
② 朱熹：《楚辞集注》卷三《天问第三》，第54页。
③ 同上书，第60页。
④ 朱熹：《楚辞集注》卷四《九章第四》，第76页。
⑤ 朱熹：《楚辞集注》卷三《天问第三》，第56页。有学者解读此句时，认为是鲧一怒之下使大地东南倾斜，实际是鲧为大禹导江入海准备了地理条件，所以下文有"川谷何洿"、"东流不溢"之说，也回答了"鲧何所营，禹何所成"的提问。详参江林昌：《楚辞与上古历史文化研究——中国古代太阳循环文化揭秘》，济南：齐鲁书社，1998年，第250页。
⑥ 戴名世：《父子治水》，载氏著：《古史诗针》，收入氏著：《戴名世集》，北京：中华书局，1986年，第436页。
⑦ 孙奭疏：《孟子注疏》卷十二下《告子章句下》，第2759页。
⑧ 郑玄笺，孔颖达疏：《毛诗正义》卷二十《商颂·长发》，第626页。

兆"①，孔疏："往者唐尧之末，有大水芒芒然。有大禹者，敷广下土，以正四方，京师之外大国于是画其疆境，令使中国广大均平，既已长远矣。于是时，契已佐禹，是其祯祥久见也。"②朱熹亦云："方禹治洪水，以外大国为中国之竟。"③这些记载与叔弓镈"咸有九州，处禹之堵"一样，都说明大禹治水范围之广，功劳之大。孔颖达曾估计大禹治水需要27万人④，需要的物资也由邦国供给，如此看来，大禹的治水就是与国家经济和社会有密切关系的工程，需要讲纪律、从属关系和领导。⑤

治水的整个配套在文献中亦有所反映。《大戴礼记·五帝德》："（禹）

---

① 郑玄笺，孔颖达疏：《毛诗正义》卷二十《商颂·长发》，第626页。
② 同上。
③ 朱熹：《诗集传》，收入《朱子全书》第一册《诗卷》第二十，第755页。
④ 参见孔颖达疏：《尚书正义》卷五《益稷》，第143页。
⑤ 详参 Karl A. Wittfogel（魏复古，又名魏特夫），*Oriental Despotism*, New Haven & London: Yale University Press, 1967, pp. 22-100。魏复古在这本书中主要阐述一些干旱或半干旱地区，可利用治水的办法来克服供水的不足，这样的工程就需要大规模的协调、纪律、从属关系和领导。控制这一组织的人就要行使最高政治权力，于是便产生了专制君主，也就是"东方专制主义"。换句话说，魏复古认为东方社会由于不可避免地大规模兴修水利，必然要产生专制主义，而这种专制主义在西方却幸运地不存在。就大禹治水而论，魏复古指"传说中的政府治水工程的开创者是大禹，他由一个最高的治水工程者而至国王，后来成为第一个世袭王朝的开国国王"（Karl A. Wittfogel, *Oriental Despotism*, p. 27），有学者就不认同夏朝的建立是由于大禹治水。详参李祖德、陈启能编：《评魏特夫的东方专制主义》，北京：中国社会科学出版社，1997年，第129—136页。西方学界对"东方专制主义"亦有所评论。汤恩比（Arnold Toynbee）反对魏复古以地理因素决定"东方专制主义"的论点（Arnold Toynbee, "Book Reviews: *Oriental Despotism: A Comparative Study of Total Power*," *American Political Science Review*, vol. 52, issue 1, March 1958, pp. 195-198）；艾森斯达特（S. N. Eisenstadt）认为魏复古的见解带来巨大的知识（S. N. Eisenstadt, "The Study of Oriental Despotisms as Systems of Total Power," *The Journal of Asian Studies*, vol. 17, issue 3, May 1958, pp. 435-446）。另可参其他著名评论该书的文章，包括 William Skinner（施坚雅），"Review of *Oriental Despotism*", *The Annals of the American Academy of Political and Social Science*, March 1959, p. 168; E. G. Pulleyblank（蒲立本），"Review of *Oriental Despotism*," *Journal of the Economic and Social History of the Orient*, vol. a, no. 3, October 1958, pp. 351-353; Wolfram Eberhard（艾博华），"Oriental Despotism: Political Weapon or Sociological Concept?", in Anne M. Bailey & Joseph R. Llobera (eds.), *The Asiatic Mode of Production: Science and Politics*, London: Routledge & Kegan Paul, 1981, pp. 177-181。在西方学界，亦有其他有关"东方主义"的讨论，例如1978年萨义德（Edward Waefie Said）出版 *Orientalism* 一书，指出19世纪以来西方国家眼中的东方社会都是毫无真实根据，凭空想象，西方文化中的中东和东方的长期误解和浪漫化的印象为欧美国家的殖民主义提供了借口。详参 Edward W. Said, *Orientalism*, London: Routledge & Kegan Paul, 1978。

左准绳,右规矩,履四时,据四海,平九州。"①《周髀算经》:"禹治洪水,决疏江河,望山川之形,定高下之势,除滔天之灾,释昏垫之厄,使东注于海而无浸逆,乃勾股之所生也。"②都是说明大禹治水时曾进行测量的工作。"古禹、皋陶久劳于外,其有功乎民,民乃有安"③,"禹乃遂与益,后稷奉帝命,命诸侯百姓兴人徒以傅土,行山表木,定高山大川"④,亦说明大禹治水时调配人力资源。而"禹平水土已成,帝赐玄圭,禹受曰,非予能成,亦大费为辅"⑤,强调了协助大禹治水的部落都听命大禹,大禹掌握当时中国的实际权力,所以,《左传》所言的"夏之方有德也,远方图物,贡金九牧,铸鼎象物"⑥中的九鼎也成了权力的象征。

在《容成氏》及《禹贡》出现的九州观念,虽地望有别,但都说明古人相信禹画九州。九州范围有多大虽难以想象,但从文献上可见,中国各地都有"禹迹"⑦,说明禹治水的范围之大:

表六 洪水后的禹迹

地方	原句	出处
宋	洪水芒芒,禹敷下土方,外大国是疆。幅陨既长,有娀方将,帝立子生商。	郑玄笺,孔颖达疏:《毛诗正义》卷二十《商颂·长发》,第626页。
	天命多辟,设都于禹之绩。	郑玄笺,孔颖达疏:《毛诗正义》卷二十《商颂·殷武》,第627—628页。

① 戴德:《大戴礼记》卷七《五帝德》,第117页。
② 赵君卿注:《周髀算经》,收入《景印文渊阁四库全书·子部九十二·天文算法类》,册七八六,卷上,第6页上—6页下。
③ 司马迁:《史记》卷三《殷本纪第三》,第97页。
④ 司马迁:《史记》卷二《夏本纪第二》,第51页。
⑤ 司马迁:《史记》卷五《秦本纪第五》,第173页。
⑥ 杜预注,孔颖达疏:《春秋左传正义》卷二十一《宣公三年》,第1868页。
⑦ "中国"一词最早见于"何尊"。"何尊"是1963年于陕西省宝鸡市贾村出土的彝器,铸有铭文十二行,122字,记及周成王(姬诵)五年营建成周洛邑的史事。年代约为成王时期。释文可见马承源:《何尊铭文初释》,《文物》1976年第1期,第64—65、93页;张政烺:《何尊铭文解释补遗》,收入氏著:《甲骨金文与商周史研究》,北京:中华书局,2012年,第222—223页;李学勤:《何尊新释》,《中原文物》1981年第1期,第35—39、45页;李民:《何尊铭文补释——兼论何尊与〈洛诰〉》,载氏著:《尚书与古史研究》,郑州:中州书画社,1981年,第177—189页。按"何尊"的说法,"中国"的地理概念最多也是在今黄河中下游一带,但大禹治水的范围远超于此,大禹时亦不会有"中国"一词。

续表

地方	原句	出处
周	其克诘尔戎兵，以陟禹之迹，方行天下，至于海表，罔有不服。	孔颖达疏：《尚书正义》，《立政》卷十七，第232页。
周	丰水东注，维禹之绩。四方攸同，皇王维辟。	郑玄笺，孔颖达疏：《毛诗正义》卷十六《大雅·文王有声》，第526页。
周	信彼南山，维禹甸之。	郑玄笺，孔颖达疏：《毛诗正义》卷十三《小雅·信南山》，第470页。
周	奕奕梁山，维禹甸之。	郑玄笺，孔颖达疏：《毛诗正义》卷十八《大雅·韩奕》，第570页。
周	天王使刘定公劳赵孟于颍，馆于洛汭。刘子曰：美哉禹功，明德远矣。微禹吾其鱼乎！吾与子弁冕端委，以治民临诸侯，禹之力也。子盖亦远绩禹功，而大庇民乎。	杜预注，孔颖达疏：《春秋左传正义》卷四十一《昭公元年》，第2021页。
鲁	赫赫姜嫄……是生后稷……奄有下土，缵禹之绪。	郑玄笺，孔颖达疏：《毛诗正义》卷二十《鲁颂·閟宫》，第614页。
齐	赫赫成唐（汤），有严在帝所，敷受天命，翦伐夏后……咸有九州，处禹之堵。	叔弓镈。
齐	（太公望吕尚）其先祖尝为四岳，佐禹平水土甚有功。	司马迁：《史记》卷三十二《齐太公世家第二》，第1477页。
秦	鼏宅禹迹。	秦公簋。
秦	秦之先……大费，与禹平水土。	司马迁：《史记》卷五《秦本纪第五》，第173页。
越	越王勾践，其先禹之苗裔，而夏后帝少康之庶子也，封于会稽，以奉守禹之祀。	司马迁：《史记》卷四十一《越王勾践世家第十一》，第1739页。

禹迹不止于中国，随着时代越后，中国人对地理知识的认知一定超越前代，投射到大禹身上。例如小说《镜花缘》，其中第五十三回记唐闺臣寻父归来，经黑齿国后至门户山，多九公道：

> 目下有件奇事。当年老夫初到海外，路过此处，曾问老年人："此山既名'门户'，为何横在海中，并无门户可通，令人转弯磨角，绕至数月之久，方才得过？"那老年人道："当日大禹开山，曾将此山开出一条水路，舟楫可通，后来就将此山叫作门户山。谁知年深日久，山中这条道路，忽生淤沙，从中塞住，以致船只不通，虽有'门户'之名，竟无可通之路。此事相沿已久，不知何时淤断。"刚

才我因船中几位小姐都要赶到岭南赴试,不觉寻思道:"如今道路尚远,何能赶得上,除非此山把淤冲开,也像当年舟楫可通;从此抄近穿过岭去,不但他们都可考试,就是我凤翾、小春两个甥女也可附骥同去。"正在胡思乱想,忽闻涛声如雷,因向对面一看,那淤断处竟自有路可通!①

经、史文本纪录大禹治水后的"禹迹"看来是合理的,这是因为大禹治水影响范围所及,但后世的文艺创新都以"禹迹"附和,显然是后人刻意加上。

第五节 小结

毫无疑问,大禹治水是大禹传说中最重要的一环,因为大禹的丰功伟绩都是体现在治水之上。我们发现大禹治水的传说既有人性化,亦有神格化,但可以肯定的是,在早期文献,特别是西周以前,记载的史料都是简单和实在的。而在汉代以后,对其治水的论述趋向评价为主,这点会留在之后的章节再作讨论。

---

① 李汝珍:《镜花缘》第五十三回,北京:人民文学出版社,1979年,第399—400页。

第三章　儒家与墨家之间——大禹征战传说

"夏之一代，与夷之关系确实不少"①，单算大禹一世，与外族的战争或有至少三场，以大禹为代表的华夏民族与非华夏民族的征战成为大禹传说一个重要部分。1933年，傅斯年发表著名的《夷夏东西说》，他提出晋代以前只有东西之分，此后才有南北之分，东西的对峙是三代历史背景的推动力，在夏之时，就是夏夷之争。②傅斯年高瞻远瞩的眼光剖析古史系统，按当时的形势，对夏与夷交相胜，作了重要阐述，可谓极宏观之能事③，也说明了大禹征战传说的研究是体现民族间的交流与融合④，本章以

---

①　顾颉刚：《夏东向发展，故与夷人多关系》，载顾洪编：《顾颉刚学术文化随笔》，北京：中国青年出版社，1998年，第33页。

②　傅斯年：《夷夏东西说》，收入氏著：《傅斯年全集》卷三，第181—232页。傅斯年在这篇文章提到，在三代夷夏的对峙中，东西方各有胜败，总体上是西胜东较多，可归因于东方只是经济、文化上较西方优胜，西方的武力则较东方强。傅斯年认为殷商文化接受了被征服的东夷人文化，由是强调东夷人对中国文化的贡献。这篇文章更重要的是指出夷商是中国文明的渊源，王国维与傅斯年的看法不同，王国维比较商、周文化后，断言周文化比商文化高，周自身已形成"道德之团体"，因为周公建立的封建、道德的典范，贯穿中国历史，但傅斯年却贬低周文化。详参王国维：《殷周制度论》，载氏著：《观堂集林》卷十《史林二》，北京：中华书局，2006年，第451—480页。《夷夏东西说》发表后，受国内外好评，徐旭生和拉铁摩尔（Owen Lattimore）的著作都有所反映。张光直虽一直坚持一元起源论，直至在更多考古材料出土后，他才认为"三代之间横向的交错关系是理解中国古代国家形成的关键"，并在他的《中国古代考古学》第四个版本中抛弃之前三个版本都有的一元论。详参 Fan-sen Wang, *Fu Ssu-nien: A Life in Chinese History and Politics*, New York: Cambridge University Press, 2000, pp. 120-121; Owen Lattimore, *Inner Asian Frontiers of China*, New York, Capitol Publishing Co., 1951, pp. 308-312, 319-321, 324-325; Chang Kwang-chih, "Shandai Archaeology and the Formation of States," in David N. Keightley (ed.), *The Origins of Chinese Civilization*, Berkeley: University of California Press, 1983, p. 496。

③　饶宗颐：《由不同文化交流与部族分布谈古史上"时"与"地"的复杂性》，载氏著：《古史之断代与编年》，台北："中央研究院"历史语言研究所，2003年，第2页。

④　战争是上古时期民族间其中一个相互接触的方式。从考古资料可见，夏人与其他民族，特别是商族已有很深的交流和初步的融合。详参李龙海：《汉民族形成之研究》，第85—88页。此外，无论是傅斯年主张的"夷夏东西说"，蒙文通的中国"上古民族三系论"，徐旭生主张的中国"古代部族三集团"，或孙作云所称"蛇、鸟、猪、鳖四部族"之说，各民族集团的战争与融合构成了中国民族之形成过程。可参王明珂：《英雄祖先与弟兄民族：根基历史的文本与情境》，第16页。

大禹征伐共工、三苗及有扈氏（甘之战）三场战争，探索大禹在征战上的传说流传。

第一节 征伐共工

共工神话横跨时代甚长，在论大禹伐共工之前，有必要整理共工在文献上的形象转变：①

表七 传说中共工所处时代表

原文	时代	出处
昔黄帝氏以云纪，故为云师而云名；炎帝氏以火纪，故为火师而火名；共工氏以水纪，故为水师而水名；大皞氏以龙纪，故为龙师而龙名。我高祖少皞，挚之立也，凤鸟适至，故纪于鸟，为鸟师而鸟名；凤鸟氏，历正也；玄鸟氏，司分者也；伯赵氏，司至者也；青鸟氏，司启者也；丹鸟氏，司闭者也。祝鸠氏，司徒也；雎鸠氏，司马也；鸤鸠氏，司空也；爽鸠氏，司寇也；鹘鸠氏，司事也。五鸠，鸠民者也。五雉为五工正，利器用、正度量，夷民者也。九扈为九农正，扈民无淫者也。自颛顼以来，不能纪远，乃纪于近。为民师而命以民事，则不能故也。	太皞、共工、炎帝、黄帝	杜预注，孔颖达疏：《春秋左传正义》卷四十八《昭公十七年》，第2083—2084页。
燧人以来，未有不以轻重为天下也。共工之王……至于黄帝之王……至于尧、舜之王……其胜禽兽之仇，以大夫随之。	燧人、共工、黄帝、尧舜	黎翔凤：《管子校注》卷二十三《揆度》，第78、1371页。
昔者，共工与颛顼争为帝，怒而触不周之山，天柱折，地维绝。天倾西北，故日月星辰移焉；地不满东南，故水潦尘埃归焉。	颛顼	何宁：《淮南子集释》卷三《天文训》，第167—168页。
黄帝尝与炎帝战矣，颛顼尝与共工争矣……共工为水害，故颛顼诛之。	颛顼	何宁：《淮南子集释》卷十五《兵略训》，第1044—1045页。

---

① 值得一提的是，鲍则岳（William Boltz）于1981年发表研究共工的论文，以极为清晰的文字解释长期以来许多学者持"神话即历史"（Euhemerism）的观点来研究中国神话的错误。参见：William Boltz, "Kung Kung and the Flood: Reverse Euhemerism in the *Yao Tien*", *Yao Tien*, vol. 67, 1981, pp. 141-153。

续表

原文	时代	出处
昔黄帝有涿鹿之战，以定火灾；颛顼有共工之陈，以平水害。	颛顼	司马迁：《史记》卷二十四《律书第三》，第1241页。
昔共工之力，触不周之山，使地东南倾。与高辛争为帝，遂潜于渊，宗族残灭，继嗣绝祀。	高辛	何宁：《淮南子集释》卷一《原道训》，第44—45页。
楚之先祖出自帝颛顼高阳。高阳者，黄帝之孙，昌意之子也。高阳生称，称生卷章，卷章生重黎。重黎为帝喾高辛居火正，甚有功，能光融天下，帝喾命曰祝融。共工氏作乱，帝喾使重黎诛之而不尽。	高辛	司马迁：《史记》卷四十《楚世家第十》，第1689页。
帝曰："畴咨若予采？"驩兜曰："都！共工方鸠僝功。"帝曰："吁！静言庸违，像恭滔天。"	尧	孔颖达疏：《尚书正义》卷二《尧典》，第122页。
然犹有不胜也。尧于是放驩兜于崇山，投三苗于三峗，流共工于幽都，此不胜天下也夫。	尧	王先谦：《庄子集解》卷三《在宥第十一》，第92页。
尧欲传天下于舜，鲧谏曰："不祥哉！孰以天下而传之于匹夫乎？"尧不听，举兵而诛，杀鲧于羽山之郊。共工又谏曰："孰以天下而传之于匹夫乎？"尧不听，又举兵而流共工于幽州之都。	尧	王先慎：《韩非子集解》卷十三《外储说右上第三十四》，第324页。
昔共工弃此道也，虞于湛乐，淫氏其身，欲壅防百川，坠高堙庳，以害天下。皇天弗福，庶民弗助，祸乱并兴，共工用灭。其在有虞，有崇伯鲧，播其淫心，称遂共工之过，尧用殛之于羽山。	尧	徐元诰：《国语集解·周语下第三》，第93—94页。
尧立孝慈仁爱……放驩兜于崇三，窜三苗于三危，流共工于幽州，殛鲧于羽山。	尧	何宁：《淮南子集释》卷十九《修务训》，第1312—1313页。
流共工于幽州，放驩兜于崇山，窜三苗于三危，殛鲧于羽山，四罪而天下咸服。	舜	孔颖达疏：《尚书正义》卷三《舜典》，第128页。
当舜之时，……共工之战，铁铦短者及乎敌，铠甲不坚者伤乎体，是干戚用于古不用于今也。	舜	王先慎：《韩非子集解》卷十九《五蠹第四十九》，第445页。
舜流共工于幽州，放驩兜于崇山，杀三苗于三危，殛鲧于羽山，四罪而天下咸服。	舜	孙奭疏：《孟子注疏》卷九上《万章上》，第2735页。
舜之时，共工振滔洪水，以薄空桑……民皆上邱陵，赴树木。	舜	何宁：《淮南子集释》卷八《本经训》，第578页。

续表

原文	时代	出处
禹有功，抑下鸿，辟除民害逐共工。	禹	《荀子》注释组：《荀子新注》卷二十五《成相》，第419页。
是以尧伐驩兜，舜伐有苗，禹伐共工，汤伐有夏，文不伐崇，武王伐纣，此两帝，四王皆以仁义之兵行于天下也。	禹	《荀子》注释组：《荀子新注》卷十五《议兵》，第242页。
有禹攻共工国山。	禹	《山海经》卷十六《大荒西经》，第401页。

诸种记载所见共工的年代，差别极大，跨度以世纪计。共工的形象亦有不同，越古的记载，共工的形象似乎越好①，《左传》就有这样的记载：

> 昔者黄帝氏以云纪，故为云师而云名；炎帝氏以火纪，故为火师而火名；共工氏以水纪，故为水师而水名；大皞氏以龙纪，故为龙师而龙名。我高祖少皞，挚之立也，凤鸟适至，故纪于鸟，为鸟师而鸟名；凤鸟氏，历正也；玄鸟也，司分者也；伯赵氏，司至者也；青鸟氏，司启者也；丹鸟氏，司闭者也。祝鸠氏，司徒也；鴡鸠氏，司马也；鸤鸠氏，司空也；爽鸠氏，司寇也；鹘鸠氏，司事也。五鸠，鸠民者也。五雉为五工正，利器用、正度量，夷民者也。九扈为九农正，扈民无淫者也。自颛顼以来，不能纪远，乃纪于近。为民师而命以民事，则不能故也。②

这段是少皞氏后裔郯子说的话，郯子所言，说明共工"以水纪"有"水德"，他与黄帝、炎帝、大皞、少皞齐名。但《国语》一变共工形象：

> 昔共工弃此道也，虞于湛乐，淫失其身，欲壅防百川，堕高堙

---

① 林慧瑛：《共工神话新探——兼论"鲧非共工"》，《东方人文学志》2008年第7卷第3期，第12页。
② 杜预注，孔颖达疏：《春秋左传正义》卷四十八《昭公十七年》，第2083—2084页。

庳，以害天下。皇天弗福，庶民弗助，祸乱并兴，共工用灭。其在有虞，有崇伯鲧，播其淫心，称遂共工之过，尧用殛之于羽山。①

共工在《国语》中虽然"壅防百川，坠高堙庳"，但却被描绘成品行恶劣、极具野心的"诸侯"，最后成为《淮南子》中与各族争斗的反面形象：②

昔者共工与颛顼争为帝，怒而触不周之山，天柱折，地维绝。天倾西北，故日月星辰移焉；地不满东南，故水潦尘埃归焉。③

昔共工……与高辛争为帝，遂潜于渊。④

共工为水害，故颛顼诛之。⑤

共工振滔洪水，以薄空桑。⑥

共工与颛顼争帝，触不周之山⑦，更"为水害"，大禹治水，共工就是他最大的敌人。共工的多变形象，不禁令人怀疑他是人还是官，或是氏族之名。清代崔述已对共工之名起怀疑⑧，徐旭生认为共工的事迹，上及远古，下到虞夏，指明共工在古代为一显著的氏族。⑨

共工的身份从《左传》开始就是"以水纪"，说明共工与水有很深的关系，事实上，共工的传说几乎与水有关。⑩据《国语》、《管子》、《淮南子》的记载，共工是引发洪水，大禹治水，自然视共工为敌人，所以在先

---

① 徐元诰：《国语集解·周语下第三》，第93—94页。
② 沈楠：《共工及其文献资料研究》，东北师范大学硕士论文，2007年，第3—9页。
③ 何宁：《淮南子集释》卷三《天文训》，第167—168页。
④ 何宁：《淮南子集释》卷一《原道训》，第44—45页。
⑤ 何宁：《淮南子集释》卷十五《兵略训》，第1045页。
⑥ 何宁：《淮南子集释》卷八《本经训》，第578页。
⑦ 丁山考证不周之山是昆仑山。共工触不周之山后，促使了女娲补天的神话。详参丁山：《古代神话与民族》，第234—235页；有关怒触不周山的神话，详参王充：《论衡》卷十一《谈天篇》，第115页。
⑧ 崔述：《崔东壁遗书》，《补上古考信录》卷之下，第41页。
⑨ 徐旭生：《中国古史的传说时代》，第159页。
⑩ 同上。

秦时期，已有大禹伐共工的记载：

> 是以尧伐驩兜，舜伐有苗，禹伐共工，汤伐有夏，文王伐崇，武王伐纣，此四帝两王，皆以仁义之兵，行于天下也。①
>
> 禹有功，抑下鸿，辟除民害逐共工。②
>
> 共工之臣曰相柳氏，九首，以食于九山。相柳之所抵，厥为泽溪。禹杀相柳，其血腥，不可以树五谷种。禹厥之，三仞三沮，乃以为众帝之台。③
>
> 有禹攻共工国山。④
>
> 共工之臣名曰相繇，九首蛇身，自环，食于九土。其所歍所尼，即为源泽，不辛乃苦，百兽莫能处。禹湮洪水，杀相繇，其血腥臭，不可生穀。⑤

在大禹伐共工的传说中，都未提到共工下场。《淮南子》、《尚书》的记载只记共工"流于幽州"，但未知是否大禹征伐后的结果。纵使如此，共工的死或死后变形都不曾被文献记载。⑥

第二节 禹征三苗

按照传统的观点，中国古史围绕华夏与苗之间的战争展开⑦，华夏被看作是一个民族，苗却是另一个。⑧《山海经·大荒北经》："西北海外，黑水之北，有人之翼，名曰苗民。颛顼生驩头，驩头生苗民，苗民釐姓，食肉。"⑨

---

① 《荀子》注释组：《荀子新注》卷十五《议兵》，第 242 页。
② 《荀子》注释组：《荀子新注》卷二十五《成相》，第 419 页。
③ 《山海经》卷八《海外北经》，第 289 页。
④ 《山海经》卷十六《大荒西经》，第 401 页。
⑤ 《山海经》卷十七《大荒北经》，第 435 页。
⑥ 共工之臣柳之死在《山海经》的《海外北经》及《大荒北经》就有记载。
⑦ Fan-sen Wang, *Fu Ssu-nien: A Life in Chinese History and Politics*, p. 99.
⑧ 徐旭生：《中国古史的传说时代》，第 65—76 页。
⑨ 《山海经》卷十七《大荒北经》，第 442 页。

郭璞注苗民为"三苗之民"①，三苗，与"有苗"或"苗民"都指同一族系。②三苗应是指由众多苗族组成的群体。③学术界亦认为古籍上的九黎是三苗的后裔。④在传统文献中，三苗与中原文化存在许多差别⑤，两者之间亦发生多次冲突。文献上有关"征三苗"的记载很多，横跨的时代亦长：

表八　先秦至晋有关尧至禹时期征三苗记载

原文	时代	出处
尧于是……投三苗于三峗。	尧	王先谦：《庄子集解》卷三《在宥第十一》，第92页。
尧……放驩兜于崇山，投三苗于三峗，流共工于幽都，殛鲧于羽山。	尧	何宁：《淮南子集释》卷十九《修务训》，第1312—1313页。
三苗在江淮、荆州数为乱。于是舜归而言于帝，请流共工于幽陵，以变北狄；放驩兜于崇山，以变南蛮；迁三苗于三危，以变西戎；殛鲧于羽山，以变东夷：四罪而天下咸服。	尧	司马迁：《史记》卷一《五帝本纪第一》，第28页。
尧……杀三苗于三危，以变西戎。	尧	戴德：《大戴礼记》卷七《五帝德》，第117页。
流共工于幽州，放驩兜于崇山，窜三苗于三危，殛鲧于羽山，四罪而天下咸服。	舜	孔颖达疏：《尚书正义》卷三《舜典》，第128页。
三载考绩，三考黜陟幽明，庶绩咸熙，分北三苗。	舜	孔颖达疏：《尚书正义》卷三《舜典》，第132页。

---

① 《山海经》卷十七《大荒北经》，第442页。
② 徐旭生的《中国古史的传说时代》就把中国传说时期的人群分为华夏、东夷、苗蛮三大集团。蒙文通的《古史甄微》（上海：上海书店，1989年）所说河洛民族、海岱民族、江汉民族基本一致。田昌五的《古代社会断代新论》（北京：人民出版社，1982年）亦提出传说时代四集团，其中苗族就是"古苗蛮集团"。
③ 万全文：《长江中游先秦考古学文化》，武汉：湖北教育出版社，2006年，第17页；吴国瑜：《三苗部族名称解析》，《铜仁学院学报》2011年第13卷第2期，第1页。
④ 伍新福、龙伯亚编：《苗族史》，成都：四川民族出版社，1992年，第16页。《国语·楚语下》韦昭注："三苗，九黎之后也"，徐元诰《国语集解·楚语下第十八》，第515页，三苗与九黎应有继承关系。此外，对于三苗族的世脉研究，可详参许顺湛：《五帝时代研究》，郑州：中州古籍出版社，2005年，第147—149页。
⑤ 三苗与中原文化的差别，可参万全文：《长江中游先秦考古学文化》，第18—19页。学界对苗族是否三苗也有疑问，可参考吴锐：《中国思想的起源》第一卷，第208页。三苗在考古学上被认定为石家河文化，地望在湖北天门石家河，属长江中游。详参韩建业、杨新改：《禹征三苗探索》，载氏著：《五帝时代：以华夏为核心的古史体系的考古学观察》，第1—16页；中国社会科学院考古研究所编：《中国考古学：新石器时代卷》，第656—658页。

续表

原文	时代	出处
舜流共工于幽州，放驩兜于崇山，杀三苗于三危，殛鲧于羽山，四罪而天下咸服，诛不仁也。	舜	孙奭疏：《孟子注疏》卷九上《万章上》，第2735页。
于是乎虞有三苗，夏有观、扈，商有姺、邳，周有徐、奄，自无令王。诸侯遂进，狎有齐盟。	舜	杜预注，孔颖达疏：《春秋左传正义》卷四十一《昭公元年》，第2021页。
尧有德，干戈不用三苗服。	舜	《荀子》注释组：《荀子新注》卷二十五《成相》，第419页。
昔舜舞有苗，而禹袒入裸国，非以养欲而乐志也，欲以论德而要功也。	舜	刘向：《战国策》卷十九《赵策二》，上海：上海古籍出版社，1988年，第654页。
当舜之时，有苗不服，禹将伐之，舜曰："不可，上德不厚而行武，非道也。"乃修教三年，执干戚舞，有苗乃服。	舜	王先慎：《韩非子集解》卷十九《五蠹第四十九》，第445页。
三苗不服，禹请攻之，舜曰以德不也，行德三年，而三苗服。	舜	高诱注：《吕氏春秋》卷十九《离俗览第七·上德》，第241页。
舜却苗民，更易其俗。	舜	高诱注：《吕氏春秋》卷二十《恃君览第八·召类》，第262页。
当舜之时，有苗不服，其不服者，衡山在南，岐山在北，左洞庭之陂，右彭泽之水，由此险也。以其不服，禹请伐之，而舜不许，曰："吾喻教犹未竭也。"久喻教，而有苗民请服。天下闻之，皆薄禹之义，而美舜之德。诗曰："载色载笑，匪怒伊教。"舜之谓也。问曰："然则禹之德不及舜乎？"曰："非然也。禹之所以请伐者，欲彰舜之德。故善则称君，过则称己，臣下之义也。"	舜	韩婴：《韩诗外传》卷三，第37页。
舜伐有苗，启攻有扈。	舜	何宁：《淮南子集释》卷十五《兵略训》，第1044页。
舜……南征三苗，道死苍梧。	舜	何宁：《淮南子集释》卷十九《修务训》，第1313页。
故当舜之时，有苗不服，于是舜修政偃兵，执干戚而舞之。	舜	何宁：《淮南子集释》卷十一《齐俗训》，第793页。
舜执干戚而服有苗。	舜	何宁：《淮南子集释》卷十三《氾论训》，第930页。
南巡狩，崩于苍梧之野。	舜	司马迁：《史记》卷一《五帝本纪第一》，第44页。

续表

原文	时代	出处
当舜之时,有苗氏不服,其所以不服者,大山在其南,殿山在其北,左洞庭之波,右彭蠡之川,因此险也,所以不服。禹欲伐之,舜不许曰:谕教犹未竭也。乃谕教焉,而有苗请服。天下闻之,皆非禹之义而归舜之德。	舜	刘向:《说苑》卷一《君道》,北京:中华书局,1985年,第2页。
有苗氏负固不服,禹请征之,舜曰:"我德不厚,行武非道也,吾前教犹未也。"乃修教三年,执干戚而舞之,有苗请服。	舜	皇甫谧:《帝王世纪》,第12页。
三十五年,帝命夏后征有苗,有苗氏来朝。	舜	今本《竹书纪年》。王国维:《今本竹书纪年疏证》,收入方诗铭、王修龄:《古本竹书纪年辑证》,上海:上海古籍出版社,2005年,第211页。
郭璞注:昔尧以天下让舜,三苗之君非之,帝杀之。有苗之民叛入南海,为三苗国。	舜	《山海经》卷六《海外南经》,第262页。
各迪有功,苗顽弗即工,帝其念哉!	禹	孔颖达疏:《尚书正义》卷五《益稷》,第143页。
三危既宅,三苗丕叙。	禹	孔颖达疏:《尚书正义》卷六《禹贡》,第150页。
禹乃会群后,誓于师曰:"济济有众,咸听朕命。蠢兹有苗,昏迷不恭,侮慢自贤,反道败德。"君子在野,小人在位。"民弃不保,天降之咎。肆予以尔众士,"奉辞(罚)〔伐〕罪。"尔尚一乃心力,其克有勋。苗民逆命。益赞于禹曰:"惟德动天,无远弗届。满招损,谦受益,时乃天道。帝初于历山,往于田,日号泣于旻天,于父母,负罪引慝。祗载见瞽瞍,夔夔斋栗,瞽亦允若。至诚感神,矧兹有苗。"禹拜昌言曰:"俞!"班师振旅。帝乃诞敷文德,舞干羽于两阶,七旬有苗格。	禹	孔颖达疏:《尚书正义》卷四《大禹谟》,第137页。
今沓夫好攻伐之君,又饰其说以非子墨子曰:"以攻伐之为不义,非利物与?昔者禹征有苗,汤伐桀,武王伐纣,此皆立为圣王,是何故也?"子墨子曰:"子未察吾言之类,未明其故者也。彼非所谓攻,谓诛也。昔者三苗大乱,天命殛之,日妖宵出,雨血三朝,龙生于庙,犬哭乎市,夏冰,地坼及泉,五谷变化,民乃大振。高阳乃命玄宫,禹亲把天之瑞令以征有苗,四电诱祗,有神人面鸟身,若瑾以侍,搤矢有苗之祥,苗师大乱,后乃遂几。禹既已克有三苗,焉磨为山川,别物上下,卿制大极,而神民不违,天下乃静。则此禹之所以征有苗也。"	禹	孙诒让:《墨子间诂》卷五《非攻下十九》,第146—147页。

续表

原文	时代	出处
且不唯《泰誓》为然，即亦犹是也。禹曰："济济有众，咸听朕言！非惟小子敢行称乱。蠢兹有苗，用天之罚。若予既率尔群对诸群以征有苗。"禹之征有苗也，非以求以重富贵，干福禄、乐耳目也，以求兴天下之利，除天下之害，即此禹兼也。	禹	孙诒让：《墨子间诂》卷四《兼爱下十六》，第121—122页。
昔者神农伐补遂，黄帝伐涿鹿而禽蚩尤，尧伐驩兜，舜伐三苗，禹伐共工，汤伐有夏，文王伐崇，武王伐纣，齐桓任战而伯天下。	禹	刘向：《战国策》卷三《秦策一》，第81页。
昔者，三苗之居，左彭蠡之波，右有洞庭之水，文山在其南，而衡山在其北。恃此险也，为政不善，而禹放逐之。	禹	刘向：《战国策》卷二十二《魏策一》，第782页。
黄帝战于涿鹿之野，而西戎之兵不至；禹攻三苗，而东夷之民不起。	禹	刘向：《战国策》卷二十三《魏策二》，第829—830页。
三苗将亡，天雨血，夏有冰，地坼及泉，青龙生于庙，日夜出，昼日不出。	禹	古本《竹书纪年》。方诗铭、王修龄：《古本竹书纪年辑证》，第68页。

诸书对征伐三苗之事，纷纭不一，说法不一。① 众多记载中，《墨子·非攻下》是"征三苗"最详细的记载，《非攻下》有些内容是源于其他文献。"日妖宵出"就来自古本《竹书纪年》的"日夜出，昼日不出"，彭瓞钧（Kevin D. Peng）等人就认为这是一次日全食的天文现象。② 当代天文学史的研究证实了《墨子》所记不误。③

---

① 有关整理可参赵铁寒：《舜禹征伐三苗考》，载氏著：《古史考述》，第30—33页。
② Kevin D. Pang, Kevin K. Yau and Hung-hsiang Chou, "Absolute Chronology of the Xia, Shang and Zhou Dynasties by Dating 17 Eclipses," in K. S. Cheng and K. L. Chan (eds.), *21st Century Chinese Astronomy Conference*, Singapore and Hong Kong: World Scientific, 1997, pp. 525-526.
③ 国内学者利用这次天文学上的日食现象，推算夏代始年。基于彭瓞钧等人的研究，"日妖宵出"或"日夜出"是"天再昏"现象，当为黄昏日落前后日全食发生，天色突然变黑，之后全蚀结束，天色转亮，接着是正常的天黑过程。计算古日食，公元前2250年至公元前1850年三苗地区可能见到日食有11次之多，其中有3次发生在公元前22世纪；有4次发生在公元前20世纪；而发生在公元前21世纪的4次，即公元前2097年8月31"天再昏"；公元前2075年6月30日"天再昏"；公元前2072年4月20日"天再昏"；公元前2029年7月1日的"天再旦"。除了公元前2029年的"天再旦"之外，其余三者都有可能是禹伐三苗时所发生日全食的时间，也作为推定夏始年的参考。详参江林昌：《夏商周文明新探》，杭州：浙江人民出版社，2001年，第196—197页；李伯谦：《关于夏王朝始年的一些思考》，收入氏著：《文明探源与三代考古论集》，第106页。而定ologie竹简亦有"有苗三日不见日"、"有苗月食不断，三日不解"的记载，学者认为是指同一次日蚀现象。详参饶宗颐：《由不同文化交流与部族分布谈古史上"时"与"地"的复杂性》，载氏著：《古史之断代与编年》，第7页。

不可不察的是，尧、舜、禹时期都曾伐三苗。《尚书·舜典》载舜伐三苗一事，在西汉出土文献中亦有记载，竹简《六韬》就有"第十三，舜伐有苗武"①的记载，证明西汉时代，舜伐三苗的史事已有流传。从《舜典》的记载可知，共工、驩兜、三苗、鲧是四个族团，他们都曾参加尧舜的领导集团，后来跟尧舜产生矛盾，被舜所诛。《舜典》提到的"分北三苗"，孔疏："前流四凶时，三苗之君窜之西裔，更绍其嗣，不灭其国，舜即政之。后三苗复不从化，是暗当黜之，其君臣有善有恶，舜复分北流其三苗。北，背也。善留恶去使分背也。"②说明舜将三苗驱逐到西裔，只要服从于舜就可以和平相处。只是三苗又分化，舜才以从化者留下，对不从化者再进行驱逐。③

---

① 河北省文物研究所定州汉墓竹简整理小组：《定州西汉中山怀王墓竹简〈六韬〉释文及校注》，《文物》2001年第5期，第77页。简文序号0745、1175、2228、0302、1040都有记载苗的史事，但偶有缺字或欠缺主语，致不能证明是否为舜时期的史事。参同上文，第80页。
② 孔颖达疏：《尚书正义》卷三《舜典》，第132页。
③ "分北三苗"一句，古今学者皆觉费解。因为此句前面之"帝曰"，照理应是说舜对于臣子的政绩作考察，而一变成"分北三苗"，文意并不连贯。上引孔疏是承汉人的，郑玄认为"流四凶者，卿为伯、子，大夫为男，降其位耳，犹为国君。故以三苗为西裔诸侯。犹为恶，乃复分北流之。谓分北西裔之三苗也"（孔颖达疏：《尚书正义》卷三《舜典》，第132页），他视尧流四凶，不过是降低他们的地位，他们到了边地，仍旧是国君，但三苗流放后，作为西裔的诸侯，还会做坏事，于是舜加以分别再予流放，分北的三苗是在西裔的三苗。王肃的理解与郑玄稍有不同："三苗之民有赦宥者，复不从化，不令相从，分北流之"（孔颖达疏：《尚书正义》卷三《舜典》，第132页），认为"分北三苗"的三苗不是窜三苗于三危的三苗，窜三苗是诛罚，其身无复官爵，而是指三苗中那些被尧赦免宽恕者，但这些人后来还是不服从教化，于是舜就分别善恶，把恶的一群流放。汉唐人的解释，是为了弥合《尚书》所作的揣测，没有根据可言，所以顾颉刚、刘起釪认为"此处经师们的解释都不确"，顾颉刚、刘起釪《尚书校释译论》第一册，第331页。宋代吕祖谦认为"三苗左洞庭由彭蠡，本在南方。至于此迁于北，如迁商顽民，变薄俗之道也。前此窜三苗但窜其君耳，恶党未化，故迁之于北。史官独裁'分北三苗'，与《尧典》独裁共、鲧之事，同见万国皆顺轨也"（吕祖谦：《增修东莱书说》，收入《景印文渊阁四库全书·经部五十一·书类》，册五十七，卷二，第161页下），把"分北"之"北"，解为南北之北，因三苗继续作恶，所以又将他们迁到北方。他的解释显然也无根据。至袁枚撰《征苗疑》云："人多疑《古文尚书》，而不疑其征苗……夫'窜三苗于三危'，《尧典》也；'三苗丕叙'，《禹贡》也；'苗民淫刑以逞，是用剿绝'，《吕刑》也。苗既窜矣，何事于征？苗既叙矣，何必再征？苗剿绝矣，又何曾格？其他'分北三苗'、'何迁乎有苗'，皆无来格之说。以《尚书》证《尚书》，而其伪自定"（袁枚：《征苗疑》，载氏著：《小仓山房文集》，收入氏著：《袁枚全集》第二册卷二十二，第385—386页），他看到《尚书》关于三苗记载的"伪"，认为甚至今文《尚书》也是伪，这是他所谓的"以经证经而疑经"。详参钱穆：《中国近三百年学术史》，北京：商务印书馆，1997年，第477页。亦有学者提出"分北三苗"是指茫昧、混沌得以分别之意。详参尹荣方：《社与中国上古神话》，第122页。

《墨子·兼爱下》的《禹誓》显然是一篇誓词，内容与《尚书·大禹谟》几乎一样，由此，墨子当看过《尚书》佚文。① 同为《尚书·大禹谟》则记载了禹伐三苗。《大禹谟》不见于今文《尚书》，是古文《尚书》之首篇，是为"晚书"，阎若璩认为古文《尚书》是伪作，其著《尚书古文疏证》有"言大禹谟句句有本"一条，不过这条有缺失，阎氏可能本希望通过《论大禹谟句句有本》的考证，证明《大禹谟》为后人伪作，但《大禹谟》"句句有本"见引于先秦文献，难证明《大禹谟》为后人伪作，阎若璩应意识到这种辨伪方法存在问题，是故删去是篇。② 阎若璩认为《大禹谟》"句句有本"是有根据的，《大禹谟》与《墨子·兼爱下》的文字大同小异就是明证：

《墨子·兼爱下》	《尚书·大禹谟》
且不唯《泰誓》为然，即禹犹是也。禹曰："济济有众，咸听朕言！非惟小子敢行称乱。蠢兹有苗，用天之罚。若予既率尔群对诸群以征有苗。"禹之征有苗也，非以求以重富贵，干福禄、乐耳目也，以求兴天下之利，除天下之害，即此禹兼也。¹	济济有众，咸听朕言：蠢兹有苗，昏迷不恭，侮慢自贤，反道败德，君子在野，小人在位，民弃不保，天降之咎。肆予以尔众士，奉辞罚罪；尔尚一乃心力，其克有勋。²

（此表为方便对照，不作表序）

1　孙诒让：《墨子间诂》卷四《兼爱下十六》，第121—122页。
2　孔颖达疏：《尚书正义》卷四《大禹谟》，第137页。

自从郭店竹简《成之闻之》（《大常》）出土后，学界留意到其中一章与《大禹谟》有相似的行文：

　　《大禹》曰"余兹宅天心"曷？此言也，言余之此而宅于天心也。是故[33]君子衽席之上让而受幼，朝廷之位让而处贱，所宅不

---

① 《墨子》论理，大量引用书证，据郑杰文统计，《墨子》引《尚书》共40节，可与今文《尚书》比对者5节；篇目可与汉代新出的"百两《尚书》"之篇目可对者、其文可与新出《泰誓》文比对者，计11节；可与东晋梅赜古文《尚书》比对者5节。详参郑杰文：《中国墨学通史》上册，北京：人民出版社，2006年，第92—111页。马士远把《墨子》引《尚书》的每个例子作比较，并作详细考辨，详参氏著：《周秦尚书学研究》，北京：中华书局，2008年，第124—136页。
② 杨善群：《辨伪学的歧途——评〈尚书古文疏证〉》，《淮阴师范学院学报》2005年第3期，第400页。

远矣。小人【34】不逞人于仁，君子不逞人于礼。津梁争舟，其先也不若其后也；言【35】语哗之，其胜也不若其已也。君子曰："从允释过，则先者虚，来者信。"【36】①

"谟"即"曰"，"《大禹》曰"，即"大禹谟"，简文的"大禹曰"，相信就是《尚书·大禹谟》之佚文②，从文字风格、思想特点看，两者均有一致性③，那就是说，《尚书·大禹谟》得出土文献的支持，其可信性应无可疑。由此可见，舜、禹时期都曾有征伐三苗之事。《大禹谟》说明，有苗不听道，命大禹去征伐，大禹誓师时，说明苗的罪行是对舜不恭，破坏德义，任用奸佞，造成民叛、天灾。这个时期，应该是大禹平水土后，苗"顽弗即工"后的情况。而《大禹谟》说"苗民逆命……七句，有苗格"，与《墨子·非攻下》曰"苗师大乱，后乃遂几"都显示大禹的军队雄厚，致苗军"几"，"几"就是衰亡之意，④这个说法在《战国策》被说成是"为政不善，而禹放逐之"。

《战国策》加入了"禹攻三苗，而东夷之民不起"一句，说明《战国策》的作者认为伐三苗时有非华夏族参加，但东夷族没有参加联军。⑤《战国策》也加入了三苗的地望。《韩非子》的记载同样重要，因为《韩非子》点明了还在舜时，禹已经准备伐三苗，而禹伐三苗原因是苗"不服"。⑥同样的理由也出现在《韩诗外传》。《韩诗外传》无谈及三苗的罪行，但就承袭《战国策》的说法，点出三苗地望：

> 当舜之时，有苗不服。其不服者，衡山在南，岐山在北，左洞

---

① 荆门市博物馆：《郭店楚墓竹简》，北京：文物出版社，1998年，第168页。
② 廖名春：《从郭店楚简和马王堆帛书论"晚书"的真伪》，《北方论坛》2001年第1期，第119—123页。
③ 郭沂：《郭店竹简与先秦学术思想》，上海：上海教育出版社，2001年，第211页。
④ 孙诒让：《墨子间诂》卷五《非攻下十九》，第147页。
⑤ 金景芳：《中国奴隶社会史》，上海：上海人民出版社，1983年，第15页。
⑥ 《韩非子》的记载，不能看出禹在舜时已征三苗，只反映禹有意伐三苗。不过，三苗集团与华夏集团长期对峙，正值治水之际时，不参与治水工作，相信是最合理的解释。

庭之波，右彭泽之水。①

三苗居住在洞庭、彭泽，三苗依仗其地势，敢于不服。大禹向舜请求同意去征伐，而舜则认为要对苗施行感化，舜的行动有实质成效，因而有"皆薄禹之义，而美舜之德"的天下美谈，但大禹的请伐有苗，也是为了昭著舜之德，因此又有"故善则称君，过则称己，臣下之义也"。《帝王世纪》载："有苗氏负固不服，禹请征之，舜曰：'我德不厚，行武非道也，吾前教犹未也。'乃修教三年，执干戚而舞之，有苗请服"②，意思与《韩诗外传》相同，只是更具体说明。《史记》据《尧典》、《战国策》的记载而作了铺衍：

> 驩兜进言共工，尧曰不可而试之工师，共工果淫辟。四岳举鲧治鸿水，尧以为不可，岳强请试之，试之而无功，故百姓不便。三苗在江淮、荆州数为乱。于是舜归而言于帝，请流共工于幽陵，以变北狄；放驩兜于崇山，以变南蛮；迁三苗于三危，以变西戎；殛鲧于羽山，以变东夷：四罪而天下咸服。③

> 魏文侯既卒，起事其子武侯。武侯浮西河而下，中流，顾而谓吴起曰："美哉乎山河之固，此魏国之宝也！"起对曰："在德不在险。昔三苗氏左洞庭，右彭蠡，德义不修，禹灭之。"④

先秦至汉对于大禹征三苗记载有明显的增删。《尚书》与《墨子》明显有两个不同的本子，前者强调苗的不善，三苗为"四罪"之一，这是从儒家教化的角度批评苗族，成为大禹出兵的理据；《墨子》把重点放在攻三苗的过程，提供一些战争时的数据，如日夜出，下血雨等自然灾害，认为是上天惩罚三苗，于是大禹出征，却没有说三苗的罪状。不过，两者都认为圣王大禹具有神圣的合法性征三苗，在文献上的

---

① 韩婴：《韩诗外传》卷三，第37页。
② 皇甫谧：《帝王世纪》，第12页。
③ 司马迁：《史记》卷一《五帝本纪第一》，第28页。
④ 司马迁：《史记》卷六十五《孙子吴起列传第五》，第2166页。

记载，大禹都是"修教"、"修德"而服三苗。《墨子·非攻下》说明大禹于玄宫受命征三苗，而在周晚期，玄宫指冬季或北方的天区，即创制历法的颛顼的居所①，从型构上看，玄宫是后世明堂的前身。②而《淮南子》所言"执干戚舞"就是古代在玄宫进行的舞蹈仪式。③《韩非子》、《韩诗外传》，甚至《帝王世纪》都没有谈到三苗的具体罪状，《史记》在《孙子吴起列传》点明是大禹灭三苗，但不能证明司马迁写《五帝本纪》时"迁三苗于三危"都是大禹征伐之，《五帝本纪》的记载与《舜典》同。

西晋年间的《博物志》载："三苗国，昔唐尧以天下让于虞，三苗之民非之，帝杀，有苗之民叛，浮入南海为三苗国。"④在《尚书·禹贡》中，三苗仍在西北，而此移至南海，可见三苗的故事已有转变。李善等人注

---

① 班大为（David W. Pankenier）著，徐凤先译：《〈墨子〉与夏商周年代：一份研究笔记》，载氏著：《中国上古史实揭秘：天文考古学研究》，上海：上海古籍出版社，2008年，第77页。

② 杨鸿勋：《破解"黄帝时明堂"》，载氏著：《杨鸿勋建筑考古学论文集》，北京：清华大学出版社，2008年，第59—68页；叶舒宪：《中国神话哲学》，第154—156页。

③ 尹荣方：《社与中国上古神话》，第130—131页。刘师培言"夏禹舞羽格苗……即降神之乐舞也。盖苗俗最崇祀神，故禹托舞羽格苗者，即降神之乐舞也。盖苗俗最崇祀神，故禹托舞乐降神之说以儆苗民"，刘师培：《舞法起于祀神考》，收入氏著：《清儒得失论——刘师培论学杂稿》，北京：中国人民大学出版社，2004年，第283页，刘氏说大禹舞羽为降神之乐舞是对的，但以为大禹之舞乐降神，是为了儆戒苗民，似乎理据不足。传世文献有记载夏代已有"乐"，《史记》记载季札在观赏完《诗》之演奏后，又曾观赏各种舞蹈表演，其中有一舞名为《大夏》，并将《大夏》视为大禹之乐。详参司马迁：《史记》卷三十一《吴太伯世家第一》，第1452—1457页。虽然传世资料不足，但古文字资料可弥补不足。1977年陕西扶风庄白发现西周时期殷遗民贵族微氏家族铜器群，其中的史墙盘铭文"上帝司夏元保受天子绾命厚福丰年"一句，意思是上帝监临我有夏之民，使我有夏之天子（周王）得永命、厚福与丰年。唐兰和尹盛平对句中"夏"的释读，均以《说文解字》为据，铭文的"夏"（𦥑）字，保存了"夏"最初的象形形象，本义是双手执羽、单足立地而舞之舞容。有关史墙盘的介绍及诸家对铭文的释文，可详参尹盛平编：《西周微氏家族青铜器群研究》，北京：文物出版社，1992年。《春秋》隐公五年记鲁隐公以"六羽"之舞，来祝贺其母庙之成。"六羽"即参与之舞者为六列，他们手持羽毛，此为周廷公爵之所用。《春秋穀梁传》更明确指出夏舞的等级制度。详参杨士勋疏：《春秋穀梁传义》（阮元校：《十三经注疏》本）卷二《隐公五年》，第2369页。而《吕氏春秋古乐》曾记载大禹之时，皋陶接受命令作夏籥九成，以昭功勋。详参高诱注：《吕氏春秋》卷五《仲夏纪第五·古乐》，第53页；《淮南子·齐俗训》亦记载夏后氏创"夏籥"之乐，其制九成、六佾、六列和六英。详参何宁：《淮南子集释》卷十一《齐俗训》，第789页。

④ 张华撰，范宁校证：《博物志校证》卷二《外国》，北京：中华书局，1980年，第21页。

萧统编的《文选》中就有"舜时，三苗不修道，命禹征之"①的说法，宋代史浩载云："征苗之举，当载在禹未受命之前。盖舜初居摄已窜三苗于三危，于时弗率禹乃奉辞而伐罪也。"②在文献上，大禹伐三苗都是扬禹贬苗，但从伐苗的誓词中，却有"敢行称乱"、"昏迷不恭，侮慢自贤，反道败德"之类的话，在《墨子·非攻下》的"禹既已克有三苗，焉磨为山川，别物上下"③，与"禹敷下土方"④、"帝厘下土，方设居方，别生分类"⑤的说法很相似，大禹伐三苗的原因就是三苗阻碍了治水工作。⑥而《墨子》的"已克有三苗"就为此事加入一个时间基础。

虽然上古圣王征伐三苗已成定论，但汉代以来，学者都搞不清"三苗"的真正内涵。汉儒所注或为国名，或为族名，或为人名，对于它的来源，众说纷纭。马融注曰："西裔也。三苗，国名也。缙云氏之后为诸侯，盖饕餮也"⑦，是说三苗是缙云氏之后的诸侯，缙云氏，是"黄帝时官名"⑧，则三苗属黄帝集团无疑。但孔颖达疏《尚书》时引韦昭之言，认为三苗是"炎帝之后，诸子共工也"⑨，把三苗说成是炎帝之后。《后汉书》则谓："三苗，姜姓之别也。"⑩马融视三苗为国名，但高诱注《淮南子》对三苗解释为"盖谓帝鸿氏之裔子浑敦，少昊氏之裔子穷奇，缙云氏之裔子饕餮，三族之苗裔，故谓之三苗"，把三苗视为"三族之苗裔"。可见

---

① 曹子建：《七启八首》，载李善等注：《六臣注文选》卷三十四，北京：中华书局，1987年，第649页。
② 史浩：《尚书讲义》，收入《景印文渊阁四库全书·经部二·书类》，册五十六，卷三，第194页下—195页上。
③ "焉磨为山川"的"焉"，通"夷"。"焉，音夷"，郑玄注、贾公彦疏：《周礼注疏》卷三十八《环人》，第899页。
④ 郑玄笺，孔颖达疏：《毛诗正义》卷二十《商颂·长发》，第626页。
⑤ 孔颖达疏：《尚书正义》卷三《舜典》，第132页。
⑥ 金景芳：《禹在历史上的伟大作用》，载氏著：《古史论集》，济南：齐鲁书社，1982年，第90页。
⑦ 孙星衍：《尚书今古文注疏》卷一《尧典下》，第56页。
⑧ 杜预注，孔颖达疏：《春秋左传正义》卷二十《文公十八年》，第1863页。
⑨ 孔颖达疏：《尚书正义》卷十九《吕刑》，第248页。
⑩ 范晔：《后汉书》卷八十七《西羌传第七十七》，第2869页。

"三苗"的真正意思在汉代已显得扑朔迷离难以索解。① 法国学者马伯乐就将伐苗的故事还原成创世神话,他说:

> 如果人们拿中国的传说与我所引用的传说比较,以解决一些模糊的观念,苗民仿佛是尚未被上帝派下界的英雄整顿过的大地上的人民。《吕刑》的作者便是这样的认识这个传说的,所以他把苗民的一段故事依年代先后放在禹平水土之前。在关于宇宙的创造的中国传说中,好像至少有一个传说(也许就是禹的传说)承认在上帝派遣些英雄和人自天下降之前,那未垦殖的、紊乱的、卑湿的地是一种有翼的妖怪——苗或三苗——的领土。为了使人可以取得他们的地位起见,应该毁灭或驱逐他们的。这是个纯粹的神话的故事,而在古代的历史化主义的趋势下,从很古的时候起,史官们已想法使之变为历史的传说。②

马伯乐从神话角度解读伐苗传说,是值得注意的。神话学者都认为

---

① 三苗是苗族形成时期,但对于苗族族源的看法,一直到当代仍众说纷纭。苗族学者从语言学、考古学、人类学、民族学等资料,归纳苗族族源有五种:一、江淮土著说,苗族为长江流域和淮河流域的土著,北进中原,败退南归,由中东向西南迁徙;二、环太湖文化说,此即东来说,认为苗族是早期环太湖文化乃至泛太平洋文化的创造者,在环太湖地居生活,由于犀水猛涨,逐渐沿岸北进山东,与山东土著融和,后败于炎黄战争,此说基本与江淮土著说一致;三、蒙古利亚说,即北来说,此说认为苗族来源蒙古利亚,在黄河中下游建立九黎国,九黎蚩尤战败后,九黎集团溃散,一部分东移日本和朝鲜,另一部北渡白令海峡,还有一部南下长江,建立三苗国;四、帕米尔高原说,即西来说,此说认为苗族传说中有牦牛、雪山等高原特征,苗族在河套一带居住,并由河套南下长江上游,由长江上游东下至江、汉而至洪泽湖、太湖一带。西来说还认为苗族起源于帕米尔高原和波斯湾之间,由美索不达米亚向东行阻于帕米尔高原,折向东北,循乌拉尔山麓至北纬六十余度以上的北极地殿,又转东,越过西伯利亚经蒙古、陕西而至河南。最后一说为马来西亚说,即南来说,认为苗族起源于东南亚,从马来半岛沿岸北进,在黄河流域和长江流域停留。目前,学界基本否定北来说和西来说,苗族史的专著已不再采纳。苗族分支甚繁,大抵按衣着颜色、定居地、族民职业等分类。此外,18 世纪清朝亦为在贵州、云南、广东、河南、台湾等非汉族族群绘制"苗民图"(或称"百苗图"),旨在宣扬中央政府与地方民族的从属关系。详参 C. L. Sim, "The Miao of South-west China: A Question of Identity," *Papers on Far Eastern History*, vol. 35, March 1987, pp. 167-178; Laura Hostetler(何罗娜), *Qing Colonial Enterprise: Ethnography and Cartography in Early Modern China* Chicago, The University of Chicago Press, 2001, pp. 142-143, 159-179;吴荣臻、吴曙光编:《苗族通史》第一册,北京:民族出版社,2007 年,第 15—18 页。

② 马伯乐著,冯沅君译:《书经中的神话》,上海:上海商务印书馆,1937 年,第 52 页。

原始人与异族人进行的斗争往往与征服大自然融合一起①，神话所反映的只是一种仪式，传说中的英雄人物都是在仪式中象征性地出现。②如此，以西方神话学角度理解伐苗故事，尧、舜、禹等英雄征三苗也就是出于一种仪式而已。

王鸣盛独具慧眼，认为伪古文《尚书》中《大禹谟》所载征三苗事，系晋人掇拾群书所记。③这至少说明了战国以后文献言舜、禹征伐三苗者尤多的原因。上文所列文献已证明在尧时已与三苗斗争，而舜时更为剧烈。《左传·文公十八年》记鲁太史克所说的"四凶"：浑敦、穷奇、梼杌、饕餮，被舜流放④，其中的浑敦、穷奇、梼杌或即是三苗⑤，或云"饕餮"乃是三苗的图腾⑥，从"四罪、四凶"的记载，显示三苗在舜以来与中原部族之间的冲突转剧。

大禹征三苗的胜利，意义重大，童书业认为这是令大禹得天下的重要因素：

> 禹之得天下，主要由于"征三苗"与"汤伐桀、武王伐纣"而

---

① 梅列金斯（Eleazar Moiseevich）在《神话的诗学》一书中就有大量例子说明。详参梅列金斯著，魏庆征译：《神话的诗学》，北京：商务印书馆，2009年，第227—228页。
② 梅列金斯著，王亚民、张淑明、刘玉琴译：《英雄史诗的起源》，北京：商务印书馆，2007年，第5、7页。
③ 王鸣盛：《尚书后案》，收入《续修四库全书·经部·书类》，册四十五，卷一，第27页下。
④ 杜预注，孔颖达疏：《春秋左传正义》卷二十《文公十八年》，第1863页。
⑤ 《淮南子·修务训》高诱注："帝鸿氏之裔子浑敦，少昊氏之裔子穷奇，缙云氏之裔子饕餮，三族之苗裔，故谓之三苗，"何宁：《淮南子集释》卷十九《修务训》，第1312页。
⑥ 芮逸夫认为"三苗与饕餮结成不解之缘，可能是因为后者乃是前者的图腾标志"，芮逸夫：《三苗与饕餮考》，载氏著：《中国民族及其文化论稿》上册，台北：台湾大学人类学系，1989年，第189页。关于"饕餮"，历来解释者颇多。《吕氏春秋·恃君览》："雁门之北，鹰隼所鸷，须窥之国，饕餮穷奇之地，叔逆之所，儋耳之居，多无君"（高诱注：《吕氏春秋》卷二十《恃君览第八·恃君》，第256页），是以"饕餮"为种族部落之称。郑师许则云："疑此'饕餮'一语，与浑敦、穷奇、梼杌、驩兜、共工、崇鲧、有苗诸字，同为族名之音译"（郑师许：《饕餮考》，《东方杂志》1931年第28卷第7号，第80页）；杨希牧认为"饕餮民族似与匈奴、西戎及西史所谓Scythians互有密切关系；纵非即同一族群，或可能是同一系因其另一种不同程度的混血而衍分的几个族群"，杨希牧：《古饕餮民族考》，《民族学研究所集刊》1967年第24期，第24页。他亦有另一篇文章指出饕餮是域外的强悍民族或部落。详参杨希牧：《饕餮纹与饕餮》，载氏著：《先秦文化综论》，桂林：广西师范大学出版社，2008年，第69页。

"立为圣王"相同(《非攻下》)。《周语上》称"黎、苗之王",下称"夏、商之季",可见黎、苗亦曾"王",与夏、商同。《墨子·兼爱下》引《禹誓》之文,与《汤誓》、《牧誓》之文极类,《非攻下》又言:"昔者三苗大乱,天命殛之……高阳乃命(禹于)玄宫,禹亲把天之瑞令,以征有苗……禹既已克有三苗焉,磨(历)为山川,别物上下,卿(乡)制大(四)极,而神民不违,天下乃静,则此禹之所以征有苗也。"《随巢子》亦云:"昔三苗大乱……禹乃克三苗而神民不违,辟土以王。"并可为禹之有天下由于征有苗之证。①

此说法由顾颉刚继承:

> 禹的征有苗就是受命于天,与汤的伐桀,武王的伐纣一样。汤武王伐了桀纣之后就做了天下,禹伐了有苗之后也做了天下,三代开国的情形又是一样的。②

由是顾颉刚认为"征有苗而有天下的禹"③是"天子所荐而有天下的禹"④。三苗与华夏部族不断的战斗,"二族消长,为古代史第一大事"⑤。

第三节　甘之战

"甘之战"是指夏后族在夏朝初年对有扈氏的一次攻伐。⑥《尚书·甘

---

① 童书业:《春秋左传研究》,北京:中华书局,2006年,第14—15页。
② 顾颉刚:《禅让传说起于墨家考》,载吕思勉、童书业编:《古史辨》第七册,第522页。
③ 同上书,第523页。
④ 同上。
⑤ 梁启超:《太古及三代载记》,收入氏著:《饮冰室合集》,上海:中华书局,1936年,第43册,第14页。
⑥ 有关有扈氏的族姓问题,顾颉刚、刘起釪最先作全面的论述,他们认为应是异姓的东夷少昊族的"九扈"。详参顾颉刚、刘起釪:《尚书校释译论》第二册,第856页;王玉哲:《中华远古史》,上海:上海人民出版社,2003年,第144页。但郑杰祥认为此说可商,详参郑杰祥:《夏史初探》,第111—112页。从考古学而言,有扈氏文化可能是客省庄二期文化。详参李民:《〈甘誓〉所反映的夏初社会——从〈甘誓〉看夏与有扈的关系》,载氏著:《尚书与古史研究》,第73页。

誓》记载了"甘之战"①，而《甘誓》却有三个版本：

《尚书·甘誓》	《墨子·明鬼下》	《史记·夏本纪》
大战于甘，乃召六卿。王曰："嗟！六事之人，予誓告汝：有扈氏威侮五行，怠弃三正，天用剿绝其命，今予维共行天之罚，左不共于左，右不共于右，汝不恭命；御非其马之正，汝不恭命，赏于祖；弗用命，戮于社，予则孥戮汝。"[1]	观乎《夏书·禹誓》曰：大战于甘，王乃命左右六人，下听誓于中军，曰："有扈氏威侮五行，怠弃三正，天用剿绝其命。"有（又曰）："日中，今予与有扈氏争一日之命，且尔卿大夫庶人，予非尔田野葆土之欲也，予共行天之罚也。左不共于左，右不共于右，若不共命；御非尔马之正，若不共命，是以赏于祖而僇于社！"[2]	有扈氏不服，启伐之，大战于甘，将战，作《甘誓》，乃召六卿申之。启曰："嗟！六事之人，予誓告汝：有扈氏威侮五行，怠弃三正，天用剿绝其命。今予维共行天之罚。左不攻于左，右不攻于右，女不共命。御非其马之政，女不共命。用命，赏于祖；不用命，僇于社，予则帑僇汝。"遂灭有扈氏，天下咸朝。[3]

（此表为方便对照，不作表序）

1 孔颖达疏：《尚书正义》卷七《甘誓》，第 155 页。
2 孙诒让：《墨子间诂》卷八《明鬼下第三十一》，第 240—242 页。
3 司马迁：《史记》卷二《夏本纪第二》，第 84 页。

我们亦可以下表分析三段文字：

表九 《尚书》、《墨子》、《史记》对"甘之战"之叙述比较

《尚书·甘誓》	《墨子·明鬼下》	《史记·夏本纪》
	《禹誓》曰：	有扈氏不服，启伐之
大战于甘	大战于甘	大战于甘，将战，作《甘誓》
乃召六卿	王乃命左右六人	乃召六卿
	下听誓于中军	申之
王曰：嗟！六事之人，予誓告汝	曰：	启曰：嗟！六事之人，予誓告汝
有扈氏威侮五行，怠弃三正，天用剿绝其命	有扈氏威侮五行，怠弃三正，天用剿绝其命。（又曰）："日中，今予与有扈氏争一日之命，且尔卿大夫庶人，予非尔田野葆土之欲也。	有扈氏威侮五行，怠弃三正，天用剿绝其命

① 《甘誓》作为一篇记载夏初对外征战的文献，可谓相当完备地记载了夏初的军事制度，对认识夏代战争提供很充实的史料。有关研究详参王宇信：《夏王朝的军事制度》，载洛阳市第二文物工作队编：《夏商文明研究》，郑州：中州古籍出版社，1995 年，第 58—60 页。

续表

《尚书·甘誓》	《墨子·明鬼下》	《史记·夏本纪》
今予维龚行天之罚	予共行天之罚也	今予维共行天之罚
左不共于左	左不共于左	左不攻于左
汝不恭命		
右不共于右	右不共于右	右不攻于右
汝不恭命	若不共命	女不共命
御非其马之正	御非尔马之正	御非其马之政
汝不恭命	若不共命	女不共命
赏于祖	是以赏于祖	用命，赏于祖
弗用命，戮于社	而僇于社	不用命，僇于社
予则孥戮汝		予则帑僇汝
		遂灭有扈氏

《甘誓》的版本基本上是代表儒墨两家。司马迁写《史记》时，实际采用《尚书》，只是在语词上对原本作了一些改造。事实上，《甘誓》的产生时代早就被学者怀疑，钱玄同认为《甘誓》似非伪史，但当中有"五行"、"三正"两词，恐怕是被儒家改窜的；① 顾颉刚认为《甘誓》与《墨子》是同时代的作品，不在战国末，就在西汉初；② 童书业认为是春秋战国时候的作品③，虽然《甘誓》在《夏书》，但杨向奎认为《甘誓》绝非夏代作品，亦不会晚到西汉初，大概是战国时期；④ 陈梦家亦认为此篇是战国时晋人据夏世传说所作。⑤ 此外，亦有学者不赞成晚出说，王国维认为《甘誓》文字平易简洁，至少是周初人所作；⑥ 刘起釪认为《甘誓》已有写本，到周代分别在流传中写定为儒墨两家的本子；⑦ 金景芳、吕绍纲认为《甘

---

① 钱玄同：《左氏春秋考证书后》，载顾颉刚编：《古史辨》第五册，第10页。
② 顾颉刚：《五德终始说下的政治与历史》，载氏编：《古史辨》第五册，第238页。
③ 童书业：《五行说起源的讨论》，载顾颉刚编：《古史辨》第五册，第390页。
④ 杨向奎：《西汉经学与政治》，台北：独立出版社，2000年，第14页。
⑤ 陈梦家：《尚书通论》，石家庄：河北教育出版社，2000年，第206页。
⑥ 王国维：《古史新证》，第2页。
⑦ 刘起釪：《释〈尚书甘誓〉的"五行"与"三正"》，载氏著：《古史续辨》，第192页。

誓》成篇于西周，材料则出自夏启时。①

《尚书·甘誓》的文字古朴、简单，与《尧典》、《皋陶谟》、《禹贡》相比，既没有铺陈，也没有冗长的句子，通篇只有八十多字。《甘誓》的语法与甲骨卜辞更有共通之处，例如第一人称"余"的用法与第二人称用"汝"的相法。②而其他注明引《夏书》的佚文句子，与《甘誓》句式相仿，时代应该是较早。③

伐有扈氏的事件，至迟到战国时已经流传，所以儒墨两家都有相关记载④，但同一件事，《墨子》以为是禹，《尚书》以为是启，《吕氏春秋》又以为是夏后相，顾颉刚就认为这反映甘之战一事在秦汉间还是一种没有凝固的传说⑤，亦有学者提出折中意见，认为大禹与启都有可能征伐过有扈氏⑥，但詹子庆认为这一意见没有旁证，仅是一种推测。⑦郭沫若认为是传说本身的特性，甚至提出商族的上甲微也曾伐有扈氏。⑧事实上，《墨子》有两个"禹誓"，一在《兼爱下》记载大禹征三苗，另一则在《明鬼下》记甘之战。我们不知道这是否误记，但确证《尚书》的《甘誓》当在《墨子》成书之前。⑨

---

① 金景芳、吕绍纲：《尚书虞夏书新解》，沈阳：辽宁古籍出版社，1996年，第441页。
② 详参陈梦家：《殷虚卜辞综述》，第96页。
③ 李民：《〈甘誓〉所反映的夏初社会——从〈甘誓〉看夏与有扈的关系》，载氏著：《尚书与古史研究》，第67页。
④ 刘起釪：《释〈尚书甘誓〉的"五行"与"三正"》，载氏著：《古史续辨》，第192页。
⑤ 顾颉刚：《五德终始说下的政治与历史》，载氏编：《古史辨》第五册，第238页。
⑥ 如孙诒让：《墨子间诂》卷八《明鬼下》，第240页；钱穆：《国史大纲》上册，台北：台湾商务印书馆股份有限公司，1995年，第16页；卞直甫、冯庆余：《甘之战——夏史杂识之二》，载中国先秦史学会编：《夏史论丛》，济南：齐鲁书社，1985年，第215页。杨筠如：《尚书覈诂》，西安：陕西人民出版社，2005年，第132页。
⑦ 詹子庆：《夏史与夏代文明》，上海：上海科学技术文献出版社，2007年，第102页。
⑧ 郭沫若：《中国古代社会研究》，第74页。
⑨ 童书业即认为有扈氏与苗是一传说的分化，他认为"汤伐桀而有天下，《书经》中代表这役的有《汤誓》；武王伐纣而有天下，《书经》中代表这役的有《牧誓》；禹代有苗有扈而有天下，代表此役的则有《禹誓》、《甘誓》。《禹誓》亡而《甘誓》存，即摒除一说，确立一就之征；《甘誓》所表示夏代开国之事既与后来传说大异，则其时代自不能过晚"，童书业：《五行说起源的讨论》，载顾颉刚编：《古史辨》第五册，第391页。笔者认为，童氏以夏商周为一整体概念来阅读《尚书》，虽然《尚书》确为三代之文献汇编，但不能代表《尚书》的"誓"只能反映每代的一场战争。

刘起釪认为《墨子》引文实即《甘誓》全文，文句略有出入。[①] 事实上，两者相较，文句多有差异，试看下表：

表十 儒墨两家对"甘之战"记载的异同

	儒	墨
篇名	《史记》说成《甘誓》。	《禹誓》
夏王	《史记》说成启。	禹[1]
战争时期	司马迁认为是启时期，可能因为《书序》中说明作誓词是启。	明言是此篇是《禹誓》。
"乃召六卿"	《史记》多了"申之"二字，亦可能是司马迁加上的。六卿，在《史记集解》曰："天子六军，其将皆命卿也"[2]，而"六卿"未见于甲骨文或金文，《左传》只有"卿士"、[3]"左卿士"[4]，查"六卿"始见于春秋中期晋、郑等国。	《墨子》作"六人"，比儒家本正确，应保持原文。
有扈氏	只说："有扈氏威侮五行，怠弃三正，天用剿绝其命。"	要与有扈氏"争一日之命"，提供了有扈氏可能是夏朝劲敌的讯息。
"五行"、"三正"	历来注疏家所争议。对于"五行"，注疏家们都不离阴阳五行说，而"三正"则以汉儒的"三统说"作解释。[5]	
"予则孥戮汝"	此句与《汤誓》同，或在《汤誓》写成之后抄来，[6]或在《吴语》抄来。[7]	墨家本子无。

1 《庄子·人间世》也说："禹攻有扈"（王先谦：《庄子集解》卷一《人间世第四》，第33页）；《吕氏春秋·召类》："禹攻曹、魏、屈骜、有扈，以行其教"（高诱注：《吕氏春秋》卷二十《恃君览第八·召类》，第262页），《吕氏春秋·先己》以伐有扈氏者为夏后相（高诱注：《吕氏春秋》卷三《季春纪第三·先己》，第28页），是为此事之第三种说法。
2 裴骃：《史记集解》，司马迁：《史记》卷二《夏本纪第二》，第84页。
3 杜预注，孔颖达疏：《春秋左传正义》卷三《隐公三年》，第1723页。
4 杜预注，孔颖达疏：《春秋左传正义》卷四《隐公九年》，第1734页。
5 此句正ämbör超出本书讨论范围，不赘述。详参李民：《甘誓"三正"考辨》，载氏著：《尚书与古史研究》，第75—83页；逯宏：《甘誓中"五行"与"三正"新解》，《洛阳师范学院学报》2009年第28卷第4期，第47—49页。值得注意的是顾颉刚对《墨子》版本的理解，他认为"有扈氏威侮五行"是巫史之学之观点。而甘的地望与墨学源出中山一致，墨者得以传习有关文献。但是《左传》中有表明五行哲理已被周族学者吸取到"礼治"的政治理论体系，墨学学者接受五行之说却反对礼治，是表现墨学只从《虞夏书》中吸取朴素的五行说。详参顾颉刚：《〈甘誓〉与五行》，载氏著：《汤山小记（八）》，收入氏著：《顾颉刚读书笔记》卷八，第242页。另，有关五行起源，

① 刘起釪：《尚书学史》，第16页。

《古史辨》第五册下编收录各家的讨论，详参顾颉刚编：《古史辨》第五册，第199—426页。又可参刘起釪：《释〈尚书·甘誓〉的"五行"与"三正"》，载氏著：《古史续辨》，第192—213页；陈久金、张明昌：《中国天文大发现》，济南：山东画报出版社，2008年，第25、33页。
6 顾颉刚、刘起釪：《尚书校释译论》第二册，第876页。
7 顾颉刚：《卫聚贤论〈甘誓〉》，载氏著：《郊居杂记（九）》，收入氏著：《顾颉刚读书笔记》卷三，第400页。

儒家的本子是以战争地点作篇名，而《墨子》认为是大禹对有扈氏的战争，所以不论篇名或夏王都明言"禹"。两家本子文字出入虽大，但内容基本一致，都是夏后族向有扈氏发动战争。有趣的是，《史记》的版本是来自《尚书》，但《尚书》无言及启，只言"王"。禹伐有扈的说法应该更为古老，孙星衍说：

> 《楚辞·天问》云："伯禹腹鲧。"《说苑·正理篇》云："昔禹与有扈氏战，三陈而不服。禹于是修教一年，而有兜氏请服。"凡此诸书，或与孔子同时，皆未见《书序》，而以《甘誓》为禹事，当必本古文书说也。《庄子》既云："国为虚厉"，则有扈灭于禹时，不应启复伐之。惟《淮南·齐俗训》云："昔有扈氏为义而亡。"注云："有扈，夏启之庶兄也，以尧、舜举贤，禹独与子，故伐启。启亡之。"不知高诱所据何书，又与禹伐有扈违异。至《书序》以为启作者，因此篇在《禹贡》后，故定为启事耳。亦不必以《书序》废古说也。①

先秦古人以《甘誓》为禹事，他们依据的应该是古本《尚书》，以为《甘誓》是启所作，始于"启与有扈战于甘之野，作《甘誓》"②之语，因这篇序排在《禹贡》后面，所以推断是启事。③苏轼从"威侮五行，怠弃三正"一句分析，认为"王者各以五行之德王，易服色及五朔。孔子曰：'行夏之时。'自舜以前，必有以建子、建丑为正者。有扈氏不用夏之服

---

① 孙星衍：《尚书今古文注疏》卷四《甘誓》，第208页。
② 孔颖达疏：《尚书正义》卷七《甘誓》，第155页。
③ 尹荣方：《〈尚书甘誓〉神话说》，《文史知识》2001年第9期，第8页。

色、五朔,是叛也,故曰:'威侮五行,怠弃三正。'"① 如此,《甘誓》必出于五德终始说兴起之后。至于《史记》是根据什么认为伐有扈氏的是启?《史记·夏本纪》载:

> 十年,帝禹东巡狩,至于会稽而崩。以天下授益。三年之丧毕,益让帝禹之子启,而辟居箕山之阳。禹子启贤,天下属意焉。及禹崩,虽授益,益之佐禹日浅,天下未洽。故诸侯皆去益而朝启,曰:"吾君帝禹之子也。"于是启遂即天子之位,是为夏后帝启。
>
> 夏后帝启,禹之子,其母涂山氏之女也。
>
> 有扈氏不服,启伐之,大战于甘。将战,作《甘誓》,乃召六卿申之。启曰:"嗟!六事之人,予誓告女:有扈氏威侮五行,怠弃三正,天用剿绝其命。今予维共行天之罚。左不攻于左,右不攻于右,女不共命。御非其马之政,女不共命。用命,赏于祖;不用命,僇于社,予则帑僇女。"遂灭有扈氏。天下咸朝。②

《尚书》没有记载大禹传位于启之事,司马迁相信是因为启贤,而为"天下属意焉"。《淮南子》说:"昔有扈氏为义而亡,知义而不知宜也"③,就是因为有扈氏"不知宜",即是不识相的意思,不识相的有扈氏被启消灭,最后"天下咸报"。④ 按《史记》的说法,有扈氏的不服在于质疑夏启得帝位的合法性,因为启不是像舜、禹般,以禅让方式得帝位⑤,司马迁不认同这样的质疑,所以以"禹子启贤,天下属意焉。及禹崩,虽授益,益之佐禹日浅,天下未洽。故诸侯皆去益而朝启,曰:'吾君帝禹之子

---

① 苏轼:《东坡书传》卷六,北京:中华书局,1985年,第170页。
② 司马迁:《史记》卷二《夏本纪第二》,第83—84页。
③ 何宁:《淮南子集释》卷十一《齐俗训》,第788页。
④ 李勣(陆伟民):《中国文化冷风景》,台北:允晨文化实业股份有限公司,2013年,第73页。
⑤ 大禹传位给启的过程与尧传舜、舜传禹有很大不同,主要在于大禹传启之间,经过益的转手,大禹不像以前的帝王,在事先选好接班人后平稳过渡。事实上,尧在选择接班人时,曾考虑过儿子丹朱,可见选择继位者,并不需要避讳儿子成为候选人,但大禹却没有做到这点,反而曲折地经过益才把帝王传到启手上。

也'"为大禹和启开脱，司马迁凭什么说"禹子启贤，天下属意焉"呢？既然司马迁不认同有扈氏对夏启得帝位的质疑，为什么他又不对大禹授帝位予益做出质疑？司马迁先言诸侯去益而朝启是因为"益之佐禹日浅，天下未洽"，后文马上又说诸侯皆曰"吾君帝禹之子也"，帝位到启手中，究竟是"益之佐禹日浅"，还是启乃帝禹之子之故？再者，《史记》中的《甘誓》亦不能证明启之贤。有扈氏的罪名"威侮五行，怠弃三正"可能只是有扈氏对启得帝位的指控，在甘之战时却被启认为是有扈氏"不服"的罪名。

文献对夏后族与有扈氏之间的战争描述有截然不同的记载，主要分成两个极端，一方认为是有扈氏义举，另一认为有扈氏是不恭之举：

表十一 有扈氏"义举"与"不恭之举"之叙述

	原文	出处
义举	启与有扈战于甘之野。孔颖达疏：《史记·夏本纪》称启立，有扈氏不服，故伐之。盖由自尧舜受禅相承，启独见继父，以此不服。[1]	孔颖达疏：《尚书正义》卷六《甘誓》，第155页。
	昔有扈氏为义而亡，知义而不知宜也。高注：有扈，夏后之庶兄也，以尧、舜举贤，禹独与子，故伐启。	何宁：《淮南子集释》卷十一《齐俗训》，第788页。
不恭之举	有夏之方兴也，扈氏弱而不恭，身死国亡。	黄怀信、张懋镕、田旭东：《逸周书汇校集注》卷八《史记第六十一》，第1017页。
	昔者有扈氏失度……此六人者，亡国之臣也。	王先慎：《韩非子集解》卷十七《说疑第四十四》，第401页。
	有扈氏不服，启伐之，大战于甘……遂灭有扈氏。天下咸朝。	司马迁：《史记》卷二《夏本纪第二》，第84页。
	昔禹与有扈战，三陈而不服，禹于是修教一年，而有扈氏请服。	刘向：《说苑》卷七《政理》，北京：中华书局，1985年，第60页。
	夏启有扈叛逆。	王充：《论衡》卷十九《恢国篇》，第209页。

[1] 吕思勉认为孔疏不符史实，详参吕思勉：《唐虞夏史考》，载吕思勉、童书业编：《古史辨》第七册，第654页。

东汉高诱注有扈氏是启之庶兄，是源自《夏本纪》赞语："禹为姒姓,其后分封,用国为姓,故有夏后氏、有扈氏、有男氏、斟寻氏、彤城氏、褒氏、费氏、杞氏、缯氏、辛氏、冥氏、斟戈氏。"[1]是太史公以有扈氏与夏同祖,《淮南子》与《史记》赞语相合。[2]也就是"有扈氏是启之庶兄"的说法在汉代才出现的;孔颖达在疏《甘誓》时又指明"有扈,国名,与夏同姓"[3],明显是承高注。冯衍认为"讯夏启于甘泽兮,伤帝典之始倾"[4],"威侮五行,怠弃三正"的有扈氏变成"为义而亡"的有扈氏;启伐敌国也变成启杀庶兄。这场战争,很明显是有扈氏不满夏后族处理禹启交接问题而发动的。《淮南子》说明了有扈氏维护禅让制是正义的举动,禹登"天子"位只有十年[5],皋陶和益昙花一现式的领导角色先是惹来启的不满,古本《竹书纪年》就载有"益干启位,启杀之"[6],然而,有扈氏的反抗战争与儒家孔孟的看法却差之千里。《孟子·万章上》有载:

> 万章问曰:"人有言:至于禹而德衰,不传于贤,而传于子,有诸?"
>
> 孟子曰:"否,不然也。天与贤则与贤;天与子则与子……孔子曰:'唐、虞禅,夏后、殷、周继,其义一也。'"[7]

孟子认为禹传位于子并非德衰的表现,而是顺应天意的行为。孟子又引《泰誓》说明天意:

> 天视自我民视,天听自我民听。[8]

一言以蔽之,天意就是民意。在儒家眼中,启并非不贤,那就难怪

---

[1] 司马迁:《史记》卷二《夏本纪第二》,第89页。
[2] 陈直:《史记新证》,北京:中华书局,2006年,第5页。
[3] 孔颖达疏:《尚书正义》卷七《甘誓》,第155页。
[4] 范晔:《后汉书》卷二十八下《冯衍传第十八下》,第992页。
[5] 《史记·夏本纪》记载大禹在位"十年"就于"会稽而崩",参司马迁:《史记》卷二《夏本纪第二》,第83页。
[6] 方诗铭、王修龄:《古本竹书纪年辑证》,第2页。
[7] 孙奭疏:《孟子注疏》卷九下《万章上》,第2737—2738页。
[8] 同上书,第2737页。

决心"绍明世，正《易传》，继《春秋》，本《诗》、《书》、《礼》、《乐》之际"①的司马迁会写出"禹子启贤，天下属意焉。及禹崩，虽授益，益之佐禹日浅，天下未洽。故诸侯皆去益而朝启"一句，这话也应是后世儒家的修饰，未可尽信。②

夏伐有扈，洪迈的《容斋随笔》就有这样的案语：

> 《夏书·甘誓》，启与有扈大战于甘，以其"威侮五行，怠弃三正，天用剿绝其命"为辞。孔安国《传》云："有扈与夏同姓，恃亲而不恭。"其罪如此耳。而《淮南子·齐俗训》曰："有扈氏为义而亡，知义而不知宜也。"高诱《注》云："有扈，夏启之庶兄也，以尧、舜举贤，禹独与子，故伐启；启亡之。"此事不见于他书，不知诱何以知之？传记散轶，其必有以为据矣。庄子以为"禹攻有扈，

---

① 司马迁：《史记》卷一百三十《太史公自序第七十》，第3296页。
② 张富祥：《东夷文化通考》，上海：上海古籍出版社，2008年，第379页。又，大禹原传位给益，大抵因为益佐大禹治水有功。如《论衡·别通》："伯益并治洪水，禹主治水，益主记异物，海外山表无远不至，以所见闻，作《山海经》"（王充：《论衡》卷十三《别通篇》，第145页），此外，益亦有一些传说，如《世本》载"伯益作井"、"后益作占岁"（雷学淇校辑注：《世本》，雷学淇校辑本》，收入《世本八种》，第80—81页）。《史记·五帝本纪》说在尧时他就和皋陶、后稷等一起被"举用"（司马迁：《史记》卷一《五帝本纪第一》，第38页）。在《史记·夏本纪》记载了启即位的经过："帝禹立而举皋陶荐之，且授政焉，而皋陶卒……而后举益，任之政。十年，帝禹东巡狩，至于会稽而崩。以天下授益。三年之丧毕，益让帝禹之子启，而辟居箕山之阳。禹子启贤，天下属意焉。及禹崩，虽授益，益之佐禹日浅，天下未洽。故诸侯皆去益而朝启，曰：'吾君帝禹之子也。'于是启遂即天子之位，是为夏后帝启"（司马迁：《史记》卷二《夏本纪第二》，第83页）。这个记载与《孟子·万章篇上》相同。按照这个说法，益和启之间的帝位继承，完全是儒家所讲的"禅让"。不过，其他文献均记载大禹死后，益和启之间有激烈的争夺。古本《竹书纪年》载："益干启位，启杀之"、"益为启所诛"、"后启杀益"（方诗铭、王修龄：《古本竹书纪年辑证》，第2页）；《韩非子·外储说右下》云："古者禹死，将传天下于益，启之人因相攻益而立启"（王先慎：《韩非子集解》卷十四《外储说右上第三十五》，第340页）；《战国策·燕策一》："禹授益而以启为吏，及老，而以启为不足任天下，传之益也。启与支党攻益而夺之天下，是禹名传天下于益，其实令启自取之"（刘向：《战国策》卷二十九《燕策一》，第1059页）；《楚辞天问》："启代益作后，卒然离蠥。何启惟忧，而能拘是达？"屈原著，朱熹注：《楚辞集注》卷三《天问第三》，第59页。就连《史记·燕召公世家》也云："禹荐益，已而以启人为吏。及老，而以启人为不足任乎天下，传之于益。已而启与交党攻益，夺之。天下谓禹名传天下于益，已而实令启自取之"，司马迁：《史记》卷三十四《燕召公世家第四》，第1556页。这些记载推翻了禹和益之间的"禅让"传说，启和益是一场你死我亡式的斗争，首先是益夺了大禹帝位，启又杀益而夺回帝位。

国为虚厉",非也。①

古史茫昧,洪迈早已指出征伐有扈氏的传说中,既不能定其主伐者为何人,亦不能定被伐者所犯何罪。可见大禹伐有扈氏传说的演变之多。

第四节　小结

大禹的征伐传说,是他伟大事迹的重要部分。他在平洪水之时,也征服了三苗、共工,或者有扈氏,解决了当时的天灾与外患,这促使其权力的集中与原始国家的形成。②

我们发现,大禹征战史中,以征伐三苗最为后人所论,伐共工之事则相对得少。这固然因为伐三苗有可信的证据证明是大禹所伐,亦因为征伐三苗对大禹建立其统治有决定性作用。大禹征伐共工的记载不被重视,可能和共工与鲧是相同身份有关。结合伐三苗与"甘之战",文献对两场战争的记载,均出现了儒、墨两家不同的本子。《新学伪经考》曰:

> 《墨子》引今《甘誓》为《禹誓》,再引《禹誓》,又不在今《甘誓》中;引今《汤誓》以为《汤说》。别引《汤誓》,复不在今《汤誓》内。则其所见显非孔《书》,不过如《明鬼》引诸国春秋之类。③

《墨子·明鬼》引的《禹誓》即今《甘誓》;《墨子·兼爱》引的《禹誓》乃征苗之誓。禹用兵不止一次,此《禹誓》亦不止一篇。④虽然,《墨子》引两篇《禹誓》都与《尚书》有类同之处,但本质和思想上却有强烈的不同。事实上,《墨子》中记载征三苗和"甘之战"的篇章,全在《墨

---

① 洪迈:《容斋随笔》,《续笔》卷第九,上海:上海古籍出版社,1978年,第323页。
② 王仲孚:《大禹与夏初传说试释》,载氏著:《中国上古史专题研究》,台北:五南图书出版有限公司,1996年,第393页。
③ 康有为:《新学伪经考》,北京:中国人民大学出版社,2010年,第277页。
④ 顾颉刚:《〈甘誓〉与〈禹誓〉,〈汤说〉与〈汤誓〉》,载氏著:《读尚书笔记(三)》,收入氏著:《顾颉刚读书笔记》卷十一,第135页。

子》"十论"之中，而"十论"均是墨子的学说要害，而且有严密的体系性[①]，《墨子》记载的版本应是较原始。

在征伐三苗的传说中，由《墨子》的誓词开始，经历《战国策》和《韩诗外传》加入地望，最后在《帝王世纪》具体化整件事件，但是原来的三苗罪名却不为后世所道。至于"甘之战"，是典型的儒墨两家对同一事件的描述，在儒家角度认为，启贤，伐有扈氏是正确的义战；墨家却认为伐有扈氏是大禹，墨家的版本在文字上比儒家更原始。事实上，启亦只是在儒家文献上才被描绘是贤的形象，以他贤的身份来说明伐有扈氏是义战，这也是一种层累地造成的现象。

[①] 胡子宗等：《墨子思想研究》，第79页。葛瑞汉（Angus C. Graham）就认为"十论"中的每一篇都保留了三种不同的本子，可能源于墨家分化出来的三个派别。详参 Angus C. Graham, *Disputers of the Tao: Philosophical Argument in Ancient China*, La Salle, Ill.: Open Court, 1989, pp. 35-36。这个说法与栾调甫所论甚近，栾调甫认为《墨子》十论具存三篇，是集合《墨子》书者所传之三个版本，详略异同，互有出入。详参栾调甫：《墨子书之传本源流与篇什次第》，载罗根泽编：《古史辨》第六册，第118—119页。

第四章　娶妻与交合之间——大禹娶涂山女及相关传说

孙作云把大禹的婚姻问题作为"研究夏初建国史"的第一步，认为大禹和涂山氏通婚，正反映了氏族社会的解体及其风俗习惯的破坏。[①]大禹娶妻的传说就是大禹传说中不可忽略的重要一环。本章剖析大禹娶涂山女传说的演变，并论述涂山在文化上的内涵与意义。此外，涂山地望与会稽长期纠缠不清，会稽一地，涉及大禹杀防风氏的传说，本章也会分析此传说的流传过程。

第一节　大禹娶涂山女传说演变

文献中记载大禹与涂山女结合之事，最早见于《尚书》：

> 予（禹）创若时，娶于涂山，辛壬癸甲，启呱呱而泣，予弗子，惟荒度土功。[②]

孔安国注云："夏禹辛日娶妻，至于甲四日，复往治水，不以私害公。"[③]《楚辞·天问》就云：

> 禹之力献功，降省下土方。焉得彼涂山女，而通之于台桑？闵妃匹合，厥身是继，胡为嗜不同味，而快鼌饱？[④]

《天问》中的"闵妃"应当是涂山女，"匹合"就是"配合"。《天问》

---

① 孙作云：《从〈天问〉看夏初建国史》，载氏著：《楚辞研究》（下），收入《孙作云文集》第1卷，开封：河南大学出版社，2002年，第749—750页。
② 孔颖达疏：《尚书正义》卷五《益稷》，第143页。
③ 同上。
④ 朱熹：《楚辞集注》卷三《天问第三》，第58—59页。

的作者加入了"为嗜同味",这里不应该解作"吃东西"。因为在先秦时期的文献中,"食"、"吃"都是隐喻男女之合。① 闻一多分析《天问》此句时认为"继"、"饱"不押韵,"毚"通"朝","饲"(饱)通"食","朝食"意指通淫。② 而孙作云认为"为嗜同味"是大禹与涂山女的氏族内婚,从前严格执行的氏族外婚已无法维持,同氏族的人可以结婚,所以称"为嗜同味"。③《天问》的作者比《尚书》添加了几个元素,先有交代二人通婚于"台桑",继而肯定二人交合是属于族内婚。不过,《尚书》明言启是出于涂山女,在《天问》则阙如。

《大戴礼记》就有这样的描述:

> 禹娶于涂山氏;涂山氏之子谓之女憍氏,产启。④

《大戴礼记》指涂山氏女为"女憍",与其他后世文献不同,《绎史》已有辨之。⑤ 另一方面,《吕氏春秋》则云:

> 禹行功见涂山之女,禹未之遇,而巡省南土。涂山氏之女乃令其妾,待禹于岐山之阳。女乃作歌,歌曰:"候人兮猗!"实始作南音。周公及召公取风焉,以为《周南》、《召南》。⑥

《吕氏春秋》的作者加入了一首情诗"候人兮猗","侯"通"候",等候的人就是涂山女,被候的人就是大禹。这段记载更指出情诗是南音之始,有学者就提出疑问,这会否就是产生后来"南"这种乐歌调式。⑦ 除了情

---

① 闻一多:《高唐神女传说之分析》,载氏著:《神话与诗》,第73页。
② 同上书,第73—74页。
③ 孙作云:《天问研究》,北京:中华书局,1989年,第28页。
④ 戴德:《大戴礼记》卷七《帝系》,第120页。
⑤ 马骕撰,王利器整理:《绎史》卷十二《夏禹受禅》,第157页。
⑥ 高诱注:《吕氏春秋》卷六《季夏纪第六·音初》,第58页。
⑦ 陈致著,吴仰湘、黄梓勇、许景昭译:《从礼仪化到世俗化:诗经的形成》,第255页。由于《诗大序》把《诗经》的诗歌分为"风"、"小雅"、"大雅"、"颂",是为"四始",而在十五国风中,只有《周南》《召南》独冠以"南"而不以风名,历代就有不少学者提出不同说法,陈致就认为"南"由一种竹制容器发展成被打击的乐器。详同上书,第196—234页。

诗之外,《吕氏春秋·音初篇》先言大禹"见"涂山女,又云"未之遇","遇"就不能解作"见面",孙隆基认为当作交合解。① 如果大禹未遇到涂山女,这段文字与之前的记载就有明显分别:大禹没有遇上涂山女,只是涂山女命人等待大禹,还作歌唱。因此,孙隆基的解释是合理的。大禹只是见到涂山女而未与她交合,这是反映《吕氏春秋》作者的意思,《吕氏春秋·当务篇》有云"禹有淫湎之意"②,把大禹内心欲望一面呈现出来,这点与后世圣人与圣王之后的形象完全相反。

《史记》就这样记载大禹娶涂山女:

> 禹曰:"予辛壬娶涂山,癸甲,生启予不子,以故能成水土功。"③

梁玉绳已指出此文为误倒,当是"予娶涂山,辛壬癸甲生启"④,也就是应本于《尚书》。司马贞不察,以为司马迁"不稽其本意。岂有辛壬娶妻,经二日生子"⑤。《史记》的记载虽与《尚书》文句不合,但当为司马迁手民之误。⑥ 王昶编《金石萃编》时就收录汉代一篇《开母庙石阙铭》,亦有言"辛壬癸甲"之事,⑦ 但"辛壬癸甲"之事在往后的文献就不多见。《列女传·母仪》也有相似的记载:

> 启母者,涂山氏长女也,夏禹娶以为妃,既生启。辛壬癸甲,启呱呱而泣,禹去而治水。惟荒度土功,三过其家,不入其门。涂山独明教训,而致其化焉。及启长,化其德而从其教,卒致令名。

---

① 孙隆基:《禹神话的研究》,第68页。
② 高诱注:《吕氏春秋》卷十一《仲冬纪第十一》,《当务》,第110页。
③ 司马迁:《史记》卷二《夏本纪第二》,第80页。
④ 梁玉绳:《史记志疑》卷二,北京,中华书局,2006年,第34页。
⑤ 司马贞:《史记索隐》,司马迁:《史记》卷二《夏本纪第二》,第81页。
⑥ "辛壬癸甲"四字,一直无善解。张光直在考察商代使用干支的情况下,解释为"禹是述他自己的行为比起丹朱来如何的正派,如何的努力。丹朱'朋淫卡家',而禹则娶于涂山,是名门正户、适当的配偶,是'辛娶壬','癸娶甲'的一类,也就是说大禹涂山女是符合辛配壬、癸配甲的嫁娶规则,与后来商朝的庙号相吻合。详参张光直:《谈二亥与伊尹的祭日并再论殷商王制》,收入氏著:《中国青铜时代》,第218页。
⑦ 王昶编:《金石萃编》,收入《续修四库全书·史部·金石类》,册八八六,卷六,第557页上—558页下。

禹为天子，而启为嗣，持禹之功而不殒。君子谓涂山强于教诲。诗云："厘尔士女，从以孙子。"此之谓也。①

而《艺文类聚》则载《吕氏春秋》的一段佚文就有明显不同：

> 禹年三十未娶，行涂山，恐时暮失嗣，辞曰："吾之娶，必有应也。"乃有白狐九尾而造于禹。禹曰："白者，吾服也。九尾者，其证也。"于是涂山人歌曰："绥绥白狐，九尾痝痝。成于家室，我都攸昌，是于娶涂山女。"②

这段说话，与《吴越春秋》的记载几乎一致：

> 禹三十未娶，行到涂山，恐时之暮，失其度制。乃辞云："吾娶也，必有应矣。"乃有白狐九尾，造于禹。禹曰："白者，吾之服也。其九尾者，王之证也。涂山之歌曰：'绥绥白狐，九尾痝痝。我家嘉夷，来宾为王。成家成室，我造彼昌。天人之际，于兹则行。'"③

比较两段文字，最大分别在于《吕氏春秋》的"九尾者，其证也"，在《吴越春秋》成了"其九尾者，王之证也"。《吕氏春秋》的意思只是"九尾"就是"娶亲之证"，而《吴越春秋》的"王之证"就应是两汉时期添加的。无论《吕氏春秋》的佚文或《吴越春秋》都添加了"吾之娶，必有应也"一句，大禹声明娶妻是为了"有应"，即有儿子继位，而涂山氏九尾，正是"王之证"，因而娶之。④大禹与涂山女合婚于台桑，并有白狐九尾之瑞为证，显然是二人合婚时，有一种命名仪式，九尾狐亦是仪式中的一种征物。⑤

---

① 刘向：《古列女传》卷一《母仪传·启母涂山》，《四部丛刊》本，台北：台湾商务印书馆股份有限公司，1965 年，第 11 页。
② 欧阳询：《艺文类聚》卷九十九《祥瑞部下·狐》，第 1715 页。《太平御览》也有相近佚文，参李昉等：《太平御览》卷五百七十一《乐部第九》，第 508 页。
③ 赵晔：《吴越春秋》卷四《越王无余外传第六》，第 128—129 页。
④ 江林昌：《考古发现与古代文明新研》，北京：中华书局，2011 年，第 122 页。
⑤ 骆宾基：《金文新考》上《序篇》，太原：山西人民出版社，1987 年，第 17 页。

《吴越春秋》对于"王之证"的记载,在两汉时期的纬书中找到类似的记载:

> (禹)长九尺九寸,梦自洗河,以手取水饮之,乃见白狐九尾。①

这里表明纬书中有大禹梦见九尾狐的记载,又如:

> 德至鸟兽,则狐九尾。②
> 文王下吕,九尾见。③
> 黄帝先致,白狐、白虎诸神乃下。④

从纬书上可见,白狐乃神物,九尾狐是王德的象征。我们由此可以推断,《吴越春秋》"其九尾者,王之证也"的记载是从纬书中借鉴而来,并进行加工整合而得出的。

中国文化视九尾为女性的代表,"娶亲之证"才可成立,而"九尾狐"一般认为即九条尾巴,《白虎通》有载:

> 狐九尾奈?狐死首邱,不忘本也。明安不忘危也。必九尾者何?九妃得其所,子孙繁息也。于尾者何?明后当盛也。⑤

在此,狐被赋予道德上的意义。更与圣王之治及皇妃有关,强调皇妃于延续王室血脉至为重要,此乃朝廷长治久安之本。⑥后世小说作品也认为"九尾狐"具九条尾巴,不过,九尾狐已不能视为道德的象征。《金瓶梅》中吴月娘骂潘金莲时就说:

---

① 皮锡瑞:《尚书中候疏证》,收入《续修四库全书·经部·书类》,册五十五,第851页下—852页上。
② 黄奭辑:《孝经援神契》,扬州:江苏广陵古籍刻印社,1984年,叶39反。
③ 郑玄注:《易纬干凿度》卷上,北京:中华书局,1985年,第2页。
④ 黄奭辑:《春秋合诚图》,扬州:江苏广陵古籍刻印社,1984年,叶7反。
⑤ 陈立:《白虎通疏证》卷六《封禅》,北京:中华书局,1994年,第286—287页。
⑥ Xiaofei Kang, *The Cult of the Fox: Power, Gender, and Popular Religion in Late Imperial and Modern China*, New York: Columbia University Press, 2006, pp. 15-16.

他是那九条尾的狐狸精。①

《狐狸缘》中吕洞宾对九尾狐玉面仙姑亦说：

你这几个尾巴，乃一千年修成一个。今已修成九个，再一千年将十尾修全，黑色化成白色，便可名登天府，身列仙阶。②

九尾狐与涂山女相联系，在后世的小说作品多有提及，如管世灏的《影谈》中狐精袁复言：

我涂山曾祖姑，嫁得神禹。③

《九尾狐》又云：

若古时大禹皇帝娶女于涂山氏，自称"九尾天狐"，禹颇得其内助，而夏遂以兴。④

《谐铎》载狐女语云又载：

汝日读书，而不知大禹娶涂山之事乎？绥绥瓞瓞，昌都成室，是祖德也。⑤

小说作品《九尾狐》又认为九尾狐乃淫物：

盖狐性最淫，名之曰"九尾"，则不独更淫，而且善幻人形，工于献媚，有彩阳补阴之术，比寻常之狐尤为利害。若非有夏禹圣德，谁能得其内助？势必受其蛊惑而死。⑥

---

① 兰陵笑笑生：《金瓶梅》第七十五回，北京：人民文学出版社，1985年，第1109页。
② 醉月仙人：《狐狸缘》第二十二回，北京：北京师范大学出版社，1992年，第135页。
③ 管世灏：《影谈》，收入周光培编：《清代笔记小说》，册三十三，卷四《洛神》，石家庄：河北教育出版社，1996年，第413页。
④ 梦花馆生（江荫香）：《九尾狐》第一回，上海：上海古籍出版社，1997年，第1页。
⑤ 沈起凤：《谐铎》卷一《狐媚》，北京：人民出版社，1985年，第1页。
⑥ 梦花馆生：《九尾狐》第一回，第1页。

虽然只是文学小说，但至少说明清代社会认为狐是代表淫秽，"九尾狐"是"更淫"之物。而作者中亦不动声色地表达了大禹具"圣德"的思想。明清小说的说法显然本于《吕氏春秋》和《吴越春秋》。有学者就认为九尾狐与涂山女有关，是因九尾狐包含生殖崇拜的意义，因为尾多则阴户多，阴户多则代表产子较多，是民族兴旺的象征，所以九尾实即九阴，是女阴崇拜的表现。①

《吕氏春秋》的佚文与《吴越春秋》都指狐的白色是大禹衣服的颜色，《吴越春秋》更特别指明，九尾是"王之证"。既然九尾是"王之证"，九尾应该是指大禹而非涂山女。② 在两种文献中均出现的"绥绥白狐"都可说明九尾狐应指大禹。"绥绥"罕见于先秦文献，《诗经》中只有"南山崔崔，雄狐绥绥"③ 和"有狐绥绥，在彼淇梁。心之忧矣，之子无裳"④ 两例描述狐。毛传认为是雌雄同行之貌，传《有狐》言："兴也。绥绥，匹行貌……之子，无家室者。在下曰裳，所以配衣也。"⑤ 孔颖达因其说，疏云："有狐绥绥然匹行，在彼淇水之梁，而得其所，以兴今卫之男女皆丧妃偶，不得匹行，乃狐之不如"⑥，但这种说法在《南山》就难以解读，毛传就只好说成"雄狐相随，绥绥然无别，失阴阳之匹"⑦，孔疏则云："今襄公兄与妹淫，亦失阴阳之匹"⑧，解法牵强。郑玄笺《南山》时就言"雄狐行求匹耦（偶）于南山之上，形貌绥绥然"⑨，朱熹的《诗经集传》注《南山》云："绥绥，求匹之貌"⑩，注《有狐》云："绥绥，独行求

---

① 李剑国：《中国狐文化》，北京：人民文学出版社，2002年，第27页。
② 包丽虹、蔡堂根：《大禹娶亲传说新解》，《西南交通大学学报》（社会科学版）2004年第5卷第6期，第82页。
③ 郑玄笺，孔颖达疏：《毛诗正义》卷五《国风·南山》，第352页。
④ 郑玄笺，孔颖达疏：《毛诗正义》卷三《国风·有狐》，第327页。
⑤ 同上。
⑥ 同上。
⑦ 郑玄笺，孔颖达疏：《毛诗正义》卷五《国风·南山》，第352页。
⑧ 同上。
⑨ 同上。
⑩ 朱熹：《诗集传》，收入氏著：《朱子全书》第一册卷五，第486页。

匹之貌。"① 从郑玄到朱熹的注疏之中可以看出，《诗经》两处"绥绥"都是描述与狐相关的婚恋情欲，而且是与雄狐相配。

汉代西王母壁画中，九尾狐经常以侍者之姿出现在西王母之旁，论者谓汉人相信西王母在九尾狐的襄助下，具穿梭三界，护送死者上天堂，并予之长生不老的能力。② 事实上，九尾狐最早亦非出现在《吕氏春秋》或《吴越春秋》，《山海经·南山经》有载：

> 青丘之山……有兽焉，其状如狐而九尾。③

《山海经·海外东经》也载：

> 青丘国在其北，其狐四足九尾。④

《山海经》的作者不厌其烦地在《大荒东经》再云：

> 有青丘之国，有狐，九尾。⑤

九尾狐的传承源源不绝，郭璞注《山海经·大荒东经》时，认为九尾狐是"太平则出而为瑞"⑥，把九尾狐视作一种祥瑞。近代亦有学者与天文现象结合，把天象上尾宿九星联系起来，与弓弧之形相似，都是一种求子的寓言。⑦ 学者把九尾狐结合生育之事，可能就与"青丘"有关，春天是生育长养的季节，古人把九尾狐与生育之事挂钩就可能源于《山海经》的记载。⑧

---

① 朱熹：《诗集传》，收入氏著：《朱子全书》第一册卷三，第459页。
② Xiaofei Kang, *The Cult of the Fox: Power, Gender, and Popular Religion in Late Imperial and Modern China*, pp. 21-22.
③ 《山海经》卷一《南山经》，第8页。
④ 《山海经》卷九《海外东经》，第305页。
⑤ 《山海经》卷十四《大荒东经》，第370页。
⑥ 同上。
⑦ 丁山：《中国古代宗教与神话考》，第313页。
⑧ 尹荣方：《社与中国上古神话》，第202页。

第二节　涂山地望与涂山的文化内涵

从上文可见，大禹娶涂山女的传说在《吴越春秋》后已经定型，但对于二人邂逅之涂山地望，众说纷纭，莫衷一是。《尚书》载大禹娶妻于涂山，大禹亦在涂山"合诸侯"。①涂山对于大禹不只是娶妻，亦是会诸侯的地方，司马迁"上会稽，探禹穴"②做实地考察，并做出这样的记述：

> 或言禹会诸侯江南，计功而崩，因葬焉，命曰会稽。会稽者，会计也。③

在《史记·秦始皇本纪》中则记载：

> 三十七年十月癸丑，始皇出游……至钱唐，临浙江，水波恶，乃西百二十里从狭中渡。上会稽，祭大禹，望于南海，而立石刻颂秦德。④

这是夏代以来第一位到会稽祭大禹的天子。但是，这些记载都没有确切提及涂山位置。笔者留意到《水经注·淮水》引《吕氏春秋》一段佚文云：

> 禹娶涂山氏女，不以私害公，自辛至甲四日，复往治水，故江、淮之俗，以辛、壬、癸、甲为嫁娶日也。⑤

这段佚文提供了一个宝贵的讯息，在《吕氏春秋》的作者看来，涂山地望在江淮之间，相信这是秦汉时期的普遍认识。《淮南子·原道训》也说：

---

① 杜预注，孔颖达疏：《春秋左传正义》卷五十八《哀公七年》，第2163页。
② 司马迁：《史记》卷一百三十《太史公自序第七十》，第3293页。
③ 司马迁：《史记》卷二《夏本纪第二》，第89页。
④ 司马迁：《史记》卷六《秦始皇本纪第六》，第260页。
⑤ 郦道元著，陈桥驿校证：《水经注校证》卷三十《淮水》，北京：中华书局，2007年，第709页。

涂山，在九江当涂县。①

以《汉书·地理志》互证，九江郡当涂县有汉代学者应劭曰："禹所娶涂山侯国也，有禹虚（墟）。"② 不过，东汉时期，涂山地望与会稽已有相混的倾向。《越绝书》就言：

涂山者，禹所娶妻之山也，去县五十里。③

《越绝书》的作者把涂山搬到浙江的绍兴，并言：

禹始也，忧民救水，到大越，上茅山，大会计，爵有德，封有功，更名茅山曰会稽。④

茅山、涂山均为大禹"大会计"的山，涂山与会稽也混为一谈了。此后，涂山地望被不断修正及扩大，详参下表。

表十二　晋代以后涂山地望表

时代	人物	记载	说明
晋	皇甫谧	今九江当涂有禹庙。1	《史记索隐》引文，证明皇甫谧仍未受《越绝书》作者影响。
晋	杜预	涂山在寿春东北。2	传世文献首见涂山位置。
晋	常璩	禹娶于涂山，辛、壬、癸、甲而去。生子启，呱呱啼，不及视，三过其门而不入室，务在救时，今江州涂山是也。帝禹之庙铭存焉。3	首次确指涂山位置在巴郡，也是今四川重庆。
北魏	郦道元	余按群书，咸言禹娶在寿春当涂，不于此也。4	否定常璩之说。

---

① 何宁：《淮南子集释》卷一《原道训》，第30页。
② 班固：《汉书》卷二十八上《地理志第八上》，第1570页。
③ 袁康、吴平辑：《越绝书》第八卷《记地传第十》，第63页。
④ 同上书，第57页。

续表

时代	人物	记载	说明
唐	苏鹗	一者会稽；二者渝州，即巴南旧江洲是也，亦国禹庙于其间；三者濠州，亦置禹庙，郦道元《水经》云，周穆王（姬满）古庙，误为涂山禹庙，《左传》注云：涂山在寿春东北，即此是也。其山有鲧禹启三庙，又有五诸侯城；四者，《文学音义》云：涂山，古之国名，夏禹娶之，今宣州当涂县也。[5]	扩大范围。
宋	吴仁杰	《滕抚传》，徐凤筑城于当涂山中，注曰，今宣州当涂县山。苏鹗《演义》云，涂山有四：一者会稽，二者涂州，三者濠州，四者涂山国，禹娶之，今宣州当涂县也。仁杰按：《书·正义》："娶于涂山。"引《左传解》云，涂山在寿春县。则禹娶涂山，非宣之当涂县，隶太平州。[6]	否定苏鹗的涂山为"当涂县"之涂山说，说明当涂县之山为"当涂山"，非"禹娶之涂山"。
元	曹汸	禹之聚于涂山，实兹山也。其会诸侯乃在会稽涂山，而世遂以为聚于彼，非也。其考既明备而核，足破近世肤闻之误。[7]	
明	曹学佺	《华阳国志》曰："禹娶于涂山，今江州涂山，帝禹之庙铭存焉。"又曰："山有禹王祠及涂后祠。"陶宏（弘）景《水仙赋》云："涂山石帐，天后翠幕"，夏禹所以集群臣也。按《倦游录》："三门禹庙，神仪侍卫极肃。后殿一毡裹像，侍卫皆胡人，云是禹妇翁。"今不存……白乐天《涂山寺独游》诗云："野径行无伴，僧房宿有期，涂山来去熟，惟是马蹄知。"宋余玠诗："木鱼敲罢起钟声，透出丛林万尸惊。一百八声方始尽，六街三市有人行。"则今之觉林寺矣。[8]	赞成涂山说。
清	顾祖禹	三涂山，在（嵩）县西南十里；三涂、今河南嵩县有三涂山。[9]	提出涂山即三涂说。

1 司马贞：《史记索隐》，司马迁：《史记》卷二《夏本纪第二》，第81页。
2 杜预注，孔颖达疏：《春秋左传正义》卷五十八《哀公七年》，第2163页。
3 常璩撰，刘琳校注：《华阳国志校注》卷一《巴志》，成都：巴蜀书社，1984年，第20—21页。
4 郦道元著，陈桥驿校证：《水经注校证》卷三十三《江水》，第774页。
5 苏鹗：《苏氏演义》，收入《景印文渊阁四库全书·子部十·杂家类二》，册八五〇，卷上，第187页下。
6 吴仁杰：《两汉刊误补遗》卷九，北京：中华书局，1991年，第253—254页。
7 曹汸：《重建涂山禹庙碑记》，载杜应芳、胡承韶辑：《补续全蜀艺文志》，收入《续修四库全书·集部·总集类》，册一六七七，卷三十一，第319页。
8 曹学佺：《蜀中名胜记》卷十七《上川东道》，重庆：重庆出版社，1984年，第239—240页。
9 顾祖禹：《读史方舆纪要》卷四十八《河南三》，北京：中华书局，2005年，第2266页；卷一百二十四《川渎一》，第5361页。

东汉学者虽然把涂山与会稽相混，但从上表可见，西晋学者公认涂山在晋代的寿春县，即今安徽怀远。① 把涂山从安徽搬到四川的始作俑者是东晋学者常璩，他认为涂山在巴郡，显然缺乏依据，所以遭到郦道元的反驳。常璩的错误，大抵因为东晋立国江南，把许多北方地名侨立江南而产生的混淆。② 而《淮南子》所言的"九江"，最早见于《尚书·禹贡》："荆及衡阳惟荆州。江、汉朝宗于海，九江孔殷……九江纳锡大龟。"③ 杜预和皇甫谧都认为涂山在安徽，至唐代司马贞在《史记索隐》中引杜、皇甫二氏的注时，仍加上"则涂山在江南也"④ 一语，误把涂山放在江南，而不明西晋的九江异于唐代的九江，后人以讹传讹，涂山地望便层累地扩大。而最晚出的"涂山即三涂山"说，也似是纯主观推测，乏人支持，不过此说受近代疑古派学者支持，杨宽、闻一多、顾颉刚也曾撰文承认涂山即三涂。⑤

顾祖禹或近代学者的主观臆测认为涂山即三涂，显然是经不起验证。⑥ 层累地造成的涂山地望，却大大地丰富了涂山的文化底蕴。唐人胡曾有诗云：

>　　大禹涂山御座开，诸侯玉帛走如雷。防风漫有专车骨，何事兹晨最后来。⑦

---

① 刘训华：《大禹文化学概论》，第 91 页。
② 陈寅恪的研究指出，在东晋立国之后，南来避难的北方侨流可分为上层皇室、中层士族及下层庶族三类，而侨居地则的设立就与这三层南来的阶层有密切关系。而各侨州郡县的设置，《晋书·地理志》和《宋书·州郡志》均有说明。参陈寅恪：《述东晋王导之功业》，载氏著：《金明馆丛稿初编》，北京：生活·读书·新知三联书店，2001 年，第 65—66 页。
③ 孔颖达疏：《尚书正义》卷六《禹贡》，第 149 页。
④ 司马贞：《史记索隐》，司马迁：《史记》卷二《夏本纪第二》，第 81 页。
⑤ 杨宽：《中国上古史导论》，收入吕思勉、童书业编著：《古史辨》第七册，第 211 页；闻一多：《天问疏证》，北京：生活·读书·新知三联书店，1980 年，第 46 页；顾颉刚：《古代巴蜀与中原的关系说及其批判》，载氏著：《论巴蜀与中原的关系》，成都：四川人民出版社，1981 年，第 47 页。
⑥ 顾祖禹的论点没有使用任何一条证据。事实上，若翻查古籍，"三涂"是否一座山或三座山，从汉唐以来已经聚讼纷纭。有关争论，可参陈剩勇：《中国第一王朝的崛起——中华文明和国家起源之谜破译》，第 250 页。
⑦ 胡曾：《涂山》，收入《全唐诗》卷六百四十七，第 74320 页。

柳宗元撰《涂山铭并序》就说：

> 则涂山者，功之所由定，德之所由济，政之所由立，有天下者宜取于此。①

苏辙亦有《涂山》一诗云：

> 娶妇山中不肯留，会朝山下万诸侯。古人辛苦今谁信，只见清淮入海流。②

骚人墨客留下的文字是肯定涂山一地在文化上的价值，但更应把视野投在大禹与涂山女交合的内涵上。

《天问》记载大禹与涂山女通之于"台桑"，陈炳良就认为"台桑"即为"桑林"，③《墨子》则载"桑林"是宋国社的别称：

> 燕之有祖，当齐之社稷，宋之有桑林，楚之有云梦也。此男女之所属而观也。④

陈梦家认为"属者合也，谓男女交合也，观疑是馆"⑤，《路史》曰："桑林者，社也"⑥，则可知大禹与涂山女交合之处正是祭祀的中心。再者，上引《墨子》"楚之云梦"一句中，"云梦"正是楚国高唐之观的所在地，《高唐赋》谓高唐之观上有云雨笼罩，而巫山神女亦自称"旦为朝云，暮

---

① 柳宗元：《涂山铭并序》，载氏著：《柳河东集》卷二十，第351页。
② 苏辙：《涂山》，《和子瞻濠州七绝》，载氏著：《栾城集》卷三，上海：商务印书馆，1936年，第43页。
③ 陈炳良：《中国古代神话新释两则》，《清华学报》1969年新7卷第2期，第206—210页。艾兰曾详细分析"桑林"、"桑树"与夏商神话的关系，详参艾兰著，杨民译：《太阳之子：古代中国的神话和图腾主义》，载氏著：《早期中国历史、思想与文化》，第1—52页。
④ 孙诒让：《墨子间诂》卷八《明鬼下第三十一》，第229页。
⑤ 陈梦家：《高禖郊社祖庙通考》，《清华学报》1937年第12卷第3期，第460页。
⑥ 罗泌：《路史》，收入《景印文渊阁四库全书·史部一四一·别史类》，册三八三，余论卷六，第613页下。

为行雨"①，而燕国的"祖"，实为男性生殖器之象形，前人论之甚详②，也是跟男女交合有关。由此可见上古时代的"社"是有交合的用途。

本书在讨论上古高禖祭祀时曾引《礼记》一节，为方便分析大禹与高禖祭祀的关系，不厌其烦再引如下：

> 是月也，玄鸟至。至之日，以大牢祠于高禖，天子亲往。后妃帅九嫔御，乃礼天子所御，带以弓韣，授以弓矢，于高禖之前。③

《吕氏春秋·仲春》有一段文字略同，高诱注《吕氏春秋》时就说：

> 媒氏以仲春之月合男女，于时也，奔则不禁，因祭其神于郊，谓之郊禖，郊音高音近，故或言高禖。④

高禖就是社的别称，或者是当社在举行有关性之祭典时所用的特称，所以陈梦家与郭沫若皆认为祖、社稷、桑林、云梦就是诸国的高禖。⑤"天子亲往。后妃帅九嫔御"就正好说明这一点，高诱注此句就云："御见天子于高禖。"⑥而带备弓箭之事，高诱解释为"授以弓矢，示服猛，

---

① 宋玉：《高唐赋》，载李善注：《六臣注文选》卷十九，第346页。自清代崔述开始，不少学者怀疑《高唐赋》及其姊妹篇《神女赋》都不是出自宋玉，民国以来，争论不休，就笔者所知，高秋凤对各说进行详细排比，按文体、押韵、称谓、仿托、流传等作分析，认定两赋乃出自宋玉之手笔，颇具参考价值。详参高秋凤：《宋玉作品真伪考》，台北：文津出版社有限公司，1999年，第172—244页。又，《高唐》、《神女》两赋以奇特的构思，描写了楚怀王和楚襄王父子梦中艳遇高唐神女的故事，视为中国艳情文学的开山祖。神女"旦为朝云，暮为行雨"，就是以自然现象化身为云雨，以此视为性交的标准文言表达。有关"神女"、"云雨"的象征意义，可详参吴广平：《宋玉研究》，长沙：岳麓书社，2004年，第205—217页。
② 此说最早由郭沫若提出，详参郭沫若：《释祖妣》，载氏著：《甲骨文字研究》，收入《郭沫若全集》，北京：新华书店，1982年，《考古编》第一卷，第19—64页。郭文发表后，中国考古陆续出土男根模拟物，学者都称为"祖"，似是始自安志敏《一九五二年秋季郑州二里岗发掘记》一文提到的"陶祖塑像"，现时"祖"亦成为一个专门的器物学术语。又，郭沫若即认为"社"就是"野合"的场所，是一种杂交式的同姓不婚制的表现。详参郭沫若：《中国古代社会研究》，第188页。
③ 郑玄注，孔颖达疏：《礼记正义》卷十五《月令》，第1361页。
④ 高诱注：《吕氏春秋》卷二《仲春纪第二》，《仲春》，第12页。
⑤ 陈梦家：《高禖郊社祖庙通考》，第445—472页；郭沫若：《释祖妣》，载氏著：《甲骨文字研究》，收入《郭沫若全集》，《考古编》第一卷，第19—64页。
⑥ 高诱注：《吕氏春秋》卷二《仲春纪第二·仲春》，第12页。

得男象也"①，从神话学角度而言，这现象有一种解释，希腊神话认为神圣的婚礼是一个分发武器的适合场所，以装备圣王（Sacral King）参与神圣战斗，这种做法是母系社会女性特权的一个遗留。②

在中国神话史上，大禹是社神③，亦即兼为高禖神。本书在第二章已论证大禹是掌生育之神，结合其与生于石之传说，大禹娶涂山女与禹生于石两传说都无非是说明大禹在生殖崇拜信仰上的重要性。大禹娶涂山女，强调了夫妻交合于涂山桑林之中，这类的情节在上古社会实属普遍现象，《诗经·墉风·桑中》曰：

> 爰采唐矣？沬之乡矣。云谁之思？美孟姜矣。期我乎桑中，要我乎上宫，送我乎淇之上矣。④

这是一首男子和情人幽会时的抒情诗，诗中强调了"期我乎桑中"就是约会到桑中的意思，也就是他们幽会的地点。⑤按生殖崇拜的观念，

---

① 高诱注：《吕氏春秋》卷二《仲春纪第二·仲春》，第12—13页。

② Robert Graves（罗伯特格雷夫斯），*The Greek Myths*, Harmondsworth: Penguin, 1955, vol. II, pp. 99-100. 世界神话史中，婚礼与战斗都有关系，致婚礼的参加者多以全副武装到场。在巴比伦的"阿基多"（Akitu）节，就是上演创世史诗中的神圣战斗后，国王与王后举行仪式，并且性交；在赫梯（Hittite）的春节"普鲁利"（Purulli）上，女神与混沌神举行战斗前，必须与一男性性交。详参 Edwin O. James, *The Ancient Gods: The History and Diffusion of Religion in the Ancient Near East and the Eastern Mediterranean*, New York: Capricorn Books, 1964, p. 144; Oliver R. Gurney, *The Hittites*, Harmondsworth: Penguin, 1954, p. 152.

③ 这观点最早由顾颉刚提出。参顾颉刚：《讨论古史答刘胡二先生》，载氏编：《古史辨》第一册，第109—114页。顾氏虽然在此文提出"禹是西周中期起来的"（同上文，第125页）是错误，但从神话学角度而言，《吕刑》和《国语》都明载大禹有神性、社神的特征，说明了神话上的大禹是社神。

④ 郑玄笺，孔颖达疏：《毛诗正义》卷三《国风·桑中》，第314页。

⑤ 春秋时期礼法并不森严，男女相恋野合也相对自由。即使是孔子的出生，司马迁也不讳言是孔父叔梁纥"与颜氏女野合而生孔子"（司马迁：《史记》卷四十七《孔子世家第十七》，第1905页）。在《论语》里，孔子大凡遇上有人不合礼法，一律称为野人，甚至弟子言行于礼不合，孔子也厉声斥责"野哉由也"，邢昺疏：《论语注疏》卷十三《子路第十三》，第2506页。孔父叔梁纥以过六十四岁的高龄，野合年少妇女，对极重礼法的孔子来说，其出身可谓相当尴尬。"野"亦并非对叔梁纥婚姻道德批判的反映，因为"野"在当时当指发生于无人或荒郊野外的奇异事件，或是一种相对于"国"，以区分文明与自然的界限。详参杨宽：《古史新探》，北京：中华书局，1965年，第145—165页；杜正胜：《周代城邦》，台北：联经出版事业股份有限公司，1979年，第2—31、29—59页；詹启华（Lionel Jensen）：《孔子：野生的圣人，感孕而生的神话典型》，载夏含夷编：《远方的时习——古代中国精选集》，上海：上海古籍出版社，2008年，第100页。

这种幽会不免有夫妇之道的事情。① 司马贞曾质疑《尚书》所载："《尚书》云：'娶于涂山，辛壬癸甲，启呱呱而泣，予弗子。'今此云'辛壬娶涂山，癸甲生启'，盖今文《尚书》脱漏，太史公取以为言，亦不稽其本意。岂有辛壬娶妻，经二日生子，不经之甚！"② 显然，司马贞只按唐代婚俗否定大禹时期的婚俗。除了《尚书》的记载，自《吕氏春秋》之后的作者都未提大禹已娶涂山，可见大禹与涂山是未婚而孕，而这类在特定场合和时间的合法性交（野合），也是上古时期确实存在的。③ 涂山未嫁而献身，在上古时期亦是一种宗教礼俗，既不同于后世社会的一般女性按时出嫁，又有别于一般卖身的娼妓，她们就承担着在当时被视为神圣的"处女祭司"的宗教职责。④ 由此可见，大禹与涂山女的交合无疑是在生育观念下符合上古婚俗的产子传说。

第三节　大禹杀防风氏与会稽

在上节，我们探讨了历代学人对涂山地望的研究，其中一说当为会稽。⑤ 自司马迁开始，会稽一地已是大禹"合诸侯"及其死后之葬处，但大禹在会稽的传说流传时间相对较后。《左传·哀公七年》记载大禹"合诸侯"⑥之后，仍有不少文献只言片语的记载，《帝王世纪》说：

　　禹会诸侯于涂山。⑦

---

① 傅亚庶：《中国上古祭祀文化》，长春：东北师范大学出版社，1999年，第130页。
② 司马贞：《史记索隐》，司马迁：《史记》卷二《夏本纪第二》，第81页。
③ 有关"野合"的研究，可详参阅家胤编：《阳刚与阴柔的变奏：两性关系与社会模式》，北京：中国社会科学出版社，1995年，第108—114页。
④ 叶舒宪：《高唐神女与维纳斯：中西文化中的爱与美主题》，北京：中国社会科学出版社，1997年，第395页。
⑤ 虽然涂山地望自东晋以来诸说并存，但会稽则只被指为大禹葬处、会诸侯的地点。大禹葬处、会诸侯都不曾被指在涂山。孙淼也承认涂山即会稽。详参孙淼：《夏商史稿》，第170—171页。
⑥ 杜预注，孔颖达疏：《春秋左传正义》卷五十八《哀公七年》，第2163页。
⑦ 皇甫谧：《帝王世纪》，第54页。

《淮南子·原道训》云：

> （禹）合诸侯于涂山，执玉帛者万国。①

而《韩非子》却记载了禹杀防风的故事，《韩非子·饰邪》说：

> 禹朝诸侯之君会稽之上，防风之君后至而禹斩之。②

简洁的记载只点明了大禹于会稽会见诸侯，防风氏迟到，大禹斩杀他。防风氏因何迟到？大禹是否只因迟到就把他杀掉？至《国语·鲁语》，这个传说得到扩张：

> 吴伐越，堕会稽，获骨焉，节专车。吴子使来好聘，且问之仲尼，曰："无以吾命。"宾发币于大夫，及仲尼，仲尼爵之。既彻俎而宴，客执骨而问曰："敢问骨何为大？"仲尼曰："丘闻之：昔禹致群神于会稽之山，防风氏后至，禹杀而戮之，其骨节专车。此为大矣。"客曰："敢问谁守为神？"仲尼曰："山川之灵，足以纪纲天下者，其守为神；社稷之守者为公侯。皆属于王者。"客曰："防风何守也？"仲尼曰："汪芒氏之君也，守封、嵎之山者也，为漆姓。在虞、夏、商为汪芒氏，于周为长狄，今为大人。"客曰："人长之极几何？"仲尼曰："僬侥氏长三尺，短之至也。长者不过十之，数之极也。"③

这段话也被司马迁所用，见《史记·孔子世家》：

> 吴伐越，堕会稽，得骨节专车。吴使使问仲尼："骨何者最大？"仲尼曰："禹致群神于会稽山，防风氏后至，禹杀而戮之，其节专车，此为大矣。"吴客曰："谁为神？"仲尼曰："山川之神足以

---

① 何宁：《淮南子集释》卷一《原道训》，第30页。
② 王先慎：《韩非子集解》卷五《饰邪第十九》，第126页。
③ 徐元诰：《国语集解·鲁语下第五》，第202—203页。

纲纪天下，其守为神，社稷为公侯，皆属于王者。"客曰："防风何守？"仲尼曰："汪罔氏之君守封、禺之山，为厘姓。在虞、夏、商为汪罔，于周为长翟，今谓之大人。"客曰："人长几何？"仲尼曰："僬侥氏三尺，短之至也。长者不过十之，数之极也。"于是吴客曰："善哉圣人！"①

《国语》记载"禹致群神"，使人容易产生误解，以为《国语》的记载缺乏历史性。韦昭注《国语》时认为"群神"是"山川之君，为群神之主，故谓之神也"②，致童恩正也认为群神是指鬼神。③事实上，把《国语》中的"群神"解作鬼神，神话色彩浓厚，但杨向奎即认为"群神"应解作人类与天之间的媒介，也就是巫史的前身，是一种职守。④无论如何，《国语》的记载透露了大禹杀防风一事在春秋后期已经出现了神话化的倾向，或至少在孔子的认知中，防风氏乃半人半神式的人物。⑤而《韩非子》的记载则最为关键，因为在《韩非子》之前，文献都说大禹于涂山会诸侯，《韩非子》除了保留会诸侯和加添了防风氏之外，还把地点搬到会稽。

这样的变化，成就了《吴越春秋》的详细记载：

> （禹）登茅山，以朝四方群臣，观示中州诸侯。防风后至，斩以示众，示天下悉属禹也。乃大会计治国之道，内美釜山州慎之功，外演圣德以应天心。遂更名茅山曰会稽之山。⑥

大禹是在茅山招阅天下诸侯，而为了建立王者权威，杀防风氏，可见此时的大禹已握生杀之权。⑦大禹与诸侯共商治国之道。《吴越春秋》

---

① 司马迁：《史记》卷四十七《孔子世家第十七》，第1912—1913页。
② 徐元诰：《国语集解·鲁语下第五》，第202页。
③ 童恩正：《中国古代的巫》，《中国社会科学》1995年第5期，第191页。
④ 杨向奎：《自然哲学与道德哲学》，济南：济南出版社，1995年，第319页。
⑤ 陈剩勇：《中国第一王朝的崛起——中华文明和国家起源之谜破译》，第206页。
⑥ 赵晔：《吴越春秋》卷四《越王无余外传第六》，第132—133页。
⑦ 郭沫若就认为"参加会议的要执玉帛，迟到的遭杀戮，禹已经蜕变成名副其实的国王了"，郭沫若：《中国史稿》，北京：生活·读书·新知三联书店，2005年，第8页。

的记载结合了以前的文献,奠定了大禹于会稽会诸侯并杀防风氏的传说。

有人说涂山地望就是会稽,会稽又是大禹杀防风氏之处。无论涂山是否确是会稽,会稽在大禹传说中已有一定地位。梁玉绳曾质疑禹葬会稽,他在《史记志疑》中云:

> 案:禹巡狩葬会稽之事,起春秋后诸子杂说,不足依据。史公于论云:"或言禹会诸侯江南,计功而崩,因葬焉,命曰会稽。"或之者,疑之也,而于此直书其事以实之,何欤?禹会万国诸侯,定择四方道里之中,其时建国多在西北,不宜独偏江南。若果巡狩所至,总会东南诸侯,亦不应远来于越。盖虞、夏之世,会稽不在中国,故会稽之山不书于《禹贡》,而扬域止于震泽也。试观仲雍逃吴,犹然裸饰,则夏后之敷天哀对,胡为直抵蛮乡?会既不到,奚论于葬……《国语》浮夸,断非出自仲尼。纵使禹曾至会稽之地,必是治水时事。《论衡·道虚篇》云"禹至会稽治水,不巡狩,无会计之事",当是已,讵朝会群侯,遂埋斯土乎?……然则禹会于何所?葬于何处?曰:《左传》哀公七年禹合诸侯于涂山,非会稽也。禹在位八年,不及再巡,则惟涂山一会而已。①

梁氏质疑禹葬会稽只是"诸子杂说",无据可依,又认为《国语》"浮夸",不会是孔子之言,这种说法也近于主观。从梁氏的说法得知,东汉王充已经怀疑会稽山名的来历,而司马迁更使用了"或言"来表明对会稽之名源于会计的怀疑。②

事实上,无论大禹在涂山或会稽杀防风氏,文献也未能解释防风氏是否因"后至"而被杀。就所见之文献而言,"大禹会诸侯于涂山"与"大禹会稽杀防风氏"二事本应无关系,《韩非子》把二者结合,有两个可能,

---

① 梁玉绳:《史记志疑》卷二,第35—37页。
② 近代疑古风气盛行,一些学者也否定大禹与会稽和涂山的历史关系。如钱穆的《周初地理考》一文认为,大禹治水的功绩,及于大河而止,并未及江淮之地;大禹所到之处限于大河两岸。江南之地实非夏民族所能及,更遑论大禹在此地娶妻、会诸侯。详参钱穆:《周初地理考》,载氏著:《古史地理论丛》,第3—76页。

一是《韩非子》作者有意把二事结合；二是《韩非子》作者认为"大禹于会稽会诸侯时杀防风氏"为一传说之原型。如果是后者，即《韩非子》是这传说的最早记载。虽然，现今江浙一带广泛流传防风氏的传说[①]，但已不能证实与会稽地望有关，而只能理解成是大禹传说流播所致。[②]

第四节　小结

从文献记载可见，《尚书》一类先秦文献说大禹已娶涂山女，四日后，禹子启出生。但往后的文献都不提大禹娶妻，而只有大禹与涂山女交合。两汉史传推演更烈，先有九尾狐首现于文献，九尾狐又变成"王之证"，自始九尾狐成为中国文化上生育之事的祥瑞。此外，大禹婚嫁产子的传说，与其社神的角色也有关系，大禹成为先民在生殖和生育崇拜的对象。

由于涂山与会稽地望历代混淆不清，会稽更有大禹会诸侯及杀防风氏的传说。涂山、会稽两地地望难以确定，但禹杀防风的传说演变则以《韩非子》为关键，而定型于《吴越春秋》。

---

① 详参钟伟今、欧阳习庸：《防风氏资料汇编》，天津：天津古籍出版社，1999年。
② 周书灿：《大禹与防风氏传说的发生与分化》，载王建华编：《海峡两岸大禹文化研究》，第8页。

第五章　政治与神话之间——禹铸九鼎传说

鼎是上古社会重要的器类，为当时上层社会进行祭祀、宴飨等活动时的礼器。《说文解字》对鼎的解释是"鼎，三足，两耳，和五味之宝器也。象析木以炊"①，反映出鼎的形态。商代甲骨文的鼎字，作 𣇪 之形，形态与《说文》类同。②鼎在青铜器铭文中有多达一百三十二个别称③，相信是因地域及时代的不同，而产生各自的特点，因而有不同名称。④

鼎在三代都是立国重器，鼎存国在，鼎失国亡。古籍就有"禹铸九鼎"的故事，结合鼎在政权上的重要性，考察"禹铸九鼎"故事的演变就能从政权角度体现大禹在政治上的地位。

第一节　九鼎传说的演变

九鼎之事，不见于《诗》、《书》⑤，记其事者始自《逸周书》及《左传》。《逸周书·克殷》言：

---

① 许慎：《说文解字》卷七上《鼎部》，第143页。
② 事实上，《说文解字》的说法不够严谨，因为鬲也有三足两耳，所以为了区分鼎与鬲，需要说明鼎的腹部与足部是能明显区分的。旧说鼎的定义强调鼎是实足的。但实际上鼎也有不少是空足或半空足的，所以足的空实与否不是鼎的基本条件。两者最大分别在于鼎是分为腹身与足两部分，而鬲的腹部与足部则不好分开。详参朱凤瀚：《古代中国青铜器》，天津：南开大学出版社，1995年，第67、74页。
③ 张亚初：《殷周青铜鼎器名、用途综合研究》，载中国古文字研究会、中华书局编辑部编：《古文字研究》第18辑，北京：中华书局，1992年，第274页。
④ 赵平安：《从语源学的角度看东周时期鼎的一类别名》，载氏著：《新出简帛与古文字古文献研究》，北京：商务印书馆，2009年，第10—19页。
⑤ 顾颉刚：《九鼎》，载氏著：《史林杂识初编》，北京：中华书局，1963年，第153页。

乃命南宫百达、史佚迁九鼎三巫。①

可见周初之时已流行九鼎的传说。而《左传·桓公二年》记载了臧哀伯谏纳郜大鼎说：

武王克商，迁九鼎于雒邑，义士犹或非之。②

《左传·桓公二年》的记载说明此鼎为殷器，武王克商而迁之。《左传·宣公三年》则更完整地记载九鼎在三代政治中的特殊地位：

楚子伐陆浑之戎，遂至于雒，观兵于周疆。定王使王孙满劳楚子，楚子问鼎之大小，轻重焉。对曰："在德不在鼎。昔夏之方有德也，远方图物，贡金九牧，铸鼎象物。百物而为之备，使民知神奸。故民入川泽山林，不逢不若。魑魅魍魉。莫能逢之，用能协于上下，以承天休。桀有昏德，鼎迁于商，载祀六百。商纣暴虐，鼎迁于周，德之休明，虽小重也。其奸回昏乱，虽大轻也，天祚明德，有所厎也。成王定鼎于郏鄏，卜世三十，卜年七百，天所命也。周德虽衰，天命未改，鼎之轻重，未可问也。"③

楚庄王伐陆浑之戎，并观兵于周的疆土，定王派王孙满（姬满）犒劳楚庄王，楚庄王问周朝九鼎之大小轻重，这就是问鼎的典故。而《左传·宣公三年》的记载提供了九鼎具神秘意义，顾颉刚就认为"遂若九鼎果为最高权力之所凭依，必有明德而受天命者乃克取之；且鼎铸于夏，至桀而迁于商，至纣而又迁于周，其物为法统之象征，一若秦以来之传国玺然，神器诚不可以一日旷也"④。更为重要的是，《宣公三年》中，九鼎与夏首次联系在一起。夏、商、周三代的更替，均以后起王朝夺取前代的鼎

---

① 黄怀信、张懋镕、田旭东：《逸周书汇校集注》卷四《克殷第三十六》，第 377 页。
② 杜预注，孔颖达疏：《春秋左传正义》卷五《桓公二年》，第 1743 页。
③ 杜预注，孔颖达疏：《春秋左传正义》卷二十一《宣公三年》，第 1868 页。
④ 顾颉刚：《九鼎》，载氏著：《史林杂识初编》，第 153—154 页。

作标志①，视鼎为三代立国之器是正确之论。

被认为是代表夏代考古的二里头文化已有鼎的出土②，证明《左传·宣公三年》所说夏代有鼎并非空穴来风之说。《墨子·耕柱》亦云：

> 巫马子谓子墨子曰："鬼神孰与圣人明智？"子墨子曰："鬼神之明智于圣人，犹聪耳明目之与聋瞽也。昔者夏后开使蜚廉折金于山川，而陶铸之于昆吾；是使翁难雉乙卜于白若之龟，曰：'鼎成三足而方，不炊而自烹，不举而自臧，不迁而自行，以祭于昆吾之虚，上乡！'乙又言兆之由曰：'飨矣！逢逢白云，一南一北，一西一东，九鼎既成，迁于三国。'夏后氏失之，殷人受之；殷人失之，周人受之。夏后、殷、周之相受也。数百岁矣。使圣人聚其良臣与其桀相而谋，岂能智数百岁之后哉！而鬼神智之。是故曰，鬼神之明智于圣人也，犹聪耳明目之与聋瞽也。"③

这段文字记载了夏后开铸鼎，使翁难雉乙卜于白若之龟，翁难雉乙将九鼎和流云相比，显示《墨子》的作者认为九鼎有"不迁而自行"的能力。这样，不同王朝之所以拥有九鼎并非是由于他们有能力获取九鼎，而

---

① 陈剩勇：《中国第一王朝的崛起——中华文明和国家起源之谜破译》，第49页。陈书举唐兰《利簋铭》中"越鼎、克昏，夙有商"一句，指唐兰译"越鼎"为"夺取了鼎"，唐兰：《西周时代最早的一件铜器利簋铭文解释》，《文物》1977年第8期，第8页，也就是"周人夺取了商王朝的政权"（陈剩勇：《中国第一王朝的崛起——中华文明和国家起源之谜破译》，第50页），唐兰说法误。因为古文中"鼎"通"贞"，唐兰释的"越鼎"也可释为"岁贞"，而《利簋铭》中的"岁"作"戉"，与斧钺的钺不同，不可认钺字为岁。详参劳榦：《释武王征商簋与大丰簋》，载氏著：《古代中国的历史与文化》，北京：中华书局，2006年，第556页。而"岁鼎"应释为岁星（木星）正当其位，适宜征伐商国，因为"鼎"、"贞"声符都是"丁"，有"当"的意思。详参张政烺：《利簋释文》，收入氏著：《甲骨金文与商周史研究》，第218页。

② 有关二里头文化出土青铜器的研究，可详参井中伟、王立新：《夏商周考古学》，北京：科学出版社，2013年，第44—45页；中国社会科学院考古研究所编：《中国考古学：夏商卷》，第109—115页。

③ 孙诒让：《墨子间诂》卷十一《耕柱第四十六》，第422—426页。这段文字对我们理解中国上古卜筮文化中，"飨祀"仪式及"乡"字在占卜中的用法提供极宝贵资料。详参拙文《中国卜筮文化的形成——从甲骨文的"贞"到〈周易〉的"贞"》，载周佳荣、范永聪主编：《东亚世界：政治军事文化》，香港：三联书店（香港）有限公司，2014年，第6—8页。

是鼎自身愿意被合法所有者所拥有，因而"自迁"至下一个所有者的统治中心。① 墨子答复巫马子问"鬼神孰与圣人明智？"的话，为了要证实他所主张"夏后、殷、周之相受也。数百岁矣。使圣人聚其良臣与其桀相而谋，岂能智数百岁之后哉！而鬼神智之。是故曰，鬼神之明智于圣人也"，所以不能不夸大九鼎的神秘性，这样，比《左传》王孙满言九鼎轻重与君德成正比的说法，显然加强了神话色彩。此外，翁难雉乙利用龟甲来占卜时，鼎在飨礼之中曾被使用。根据《墨子》的记载，鼎作为国家主权的象征是深入东周思想家意识之中的，而更重要的是，在《墨子》作者眼中，夏鼎是由夏后氏的启所铸。司马迁的《史记》却有这样的记载：

> 禹收九牧之金，铸九鼎，皆尝鬺烹上帝鬼神。遭圣则兴，迁于夏商。周德衰，宋之社亡，鼎乃沦伏而不见。②

《史记》的记载点明铸鼎的是禹，用于"烹牲牢而祭祀"③，而《汉书》也有相似的记载：

> 禹收九牧之金，铸九鼎，象九州。皆尝鬺烹上帝鬼神。其空足曰鬲，以象三德，飨承天祜。夏德衰，鼎迁于殷；殷德衰，鼎迁于周；周德衰，鼎迁于秦；秦德衰，宋之社亡，鼎乃沦伏而不见。④

《孝武本纪》和《郊祀志》都是引录"有司"之言，但班固明显地在《史记》的基础上加入了数个元素。先是认为九鼎象征九州，表面上与大禹治水有关，但事实上，班固地理观中，"九州"有特殊意义。本书第三章已指出"九州"在上古典籍中均有不同名称，而班固对"九州"的定义

---

① 巫鸿：《九鼎传说与中国古代美术中的"纪念碑性"》，收入氏著：《礼仪中的美术：巫鸿中国古代美术史文编》上卷，北京：生活·读书·新知三联书店，2005年，第53页。
② 司马迁：《史记》卷十二《孝武本纪第十二》，第465页。《孝武本纪》"录《封禅书》而削其文，景以上"，崔适：《史记探源》，第66页，是故该文又见于《史记·封禅书》。见司马迁：《史记》卷二十八《封禅书第六》，第1392页。
③ 裴骃：《史记集解》，司马迁：《史记》卷十二《孝武本纪第十二》，第466页。
④ 班固：《汉书》卷二十五上《郊祀志第五上》，第1225页。

是"尧遭洪水,裹山襄陵,天下分绝,为十二州,使禹治之。水土既平,更制九州,列五服,任土作贡"①,"十二州"本于《尧典》"肇十有二州"、"咨十有二牧"等语,大禹既在尧、舜时治水分州,何以《尧典》州数竟与《禹贡》不同?班固的解释是目前所见之最早。此说亦本于谷永,《汉书·谷永传》:"尧遭洪水之灾,天下分绝为十二州,制远之道微而无乖畔之难者,德厚思深,无怨于下也。"②班固认为大禹治水以前为十二州,治水成功后作九州,所以以九鼎喻之,鼎象征政权,这就刚好说明,在班固看来,大禹治水成功后,所得到的政权具充分合法性,所以要祭祀上帝鬼神。其次,班固加入了"其空足曰鬲"。案"三德说"始于《洪范》,颜师古已有说明③,这里言鼎、鬲之别,两者形态相似,用途一致,说明三代时期两者共用情况普遍,都是以飨礼承天之所佑。而且,从资料据上而言,《史》、《汉》言收九牧之金的说法应来自《左传》的"贡金九牧",《墨子》说的只是使蜚廉折金于山川。

《墨子》言启铸鼎,《史》、《汉》言禹铸鼎,可见铸鼎传说在汉代已不可考,司马迁把铸鼎放在大禹名下,不知有何依据,此说亦只见于《孝武本纪》和《封禅书》,而不在《夏本纪》,可能是司马迁对于大禹铸九鼎的传说亦有质疑。④ 当然,亦有可能是大禹、启二人均曾铸鼎。至此,

---

① 班固:《汉书》卷二十八上《地理志第八上》,第1523页。
② 班固:《汉书》卷八十五《谷永杜邺传第五十五》,第3448—3449页。
③ 班固:《汉书》卷二十五上《郊祀志第五上》,第1225—1226页。
④ 历来有学者均认为《孝武本纪》非司马迁所作。钱大昕言:"张晏云,此纪褚先生补作。予谓少孙补《史》,皆取史公所阙,意虽浅近,词无雷同,未有移甲以当乙者也"(钱大昕:《廿二史考异》卷一,上海:上海古籍出版社,2004年,第11页);杨琪光亦认为"太史公迁卒于孝武之世,孝武即不宜有纪"(氏著:《读史记臆说》,收入《四库未收书辑刊》编辑委员会编:《四库未收书辑刊》第陆辑第五册卷一《读孝武本纪》,第105页上)。虽然如此,但《封禅书》"并《平准》、《酷吏》、《大宛》数篇,合成《孝武》一篇本纪",高嵣:《史记钞》,收入黄秀文、吴平编:《华东师范大学图书馆藏稀见丛书汇刊》第十八册卷二《封禅书》,北京:北京图书馆出版社,2006年,第353页,后人所补应是编辑工作。事实上,褚少孙于宣帝初入仕为郎,甘露年间为博士,补《太史公》则在宣、元之际。褚少孙补《太史公》书时,曾明言"求其世家终不能得"(褚少孙补,司马迁:《史记》卷六十《三王世家第三十》,第2114页)、"求《龟策列传》不能得"(褚少孙补,司马迁:《史记》卷一百二十八《龟策列传第六十八》,第3226页),多少反映褚少孙补书时是未见《太史公》全书。据吕世浩研究,今本《史记》未见"褚先生曰"文字,而后世以为该篇亡佚,传为褚少孙补阙者,则有《孝武本纪》、《三王世家》、《龟策列传》、《日者列传》、

第五章 政治与神话之间——禹铸九鼎传说　157

大禹铸九鼎的传说已基本定型,但后世亦不乏好事者增加修饰之辞和怪异情节,如《潜确类书》引《中兴书》云:

> 神鼎者,金铁之精,神器也。文列八卦,知吉凶存亡,能轻能重,能息能行,不爨自沸,不炊自熟,不汲自盈,不举自藏,不迁自行,絪缊之气,自然而生,乱则藏于深山,文明应运而生,故禹铸鼎以拟之。①

这段文字虽言"神鼎",但因又言"禹铸鼎",相信是"神鼎"与"九鼎"混为一谈。《拾遗记》又载:

> 禹铸九鼎,五者以应阳法,四者以象阴数。使工师以雌金为阴鼎,以雄金为阳鼎。鼎中常满,以占气象之休否。当夏桀之世,鼎水忽沸。及周将末,九鼎咸震:皆应灭亡之兆。后世翟人,因禹之迹,代代铸鼎焉。②

《拾遗记》的记载增加了阴阳之数,当指编排次序为奇数或偶数的鼎。而洪迈的分析亦颇值注意:

> 夏禹铸九鼎,唯见于《左传》王孙满对楚子,及灵王欲求鼎之言,其后《史记》乃有鼎震及沦入于泗水之说。且以秦之强暴,视衰周如机上肉,何所畏而不取?周亦何辞以却?赧王之亡,尽以宝

(接上页)《礼书》、《律书》,然此等多为无据之谈。此外,今本《史记》,可确认褚少孙见过原篇,且加入已补文字者,有《三代世表》、《建元以来侯者年表》、《外戚世家》、《梁孝王世家》、《田叔列传》、《滑稽列传》、《日者列传》;而褚少孙见过原篇然未加入文字者,有《太史公自序》;褚少孙未见过原篇,而径行补阙,有《三王世家》、《龟策列传》;疑为褚少孙见过原篇,且加入已补文字者,有《陈涉世家》;今本《史记》未见"褚先生曰"文字,而后世以为褚少孙或续或编者,有《汉兴以来将相名臣年表》、《乐书》、《历书》、《楚元王世家》、《齐悼惠王世家》、《韩信卢绾列传》、《张丞相列传》、《匈奴列传》。详参吕世浩:《从史记到汉书——转折过程与历史意义》,台北:台湾大学出版中心,2009年,第123—127页。

① 陈仁锡辑:《潜确类书》,收入《四库禁毁书丛刊》编纂委员会编:《四库禁毁书丛刊·子部》第十六册卷九十,第181页下。
② 王嘉撰,萧绮录:《拾遗记》卷二,第36页。

器入秦，而独遗此，以神器如是之重，决无沦没之理。泗水不在周境内，使何人般异而往，宁无一人知之以告秦邪？始皇使人没水求之不获，盖亦为传闻所误。《三礼》经所载钟彝名数详矣，独未尝一及之。《诗》、《易》所书，固亦可考，以予揣之，未必有是物也。唐武后始复置于通天宫，不知何时而毁。国朝崇宁三年（1104），用方士魏汉津言铸鼎，四年（1105）三月成，于中太一宫之南为殿，名曰九成宫。中央曰帝鼐，北方曰宝鼎，东北曰牡鼎，东方曰苍鼎，东南曰冈鼎，南方曰彤鼎，西南曰阜鼎，西方曰晶鼎，西北曰魁鼎。奉安之日，以蔡京为定鼎礼仪使。大观三年（1109），又以铸鼎之地作宝成宫。政和六年（1116），复用方士王仔昔议，建阁于天章阁西，徙鼎奉安。改帝鼐为隆鼐，余八鼎皆改焉，名阁曰圜象徽调阁。七年（1117），又铸神霄九鼎，一曰太极飞云洞之鼎，二曰苍壶祀天贮醇之鼎，三曰山岳五神之鼎，四曰精明洞渊之鼎，五曰天地阴阳之鼎，六曰混饨之鼎，七曰浮光洞天之鼎，八曰灵光晃曜炼神之鼎，九曰苍龟大蛇虫鱼金轮之鼎。明年鼎成，置于上清宝箓宫神霄殿，遂为十八鼎。继又诏罢九鼎新名，悉复其旧。今人但知有九鼎，而十八之数，唯朱忠靖公《秀水闲居录》略纪之，故详载于此。①

洪迈除了详述宋代的铸鼎情况外，还分析周秦以来，均无人获鼎，认为九鼎传说，实以讹传讹，故质疑三代根本没有鼎，一反汉代以来认为禹铸九鼎的叙述。

宋苏轼有《汉鼎铭》一文，其序中论到周衰九鼎的召祸，等于匹夫之璧，其文曰：

及其衰也，为周之患，有不可胜言者。匹夫无罪，怀璧其罪；周之衰也，与匹夫何异？嗟夫，孰知九鼎之为周之角齿也哉？自春秋时，楚庄王以问其轻重大小，而战国之际，秦与齐、楚皆欲之，周人

---

① 洪迈：《十八鼎》，载氏著：《容斋三笔》，收入《容斋随笔》卷十三，第570—571页。

惴惴焉，视三虎之垂涎而睨已也。绝周之祀不足以致寇，裂周之地，足以肥国，然三国之君，未尝一日而忘周者，以宝在焉故也。①

苏轼在后世论及战国列强争夺九鼎的原因，实不及当时人张仪所论切中要害。案秦惠文王九年（前316）②，司马错劝秦王伐蜀，张仪主张伐韩周，并言：

> 秦攻新城、宜阳，以临二周之郊，诛周王之罪，侵楚、魏之地。周自知不能救，九鼎宝器必出，据九鼎，案图籍，挟天子以令于天下，天下莫敢不听，此王业也。③

不过，最早争夺九鼎的记载见于《战国策》：

> 秦兴师临周而求九鼎，周君患之，以告颜率。颜率曰："大王勿忧，臣请东借救于齐。"颜率至齐，谓齐王曰："夫秦之为无道也，欲兴兵临周而求九鼎，周之君臣，内自尽计，与秦，不若归之大国。夫存危国，美名也；得九鼎，厚宝也。愿大王图之。"齐王大悦，发师五万人，使陈臣思将以救周，而秦兵罢。
>
> 齐将求九鼎，周君又患之。颜率曰："大王勿忧，臣请东解之。"颜率至齐，谓齐王曰："周赖大国之义，得君臣父子相保也，愿献九鼎，不识大国何涂之从而致齐？"齐王曰："寡人将寄径于梁。"颜率曰："不可。夫梁之君臣欲得九鼎，谋之晖台之下，少海之上，其日久矣。鼎入梁，必不出。"齐王曰："寡人将寄径于楚。"对曰："不可。楚之君臣欲得九鼎，谋之于叶庭之中，其日久矣。若入楚，鼎必不出。"王曰："寡人终何涂之从而致之齐？"颜率曰："弊邑固窃为大王患之。夫鼎者，非效醯壶酱甄耳，可怀挟提挈以至齐者；非效鸟集乌飞，兔兴马逝，漓然止于齐者。昔周之伐殷，得九鼎，凡

---

① 苏轼：《汉鼎铭》，载氏著：《苏东坡全集》第四册卷十九，第408页。
② 秦文王于前324年称王，更为元年，此前为惠文君。
③ 司马迁：《史记》卷七十《张仪列传第十》，第2282页。

一鼎而九万人挽之，九九八十一万人，士卒师徒，器械被具，所以备者称此。今大王纵有其人，何涂之从而出？臣窃为大王私忧之。"齐王曰："子之数来者，犹无与耳。"颜率曰："不敢欺大国，疾定所从出，弊邑迁鼎以待命。"齐王乃止。①

这是有名的《秦兴师临周而求九鼎》。秦国出兵威胁周室索九鼎时，颜率以赠鼎为回报求齐王派军退秦，以救助东周，齐国索要九鼎时，颜率以无法确定九鼎运至齐国的路为由，打消齐王获鼎的想法。他称九鼎需八十一万人牵挽，显然是夸大神化之辞。颜率的一言一行解救东周国难，无非是颜率看准齐王的非分之想，这亦突显鼎对东周列国国君的吸引力。颜率以鼎利诱齐王助周，其后以道路问题作客观理由，使齐王望而生畏，都是从这些记载可知，周朝时期，鼎对于国家的举足轻重和诸侯国垂涎九鼎之情状。

事实上，汉代以后经、史部文献仍多认为大禹铸九鼎。《说文解字》中，"鼎"字条则是：

> 昔禹收九牧之金，铸鼎荆山之下，入山林川泽，魑魅魍魉，莫能逢之，以协承天休。②

《后汉书·明帝纪》记载庐江太守把王雒山宝鼎上献时亦说：

> 昔禹收九牧之金，铸鼎以象物。③

编年类的《资治通鉴外纪》亦说：

> 禹复为九州，收天下美铜，铸为九鼎，以象九州。④

罗泌的《路史》云：

---

① 刘向：《战国策》卷一《东周》，第2—3页。
② 许慎：《说文解字》卷七上《鼎部》，第143页。
③ 范晔：《后汉书》卷二《显宗孝明帝纪第二》，第109页。
④ 刘恕：《资治通鉴外纪》卷二之上《夏商纪》，上海：上海古籍出版社，1987年，第18页。

> 夫周之九鼎，大禹所以图神奸也。黄帝之铸一，禹之铸九，其造为者同，而所以之适焉者顿异，是可以决疑矣。①
>
> 禹之九鼎，不过图九州之神奸使民知避入川泽，而不迷不逢不若而已。②

大禹铸九鼎的传说一直被视为信史，只是个别好事者加入怪异之事。然而，清代崔述也有对大禹铸鼎一事提出质疑：

> 九鼎之铸，世皆以为禹事；然《传》(《左传》)既不称禹，而禹在位不久，恐亦未暇及此，或启或少康未可知也。③

崔述认为，最先记载九鼎之事的《左传》并未称大禹，恐怕铸鼎之事不是大禹之功。就文献而论，崔述的见解是合理的，因为《逸周书》未言大禹，《左传·宣公三年》也只把夏代与鼎拉上关系，大禹铸九鼎是晚出之事，现亦未见有证据可支持此论。

大禹铸九鼎的传说在近代疑古思潮的影响下被彻底否定。胡适在1923年一封给顾颉刚的信中说道：

> 九鼎，我认为是一种神话。铁固非夏朝所有；铜恐亦非那时代所能用。发见渑池石器时代文化的安特森（J. G. Andersson）近疑商代犹是石器时代的晚期（新石器时代），我想他的假定颇近是。④

胡适没有考古学的训练，认为夏、商之际的中国仍处于新石器时代，故推论九鼎只是神话⑤，是为近代疑古派对九鼎传说的第一次否定。当然，

---

① 罗泌：《路史》，收入《景印文渊阁四库全书·史部一四一·别史类》，册三八三，卷三十三，第481页上。
② 罗泌：《路史》卷四十，第582页下。
③ 崔述：《崔东壁遗书》，《夏考信录》卷之二，第120页。
④ 胡适：《论帝天及九鼎书》，载顾颉刚编：《古史辨》第一册，第169页。
⑤ 胡适此论虽然错误，但他在1930年12月6日的日记中，承认史语所安阳发掘的成绩，纠正了商代为新石器时代的误解。详参胡适著，曹伯言整理：《胡适日记全集》第6册，台北：联经出版事业事业股份有限公司，2004年，第412页。

以20世纪初的考古学客观现状，亦不能苛求胡适。顾颉刚在回信中虽然认为九鼎来源于神话，但不能说没有鼎：

> 看《左传》上楚子问鼎，《国策》上秦兴师求鼎，《史记》上秦迁九鼎，没于泗水，恐不见全假。九鼎不见于《诗》、《书》，兴国迁鼎的话自是靠不住。或者即是周朝铸的，置于东都，以为观耀；后人不知其所自来，震于其大（《国策》云：一鼎九万人挽之），遂编造出许多说话耳。九鼎没于泗水而非销毁，将来尽有复出的可能。①

顾颉刚认为九鼎确有其物，可能铸于周朝，而且九鼎有机会于泗水复出，这是他对九鼎传说的见解。而他在《讨论古史答刘胡二先生》一文则表达对大禹铸九鼎的见解：

> 九鼎不铸于夏代，禹说才起于西周的中叶，已有坚强的理由了。王孙满对楚子一段话最露破绽的是"贡金九牧"一语。九州的传说起于战国（《诗经》上"九有""九围"，犹言"四方""八表"，乃是四方四隅加上中央，不是画分土地为九州），九牧之说当然不可靠……本来夏代彝器从没有发见过；即学者考定的商代彝器亦并无确实出于商代的证据，不过比较了周器，把语句简单的、字体特异的归在商代罢了。商器尚如此茫昧，夏之尚未进于铜器时代自不必说，那里能铸出九鼎！至于九鼎的来源，我以为当是成王建立东都时铸下的大宗器（或商末所铸而西周所迁），用来镇抚王室的。②

由此可知，顾颉刚认为铸九鼎当在周朝，虽然铸九鼎一说近于神话，但并未否认鼎的存在，相反，他完全否定大禹铸九鼎一事。事实上，顾颉

---

① 顾颉刚：《论今文尚书著作时代书》，载氏编：《古史辨》第一册，第171页。
② 顾颉刚：《讨论古史答刘胡二先生》，载氏编：《古史辨》第一册，第117—118页。

刚在《讨》文的主旨是提出"禹是西周中期起来"[①]一论,而九鼎不能铸于夏代,大禹也未曾铸鼎,加上顾颉刚一直认为大禹与夏没有关系[②],所以全盘否定大禹铸九鼎。

顾颉刚提出"禹为动物"的说法,也与九鼎有关。因为顾颉刚认为"禹或是九鼎上铸的一种动物,当时铸鼎象物,奇怪的形状一定很多,禹是鼎上动物的最有力者;或者有敷土的样子,所以就算他是开天辟地的人"[③],所以顾颉刚认为禹为动物,盖出于九鼎。事实上,顾颉刚的论点难以成立,燹公盨铭文已证实大禹传说在西周已流行;《左传》"贡金九牧"之说,也不能因为九州传说起于战国而被否定,因为九州的范围与龙山时代的文化区系相对应[④],而非顾颉刚认为在陕西中部和河南西部。

顾颉刚讨论九鼎与其"大禹是条虫"的论点相关,柳诒徵就讥笑顾不懂《说文》的义例:

> 比有某君谓古无夏禹其人,诸书所言之禹皆属子虚乌有。叩其所据,则以《说文》释"禹"为虫不指为夏代先王,因疑禹为九鼎所图之怪物,初非圆颅方趾之人。[⑤]

顾颉刚就柳诒徵的指控做了这样的回应:

> 古人在器物上刻镂神迹,是很普遍的事实,有现存的遗物可证。《左传》所谓"铸鼎象物,使民知神奸",是不错的。《吕氏春秋》说"得陶,化益,真窥,横革,之交五人佐禹,故功绩铭于金石,着于盘盂"(《求人篇》),可见禹一起人也是刻镂在器物上的。但器物上的人总是怪物模样的(现存古器可证),所以禹有怪物模样也是在情

---

① 顾颉刚:《讨论古史答刘胡二先生》,载氏编:《古史辨》第一册,第125页。
② 同上书,第114—116页。
③ 顾颉刚:《与钱玄同先生论古史书》,载氏编:《古史辨》第一册,第78页。
④ 邵望平:《〈禹贡〉"九州"的考古学研究》,收入郑杰祥编:《夏文化论集》下,第500—519页。
⑤ 柳诒徵:《论以〈说文〉证古史必先知〈说文〉之谊例》,载顾颉刚编:《古史辨》第一册,第185页。

理之内。《吕氏春秋》又言"周鼎着饕餮"(《先识览》);又言"周鼎着倕"(《离谓篇》)。饕餮的形象,现在在鼎上很易看见,乃是大耳大眼长面的兽。倕是垂,正是《尧典》中禹的同官。《吕氏春秋》所谓"周鼎",就是《左传》中所谓"夏鼎",即"九鼎"。垂既上得九鼎,那么,禹的图上九鼎也未始不是可能事了。①

顾颉刚认为器物上的怪物有助禹之官,禹被铸上九鼎都是情理之内。所以,九鼎上有禹像就不是无可能的事。

第二节 铸九鼎的意义

无论铸鼎者是大禹还是启,铸九鼎都有重要的意义。《左传·宣公三年》"问鼎中原"的故事中,王孙满回答庄王的话时,指鼎上有"魑魅魍魉"的"象物"②,这是把鼎形象化的描绘。深刻地揭示了青铜艺术的政治属性③,特别是"铸鼎象物"中的"物",魑魅魍魉,莫不皆有,均可被解释成图腾、族徽、符咒、纹饰或动物崇拜时,铸鼎时的物就被描绘成不同神怪的图像。《吕氏春秋·先识》篇载:

  周鼎著饕餮,有首无身,食人未咽,害及其身,以言报更也。④

虽然,此处只就周鼎立言,实此种花纹,早盛行于殷商。所谓"饕餮",也就是青铜器上的兽面纹⑤,自北宋以来金石学的书籍一直称商周铜器上的神怪形的兽面为饕餮纹。⑥吉德炜就认为,不了解"饕餮",是难

---

① 顾颉刚:《答柳翼谋先生》,载氏编:《古史辨》第一册,第190—191页。
② 杜预注,孔颖达疏:《春秋左传正义》卷二十一《宣公三年》,第1868页。
③ 邵学海:《先秦艺术史》,济南:山东画报出版社,2010年,第251页。
④ 高诱注:《吕氏春秋》卷十六《先识览第四·先识》,第180页。
⑤ 林巳奈夫著,常耀华等译:《神与兽的纹样学——中国古代诸神》,北京:生活·读书·新知三联书店,2009年,第7页。
⑥ 张光直:《商周铜器上的动物纹样》,收入氏著:《中国青铜时代》,第357页。北宋以来许多著录中讲的商代青铜器,实际只限于殷墟期的器物。较早的二里岗青铜器,要到20世纪50年代河南郑州二里岗、辉县琉璃阁等地发掘才确定的。

于了解殷商史①。事实上，不了解"饕餮"，也难于了解中国上古史，因为反映夏代考古的二里头文化中的青铜器都已有几何纹图案，并继续和发展成兽面形象②，"饕餮"的前身已在夏商之际呈现在青铜器之上。③

巫鸿在《九鼎传说与中国古代美术中的"纪念碑性"》一文中④，对于铸九鼎的意义作了深入的研究，极具代表性。他认为九鼎有三个不同层次上的意义。首先，九鼎的主要作用是纪念中国古代最重要的政治事件——夏代的建立，也标志着"王朝"的肇始，由此把之前的中国认为是各地部落的集合，在此以后的中国则是具有中央政权的政治实体。所以九鼎是一个集合性的"纪念碑"（Monument）。前引王孙满的话揭示出，九鼎上铸有不同地域的"物"，这些地域都是夏的盟国，贡"物"于夏就是表示臣服于夏，"铸鼎象物"也就意味着这些地域进入了以夏为中心的同一政治实体，所以王孙满所说的九鼎可"使民之知神奸"就是进入夏联盟的所有部落和方国都被看成是"神"，而所有的敌对部落和方国则被视为"姦"（奸）。

其次，王孙满认为任何王朝都不能避免地要灭亡，即使是周王朝的统治也不超过三十代。而鼎是反映权力的集中，九鼎的迁徙指明了王朝的更替，也就是"桀有昏德，鼎迁于商，载祀六百。商纣暴虐，鼎迁于周"的意思，所以九鼎象征的就是政治权力本身。

再次，当统治者拥有九鼎，他就理所当然的是天命的所有者，这也是野心勃勃的楚王要问鼎的缘故，也是王孙满回答"周德虽衰，天命未改，鼎之轻重，未可问也"的原因，所以即使周德衰落，周王仍然是九鼎的拥有者，仍是王朝的合法统治者，所以对于楚王来说，夺九鼎则是获得

---

① David N. Keightley, *Sources of Shang History*, Berkeley and Los Angeles: University of California Press, 1978, p. 137.

② Xiaoneng Yang, *Reflections of Early China: Décor, Pictographs, and Pictorial Inscriptions*, Seattle and London: The University of Washington Press, 2000, p. 176.

③ 亦有学者认为二里头陶器上的兽面纹已是饕餮纹。详参李伯谦：《夏文化探索与中华文明与形成研究》，载氏著：《文明探源与三代考古论集》，第26—27页。

④ 巫鸿：《九鼎传说与中国古代美术中的"纪念碑性"》，收入氏著：《礼仪中的美术：巫鸿中国古代美术史文编》上卷，第45—69页。

王朝权力的第一步。①

张光直理解王孙满的说话则略有不同，他认为铸鼎上表现了物的形象，使人知道哪些动物可以助人通天地，哪些动物则不可。所以根据王孙满的说法，动物中有若干能帮助巫觋通天地，而它们的形象就铸在青铜器上。②更准确地说，"铸鼎象物"的"物"是"牺牲之物"或"助巫觋通天地之动物"。③

最早记载九鼎传说的《左传》和《墨子》都不约而同地反映了九鼎的核心在于权力的转移，并提到对山川矿藏的控制。张光直就认为九鼎传说像是中国青铜发明的神话。④再者，九鼎的字面意思是"九个鼎形器物"，但"九"在古文献中表示众多之义，对青铜器的占有和炫耀，只可能是为了富有，大批青铜器作为陪葬品，也应该视为一种炫耀性的行为⑤，九鼎正是这巨大财富的象征。《左传·襄公十九年》就云：

> 且夫大伐小，取其所得，以作彝器，铭其功烈，以示子孙，昭明德而惩无礼也。⑥

---

① 巫鸿此文曾掀起学术界极大回响，有不少相关的评论文章，据李零的统计相关评论至少有七篇，包括罗泰（Lothar von Falkenhausen，见 *Early China*, vol. 21, 1996, pp. 183-199）、拉齐曼（Charles Lachman，见 *The Journal of Asian Studies*, vol. 56, no. 1, Feb 1997, pp. 194-196）、哈利斯（Robert E. Harrist Jr.，见 *Oriental Art*, vol. 43, no. 2, Summer 1997, pp. 62-63）、戴梅可（Michael Nylan，见 *Artibus Asiae*, vol. 17, 1/2, 1997, pp. 157-166）、柯思纳（Ladislav Kesner，见 *China Review International*, vol. 5, no. 1, Spring, 1998, pp. 35-51）、贝格利（Robert Bagley，见 *Harvard Journal of Asiatic Studies*, vol. 58, no. 1, June 1998, pp. 221-256）、杜德兰（Alain Thote，见 *Arts Asiatiques*, vol. 53, 1998, pp. 129-131）。详参李零：《学术"科索沃"：一场围绕巫鸿新作的讨论》，《中国学术》2000 年第 1 辑第 2 期，第 202—216 页。这场讨论并不限于巫文，更伸延到中国学者与西方学者的异同和相互关系，详参夏含夷：《序言》，载氏编：《远方的时习——古代中国精选集》，第 1 页。
② 张光直：《商周铜器上的动物纹样》，收入氏著：《中国青铜时代》，第 365—366 页。
③ Kwang-chih Chang, *Art, Myth, and Ritual, the Path to Political Authority in Ancient China*, p. 64.
④ 中国青铜器起源的确实时间和地区，目前仍是学术界探索的课题。1973 年，陕西临潼姜寨仰韶文化遗址出土的一件圆形残铜片，证明中国在六七千年前已掌握冶铸铜的技艺。而新石器晚期文化，已有为青铜器发展准备了种种前提条件。详参李学勤：《青铜器与古代史》，台北：联经出版事业股份有限公司，2005 年，第 2 页。
⑤ 例如殷商妇好墓，出土铜器就有 468 件之多。详参中国社会科学院考古研究所编：《殷虚妇好墓》，北京：文物出版社，1980 年，第 15—114 页。
⑥ 杜预注，孔颖达疏：《春秋左传正义》卷三十四《襄公十九年》，第 1968 页。

青铜器是财富的象征，其铸造和使用都是为了给统治者和胜利者带来荣耀。① 这亦可解释为何绝大部分青铜铭文有"其子子孙孙永宝用"等句。

有关鼎的传说在日后仍继续推演，至变成日常用语。常言"一言九鼎"就是说秦昭王十五年时，秦围赵都邯郸，赵使平原君赴楚求援，毛遂自愿同往，经毛遂晓以利害，楚王同意救赵，平原君因而赞扬"毛先生一至楚，而使赵重于九鼎大吕，毛先生以三寸之舌，强于百万之师"②，大吕是周室大钟，与九鼎同为国家宝器，"一言九鼎"由是解释成一句话可产生极大力量；"鼎吕"遂指事物言论均具份量。其余如"鼎盛"、"鼎业"、"鼎鼎大名"等，都同具"极大"、"兴盛"的意思，这些词汇都是与鼎在上古时代有极重要地位有关。

第三节 小结

中国古代的艺术研究，多是政治、宗教和艺术结合一起③，从本质上说，中国古代青铜器等于中国古代政治权力的工具，九鼎传说始于夏代也就象征王权的政治权力来自九鼎，对九鼎的象征性地独占，就是对古代艺术品的独占。④ 所以日后就有《左传·宣公三年》成王定鼎之事，指成王在郏鄏亲政，开始掌握国家政权。

大禹铸造九鼎的传说，最完整的记载始于《左传》，《墨子·耕柱》的记载虽近于《左传》，但已加强了神话色彩。《墨子》言启铸鼎；《史》、《汉》言禹铸鼎，而《史》、《汉》的记载本于《左传》，由此可见，汉代有关铸九鼎的传说，基本分成儒、墨两家的两个不同版本。这与前文提及

---

① Kwang-chih Chang, Art, Myth, and Ritual, the Path to Political Authority in Ancient China, pp. 96-97, 100.
② 司马迁：《史记》卷七十六《平原君虞卿列传第十六》，第 2368 页。
③ 马承源：《中国古代青铜器》，上海：上海人民出版社，2007 年，第 35 页。
④ 张光直：《从商周青铜器谈文明与国家的起源》，收入氏著：《中国青铜时代》第二集，台北：联经出版事业股份有限公司，1990 年，第 121、126 页。

的"甘之战"实异曲同工。汉代以后,铸九鼎的神话记载不减,延至近世,疑古学者如崔述、顾颉刚等均不认同上古之时有铸鼎之事,基本否定铸鼎传说。

第六章　告别传说，走入历史——大禹的历史形象

上文揭示大禹的不同传说在历代的演变过程，记录者对传说的描绘，正是反映他们欲把大禹置于一种史学意识当中。大禹的历代评价由是成为"禹学"的重要组成部分，本章从歌颂大禹的言论、诗歌韵语、小说作品、题匾联语、祭禹祀典、书画资料等角度，考察大禹在世人心中的地位评价，这种探索不但对理解大禹传说的演变极富启发性，还有助于我们考察大禹在史学史上的接受程度。故此，本章将告别传说，走入历史。

第一节　颂赞篇章

所谓"颂赞篇章"，即有关歌颂大禹的史料，笔者将相关内容，分成数类，谨以表列形式展示：

表十三　古书中颂赞大禹篇章知见录

分类	时代	人物	记载	出处
歌颂其大德	春秋	孔丘	子曰：巍巍乎！舜、禹之有天下也，而不与焉……子曰：禹，吾无间然矣。菲饮食，而致孝乎鬼神；恶衣服，而致美乎黻冕；卑宫室，而尽力乎沟洫。禹，吾无间然矣。	邢昺疏：《论语注疏》卷八《泰伯第八》，第2487—2488页。
	战国	孟轲	禹八年于外，三过其门而不入。	孙奭疏：《孟子注疏》卷五下《滕文公上》，第2705页。

续表

分类	时代	人物	记载	出处
歌颂其大德	战国	孟轲	万章问曰:"人有言:'至于禹而德衰,不传于贤而传于子。'有诸?"孟子曰:"否,不然也。天与贤则与贤;天与子则与子。昔者舜荐禹于天,十有七年,舜崩。三年之丧毕,禹避舜之子于阳城。天下之民从之,若尧崩之后,不从尧之子而从舜也。禹荐益于天,七年,禹崩,三年之丧毕,益避禹之子于箕山之阴。朝觐、讼狱者不之益而之启,曰:'吾君之子也。'……启贤,能敬承继舜之道。益之相禹也,历年少,施泽于民未久。舜、禹、益相去久远,其子之贤不肖,皆天也,非人之所能为也。"	孙奭疏:《孟子注疏》卷九下《万章上》,第2737—2738页。
	战国	墨子	昔之圣王禹汤文武,兼爱天下之百姓,率以尊天事鬼,其利人多,故天福之,使立为天子,天下诸侯皆宾事之。暴王桀纣幽厉,兼恶天下之百姓,率以诟天侮鬼。其贼人多,故天祸之,使遂失其国家,身死为僇于天下。后世子孙毁之,至今不息。故为不善以得祸者,桀纣幽厉是也。爱人利人以得福者,禹汤文武是也。	孙诒让:《墨子间诂》卷一《法仪第四》,第23页。
	战国	墨子	为天下厚禹,为禹也。为天下厚爱禹,乃为禹之人爱也。厚禹之加于天下,而厚禹不加于天下。若恶盗之为加于天下,而恶盗不加于天下。	孙诒让:《墨子间诂》卷十一《大取第四十四》,第405页。
	战国	韩非	禹之王天下也,身执耒臿,以为民先,股无胈,胫不生毛,虽臣虏之劳不苦于此矣。	王先慎:《韩非子集解》卷十九《五蠹第四十九》,第443页。
	战国	左丘明	禹、汤罪己,其兴也悖焉;桀、纣罪人,其亡也忽焉。	杜预注,孔颖达疏:《春秋左传正义》卷九《庄公十一年》,第1770页。
	战国	左丘明	见舞《大夏》者,曰:"美哉,勤而不德,非禹其谁能修之?"	杜预注,孔颖达疏:《春秋左传正义》卷三十九《襄公二十九年》,第2008页。
	汉		孔子曰:禹立三年,百姓以仁遂焉。	郑玄注,孔颖达疏:《礼记正义》卷五十五《缁衣第三十三》,第1648页。

续表

分类	时代	人物	记载	出处
歌颂其治水功绩	战国	尸佼	古者，龙门未辟，吕梁未凿，河出于孟门之上，大溢逆流，无有丘陵，高阜灭之，名曰洪水。禹于是疏河决江，十年未阚其家，手不爪，胫不毛，生偏枯之疾，步不相过，人曰禹步。 …… 禹兴利除害，为万民种。	尸佼著，汪继培辑：《尸子》卷下，第36、38页。
	战国	孟轲	当尧之时，天下犹未平，洪水横流，泛滥于天下，草木畅茂，禽兽繁殖，五谷不登，禽兽逼人。兽蹄鸟迹之道，交于中国。尧独忧之，举舜而敷治焉。舜使益掌火，益烈山泽而焚之，禽兽逃匿。禹疏九河，瀹济漯而注诸海；决汝汉，排淮泗而注之江，然后中国可得而食也。	孙奭疏：《孟子注疏》卷九下《万章上》，第2737—2738页。
	战国	孟轲	禹思天下有溺者，由己溺之也。	孙奭疏：《孟子注疏》卷八下《离娄下》，第2731页。
	战国	庄周	墨子称道曰："昔者禹之湮洪水，决江河而通四夷九州也，名山三百，支川三千，小者无数。禹亲自操橐耜而九杂天下之川，腓无胈，胫无毛，沐甚雨，栉疾风，置万国。禹，大圣也，而形劳天下也如此。"使后世之墨者多以裘褐为衣，以跂蹻为服，日夜不休，以自苦为极，曰："不能如此，非禹之道也。不足为墨。"	郭庆藩：《庄子集释》，《离篇》卷八《天下第三十三》，第289—290页。
	战国	左丘明	茫茫禹迹，画为九州。经启九道，民有寝庙，兽有茂草，各有攸处，德用不扰。	杜预注，孔颖达疏：《春秋左传正义》卷二十九《襄公四年》，第1933页。
	战国	左丘明	刘子曰："美哉禹功，明德远矣。微禹，吾其鱼乎！吾与子弁冕端委，以治民临诸侯，禹之力也。"	杜预注，孔颖达疏：《春秋左传正义》卷四十一《昭公元年》，第2021页。
	战国	荀卿	禹有功，抑下洪，辟除民害逐共工；北决九河，通十二渚疏三江。禹敷土平天下，躬亲为民行劳苦。	《荀子》注释组：《荀子新注》卷二十五《成相》，第419—420页。
	战国	孟轲	禹之行水也，行其所无事也。如智者亦行其所无事，则智亦大矣。	孙奭疏：《孟子注疏》卷八下《离娄下》，第2730页。

续表

分类	时代	人物	记载	出处
歌颂大禹为后世带来的好处	战国	孟轲	白圭曰:"丹之治水也,愈于禹。"孟子曰:"子过矣。禹之治水,水之道也。是故禹以四海为壑,今吾子以邻国为壑。水逆行,谓之洚水。洚水者,洪水也,仁人之所恶也。吾子过矣。"	孙奭疏:《孟子注疏》卷十二下《告子下》,第2761页。
	秦	吕不韦	大智不形,大器晚成,大音希声。禹之决江水也,民聚瓦砾,事已成,功已立,为万世利。禹之所见者远也。	高诱注:《吕氏春秋》卷十六《先识览第四·乐成》,第188页。
	秦	吕不韦	尧以天下让舜,鲧为诸侯,怒于尧曰:"得天之道者为帝,得地之道者为三公。今我得地之道,而不以我为三公。"以尧为失论,欲得三公。欲甚猛兽,欲以为乱,比兽之角,能以为城,举其尾能以为旌,召之不来,仿佯于野,以患帝舜。于是殛之于羽山,副之以吴刀。禹不敢怒,而反事之,官为司空,以通水潦,颜色黎黑,步不相过,窍气不通,以中帝心。	高诱注:《吕氏春秋》卷二十《恃君览第八·行论》,第267页。
	汉	刘安	昔者,夏鲧作三仞之城,诸侯背之,海外有狡心。禹知天下之叛也,乃坏城平池,散财物,焚甲兵,施之以德,海外宾伏,四夷纳职,合诸于涂山,执玉帛者万国。	何宁:《淮南子集释》卷一《原道训》,第29—30页。

上表主要的言论来自先秦两汉,集中在言论,盖后世颂赞大禹的载体由言论而变成以韵文为主,特别是诗歌。先秦各家对大禹的言论主要持正面,"仁"、"贤"、"勤"、"为民除害"都是常见的主题。

秦汉以后,对大禹赞扬的言论大幅增加,这与统治者把大禹定为圣贤君主有着密不可分的关系。汉武帝年间,因应当时多次的黄河水灾,而进行瓠子塞防的治水工程。当时,武帝的期望是:

> 昔禹疏九江,决四渎。闲者河溢皋陆,堤繇不息。朕临天下二十有八年,天若遗朕士而大通焉。《乾》称"蜚龙","鸿渐于般",朕意庶几与焉。①

---

① 司马迁:《史记》卷二十八《封禅书第六》,第1391页。

汉武帝想起治水就联想到大禹的传说。但更为重要的是，在于武帝把大禹"圣人"身份确立下来：

> 齐人延年上书言："河出昆仑，经中国，注勃海，是其地势西北高而东南下也。可案图书，观地形，令水工准高下，开大河上领，出之胡中，东注之海。如此，关东长无水灾，北边不忧匈奴，可以省堤防备塞，士卒转输，胡寇侵盗，覆军杀将，暴骨原野之患。天下常备匈奴而不忧百越者，以其水绝壤断也。此功一成，万世大利。"书奏，上壮之，报曰："延年计议甚深。然河乃大禹之所道也，圣人作事，为万世功，通于神明，恐难改更。"①

这段史料说明武帝以"河道乃是圣人大禹所定"为由，没有采纳变更河道，但后来瓠子塞防工程成功，其理由就是：

> 于是卒塞瓠子，筑宫其上，名曰宣房宫。而道河北行二渠，复禹旧迹，而梁、楚之地复宁，无水灾。②

当世治水工程成功，全因"复禹旧迹"，可见大禹对国家的功劳在汉代已经深入民心，皇帝奉为"圣人"之论也为后世对大禹正面评价奠下了基础。

汉晋之际，不断有人以华夏祖先的概念赋予移入中国的"五胡"统治者身上。《史记》称"匈奴，其先祖夏后氏之苗裔也，曰淳维"③，司马迁回答了匈奴族源的问题，成为后世把夏后氏当成匈奴始祖的根据。④ 北夏（407—431）建立者匈奴人赫连勃勃就曾声称"朕大禹之后，世居幽

---

① 班固：《汉书》卷二十九《沟洫志第九》，第1686页。
② 司马迁：《史记》卷二十九《河渠书第七》，第1413页。
③ 司马迁：《史记》卷一百一十《匈奴列传第五十》，第2879页。
④ 司马迁处理匈奴起源问题，似乎没有经过详细的考虑，相关意见可参陈序经：《匈奴史稿》，北京：中国人民大学出版社，2007年，第111—125页。事实上，司马迁叙述外族的列传中，常常说他们的祖先是华夏苗裔，如在《东越列传》中："闽越王无诸及越东王摇者，其先皆越王勾践之后也"，司马迁：《史记》卷一百一十四《东越列传第五十四》，第2979页；在《朝鲜列传》："朝鲜王满者，故燕人也"（司马迁：《史记》卷十五《朝鲜列传第五十五》，第2985页）。

朔"①，上承《史记》匈奴人来源于夏后氏的说法，更表明自己乃大禹之苗裔。这反映出外族未置己于华夏圈之外②，事实上，其他非中原家族，都与大禹扯上关系，如《晋书》记载"姚弋仲，南安赤亭羌人也。其先有虞氏之苗裔。禹封舜少子于西戎，世为羌酋"③；《元和姓纂》亦记载党姓之羌"自云夏后氏之后"④。这些例子排除非中原人要以华夏始祖作为自己的祖先以建立华夏人认同外，他们（至少匈奴族统治者、自称"羌"的豪酋家族）选择大禹（而非其他华夏始祖），在一定程度上是对大禹的认同、接受和评价等同中原人。

第二节 咏禹诗词

历代骚人墨客留下歌颂大禹的文学作品汗牛充栋，笔者搜集自《诗经》以至清代的集部咏禹的诗词，并制成"历代咏禹诗词作品知见录"（附表一），当中以游览禹迹后所发之感为主，特别在唐宋以后，大禹形象已基本定型。从过百首的诗词作品中，笔者以题目分13类，统计诗人起题时所用之题目，统计见下表：

表十四 咏禹诗词题目统计表

题目	大禹/夏禹/禹王	禹庙	禹穴	禹寺	禹陵	禹迹	禹祠	会稽	窆石	龙门	治水	涂山	其他	合并[1]	合共
先秦													5		5
汉晋		1													1
唐	2	10	1								1	3			17
五代		1													1

---

① 房玄龄：《晋书》卷一百三十《赫连勃勃载记第三十》，第3205页。
② 刘学铫：《历代胡族王朝之民族政策》，台北：知书房出版社，2005年，第98页。
③ 房玄龄：《晋书》卷一百一十六《姚弋仲载记第十六》，第2959页。
④ 林宝撰，岑仲勉校记：《元和姓纂》卷七，北京：新华书店，1994年，第1086页。

续表

题目	大禹/夏禹/禹王	禹庙	禹穴	禹寺	禹陵	禹迹	禹祠	会稽	窆石	龙门	治水	涂山	其他	合并[1]	合共
宋	3	15	4	3	4		4	2				2	7		44
金元		2	1												3
明清	6	16	5		19	1		2	2	1	1	1	3	2	59
合共	11	45	11	3	23	1	4	4	2	1	1	4	18	2	130

1 "合共"指题目同时有两个或以上的分类，分别是附表一序号118黄景仁的《涂山禹庙》及119阮元的《会稽山谒大禹陵》。所以附表一共载诗126首，但表十四合共有130首诗词。

  从附表一可见，咏禹诗词以诗占最大部分，形成主流，而宋朝以后，咏禹诗也开始承唐诗之余绪而进入另一发展期，题材开拓比唐时期广泛。[①] 至于辽金元时代，金代的咏史诗无论在质量或数量上都远超辽代[②]，以至辽代缺乏咏禹作品也不称奇。明清时期的咏禹作品数量比宋代多，但实际上明清两代五百多年的国祚已超过两宋，而数量只多约十数首，相比之下，明清咏禹作品数量应按比例少，不过，题目上却比宋代起了明显变化，先是题目比宋代多，更重要的是，明清以"禹陵"起题的诗词作品为历代之冠，相信是与明清时期帝王于禹陵祭禹之风气有关，是一种由上而下的大禹崇拜和大禹接受的现象。此外，13种主题中，有关大禹遗迹的题目占了6种，共有87首诗词以此起题，占所有咏禹诗词接近七成，可见诗人多是游览大禹遗迹后发思古之幽情而产生咏禹的作品。

  相反，题目与大禹事功有关的则寥若晨星，治水、会诸侯等几乎不见于题目。这个现象不能解释为诗人不关心或重视大禹事功，因为多数咏禹作品都围绕"窆石"、"玉帛"、"防风"三大主题。"窆石"本指下葬时所用的石[③]，现时会稽禹陵左边有窆石亭，亭中有两米高的石，据说就是大禹下棺时所用，似是对应《墨子》"禹东教乎九夷，道死，葬会稽之山，

---

① 事实上，咏史诗在宋代颇盛，《宋史·艺文志》著录咏史诗集颇多，惜半数散佚。
② 赵望秦、张焕玲：《古代咏史诗通论》，北京：中国社会科学出版社，2010年，第154页。
③ 《说文解字》："窆，葬下棺也"（卷七下《穴部》），第153页，可知"窆"本为动词。

衣衾三领，桐棺三寸"①之言。据徐蔚南的记载，"越州妇女每至此亭时，以石子遥投窆石上的小孔，据说中则生男，不中则生女"②，这样毫无科学理性的说法被代代相传，越州（会稽）人视之为生殖崇拜的象征，与石头的生殖崇拜不谋而合。③ "玉帛"则引"执玉帛者万国"④之典，歌颂大禹以礼会诸侯，"防风"的主题，则多记禹杀防风之事。

唐宋以后，咏史诗盛⑤，一些诗人专以咏史为诗题，当中又有不少有咏禹的作品。王禹偁、释智圆、王十朋以至元明之际的杨维桢都非只曾咏大禹一人。⑥ 根据附表一，笔者暂时统计出有95位咏禹的诗人，如以籍贯来分类，以浙江省最多，江苏省次之，试看下表：

表十五　咏禹诗词作者籍贯统计表⑦

	湖南	湖北	山东	山西	江西	河南	河北	江苏	福建	浙江	广东	四川	安徽	甘肃	辽宁	陕西	不可考	合共
先秦																		
汉晋						1												1

---

① 孙诒让：《墨子间诂》卷六《节葬下二十五》，第184页。
② 徐蔚南：《永兴王与大禹》，载王世颖、徐蔚南编：《龙山梦痕》，开明书店，1947年，第60页。
③ 有关大禹与石头生殖崇拜，参本书第二章。
④ 杜预注，孔颖达疏：《春秋左传正义》卷五十八《哀公七年》，第2163页。
⑤ 咏史诗随着古典诗歌在唐代的鼎盛而进入黄金时代，出现众多杰出的咏史诗人及优秀作品，诗作内容多样化，或借史抒怀，或针砭时弊，或寄寓感慨，或发表议论，体裁亦由魏晋时期单一的五、七言古体发展至既有骈体，又有五、七言绝句和律诗，众体兼备。宋诗也继承唐诗之岭而发展另一高峰，两宋的咏史诗创作群空前壮观，体裁更广至楚辞体以及四、六言古体、近体等。详参赵望秦、张焕玲：《古代咏史诗通论》，北京：中国社会科学出版社，2010年，第55、112—114页。许钢：《咏史诗与中国泛历史主义》，台北：水牛图书出版事业有限公司，1991年，第23—62页。
⑥ 王禹偁的咏史诗有十余首，多涉及秦汉间历史人物。释智圆创作了十七首咏史诗，多以独特角度审视历史人物或事件，发前人所未发，独成一家。王十朋，自幼天资颖悟，曾任国史编修官，具深厚史学修养，他的咏史诗多以组诗形成创作。元人杨维桢，咏史诗作品只五百四十首，他以乐府体创作咏史组诗，把咏史诗裁推到另一高峰，后世仿傚者众。详参赵望秦、张焕玲：《古代咏史诗通论》，第121、142—143、213—214页。
⑦ 本表所列省份不把古今省县变迁为考虑，只以诗人籍贯相当于今省份为准。

续表

	湖南	湖北	山东	山西	江西	河南	河北	江苏	福建	浙江	广东	四川	安徽	甘肃	辽宁	陕西	不可考	合共
唐	1		1	2		2				2			1			1	3	13
五代									1									1
宋				1	2	1		2	3	9		3	3	1		1	5	31
金元				1			1			1								3
明清	2	1	1	1	3		1	7		17	2	1	1		2		7	46
合共	3	1	2	5	5	4	2	9	3	30	2	4	5	1	2	2	15	95

两省合共有 39 位诗人曾创作咏禹诗词，占总数的四成，而两省地理位置毗连，禹迹处处的会稽、越州也正是处于浙江省，说明诗人好咏本省或相邻地的禹迹。事实上，不论本省或他省的作者，很多都与会稽和越州有一地之缘，如唐人宋之问曾任越州（会稽）长史；[1] 孟简曾任越州刺史；[2] 薛苹曾任浙江东道观察使；[3] 李绅本为安徽人，他父亲曾任浙江吴兴县令，他本人亦曾任越州刺史、浙东观察使；[4] 有多首咏禹作品的宋人张伯玉本为福建人，亦曾任越州度支郎中；[5] 钱公辅本为江苏人，曾任越州通判；[6] 刘一止本为浙江人，曾任越州教授；[7] 高斯得曾任绍兴通判；[8] 吴

---

[1] 刘昫：《旧唐书》卷一百九十中《文苑传第一四〇中·宋之问》，第 5025 页；欧阳修等：《新唐书》卷二百二《文艺传第一百二十七·宋之问》，第 5750 页。
[2] 刘昫：《旧唐书》卷一百六十三《孟简传第一一三》，第 4258 页。
[3] 刘昫：《旧唐书》卷一百八十五下《良吏下第一三五下》，第 4832 页；欧阳修等：《新唐书》卷一百六十四《薛苹传第八十九》，第 5044 页。
[4] 刘昫：《旧唐书》卷一百七十三《李绅传第一二三》，第 4499 页；欧阳修等：《新唐书》卷一百八十一《李绅传第一〇六》，第 5349 页。
[5] 邹志方点校：《〈会稽掇英总集〉点校》卷十八，北京：人民出版社，2006 年，第 278 页。
[6] 脱脱等：《宋史》卷三百二十一《钱公辅传第八十》，第 10421 页。
[7] 脱脱等：《宋史》卷三百七十八《刘一止传第一三七》，第 11672 页。
[8] 脱脱等：《宋史》卷四百八《高斯得传第一六八》，第 12323 页。

文英亦为浙江人，长期于越州生活；①明人陈子龙亦曾在绍兴任推官；②黄宗羲本为浙江人，曾于绍兴讲学；清人蒋平阶晚年定居会稽；③阮元为江苏人，亦曾任浙江巡抚。④由此可见，咏禹作品的作者群中不少同为当地人，并长期居于禹迹处处的会稽、越州。而其他非本省的作者，或任官、讲学、定居，都曾于江浙一带生活，配合作品的主题多为游览禹迹后所发的思古之情可见，咏禹诗词不受地域、身份、时代所限。

咏禹诗词中不乏题材匠心独运，别出心裁的作品，这些作品均反映诗人对大禹独到的见解和感情。唐代诗歌独盛，杜甫的《禹庙》可谓禹颂作品中的典型代表作：

> 禹庙空山里，秋风落日斜。荒庭垂橘柚，古屋画龙蛇。云气嘘青壁，江声走白沙。早知乘四载，疏凿控三巴。⑤

诗中歌颂大禹不畏艰险，为民造福的精神，"荒庭垂橘柚，古屋画龙蛇"两句虽写禹庙景色⑥，实暗含大禹事迹，而"早知乘四载，疏凿控三巴"，实指诗人歌颂大禹治水，以控制巴郡（今四川）一带不被洪水所掩。类似以治水功绩为主题的代表作还有周昙的《夏禹》：

> 尧违天孽赖询谟，顿免洪波浸碧虚。海内生灵微伯禹，尽应随浪化为鱼。⑦

---

① 吴蓓：《前言》，载吴文英著，吴蓓笺校：《梦窗词汇校笺释集评》，杭州：浙江古籍出版社，2007年，第1页。
② 张廷玉：《明史》卷二百七十七《陈子龙传第一六五》，北京：中华书局，1974年，第7097页。
③ 嵇曾筠：《浙江县志》，《景印文渊阁四库全书·史部二七七·地理类》，册五二四，卷一九五《寓贤下》，第326页上。
④ 赵尔巽等：《清史稿》卷三百六十四《阮元传第一五一》，北京：中华书局，1977年，第11421页。
⑤ 杜甫：《禹庙》，载氏著，仇兆鳌注：《杜少陵集详注》卷十四，第79页。
⑥ 《尚书禹贡》载："厥包橘柚"，孔颖达疏：《尚书正义》卷六《禹贡》，第149页，大禹治水后，岛夷居民把丰收的枯柚献给大禹；《孟子·滕文公》："禹驱蛇龙而放之菹"，孙奭疏：《孟子注疏》卷六下《滕文公章下》，第2714页，使龙蛇不再兴水患。
⑦ 收入《全唐诗》卷七百二十八，第8338页。周昙有《再吟·夏禹》一诗，见"附表一"。

诗中先引尧时洪水的传说，夸张地表达洪水浸上碧虚天空之现象，但海内生灵因得大禹治水，化险为夷，否则全民只能随浪成鱼。

除了一些歌颂大禹治水的代表作品外，亦罕见一些不乏特别主题的集部作品。由于历来水利工程之无间断，加上大禹治水成功，难免使人产生对大禹之想象及寄予的愿望，白居易在《自蜀江至洞庭湖口有感而作》一诗中即云：

> 江从西南来，浩浩无旦夕。长波逐若泻，连山凿如劈。千年不壅溃，万姓无垫溺。不尔民为鱼，大哉禹之绩。导岷既艰远，距海无咫尺。胡为不讫功，余水斯委积？洞庭与青草，大小两相敌。混合万丈深，淼茫千里白。每岁秋夏时，浩大吞七泽。水族窟穴多，农人土地窄。我今尚嗟叹，禹岂不爱惜！邈未究其由，想古观遗迹。疑此苗人顽，恃险不终役。帝亦无奈何，留患与今昔。水流天地内，如身有血脉。滞则为疽疣，治之在针石。安得禹复生，为唐水官伯？手提倚天剑，重来亲指画。疏河似剪纸，决壅同裂帛。渗作膏腴田，踏平鱼鳖宅。龙宫变闾里，水府生禾麦。坐添百万户，书我司徒籍。①

全诗充分反映乐天的想象，除了呈现出诗人对大禹复生之希望，亦赞叹了大禹治水之鬼斧神工。与白居易和元稹共倡"新乐府"诗体的诗人李绅，虽传世作品不多②，但亦留下些咏禹之作，代表作有《禹庙》：

> 削平水土穷沧海，奋锸东南尽会稽。山拥翠屏朝玉帛，穴通金阙架云霓。秘文镂石藏青壁，宝检封云化紫泥。清庙万年长血食，始知明德与天齐。③

---

① 白居易著，朱金城笺校：《白居易集笺校》第一册卷八，上海：上海古籍出版社，1988年，第428—429页。
② 李绅现存《昔游诗》三卷、《雅诗》一卷。详参刘大杰：《中国文学发展史》中册，香港：三联书店（香港）有限公司，1992年，第507页。
③ 邹志方点校：《〈会稽掇英总集〉点校》卷八，第117页。

全诗形象地反映大禹作为平民英雄的功勋和气势，结合自然环境和历史传说，在历史和现实之间，以道德标准歌颂大禹。与此同调的例子也见于五代吴越国时钱俶（即吴越忠逊王钱弘俶，947 年在位）的《题禹庙》：

> 千古英灵孰令论，西来神宇压乾坤。尘埃共锁梅梁在，星斗俱分剑辄存。蟾殿夜寒摇翠帻，麝炉春暖酬琼樽。会稽山下秋风里，长放松声入庙门。①

钱诗气势磅礴，诉说千年来对大禹的致敬。两首七言律诗，无一字直接道及大禹，但言辞间已勾勒出诗人对大禹的敬重。除此之外，禹颂之作中亦有一些略为罕见的主题，如范仲淹的《夏后氏》一诗：

> 景命还将伯益传，九川功大若为迁。讴歌终在吾君子，岂是当时不让贤。②

诗题《夏后氏》实即大禹，本诗认为大禹传王位给启是顺应民心，作者先言天命乃授位予伯益，因为伯益助大禹治水功大，但民心归向的却是大禹之子启。本诗肯定大禹传位正确，否定大禹心存私念，题材是众多禹颂作品之中罕见的。至于毛奇龄《禹庙》一诗，可算是记载最多大禹事迹的咏禹诗之一：

> 夏王四载告成功，别禅苗山起閟宫。玉帛千秋新祼荐，衣冠万国旧来同。金书瘞井封泥紫，窆石悬花映篆红。一自百川归海后，长留风雨在江东。③

诗中记载了大禹治水、会稽山大会诸侯之事迹，最后死葬江南。全诗

---

① 邹志方点校：《〈会稽掇英总集〉点校》卷八，第 117 页。
② 范仲淹：《夏后氏》，收入北京大学古文献研究所编：《全宋诗》卷一百六十六，北京：北京大学出版社，1991 年，第 1879 页。
③ 沈德潜编：《清诗别裁集》卷十一，石家庄：河北人民出版社，1997 年，第 210 页。

既有提及大禹之功，亦引"执玉帛者万国"①之典，说明其功绩遍及万国。诗中的"篆红"应指禹陵旁边的岣嵝碑，是否以篆文写成则难以考释。② 无独有偶，同属清朝的女性作家宋盛慎亦曾关注岣嵝碑的问题，她一首题为《神禹碑》的诗曰：

> 岣嵝碑峰峨峨，万仞出云雾。禹碑在其巅，攀陟疑无路。千古篆文垂，八年心迹著。山径积苔藓，埋没匪朝暮。不有樵者知，空对苍苍树。忆昔随刊初，昏垫民无措。四载履艰阻，岂无神天助。石赤字复青，风雨长呵护。我读今文书，伏女传无误。我惊此碑文，先后争译注。已非蝌蚪书，况殊典谟句。如何元圭锡，别有奇文附。明德怀终古，下拜心悚惧。③

除了毛奇龄外，顾炎武亦有一诗《禹陵》，所记大禹之事尤多：

> 大禹巡南守，相传此地崩。礼同虞帝陟，神契鼎湖升。窆石形模古，墟宫世代仍。探奇疑是穴，考典或言陵。玉帛千年会，山河一气凭。御香来敕使，主守付髡僧。树暗岩云积，苔深壑雨蒸。鸱鹠呼冢柏，蝙蝠下祠灯。余烈犹于越，分封并杞鄫。国谊明德胙，人有霸图称。往者三光坠，江干一障乘。投戈降北固，授玉守西兴。冲主常虚己，谋臣动自矜。普天皆晋禄，无地使贤能。合战山回雾，穷追海践冰。蠡城迷白草，镜沼烂红菱。樵采冈陵遍，弓刀坞壁增。遗文留仆碣，仄径长荒藤。望古频搔首，嗟今更抚膺。会稽山色好，凄恻独攀登。④

---

① 杜预注，孔颖达疏：《春秋左传正义》卷五十八《哀公七年》，第 2163 页。
② 于植元、孙绍华、关纪新编：《中华史诗咏史诗本事》，南宁：广西民族出版社，2000 年，第 870 页。
③ 宋盛慎：《神禹碑》，收入黄秩模编、付琼校补：《国朝闺秀诗柳絮集校补》卷四十二，第 1983 页；又收入贝京点校：《湖南女士诗钞》，《初集》卷第三，长沙：湖南人民出版社，2010 年，第 34 页。
④ 顾炎武著，王蘧常辑注：《顾亭林诗集汇注》下册卷四，上海：上海古籍出版社，2006 年，第 747 页。

本诗先言大禹的事迹包括巡狩江南，并于会稽而崩。诗人加入鼎湖一事喻帝王崩逝为乘龙仙去[1]，此句之后亦有"窆石"、"墟宫"点明大禹葬处。又以大禹会诸侯于涂山一事，歌颂大禹一时无两的"山海一气凭"之气势。并以明代祭先代陵寝[2]，表达大禹"余烈"仍在[3]，后嗣仍存的意思[4]，即使千年之后，大禹明德仍旧。全诗以谒禹陵入题，借大禹会诸侯及巡狩二事，抒发诗人对大禹葬于会稽后的情感，与其他咏禹之作不同，全诗无谈及治水之事。

从个别作者的发表作品数量上看，苏轼咏禹作品之多，应列冠军。苏轼有很多有关大禹的作品，诗文中流露出对大禹的颂赞：

> 夫言有大而非夸，达者信之，众人疑焉。孔子曰："天之将丧斯文也，后死者不得与于斯文也。"孟子曰："禹抑洪水。孔子作《春秋》而予距杨、墨。"盖以是配禹也。文章之得丧，何与于天？而禹之功与天地并，孔子、孟子以空言配之，不已夸乎。[5]

为何苏轼认为"禹之功与天地并"？其中定与治水有功有关：

---

[1] 《史记·封禅书》说："黄帝采首山铜铸鼎于荆山下。鼎既成，有龙垂胡髯下迎黄帝。黄帝上骑，群臣后宫从上者七十余人，龙乃上去。余小臣不得上，乃悉持龙髯，龙髯拔，堕，堕黄帝之弓。百姓仰望黄帝既上天，乃抱其弓与胡髯号，故后世因名其处曰鼎湖，其弓曰乌号。"司马迁：《史记》卷二十八《封禅书第六》，第1394页。

[2] 《明史·礼志》："洪武三年（1370），遣使访先代陵寝，仍命各行省具图以进，凡七十有九。礼官考其功德昭著者，曰伏羲，神农，黄帝，少昊，颛顼，唐尧，虞舜，夏禹，商汤、中宗、高宗，周文王、武王、成王、康王，汉高祖、文帝、景帝、武帝、宣帝、光武、明帝、章帝，后魏文帝，隋高祖，唐高祖、太宗、宪宗、宣宗，周世宗，宋太祖、太宗、真宗、仁宗、孝宗、理宗，凡三十有六。各制衮冕，函香币。遣秘书监丞陶谊等往修祀礼，亲制祝文遣之。每陵以白金二十五两具祭物。陵寝发者掩之，坏者完之。庙敝者葺之。无庙者设坛以祭。仍令有司禁樵采。岁时祭祀，牲用太牢"，张廷玉：《明史》卷五十《礼志第二十六》，第1291—1292页。可见大禹在明初受明代君主祭祀，并位列第八。

[3] 司马迁认为"越世世为公侯，盖禹之余烈也"，《史记》卷一百一十四《东越列传第五十四》，第2984页。

[4] 《国语·周语》载："有夏虽衰，杞、鄫犹在"，徐元诰：《国语集解·周语下第三》，第97页，说明夏代虽已败亡，亦有后人在。

[5] 苏轼：《六一居士集叙》，载氏著：《苏东坡全集》第四册卷十，第224页。

> 禹治洪水，排万世之患，使沟壑之地，疏为桑麻，鱼鳖之民，化为衣冠。①

苏轼亦站在传统儒家角度，认为"禹、汤、文、武之威德亦儒者之极功"②，大禹之所以有如此"极功"，不只在治水，亦在待民以仁义：

> 尧、舜、禹、汤、文、武、成、康之际，何其爱民之深，忧民之切，而待天下以君子长者之道也。③

苏轼认为大禹之功应大书特书，如在《宿余杭法喜寺寺后绿野亭望吴兴诸山怀孙莘老学士》一诗中云：

> 徙倚秋原上，凄凉晚照中。水流天不尽，人远思何穷，问谍知秦过，看山识禹功。④

此句原注曰："余杭，始皇所舍舟也。西北舟枕山。尧时洪水，系舟山上。"⑤上文曾引苏轼弟辙的《涂山》一诗，除了反映涂山一地在文化上的地位外，还可注意诗人对大禹的评价：

> 娶妇山中不肯留，会朝山下万诸侯。古人辛苦今谁信，只见清淮入海流。⑥

诗中先言大禹娶后不肯留下，因公忘私，又认为大禹治水辛苦，是典型歌颂大禹不留恋新婚、公而忘私、国而后家的精神。

此外，赵翼在《丹阳道中》一诗中，一反隋炀帝被批评的传统，把

---

① 苏轼：《儒者可与守成论》，载氏著：《苏东坡全集》第四册卷二，第27页。
② 同上书，第28页。
③ 苏轼：《省试刊赏忠厚之至论》，载氏著：《苏东坡全集》第四册卷二，第22页。
④ 苏轼：《宿余杭法喜寺寺后绿野亭望吴兴诸山怀孙莘老学士》，载氏著：《苏东坡全集》第一册卷七，第305页。
⑤ 同上书，第306页。
⑥ 苏辙：《涂山》，《和子瞻濠州七绝》，载氏著：《栾城集》卷三，第43页。

炀帝与大禹同列,高度评价大禹:

> 疏凿痕犹见,舟行似峡中。岸高帆少力,潮逆橹无功。畚锸当年集,舟衍万古通。莫嗤隋炀帝,此举禹王同。①

此诗主题是隋炀帝,认为炀帝开运河,功泽万世。诗歌虽主写炀帝,但赵翼旨在把炀帝评价提高,选择了圣王大禹作对等对象,也可见大禹在赵翼心中功劳甚大。

中国是诗的国度,咏禹诗反映自古以来"文""史"合一的传统,既有深刻的历史内容,亦有动人的艺术加工。咏禹诗人创作的目的和宗旨,大都是歌颂大禹的功德,融史实、叙事、抒情于一炉,对理解大禹评价极具意义。诗词以外,一篇散文、颂语、赋都有零星载有大禹的内容,笔者搜集有关资料,制成附表二《历代论禹文章知见录》,发现所载的都是歌颂大禹为主,题材有禹庙、禹陵等为背景,虽然数量不及诗词,但亦有助后人理解大禹在史学上的形象。

第三节 小说作品

有关大禹的小说作品虽不及诗词类般丰富,却也显得弥足珍贵。题"景陵钟惺"撰的《有夏志传》是讲史小说的名作,采上图下文的形式,全书四卷由夏禹论至桀的败亡,但大禹所占的篇幅不足一卷。小说叙禹王乃鲧之子,其母修己见流星贯昴,梦接而孕,胸折而生禹于石纽,并言大禹生时长九尺二寸。②记载其出生显然本于固有传说,生于石纽亦一定程度反映汉唐以来石纽乃大禹出生地的观点,小说加入大禹的肖像描绘,可谓较新的焦点。

《有夏志传》又载大禹娶涂山女四日后离家治水,乃本《尚书》的说

---

① 赵翼撰:《瓯北集》卷四十,上海:上海古籍出版社,1997 年,第 979 页。
② 钟惺:《有夏志传》,收入《古本小说集成》第七十九册卷一,上海:上海古籍出版社,1990 年,第 1—2 页。

法。然而，记载大禹治水一段则相当神怪，例如言"河精"授禹河图[①]、治水中山时获魌鼠二精[②]，至霍山又遇白尾狐精[③]，治水过程均遇妖精阻碍，但俱被大禹斩之。[④] 小说描绘大禹治水惊涛骇浪，但终在衡山夜梦玄夷苍水使者赠简书，内备导水之法[⑤]，大禹治水成功后，祀于泰山，命禹强庚辰收天下精铜铸九鼎，又大会诸侯于涂山，独防风氏后期不至而戮之。[⑥] 大禹在位二十七年，东巡会稽时崩，伯益率天下臣民共推启为夏王，而《有夏志传》则把伐有扈氏看成是启的功业。[⑦]

《有夏志传》记载大禹的部分花了很大篇幅于其治水之事上，而所依据的就是《山海经》，把《山海经》中的内容略为增减，致《有》书神怪荒诞，提及之处均无史实可依。[⑧] 但值得留意的是，作者把铸九鼎归功大禹，而把伐有扈氏归功于启。大禹在位二十七年之说亦无所据[⑨]，而伯益推举启一事更是无稽之谈，背离史实。

明代周游的《开辟衍绎通俗志传》有数回是铺写大禹事迹的。《开辟衍绎通俗志传》共八十回，题为开辟演义小说，上自盘古，下迄周武王，其中有关大禹的约有五回，分别是第四十八至五十二回，题为《舜帝命禹征三苗》、《舜命禹治水救民》、《舜南狩禅位于禹》、《禹王承位会诸侯》及《禹恶旨酒贬仪狄》。小说先写大禹治水，得玄夷使者所受

---

① 钟惺：《有夏志传》，收入《古本小说集成》第七十九册卷一，第3页。
② 钟惺：《有夏志传》，收入《古本小说集成》第七十九册卷一，上海：上海古籍出版社，1990年，第5—6页。
③ 同上书，第8页。
④ 同上书，第15页。
⑤ 同上书，第36—37页。
⑥ 钟惺：《有夏志传》，收入《古本小说集成》第七十九册，上海：上海古籍出版社，1990年，第117—119页。
⑦ 同上书，第120—122页。
⑧ 《有夏志传》取材《山海经》及作出的取舍增减，可参欧阳健：《〈有夏志传〉与〈山海经〉之双向探考》，载氏著：《明清小说新考》，北京：中国文联出版公司，1992年，第174—206页。
⑨ 大禹在位年数问题，多有争论。《竹书纪年》古、今二本已有出入，古本《竹书纪年》记载为45年，但今本虽有"禹立四十五年"之说，但又有"八年，帝陟"说。参王国维：《今本竹书纪年疏证》，收入方诗铭、王修龄：《古本竹书纪年辑证》，第205页。

治水之经①，三过家门而不入，其妻涂山抱启出视，但大禹不顾以免乱其心②，舜见禹竭诚为民，让位于禹，大禹却携妻、子避于阳城，众臣寻见并拥而立之。③后再写大禹分天下为九州、铸九鼎、别田土、定贡赋、立井田，以这些事迹以建立王权④，时有仪狄献酒于大禹，大禹大醉，于是下令禁酒，并贬仪狄为庶人。⑤

此外，现时存目的《禹会涂山记》和《大禹治水小说》亦是有关大禹的小说作品。两本小说虽已佚，但仍有一些记载可略知其内容一二。阿英（钱德富，另有笔名钱杏邨）编的《晚清文学丛钞》中收录佚名的《小说小话》一文，并载《禹会涂山记》一书乃记：

> 点窜古书，颇见赅博，惟大战防风氏一段，未脱俗套。闻此书系某名士与座客赌胜，穷一日夜之力所成，不知是原本否？⑥

可知《禹会涂山记》记载防风氏一段赅博，当指小说记载上古部落战争时的敷演，《有夏志传》也对此叙之甚详，颇有异曲同工之妙。清前期人沈嘉然著的《大禹治水小说》，同样佚失，但确知有六十卷一百二十回，俞樾对这本小说有这样的记载：

> 国朝徐承烈《燕居续语》云："沈滕友先生名嘉然，山阴人，以能书名。后入江南大宪幕中，尝陋《封神传》小说俚陋，因别创一编，以大禹治水为主，按《禹贡》所历，而用《山海经》敷衍之，

---

① 周游：《开辟衍绎通俗志传》，收入《古本小说集成》第三百四十六册第四十九回，第342页。
② 同上书，第347页。
③ 周游：《开辟衍绎通俗志传》，收入《古本小说集成》第三百四十六册第五十回，第350—353页。
④ 周游：《开辟衍绎通俗志传》，收入《古本小说集成》第三百四十六册第五十一回，第357页。
⑤ 周游：《开辟衍绎通俗志传》，收入《古本小说集成》第三百四十六册第五十二回，第362—364页。
⑥ 佚名：《小说小话》，收入阿英：《晚清文学丛钞·小说戏曲研究卷》，北京：中华书局，1960年，第361页。

参之以《真仙通鉴》、《古岳渎经》诸书。叙禹疏凿遍九州,至一处则有一处之山妖水怪为梗。上帝命云华夫人授禹金书、玉简,号召百神平治之,如庚辰、童律、巨灵、狂章、虞余、黄魔、太翳,皆神将而为所使者也。至急难不可解之处,则夫人亲降,或别求法力最巨者救护之。邪物诛夷、镇压,不可胜数,如刑天帝江、无支祈之类是也。功成之后,其佐理及归命者,皆封为某山、某水之神。卷分六十,目则一百二十回。曹公栋亭(寅)欲为梓行,滕友自以事涉神怪,力辞焉。后自扬返越,覆舟于吴江,此书竟沉于水。滕友亦感寒疾,归而卒。书无副本,惜哉!"①

据徐承烈《燕居续语》的介绍可知,《大禹治水小说》是一部主要描写大禹治水经过的小说,内容虽以《禹贡》为本,但加插很多神怪色彩。沈嘉然虽终因"事涉神怪"为由,没有将小说出版,近代最后一部有关治水的小说竟沉于水,令我们对理解大禹形象与评价丧失了一部重要的史料。

小说虽是"街谈巷语,道听途说者之所造"②,但明清以来,小说在中国文学舞台异军突起,讲史小说更风行一时,对于一代之史事,或依正史,或杂野谈,这类作品文学价值不高,但却为民众所欢迎。以大禹为题材的小说数量并不多,存世的善本更是凤毛麟角,只能从前人转载或收录的辑本中略知大概。然而,大禹题材的小说,都是神魔为本的通俗小说,除了因为神魔小说是明代以后小说题材的主流外③,亦因与大禹以圣贤身份或形象以降魔相结合。事实上,以历史背景为题材的小说早于明代已在民间出现,李日华就提到"然则是编也,不徒广谐,亦可广史;不徒广史,亦可广读史者心"④,这是把史学通俗化和历史知识普及的情

---

① 俞樾:《大禹治水小说》,载氏著:《茶香室三钞》,收入杨家骆编:《俞樾札记五种》卷二十三,台北:世界书局,1985年,第3页。
② 班固:《汉书》卷三十《艺文志第十》,第1745页。
③ 鲁迅:《中国小说史略》,第104页。
④ 李日华:《广谐序》,收入曾祖荫、黄清泉等选注:《中国历代小说序跋选注》,武汉:长江文艺出版社,1982年,第76页。

况。① 以大禹传说为主题的小说同具这类效果。

踏入 20 世纪，鲁迅创作小说《理水》，亦是大禹治水为背景。小说分成四个层次，先言治水前的情况，次写治水活动的开始，再谈大禹治水的方针，最后写治水的成功。《理水》明言大禹的存在，致力塑造大禹英雄的形象。受时代的局限，《理水》难免有阶级斗争的内容，把大禹、禹的同事与水利局大员、文化山上的学者对立，又充满爱国主义激情。无论如何，身为绍兴人的鲁迅，也没有摆脱古代大禹圣贤的思想，在写作上着力地勾勒大禹神圣的形象。

此外，作家曹尧德于 1995 年出版小说《大禹传奇》（北京：华文出版社，1995 年），以可信的史料为基础，以大禹治水、出征三苗、娶涂山女等事迹，突出三个重点，分别是"做人民公仆是中华民族的传统美德"、"改革的思想"、"开放引进的思想"。② 虽然，作家加入不少典籍引语以增强历史真实程度，但小说中亦不乏纯文学的创作元素，例如作家记述大禹治水时，曾登上月球，并觐见嫦娥③，是超越了现有的史学知识和常识；④ 又如在大禹娶妻一幕中，作家描述大禹洞房花烛夜的洞房布置有一幅"盘古开天辟地图"⑤，却无视盘古神话始于魏晋。⑥

此外，一些主题与大禹传说毫无关系的小说作品，间中都载有有关大禹的情节。例如《西游记》中孙悟空的如意金箍棒就是来自大禹治水时定江海浅深的"定海神针"，"定海神针"千年来置于东海王龙宫，虽然东海龙王敬之为上古之物，却言"能中何用"⑦，东海龙王认为"定海神

---

① 有关明代史学通俗化的情况，可参钱茂伟：《明代史学的历程》，北京：社会科学文献出版社，2003 年，第 398—404 页。

② 曹尧德：《大禹传奇前言》，第 3—4 页。

③ 曹尧德：《大禹传奇》，第 92—95 页。

④ 现时可见嫦娥登月故事，最早来自《淮南子·览冥训》，其文曰："羿请不死之药于西王母，姮娥窃以奔月"，何宁：《淮南子集释》卷六《览冥训》，第 501 页。从这记载可见，中国人登月盼望不早于汉代。

⑤ 曹尧德：《大禹传奇》，第 258 页。

⑥ 有关盘古神话在中国的流传，可参何新：《诸神的起源》，北京：生活·读书·新知三联书店，1986 年，第 175—182 页。

⑦ 吴承恩：《西游记》第三回，第 28 页。

针"只是大禹治水时的工具，但落在孙悟空心中却成了神器。文学世界里，"倚天剑"有两把，前引白居易《自蜀江至洞庭湖口有感而作》诗，已提到大禹"手提倚天剑"，另一把就在《三国演义》中的曹操手上。①及至当代的《书剑恩仇录》写红花会总舵主陈家洛也明白到峨眉派的"倚天剑"比不上大禹的"倚天剑"：

> 陈家洛等一行沿黄河西上，只见遍地沙砾污泥，尽是大水过后的遗迹，黄沙之中偶然还见到骷髅白骨，想象当日波涛自天而降，众百姓挣扎逃命、终于葬身泽国的惨状，都不禁恻然。陈家洛吟道："安得禹复生，为唐水官伯，手提倚天剑，重来亲指画！"吟罢心想："白乐天这几句诗忧国忧民，真是气魄非凡。我们红花会现今提剑只是杀贼，那一日提剑指画而治水，才是我们的心愿。"②

大禹的倚天剑在具指画山河之功，不是普通的信物，连小说人物也崇拜大禹，侧面反映小说作家自身也深受大禹传说影响，故言辞间提及大禹的传说或添加想象。

从本节可见，自小说在明清时期蓬勃发展之后，有关大禹的小说作品一直为作家的题材之一，虽然数量不多，但一直未有离开小说的舞台。个别与大禹传说无关的小说亦渗有少量大禹情节。从小说作品而言，大禹的神格化形象深刻，小说类作品基本把大禹定型成神魔。此外，笔者搜查古典戏曲，包括地方剧目，未发现有关大禹传说的资料，一位在文学世界如此被重视的人物，却难以发现于戏曲中，颇值得令人深思。

第四节　题匾联语

除了上述数据外，禹庙的题匾和联语亦能揭示世人对大禹的评价，

---

① 罗贯中：《三国演义》第四十一回，北京：人民文学出版社，2002年，第345页。
② 金庸（查良镛）：《书剑恩仇录》下册第十二回，香港：明河社出版社，1976年，第504页。

如下表：

表十六　禹庙题匾、联语知见录[1]

	人物	内容
禹庙题匾	清圣祖	地平天成。
	清高宗	成功永赖。
禹庙联语	爱新觉罗·玄烨	江淮河汉思明德；精一危微见道心。
	爱新觉罗·弘历	绩奠九州垂万世；统承二帝首三王。
	佚名	洪水奠当年，亿万家饭美鱼香，如依夏屋；清时恩俭德，千百世咏勤沐泽，共乐春台。
	赵朴初	乃圣乃神，疏九河人免为鱼，万世永赖；不矜不伐，拜嘉言贤无遗野，四海攸同。
	钱君匋	三过其门，虚度辛壬癸甲；八年于外，平成江淮河汉。
	启功	万国衣冠拜冕旒；二仪清浊还高下。
	张润民	劳心焦思，过门不入，乃解怀山之苦；笃信厚爱，理稷尤勤，为巡鉴水而崩。

　　题匾联语的内容都是歌颂大禹治水之功及其先公后私的精神。

　　不论赞颂大禹的篇章或诗词作品，都是一面倒对大禹作正面评价。六朝以后，有关大禹文学题材开始集中在祭禹的文献资料之中，以祭禹谒陵为载体，当中又间有颂禹之作。这种趋势特别见于秦始皇"上会稽，祭大禹"[2]与及司马迁自言"上会稽，探禹穴"之后。[3]

第五节　祭禹文告

　　历代官方或民间的祭禹活动，意图十分清晰，就是把大禹歌颂成一个完美的历史形象、同中华民族和中国的"国父"一样。[4] 故此，祭禹活

---

[1] 本表整理自沈建中编：《大禹颂》，第124—126页。
[2] 司马迁：《史记》卷六《秦始皇本纪第六》，第260页。
[3] 司马迁：《史记》卷一百三十《太史公自序第七十》，第3293页；高利华：《宋以前大禹文化的文学积淀》，载《2008年海峡两岸大禹文化学术研讨会论文集》，浙江绍兴，2008年，第233页。
[4] Robin McNeal, "Constructing Myth in Modern China", *The Journal of Asian Studies*, vol. 71, no. 3, August 2012, p. 688.

动是中国历代祀典中的盛事，文献记载祭禹祀典自夏王启已有之：

> 启遂即天子之位，治国于夏……启使使以岁时春秋而祭禹于越，立宗庙于南山之上。①

《吴越春秋》的记载表明了祭禹是遣使臣进行春秋各一的墓祭，启的这一方式，奠下了历代祭禹的雏形。秦始皇到会稽亲祭大禹，开启了祭禹祀典的最高礼仪。

> 三十七年（前210）十月癸丑，始皇出游。左丞相斯，从，右丞相去疾守。少子胡亥爱慕请从，上许之。十一月，行至云梦，望祀虞舜于九疑山。浮江下，观籍柯，渡海渚。过丹阳，至钱唐。临浙江，水波恶，乃西百二十里从狭中渡。上会稽，祭大禹，望于于南海，而立石刻颂秦德。②

及至秦二世亦曾到会稽礼祠：

> 二世元年（前209），东巡碣石，并海，南历泰山，至会稽，皆礼祠之，而刻勒始皇所立石书旁，以章始皇之功德。③

降至汉代，祭禹活动并未停止，反而更加活跃，《汉书·郊祀志》载：

> 圣汉兴，礼仪稍定，已有官社……以夏禹配食官社。④

由此可见，秦汉时期的祭禹活动已趋成熟，汉初更在京师地区设有官社祀禹。

南朝宋文帝遣左曹椽、谢灵运从弟谢惠连至会稽祭禹，并由谢惠连写成《祭禹庙文》，是为首篇祭禹之文，其文曰：

---

① 赵晔：《吴越春秋》卷四《越王无余外传第六》，第134—135页。
② 司马迁：《史记》卷六《秦始皇本纪第六》，第260页。
③ 班固：《汉书》卷二十五上《郊祀志第五上》，第1205页。
④ 班固：《汉书》卷二十五下《郊祀志第五下》，第1269页。

> 谨遣左曹掾奉水土之羞,敬荐夏帝之灵。咨圣继天,载诞英徽。克明克哲,知章知微。运此宏谟,恤彼民忧。身劳五岳,形瘦九州。呱呱弗顾,虔虔是钦。物贵尺璧,我重士阴。乃锡玄圭,以告成功。虞数既改,夏德乃隆,临朝总政,巡国观风。淹留稽岭,乃徂行宫。恭司皇役,敬属晖融。神息略荐,乃昭其忠。①

山水诗人谢惠连以诗歌的形式显彰禹德,歌咏禹功,不只是祭祀大禹的祭文作品,亦可视为一篇咏禹之文学作品。而谢惠连与后世的多数咏禹诗人一样,长期居于会稽②,与大禹传说的主要地域有密切关系。

唐宋之际,祭禹活动持续。留下的祭文则以唐代为主。唐德宗贞元元年(785)遣使祭大禹,由陆贽撰写祭文,祭文曰:

> 维贞元元年某月某日,皇帝遣某官以牢醴之奠,敬祭于大禹之灵。惟王德配乾坤,智侔造化,拯万类昏垫,分九州于洪波。经启之功,于今是赖,巍巍荡荡,无得而名。顾以眇身,忝承大宝,时则异于今古,道宁间于幽明。虽依圣垂休,谅非可继,而勤人励己,窃有所希。迨兹八年,理道犹昧,沴气郁结,降为凶灾,邦无宿储,野有饿莩。上愧明哲,下惭生灵。夙夜忧惕,如蹈泉谷。所资漕运,用拯困穷。厎柱之间,河流迅激,舟楫所历,罕能获全。爰命工徒,凿山开道,避险从易,涉安代危。嗷嗷烝人,俟此求济。仰祈幽赞,以集丕功。享于克诚,庶答精意。③

祭文中皇帝承认己过,但最重要的是,祭文希望"仰祈幽赞",得到神明(大禹)之助,能集以大功,这也反映大禹在皇帝心中是仁君典范,能降福于己身。宋太祖就曾"诏吴越立禹庙于会稽"④,"先代帝王,每三年

---

① 谢惠连:《祭禹庙文》,收入严可均辑:《全宋文》卷三十四,北京:商务印书馆,1999年,第334页。
② 沈约:《宋书》卷五十三《谢惠连传第十三》,北京:中华书局,1974年,第1524页。
③ 收入董诰编:《全唐文》卷四百七十五,北京:中华书局,1983年,第4858页上下。
④ 脱脱等:《宋史》卷二《本纪第一二·太祖二》,第25页。

一享，以仲春之月，牲用太牢，祀官以本州长官，有故则上佐行事，官造祭器，送诸陵庙"。又诏："先代帝王，载在祀典，或庙貌犹在，久废牲牢，或陵墓虽存，不禁樵采。其太昊、炎帝、黄帝、高辛、唐尧、虞舜、夏禹、成汤、周文王、周武王、汉高帝光武、唐高祖太宗，各置守陵五户，岁春秋祠以太牢。"[1]这些记载证明大禹以先代帝王配享中祀，虽然没有祭文印证，但大禹祭祀已有完整的祭祀制度。

明清祭禹特盛，洪武六年（1373），明太祖已在京师立庙致祭，此后，明代皇帝遣臣致祭大禹从未停废[2]，清袭明制，更把祭禹的数量增大，自康熙至光绪，皇帝亲祭和遣臣祭共四十余次。事实上，现存明清皇帝祭禹记录最为详细，据《会稽县志》和《绍兴府志》的辑录，明清两代祭禹之文为数不少（见附表三明清两代祭禹告文知见录），可见明清帝王肯定大禹的功绩，特别有清一代的祭期比明代为多，牲帛之数亦绝不吝啬，对明清两代的帝王而言，祭祀先代帝王乃隆重仪式，《明史·礼志》载：

> 洪武二十六年（1393）定传制特遣仪。是日，皇帝升座如常仪，百官一拜。礼毕，献官诣拜位四拜，传制官由御前出宣制。如祭孔子，则曰："某年月日，祭先师孔子大成至圣文宣王，命卿行礼。"祭历代帝王，则曰："某年月日，祭先圣历代帝王，命卿行礼。"俯伏，兴，四拜，礼毕出。其降香遣官仪。前祀一日清晨，皇帝皮弁服，升奉天殿。捧香者以香授献官。献官捧由中陆降中道出，至午门外，置龙亭内。仪仗鼓吹，导引至祭所。后定祭之日，降香如常仪，中严以待。献官祭毕复命，解严还宫。[3]

---

[1] 脱脱等：《宋史》卷一百五《礼志第五十八》，第 2558 页。
[2] 沈建中：《大禹陵志》，北京：研究出版社，2005 年，第 67—68 页。
[3] 张廷玉等：《明史》卷四十八《礼志第二十四》，第 1241—1242 页。

清代祀典，"初循明旧，稍稍褒益之"[1]，历代帝王均属中祀[2]，大禹也当为其中，但康熙、乾隆二帝曾破例行三跪九拜最高之礼[3]，有别中祀中二跪六拜，可反映二帝对大禹的重视。事实上，透过一连串的仪式行为，帝王遂得祖祧大禹，把大禹"变成"为皇室专属的世系祖源。

上述由上而下的祀典并不是整个祭禹活动的全貌。历代帝王祭禹特盛，臣民百姓之屈从于皇朝支配，举行民间祭禹也就变成天经地义和不容置疑的"自然"现象。先秦以来，民间祭禹从未废止，《吴越春秋》记载大禹六世孙无余传十余世后，末君微劣，禹祀断绝，众民于是"皆助奉禹祭"[4]，是首见民间祭禹的史料。除了上文提及的咏禹诗可一定反映民间祭禹活动外，绍兴民间在农历三月初五日会为大禹举行生日祭，陆游诗《稽山行》中生动地描绘祭禹盛况："禹庙争奉牲"、"空巷看竞渡，倒社观戏场"[5]，都是指民祭民娱的情景。这类民间习俗源起已不可考，[6]康熙《会稽县志》有类同的记载：

〔三月五日〕俗传夏禹生日，禹庙游人最盛，士绅乘画舫丹垩，鲜明酒樽食具甚盛丽，宾主列坐前设歌舞，小民尤相矜尚，虽非富饶，亦终岁储蓄以为游湖之行。[7]

明清祭禹活动的场地当在禹陵。据《康熙会稽县志》所载，大禹陵、大禹寺、禹庙是整个禹陵建筑群（《禹陵图》，图六），禹庙有正殿七间、宰牲房一所、窆石亭一座、禹书碑亭一座等。[8]从《禹陵图》可见，禹陵具庙、

---

[1] 赵尔巽等：《清史稿》卷八十二《礼志第五十七》，第2484页。
[2] 同上书，第2485页。
[3] 沈建中：《大禹陵志》，第69页。
[4] 赵晔：《吴越春秋》卷四《越王无余外传第六》，第136页。
[5] 均载《剑南诗稿》，收入氏著：《陆游集》第二册卷二十六，北京：中华书局，1976年，第1546页。
[6] 大禹生日乃会稽盛事，后世更有书画描绘当时盛况。详参本章第六节。
[7] 董钦德辑：《康熙会稽县志》卷七《风俗志·礼文》，台北：成文出版社有限公司，1983年，第168页。
[8] 董钦德辑：《康熙会稽县志》卷十四《祠祀志上·庙》，第314页。

庙,在小城南门外大城内"①,说明禹庙早已有之。现时的禹庙内奉有大禹塑像(图八),形象与马麟绘的《夏禹王立像》相近(详见下文)。而现时大禹陵园的牌坊题有"大禹陵"三字,则由时任中国国家主席江泽民亲题(图九),这反映出当代统治者仍旧对大禹甚为重视。不过,大禹陵园区亦并非一帆风顺,日本侵华和"文化大革命"时,大禹陵区均受损毁无存。例如大禹陵的"禹陵苍松"自古为越地十景之一,但被日军破坏,至今不复;"文化大革命"期间禹庙亦曾遭两次浩劫,禹王塑像被毁,头部被运到大街游行示众。②

图八　禹庙·大禹塑像
沈建中:《大禹陵志》,图版一。

图九　大禹陵牌坊
沈建中:《大禹陵志》,图版三。

祭禹是对大禹贡献的肯定,不论官方或民间的祭祀,大禹自古到今

---

① 袁康、吴平辑:《越绝书》卷八《记地传第四》,第61页。
② 沈建中:《大禹陵志》,第52页。

都是人们心中的英雄典范，这从各类祭禹文告已可得见。帝制时代的祭禹活动更得以延续至近代，祭禹地点至今仍存，更被视为绍兴的旅游景点，这亦能反映中国人期望把大禹崇拜普及。

第六节　大禹画图

传统以来，中国人将政治教化联系至绘画艺术之上。曹植云"观画者见三皇五帝，莫不仰戴；见三季暴主，莫不悲惋；见篡臣贼嗣，莫不切齿……是知存乎鉴戒者，图画也"[1]，谢赫在《古画品录》中也说："图绘者莫不明劝戒、着升沈，千载寂寥，披图可鉴。"[2] 以此可见，中国文化把鉴戒贤愚的思想已运用到绘画之上。大禹与其他中国历史上的帝王一样，是历代画家绘制的对象。现存最早的大禹图是东汉时期武梁祠画像石（图十）[3]，武梁祠画像石共有十一位古帝王像，旁边刻着榜题，大禹画像石的榜题为"夏禹：长于地理，脉泉知阴，随时设防，退为肉刑"，榜题首两行引自《尚书·形德政》一章。该文已佚，这从其他文献的引文中得知。[4] 最后一行引自《汉书·刑法志》："禹承尧舜之后，自以德衰而制肉刑。"[5] 画像石的形象与榜题契合，是大禹手持工具，似是为治水之状。

---

[1] 严可均辑：《全三国文》卷十七，北京：商务印书馆，1999年，第169页。
[2] 严可均辑：《全齐文》卷二十五，北京：商务印书馆，1999年，第259页。
[3] 有关武梁祠画像石的研究，可参 Hung Wu, *The Wu Liang Shrine: The Ideology of Early Chinese Pictorial Art*, Stanford, Calif.: Stanford University Press, 1989。
[4] 参 Hung Wu, *The Wu Liang Shrine: The Ideology of Early Chinese Pictorial Art*, pp. 251-252。
[5] 班固：《汉书》卷二十三《刑法志三》，第1112页。

第六章 告别传说，走入历史——大禹的历史形象　　199

图十　武梁祠画像石·大禹
容庚：《汉武梁祠画像录》，北平：燕京大学考古学社，
1936年，第4页上。

　　汉代是大禹传说神格化开始的时期，配合大禹治水传说的神话性，极具神话色彩的图像也在汉代出现。大禹在治水时曾经变成黄熊的传说，在西汉的出土器物中亦有所反映。属于西汉文帝、景帝时期的江陵凤凰山八号汉墓，出土一件龟形漆盾（图十一），漆盾的正面上端，绘有大开两足步的神人（鸟足人形），下端绘有神兽（三足鳖，亦即黄熊）。日本学者小南一郎认为，前者是变身之前的大禹"步"行天下的姿态，后者是大禹变成三足鳖的形象。① 这反映大禹神话在民间广为流传。

---

① 小南一郎：《大地の神話——鯀·禹傳說原始》，《古史春秋》1985年第2号，第10—11页。

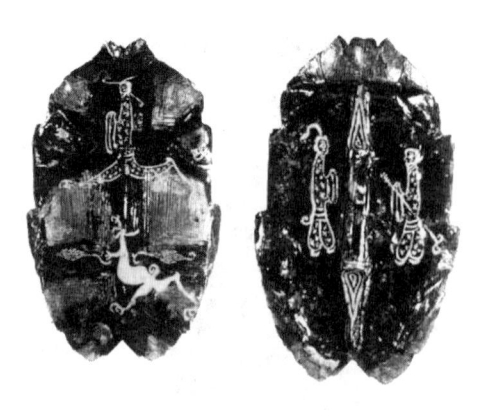

图十一　江陵凤凰山八号汉墓漆龟盾（左：正面；右：背面）
李家浩：《江陵凤凰山八号汉墓"龟盾"漆画试探》，《文物》1974年第6期，图版一。

南宋理宗着画家马麟绘的《夏禹王立像》是首幅彩绘图（图十二），马麟绘的《夏禹王立像》是他所绘《道统五像》之一①，其余四像分别是伏羲、帝尧、商汤和周武。马麟对整批圣贤图像作了一个序，序写在第一张的伏羲坐像上，因此其余四像均无序但五像均有题画诗作说明，其中《夏禹王立像》的题画诗云：

  克勤于邦，烝民乃粒。历数在躬，厥中允执。恶酒好言，九功由立。不伐不矜，振古莫及。（见201页图十二）

题画诗从政治、经济、德行等角度评价大禹，认为大禹能够效勤国家，使百姓丰衣足食，承此功德，上天认为"历数"已到，让大禹继王位，大禹不偏不倚，又是古今未有之圣王。马麟生时上距大禹三千年，这幅《夏禹王立像》只能是想象之作，不能算是真的肖像画，不过，马麟在绘画时，刻意画到大禹手中持有玄圭，玄圭正是《尚书》记载大禹治水成功后，获帝所赐之物。大禹在《夏禹王立像》中身穿冕冠冕服，是一种上

---

① 据清人胡敬的《南薰殿图像考》，马麟所画的圣贤像应不止五幅，宋理宗时曾制道统十三赞，当时的画像起码有十三幅。但到了清朝，散失之余，只剩下现存五幅，世称"道统五像"。详参胡敬：《南薰殿图像考》，收入《续修四库全书·子部·艺术类》，册一〇八二，第4页下。

衣下裳的弁服，用于祭祀朝觐盛典之用。①

明代的《三才图会》亦收录一幅大禹半身像（图十三），面容、衣着近似马麟《夏禹王立像》，但手上无所何物件。画作亦是木刻，非马麟的绘画。同时明人张居正著的《帝鉴图说》亦有多幅有关大禹的图画。大禹被编入《圣哲芳规》篇，首图名为"揭器求言"（图十四），原文曰："大禹悬钟、鼓、磬、铎、韶，以待四方之士，曰：教寡人以道者击鼓，谕以义者击钟，告以事者振铎，语以忧者击磬，有狱讼者摇韶"②，所谓"揭器求言"，是大禹了解民情的方式，他让前来指正的人，以不同方式代表不同的请求，也就是这种方法，让成就大禹的伟大和夏代之兴。在肖像的描绘上，大禹明显与其他个人画像不同，但仍居画的中央，左右在侧。图像亦不再突出大禹的肖像，而在四种前来觐见大禹的平民情况。第二幅为"下车泣罪"（图十五），原文曰："夏史纪：大禹巡狩，见罪人，下车而泣之。左右曰：'罪人不顺道，君王何为痛之？'王曰：'尧舜之人皆以尧舜之心为心；我为君，百姓各以其心为心，是以痛之。'"③ 本则是说大禹自责不能仿效尧舜以德化人，百姓各以其心为心，不顺道而得罪，在原文上表达了大禹勇于自责的美德和精神。在图像上，大禹左手持手帕，似拭泪之状，右手抚己胸，像内心有愧，而大禹居画中，人物突出，当是帝王无疑。最后为"戒酒防微"（图十六），原文是："夏史纪：禹时仪狄作酒。禹饮而甘之，遂疏仪狄，绝旨酒，曰：

图十二　马麟《夏禹王立像》
《夏禹王立像》，收入台北"故宫博物院"编辑委员会编：《故宫书画图录》第4册，第2页。

---

① 陈夏生：《中国历代的冕服、弁服和袍服》，《故宫文物月刊》1985年第3卷第4期，第25页。
② 张居正：《帝鉴图说评注》，郑州：中州古籍出版社，1996年，第15页。
③ 同上书，第18页。

'后世必有以酒亡国者。'"① 这则说大禹之时，有仪狄一人向大禹进酒，大禹饮后认为并酒甘美，于是说出后世必有因放纵于酒而致亡国者，于是疏远仪狄。这传说反映大禹有高度警戒和自律，对自身德行甚为慎重。图画中，大禹居殿中，脸形描绘不算细致，右手似是阻止仪狄进内的手势，仪狄手抱酒呈，身向外走，回头呈失望状。此外，现藏北京故宫博物院尚有清佚名《历代帝王名像·禹王》一册，为大禹个人画像，画面题"禹王"，钤"山障斋开"、"如如居士"、"口善信子"，并有对题文字曰："按谥法受禅成功曰禹名文命字密。身心九尺二寸，本西夷……（略）赞曰：心法之传，广大高明，治九州水，极九州眠，莫大之德，与天具行。"②

图十三 《三才图会》大禹半身像
王圻：《三才图会·人物卷》卷一，第 532 页上。

图十四 《帝鉴图说·揭器求言》
张居正：《帝鉴图说评注》，第 14 页。

① 张居正：《帝鉴图说评注》，郑州：中州古籍出版社，1996 年，第 21 页。
② 《历代帝王名像·禹王》一图的资料，承蒙北京故宫博物院研究员李湜女士惠告，特此致谢。

第六章 告别传说，走入历史——大禹的历史形象 203

图十五 《帝鉴图说·下车泣罪》
张居正：《帝鉴图说评注》，第18页。

图十六 《帝鉴图说·戒酒防微》
张居正：《帝鉴图说评注》，第18页。

现存一幅无作者名款，题曰《唐人大禹治水图》（图十七）的画，亦是大禹书画中重要的数据。清高宗对此图作题语：

> 大禹治水图，广二尺七寸有十分寸之五，高四尺九寸。上下左右边幅，都似截去不全，故无作者及收藏家姓名、印识按《宣和画谱》有晋顾恺之《夏禹治水图》、郭若虚《图画见闻志》有隋展子虔《禹治水》及五代朱简章《禹治水图》，又王世贞《弇州续集》有宋赵伯驹《大禹治水图》，而疑以为非千里所能办。似周文矩云云，夫既为割裂之余，无姓氏可考，则其为顾、为展、为周、为朱、为赵，不能以臆度，徒观其结构笔法，则内府本有恺之《洛神图》、子虔《春游图》卷皆较此幅为更古，简章迹未见，迄不可证。伯驹所作《后赤壁图》较此幅笔实绵弱，诚有如弇州所云：则此幅或即文矩所为。未可知也。且与内府所奔文矩《圣迹图》笔意亦有相仿者，至于三峡底柱之雄壮，林烈峰之绸缪，架木撑铁，拽杵撞石，推之、捶之、析之、撬之、剔之、爨之、醻之、奠之，众役并力，各

204　谁是中国人？大禹传说与华夏民族的建构

极其致，而大禹则免收祇坐，躬持斧凿，共劳竭诚之意，如可想见虚空金神，遂有驱怪轰雷掣电，以为之阴助其工，用奏地平天成之绩。信有非赵宋以下画工所能摹拟者。呜呼！微禹其鱼，功垂万祀，虽无图画，人孰不思，则况仰威，仪而识胼，胝褰敷奠，而缅随刊，起敬起慕，又当何如？岂藉考姓氏辨古今以为企景者哉。①

图十七　《唐人大禹治水图》
台北"故宫博物院"编辑委员会编：《故宫书画图录》第一册，第35—36页。

图十八　《仿唐人大禹治水图》
谢遂：《仿唐人大禹治水图》，收入台北"故宫博物院"编辑委员会编：《故宫书画图录》第十四册，第113—114页。

该图构图丰富，帝王、侍从、百姓、神仙是主要人物，树木间的走兽与江河瀑布，配搭成大禹治水的主题。清人谢遂亦有一轴《仿唐人大禹治水图》（图十八）②，布局与《唐人大禹治水图》几近一致，但后者内容更趋

---

① 清高宗：《唐人大禹治水图题话》，载台北故宫博物院编辑委员会编：《故宫书画图录》第七册，台北：故宫博物院，1989年，第35—36页。
② 胡敬：《国朝院画录》，载于安澜编：《画史丛书》第五册卷下，第61页。

丰富，走兽类有蛇、鹿、猴等；树木有松和竹，人物则与《唐人大禹治水图》相同。

图十九 《帝王道统万年图·大禹》
仇英：《帝王道统万年图》，收入台北"故宫博物院"编辑委员会编：《故宫书画图录》第二十二册，第268—269页。

图二十 《历代帝王道统图·夏禹随山刊木》
"故宫博物院"数位文物库网站，https://digicol.dpm.org.cn/cultural/detail?id=60072dfb652c478dbc9591bc76dc487e。

　　明代仇英绘有《帝王道统万年图》，全是关于帝王功绩，其中有一幅图（图十九）是关于大禹。图中可见大禹指点治水工程，旁有两侍从，另有一人听大禹指示。其他工人则着力治水。此外清代女画家陈书绘有一套和《帝王道统万年图》名称相似的《历代帝王道统图》，共十六开，现藏北京故宫博物院，《历代帝王道统图》中亦有大禹图像，题为《夏禹随山刊木》（图二十）。[①] 该画面与对题的中间即中缝钤印一方，位于中缝的顶

---

① 北京故宫博物院的网站公开多幅《历代帝王道统图》图像，参见：https://digicol.dpm.org.cn/list?page=1&keyWord=%E5%8E%86%E4%BB%A3%E5%B8%9D%E7%8E%8B%E9%81%

部，钤"乾隆御览之宝"玺印。① 而《夏禹随山刊木》图有陈书儿子钱陈群所写的题画诗，诗云：

> 禹敷下土，四载是乘。决浚因势，力靡弗胜。爰暨益稷，功能克承，祗台之德，不伐不矜。既诡山川，乃定贡赋。锡圭告成，赐姓表阼。百神用飨，民宗度数。惟日孜孜，惜阴成务。②

《随山刊木》当以大禹治水为背景，题画诗所描写的都与此有关，言大禹敷土、整治山川，并定贡赋，最后治水功成。这些都是并其典型对大禹的评价。

此外宋代赵伯驹（千里）有《禹王治水图》（图二十一），及《禹王开山图》（图二十二），虽现存两图托名赵伯驹，但艺术史家就认为风格应为 17 世纪作品。③ 无论如何，赵伯驹绘《禹王治水图》当为事实。④《禹王治水图》中的大禹居图正中，头载冠，两旁有左右十数人，左右忙于用工凿石，无工具之左右则牵兽力车，似是大禹的侍从。值得留意的是，大禹旁的侍从手持仪仗，在有关大禹画作中罕见。画末有题画字，分别有元人姚安道的：

> 观禹之治水也，凿岭开山，决江济川，疏河瀹漯，何神化之弗测也。上世所不有也，后世所不克追也。此今古一圣而已矣。而千里之绘是图也，其中怀襄而滔天者泽水，箕块锄坚为之导引者人力，

（接上页）93%E7%BB%9F%E5%9B%BE。有学者把公开的几幅图像与《历代帝王万年图》比较，发现两者的图像几乎一模一样，并展开对两者关系的研究，发现陈书的《道统图》全部十六位帝王均可囊括入仇英的《帝王道统万年图》的名单中，仅比之少了夏启、汉文帝、汉明帝、宋仁宗四位，而其他的帝王图像均有同图异名的现象。详参彭喻歆：《明仇英画〈帝王道统万年图〉研究》，《艺术论坛》2009 年第 6 期，第 127—130 页。

① 承蒙北京故宫博物院研究员李湜女士于 2014 年惠告，特此致谢。
② 钱陈群：《夏禹随山刊木》，载氏著：《香树斋诗集》，收入《四库未收书辑刊》第玖辑第十八册卷十二《古今体诗八十九首》，第 280 页。
③ 详参彭喻歆：《明仇英画〈帝王道统万年图〉研究》，《艺术论坛》2009 年第 6 期，第 117 页。
④ 孙岳颁等：《御定佩文斋书画谱》，收入《景印文渊阁四库全书·子部·艺术类》第 125—129 页，册八二二，卷八十四《历代名人画跋四》，第 585 页上下。

乘四载，涉山泥，水陆相便宜以治者神禹。至于鲜食粒食民迁民安，而象形肖状，熟有善于此图，予知千里之笔，亦神化而不可测也。①

杨维桢则云：

夫禹以回天撼地之才，暗符于天公。千里刚以回天撼地之手，默契其神化，殆千祀绝倡，今昔一巧而已。余不佞幸一识于此图，敢不赘数言以谊亵玩之愆欤，后有观者不可忽诸，铁篴道人。②

詹禾则记道：

宋赵千里伯驹，优于山水，而精细秾丽真足为千载绝技，金碧灿烂，惜历世久远，流传甚罕，故片楮尺缣贵若拱璧。矧此卷烟江叠嶂，浑水滔天，神禹以莫大之功，开辟山川，为万祀之业，甚为后君所钦，非千里之笔，不足以传后人之大观也。③

图二十一　赵伯驹《禹王治水图》一
赵伯驹：《禹王治水图》，收入台北"故宫博物院"编辑委员会编：《故宫书画图录》第十六册，第101—103页。

---

① 收入国立故宫博物院编辑委员会编：《故宫书画图录》第十六册，第104页。
② 同上。
③ 同上。

图二十一　赵伯驹《禹王治水图》二

第六章　告别传说，走入历史——大禹的历史形象　209

图二十二　赵伯驹《禹王开山图》
赵伯驹《禹王开山图》，载台北"故宫博物院"编辑委员会编：《故宫书画图录》第十六册，第105—106页。

姚、杨二氏赞扬大禹治水之功，功劳成就"今古一圣"或"回天撼地之才"，而赵千里的手笔，同样精彩。同时，詹禾亦道出此图罕见的情况。至于《禹王开山图》，人物形态比《禹王治水图》多，画卷开首先有妇人与小孩，似是送别帮忙开山，手持工具的父亲（家人）。其他开山工人，或以凿、拉的方式，移走大石，又有人负责搬运木材。居画中的当为大禹，旁有侍从数人。画中走兽较明显，分别有虎、狼、兔，他们均作被驱逐状，是大禹使百姓得平土以居的表现。钱良石就在画提字曰：

右禹王开山图，为宋室千里伯驹所作。千里画法得唐人三昧，院中推为第一。而此卷尤其生平合作，阿沙左丞宝爱过于隋珠卞璧，固其宜哉。①

---

① 收入台北故宫博物院编辑委员会编：《故宫书画图录》第十六册，第108页。

钱氏认为赵千里画法得唐人缘境，是对千里的颂语。而柯九思题字云：

> 上古之世，洪水滔天，民不安居，是以大舜使禹王治之。禹乃凿山开道，伯益禁止樵采，焚其草木，驱虎豹犀象而远之。然后人得平土以居此，先代帝王有功于后世，非浅鲜也，千里赵君起而图之。其间山川险峻，人物雄健，至于禹王伯益，指挥使令，宛然酷肖，苟非笔有化工，胸罗丘壑。安能入此之神妙也邪。①

柯氏把该图文字化，并对大禹治水功绩加以表扬，而大禹事迹能入画仍要全赖画功神妙。

清代的《钦定书经图说》收录大量有关大禹的画像。《钦定书经图说》为清光绪帝，孙家鼐、张百熙、荣庆、陆润庠、张亨嘉等奉慈禧太后懿旨编纂，旨在"浅近明白，务使妇孺皆知"②，可知《钦》书是以画作表达《尚书》的故事，使大众易于理解。从图二十三至图四十中，只有标明大禹（或其家人）的共八幅，而有帝舜、大禹或其他大臣的有六幅，只有帝舜和大禹的则两幅。在有帝舜及大禹的八幅图中，大禹都不是主角，如图二十三的《禹宅百揆图》，大禹的地位还在四岳之下，而高于皋陶、稷和契；图二十四的《群后亮功图》，大禹与四岳地位相同，却仍在帝舜之下。这些图像都显示大禹恭敬、谦虚的形象，如附图二十六的《敷命陈谟图》，虽帝舜和大禹同在图的中央，但仔细观察，不难发现帝舜乃居大殿之中，大禹只位坐舜之左，他们手执"玉帛"，当是大会诸侯之后。又如图二十八的《禹让皋陶图》、③ 图二十九的《龟筮协从图》、图三十四的

---

① 收入台北故宫博物院编辑委员会编：《故宫书画图录》第十六册，第108页。
② 孙家鼐等辑：《钦定书经图说》，《表文》，台北：文海出版社，1968年，第1页。
③ 图二十八《禹让皋陶图》乃本《尚书皋陶谟》。有关"禹举皋陶"的事，出土竹书《容成氏》也有相似记载。传世文献如《史记》与《容成氏》均大抵记载皋陶卒于痎之时，但另一出土文献，清华简《厚父》则是启做了夏王之后，帝担心他的德不稳固，派皋陶来做他的卿事。《厚父》明言皋陶在启时为卿事，与过去皋陶卒于大禹之时的说法不同。详参赵平安：《〈厚父〉的性质及其蕴含的夏代历史文化》，载其著：《新出简帛与古文字古文献研究续集》，北京：商务印书馆，2018年，第285页。另可参杨博：《战国楚竹书史学价值探研》，上海：上海古籍出版社，2019年，第202—203页。

《禹拜昌言图》，大禹都是双手作揖，征弯上身，其中图二十八显示大禹推让之德、图二十九的固辞不敢受帝位、图三十六的《审音知政图》也显示出大禹纳民间协和之声的形象。值得一提的是，图二十八《禹让皋陶图》乃本《尚书·皋陶谟》。《史记·夏本纪》全录《皋陶谟》，并加数语云："帝舜朝，禹、伯夷、皋陶相与语帝前，皋陶述其谋曰。"[①] 似是据汉代所传资料记明此篇为皋陶和大禹在帝舜朝廷上的问答之语。[②]《皋陶谟》与竹书《容成氏》记载"禹举皋陶"。

　　大禹为主角的画像中，大禹形象鲜明，如图二十五《大禹图》，以涂山为背景，手执玉帛以会诸侯，他身穿冕冠冕服，肖像与马麟的《夏禹王立像》接近，而诸侯们亦同执玉帛，列于大禹之下，呈现出大禹王位地位的形象。图二十七的《不虐无告图》亦呈现大禹在治水后，治理万民，广开言路的圣贤形象。图三十的《受命神宗图》是承图二十九以来，都是说明帝舜卜龟后命禹以摄位，大禹先固辞不受后行摄位之礼于庙。图三十一《征苗誓师图》中的大禹虽非居图中央，却能看到是誓师时的主角。图三十二《班师振旅图》描绘大禹领兵出征、图三十五《禹浚畎浍图》是治水时导大水于浚田间，与图三十八《随山刊木图》描绘民众移除树林以通道路和图三十九《肇功帝畿图》带兵景象一样，大禹都是领导、指挥的角色。而图三十七《禹娶涂山图》是描绘大禹娶涂山女，有四名下人手持工具，往外作奔跑状，大禹身向门外，似会跟随五人离去治水，禹子启被禹妻抱着，似作挥手向大禹道别，此图呈现大禹娶妻后因公忘私，以治水为己任的形象。图三十三《干羽格苗图》，是讲大禹征苗后与伯益于殿上，执干执羽舞蹈宴会的景象，大禹居主角之位，相反伯益作恭敬之状。

　　在《钦定书经图说》中，最后一幅大禹图是图四十的《告厥成功图》，可谓总写大禹之功。《告》图是大禹手持玄圭以舜以告其成功，纵

---

① 司马迁：《史记》卷二《夏本纪第二》，第77页。
② 顾颉刚、刘起釪：《尚书校释译论》第三册，第393页。

使治水已成功，大禹在帝舜面前仍是谦虚恭敬。

大禹妻涂山氏列入《列女传》中，而个别《列女传》的版本均有绘图，笔者搜集三幅来自不同版本《列女传》的《启母涂山图》（图四十一至图四十三），当中亦有大禹的形象。三幅图相似度极高，相信是后来者仿绘前人。顾恺之绘的版本，有标明图中人物身份及内容（图四十二），明人仇英仿之而绘另一幅（图四十一），大禹手势与顾图一致，启母在涂山氏中的方向亦稍有不同，顾图的启乃背向大禹，仇英笔下的启则作投向大禹的方向，仇图中的治水人数也比顾图多。另外，仇图与《钦定书经图鉴》中的《禹娶涂山图》（图三十七）几近一致，从时序上而言，后者应是本于仇图而绘。另一幅《四部丛刊》版的《列女传》《启母涂山》图（图四十三），绘图者不详，风格也与以上两幅不同，大禹与涂山氏距离稍远，涂山氏虽手抱启，但母子二人与大禹似毫无交流，大禹所站处更在屋门以外，与仇英所绘在屋门旁有别。不过，三者也有一些共通点。大禹手势均向外指，似言要外出；三图均有下人手持工具，言治水无疑也。

涂山氏手抱启，其中两幅（图四十一、图四十三）启母涂山氏于屋前，大禹在屋外，三幅均呈现大禹作离开之状，大禹右手向外指，似言外出，外出当是治水也，盖图三十九明言治水，大禹与涂山更只在河旁，而三图均有下人一名至三名，手提工具。三图中，启的形象稍有不同，图四十的启似欲抱大禹而不果，而另外两幅就与大禹毫无交流。无论如何，启母被列为《列女传》中《母仪传》的传主之一，被称为"强于教诲"、"教训以善"，教导启的责任在涂山之上，大禹则去而治水。

当代的人物画科虽见衰颓，但在吉光片羽的画作中，仍有零星的大禹图像。卢延光的禹图（图四十四），明显有别于古代的画风。大禹头戴大帽，脸容憔悴，这是古代大禹形象之所无。不过，大禹手持工具，与武梁祠画像石是同一类，后背仍是滔滔大水，似是突出大禹乃治水英雄的形象。

除了现存可见的大禹图像外，已知散佚的大禹书画材料亦具研究价值。当中又以大禹治水为背景的图画为主要主题，数量列冠。晋代顾恺之已有《夏禹治水图》[1]，而隋代著名画家展子虔亦有《禹治水图》；[2] 五代朱简章有《禹治水图》[3]，李在也有《夏禹开山治水图》。[4]

现时对南宋画家李唐《夏禹治水图》所知较多，据《梦园书画录》载，该图宋尺高一尺一寸八分，长一丈六尺二寸四分：

> 前幅洪水横流浩瀚无际，间有岛屿数点，芦树寥寥，绝无人烟。中幅渐有平土两岩桧柏交翠，杂以红叶树下，朱轮锦幄，五马系辕。中后旌旄节钺负剑，捧珠者雁行以从，旁有步辇神禹峨冠博带，拱坐石磴，益稷趋前稽首，石旁铁工冶炉熔器。后幅峰峦崇峻，古松两本，杉木千章，工匠裸臂凿山开道者不一，水从山下旋绕而东奔流归海，统计卷中从臣及护卫三十七人，工匠三十二人山树秀润人物高古永推绝调。此卷旧为桐城张氏存诚堂所藏，相传张文和公七十寿辰高庙所赐，旧有御题睎加真迹四字，今亦散失。[5]

李唐的《夏禹治水图》以丰富的想象描绘大禹治水的情况，既有铁工冶铁，又有工匠开山，当中亦有怪异的画笔，例如"捧珠者雁行"，又如以"神禹"喻大禹，描写大禹治水情态并非庸俗。

除了大禹治水的主题外，大禹其他传说亦为画家青睐，虽然数量不及治水传说，但主题亦多少反映大禹在书画家的地位。与治水有关的《禹贡图》在唐代得见两卷，画家不得知[6]，善书画的晋明帝亦有《禹会涂山图》一幅。[7]《书画传习录》亦记载展子虔有《禹乘四载图》，此图曾被悬

---

[1] 《宣和画谱》，收入于安澜编：《画史丛书》第二册卷一，上海：上海人民美术出版社，1963年，第3页。

[2] 郭若虚：《图画见闻志》，收入于安澜编：《画史丛书》第一册卷一，第4页。

[3] 郭若虚：《图画见闻志》，收入于安澜编：《画史丛书》第一册卷二，第23页。

[4] 孙岳颁等：《御定佩文斋书画谱》，收入《景印文渊阁四库全书·子部一二五一一二九·艺术类》，册八二一，卷五十五《画家传十一》，第375页下。

[5] 方濬颐：《梦园书画录》，收入卢辅圣编：《中国书画全书》第十二册卷四，上海：上海书画出版社，2000年，第209页。

[6] 裴孝源：《贞观公私画史》，收入《景印文渊阁四库全书·子部一一八·艺术类》，册八一二，第27页上。

[7] 张彦远：《历代名画记》，收入于安澜编：《画史丛书》第一册卷五，第65页。

挂在宋徽宗的宣和殿之上。①

题画诗亦保存一些大禹之功的资料。元人程巨夫有《禹柏图》的题画：

> 我昔观风江汉域，大别寺中观古柏。皮空骨立二十尺，扣之铿然若金石。双龙盘拏爪角怒，白昼欻恐风雷黑。小枝旁出势蜿蜒，复似游龙顾深泽。苍苍数叶森北向，贞心不受蝼蚁蚀。我时见此独惊怪，僧言相传禹所植。别来梦寐常仿佛，恨不图之堂上壁。安南国王住汉阳，府中好事黎侯崱。皇庆元年同入觐，忽持墨本来相觅。开缄萧萧朔风起，半幅生绡万钧力。恰如大禹疏凿时，天斧雷破鬼神投。自言得之寺僧手，寺僧得之故侯宅。旧本模糊锁暗尘，上有东坡手题墨。临摹欲遗天下知，国王命我来索诗。此柏会有摧朽日，此卷岂有消磨时。我闻此语坐太息，神禹至今岁兴衰。人间老树亦无数，此树应以人而奇。门前马鸣君欲归，黄云东去浮云西。归语山僧谨护持，莫令此柏凌空飞。②

同为元人的吴师道在《禹柏图》的题画诗即云：

> 柏贡荆州任土风，汉阳遗树尚葱茏。休夸此是曾亲植，四海青青尽禹功。③

两首题画诗不约而同地歌颂大禹治水之功，虽无细致的刻画，但立场清晰，亦可借题画诗得知，有关大禹的画作不属少数。

有关大禹的书画数量为数不少。当中有个人图像、有政治或教化宣传，也有就个别主题而绘之作，亦有纯艺术创作。下表仅以表列形式列出上文提到的书画，以收醒目之效。

---

① 王绂：《书画传习录》，收入卢辅圣编：《中国书画全书》第三册，第270页。
② 收入陈邦彦编：《钦定历代题画诗》下册卷七十三《树石类》，北京：北京古籍出版社，1994年，第142页。
③ 同上书，第143页。

表十七　大禹书画分类比对表

个人图像				
年代	画家	画图名称	有否题画诗	是否仍然存世
汉	佚名	《武梁祠画像石》	否	是
宋	马麟	《夏禹王立像》	是	是
明	王圻	《大禹》（半身像）	否	是
清	佚名	《历代帝王名像·禹王》	否	是
当代	卢延光	《中国一百帝王图·禹》	否	是

政治或教化宣传				
年代	画家	画图所刊书籍	有否释文	是否仍然存世
明	王圻	《三才图会》三幅	有	是
清	孙家鼐等	《钦定书经图鉴》十七幅	有	是

禹贡图				
年代	画家	画图名称	有否释文	是否仍然存世
汉	佚名	《禹贡图》	否	否
晋	裴秀	《禹贡地域图》	否	否
唐	佚名	《禹贡图》二卷	否	是
伪齐	佚名	《禹迹图》	否	是
宋	佚名	《禹迹图》	否	是
明	王圻	《三才图会·禹贡总图》	否	是
明	王圻	《三才图会·禹迹图》	否	是

艺术				
年代	画家	画图名称	有否题画诗	是否仍然存世
晋	晋明帝	《禹会涂山图》	否	否
晋	顾恺之	《夏禹治水图》	否	否
隋	展子虔	《禹治水图》	否	否
隋	展子虔	《禹乘四载图》	否	否
五代	朱简章	《禹治水图》	否	否
五代	李在	《夏禹开山治水图》	否	否

续表

个人图像					
年代	画家	画图名称	有否题画诗	是否仍然存世
宋	李唐	《夏禹治水图》	否	否
	赵伯驹	《大禹治水图》（伪托）	有	是
	赵伯驹	《禹王开山图》（伪托）	有	是
元	程巨夫	《禹柏图》	有	否
	吴师道	《禹柏图》	有	否
明	仇英	《帝王道统万年图·大禹》	有	是
清	佚名	《唐人大禹治水图》	有	是
	谢遂	《仿唐人大禹治水图》	否	是
	陈书	《历代帝王道统图·夏禹随山刊木》	有	是

《列女传》图				
年代	画家	画图名称	有否释文	是否仍然存世
晋	顾恺之	《列女传·启母涂山图》	有	是
明	仇英	《列女传·启母涂山图》	有	是
	佚名	《四部丛刊》版《古女传·启母涂山图》	有	是

此外，从上文可知，民间祭禹是古代中国大禹崇拜的重要活动之一。三月五日作为大禹的生日，更是盛事。清代《舆论时事报图画》中载有一幅《禹生日》（图四十五）图，该图没有大禹于其中，而只是描绘平民百姓于三月五日大禹生日当天到禹王宫的情况，画作有文字说明，表明该日"无贫贱富贵，倾城俱出"，可见大众对大禹的尊敬之情。

大禹画作数量比文字史料为少，肖像上可分全身像或半身像，既有木刻亦有手绘，而《钦定书经图说》有关大禹的画作颇多，全是歌颂大禹的德行，表扬他爱民如子、治水有功、恭敬谦逊的圣贤形象，这形象亦符合唐宋以来官方和民间描绘大禹贤德的画像。而在未得见的画作中可知，画家关心的主题都是大禹治水。

第六章 告别传说，走入历史——大禹的历史形象 217

图二十三 《钦定书经图说·禹宅百揆图》
孙家鼐等辑：《钦定书经图说》卷二，第145页。

图二十四 《钦定书经图说·群后亮功图》
孙家鼐等辑：《钦定书经图说》卷二，第177页。

图二十五 《钦定书经图说·大禹图》
孙家鼐等辑：《钦定书经图说》卷二，第185页。

图二十六 《钦定书经图说·敷命陈谟图》
孙家鼐等辑：《钦定书经图说》卷三，第186页。

图二十七　《钦定书经图说·不虐无告图》
孙家鼐等辑：《钦定书经图说》卷三，第188页。

图二十八　《钦定书经图说·禹让皋陶图》
孙家鼐等辑：《钦定书经图说》卷三，第203页。

图二十九　《钦定书经图说·龟筮协从图》
孙家鼐等辑：《钦定书经图说》卷三，第219页。

图三十　《钦定书经图说·受命神宗图》
孙家鼐等辑：《钦定书经图说》卷三，第220页。

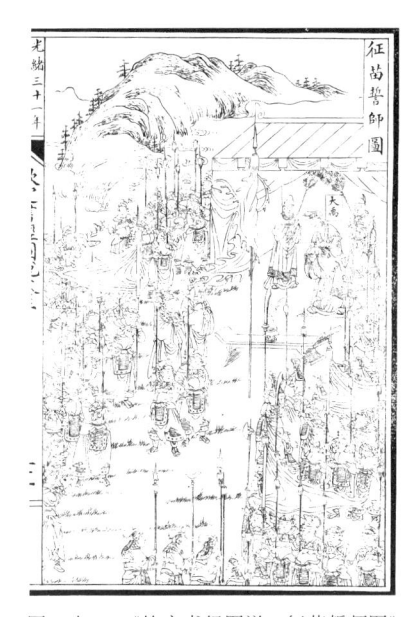

第六章 告别传说，走入历史——大禹的历史形象 219

图三十一 《钦定书经图说·征苗誓师图》孙家鼐等辑：《钦定书经图说》卷三，第223页。

图三十二 《钦定书经图说·班师振旅图》孙家鼐等辑：《钦定书经图说》卷三，第228页。

图三十三 《钦定书经图说·干羽格苗图》孙家鼐等辑：《钦定书经图说》卷三，第229页。

图三十四 《钦定书经图说·禹拜昌言图》孙家鼐等辑：《钦定书经图说》卷四，第238页。

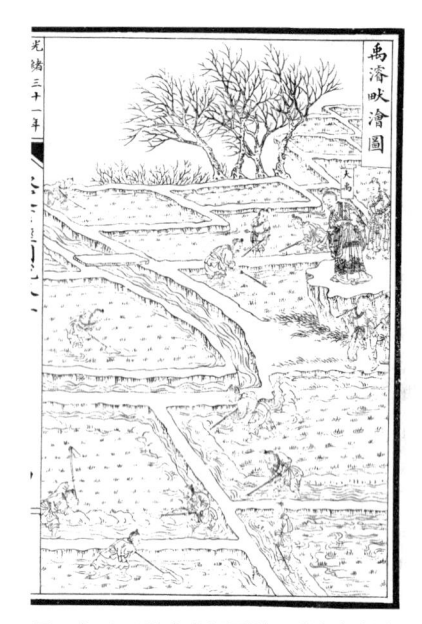

图三十五 《钦定书经图说·禹浚畎浍图》孙家鼐等辑：《钦定书经图说》卷四，第275页。

图三十六 《钦定书经图说·审音知政图》孙家鼐等辑：《钦定书经图说》卷四，第282页。

图三十七 《钦定书经图说·禹娶涂山图》孙家鼐等辑：《钦定书经图说》卷五，第296页。

图三十八 《钦定书经图说·随山刊木图》孙家鼐等辑：《钦定书经图说》卷六，第329页。

第六章 告别传说，走入历史——大禹的历史形象　221

图三十九　《钦定书经图说·肇功帝畿图》
孙家鼐等辑：《钦定书经图说》卷六，第337页。

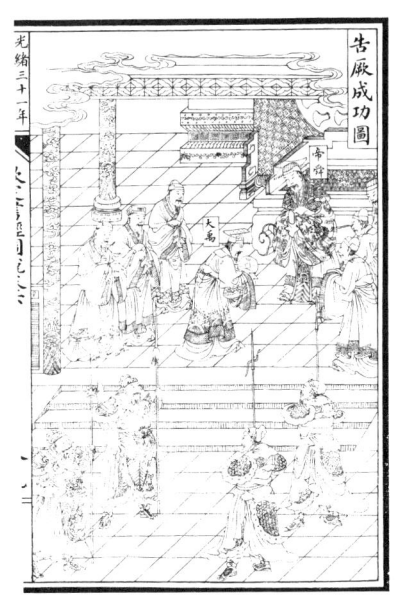

图四十　《钦定书经图说·告厥成功图》
孙家鼐等辑：《钦定书经图说》卷六，第501页。

图四十一　仇英绘《列女传·启母涂山图》
汪氏辑：《列女传》，收入郑晓霞、林佳郁编：《列女传汇编》第一册，北京：北京图书馆出版社，2007年，第34—35页。

图四十二　顾恺之绘《列女传·启母涂山图》
刘向撰，顾恺之图画：《新刊古列女传》，收入郑晓霞、林佳郁编：《列女传汇编》第四册，第429页。

图四十三 《四部丛刊》版《古列女传·启母涂山图》
刘向撰:《古列女传》(四部丛刊版),收入郑晓霞、林佳郁编:《列女传汇编》第九册,第39页。

图四十四 《中国一百帝王图·禹》
卢延光绘,吴绿星撰:《中国一百帝王图》,广州:岭南美术出版社,2002年,第21页。

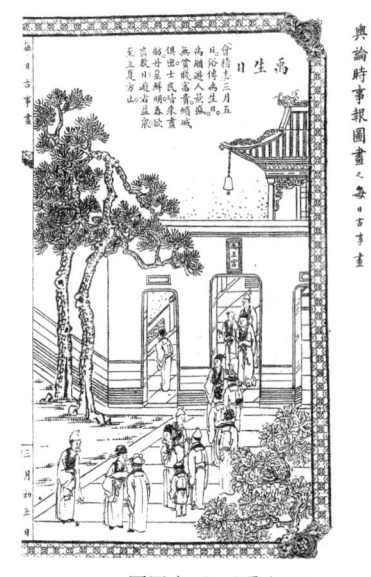

图四十五 《禹生日》
《舆论时事报图画之每日古事画》,收入国家图书馆分馆编:《清末民初报刊图画集成》第七册,北京:全国图书馆文献微缩复制中心,2003年,第3236页。

第七节 有关大禹的点滴微辞

大禹在中国历史上一直处于崇高及备受尊敬的地位，但亦有一些文人学者对大禹持负面评价。

先秦法家已对大禹的行为有所质疑。《韩非子》云：

> 古者禹死，将传天下于益，启之人因相与攻益而立启……禹爱益而任天下于益。已而以启人为吏。及老，而以所为不足任天下，故传天下于益，而势重尽在启也。已而启与友党攻益而夺之天下，是禹名传天下于益而实令启自取之也。此禹之不及尧、舜明矣。①

《韩非子》的作者质疑大禹的德行，儿子启的即位是由大禹早已安排的。这是挑战《孟子》"禹荐益"之说，益最终未能代禹而践天子位的原因是禹之子启贤，众望所归。《韩非子》又言：

> 舜禅天下而传之禹，禹作为祭器，墨染其外而朱画其内，缦帛为茵，蒋席颇缘，觞酌有采而樽俎有饰，此弥侈矣，而国之不服者三十三。②

这里的大禹已是一个奢靡之极的人！

唐人邱光庭就曾言：

> 司马迁约《尚书》之文而为《史记》，其于经义多不精详。按《虞书·益稷篇》云："予创若时，娶于涂山，辛壬癸甲，启呱呱而泣，予弗子，惟荒度土功。"孔安国曰："禹言我惩丹朱之恶如此，故辛日娶涂山氏之女，甲日复往治水，复往之后而启生焉。"启生之后，或从东往西，或从南徂北，经过其门，闻启泣声，而不暇入子

---

① 王先慎：《韩非子集解》卷十四《外储说右下第三十五》，第340页。
② 王先慎：《韩非子集解》卷三《十过第十》，第71页。

爱于启,以其水灾未去,唯大度水土之功故也。而司马迁以涂山之女聘禹之后,四日之内而生启,故闻其泣声而不入爱子,之其不近人情一至于此!且禹所以言此者,以己勤于治水,而不顾其家,不私其子,所以能成大功耳。若马迁之意,是禹疑其妻而恶其子,何勤劳之有焉?①

邱光庭批评大禹不理初生儿子,一反传统上认为大禹此举是因公忘私的说法。

当代学者亦有批评大禹只顾江山,不理妻儿:

> 其实,伯禹经过家门,进去看一眼妻子,并不耽误治水,也不破坏圣明形象……就算打下了江山,就算治理了洪水,可是连自己的妻儿都不当回事,能相信他们对民众怀有爱心吗?②

这几位学者对大禹持负面评价,都是认为大禹违反儒家"内圣外王"③之道,也就是不合乎孔子所言"修己以安人"、"修己以安百姓",大禹在传统评价上确合乎儒家对于圣贤要有意志、经世济民、勇于牺牲的精神的要求,但两位学者的评论也确能令我们反思大禹是否已经能做到《礼记·大学》中所言的"古之欲明明德于天下者,先治其国;欲治其国,先齐其家;欲齐其家者,先修其身;欲修其身者,先正其心;欲正其心者,先诚其意;欲诚其意者,先致其知,致知在格物。物格而后知至,知至而后意诚,意诚而后心正,心正而后身修,身修而后家齐,家齐而后国治,

---

① 邱光庭:《兼明书》,收入《景印文渊阁四库全书·子部一五六·杂家类》,册八五〇,卷五《杂说》,第246页下。
② 李劼(陆伟民):《中国文化冷风景》,第76—77页。
③ "内圣"是指人通过自身的心性修养所达到的一种高尚境界,"外王"则是指人的心性修养的外在表现。"内圣外王"本为一体,不达"外王","内圣"有何用?故此,内圣外王不能分而视之,一方面,外王是内圣的前提;另一方面,内圣有外王的结果。详参杜表吉:《先秦儒家理想人格模式述论》,载张秋升、王洪军编:《中国儒学史研究》,济南:齐鲁书社,2004年,第103页;雷劢:《道术为天子合:后战国思想史论》,保定:河北大学出版社,2008年,第129页,注释1。

国治而后天下平"[1]，或《孟子》谓的"圣人，人伦之至也"[2]。

第八节　大禹历史形象的形成

疑古学派在20世纪质疑大禹身份之后，大禹研究成为中国上古史学界一项极为关心的议题。前辈学人探索大禹其人其事的真实性，从历史学、考古学、古文献学、古文字学、古器物学上发掘大禹，取得可观成果。在上古史学的领域中，大禹事迹的研究已见成熟，却趋于单调。有见及此，本书即试图从史学发展的角度，把大禹传说的资料爬梳，着力搜罗经、史、子、集、考古、古文字等资料，以大禹出生、治水、征战、铸鼎、娶妻等事迹入手，把大禹在历代的地位和接受放于史学发展的视野中考察。

大禹传说的载体是广泛和多元的。传统历史学都以历史文献为史料来源之基础，是故中国历史文献学大盛。大禹传说在经、史、子、集四部中有丰富记载。中国学人长期受儒家思想支配，儒家传统特征之一就是尊重经典，特别是《诗经》和《尚书》[3]，是故造成大禹传说在经部的资料非常繁杂。经部除了孔儒思想定大禹为圣王外，亦有一些历史史料，如《尚书》中的《虞夏书》诸篇，多少反映两周时代对大禹的理解。史部资料多为史家实事求是保存的历史资料，代表者如班马二人，虽二人离大禹之时已愈千载，但二人广罗资料，奠下后世史部资料记载大禹的典范，而后来一些编年类史书如《绎史》亦具补苴之功。子部中以墨家资料最为显著，墨家以夏政为代表，上文亦已揭示个别大禹传说的主题以《墨子》记载更详细和原始，如"甘之战"。墨家的铸九鼎传说与儒家的版本亦见相异，这除了反映思想家借大禹宣扬己派学说外，亦是足以显示子部资料能提供

---

[1] 郑玄注，孔颖达疏：《礼记正义》卷六十《大学第四十二》，第1673页。
[2] 孙奭疏：《孟子注疏》卷七上《离娄上》，第2718页。
[3] Edward L. Shaughnessy, *Rewriting Early Chinese Texts*, Albany: State University of New York Press, 2006, p. 53.

独特视角。此外,子部中的小说类记载不少怪诞的大禹传说,这明显是基于其他资料演变出的版本,这些小说是把大禹从人格形象加以神化后的结果。笔者相信,一篇文献不只是"过去事实的载体",它同样是人们对过去记忆的载体。由先秦以降,大禹传说的描述就是历代帝王将相、骚人墨客、贩夫市井对大禹的回忆,以文献重组他们所理解的大禹"过去",并以文献方式记录下来。

商周时期,文字主要书写在甲骨、竹木简册、铜器之上。商周甲骨未发现与夏朝或大禹的资料,本书固然不论。[1] 西周时的竹简,虽然在考古遗存中没有发现,但由于这是易腐朽的材料,因此不能说当时没有书于竹简的习惯。后世出土的战国竹简文献,固然可与传世文献互相比较,《子羔》、《容成氏》都具此功,已见于上文。铜器文字亦有相同功能,铜器文字与竹简之分别在于前者较后者在保存上有效,铜器能保留上千年而不腐,将文字书于铜器,较书于竹简耗费工夫,但古人(两周)对铜器埋藏和保存上之细心,却未有如此待竹简,换言之,铸于铜器上的文字所传递的讯息,对于当时人而言是特别重要的记忆。[2] 燹公盨铭文记载大禹的形象与《诗》相近,反映大禹治水传说之功在西周时期已相当流行,不只在《诗》中有所反映,并铸于铜器上成为永久性保存的记忆。[3]

先秦是大禹传说最为平实简单的时期。这时期又可从传说流传时期和地域上而言。《诗经》中涉及大禹的计有六次,其中《商颂》篇是最古

---

[1] 就笔者所见,李元星的《甲骨文中的殷前古史:盘古王母三皇夏王朝新证》(济南:济南出版社,2010年)一书就指出甲骨文中有"夏"字、"夏王朝"、殷前古史体系的记载,但全书多为作者凭空想象,不为学界采纳。

[2] 夏含夷指出,青铜器铭文记载目的是仅仅为了纪念积极和可喜的事件,例如有关军事战争的铭文,统一地写成周室百战百胜,使人们得出周室永远胜利的结论。详参 Edward L. Shaughnessy, *Sources of Western Zhou History: Inscribed Bronze Vessels*, Berkeley: University of California Press, 1991, p. 176;亦有研究指,一些青铜器上的铭文被刻意磨毁、改刻,或有作者名字被刮去的现象,可能是一种企图磨灭或改变他人社会记忆的行为,亦即是人们故意地、选择性地忘记某些过去。详参来国龙:《记忆的惩罚:春秋时期铜器上有意毁改刻的铭文》,载朱渊清、汪涛编:《文本·图像·记忆》,上海:华东师范大学出版社,2014年,第29—44页。

[3] 铸于铜器的文字所传递的记忆,对于当时人而言是特别重要而需刻意保留的记忆,这种意识,清楚地表现在许多铜器铭文的典型结尾语"子子孙孙永宝用享"上。

老的诗篇①，其中有两篇提及大禹，这说明了大禹的传说很早就在中国上层社会流传；重要器物秦公敦记载的"禹迹"，亦反映了春秋时期大禹传说已根深蒂固。从地域上而言，《诗经》中有关大禹的六首诗，涉及西方的"丰水"和"梁山"，也有东部商都，这说明《诗经》中的大禹传说已经流传得相当广泛。《诗经》都给予大禹肯定之功，与同时期的《尚书》是同一论调。《尚书》记载大禹，也持平实语调，例如《尚书·益稷》言：

> 禹曰："洪水滔天，浩浩怀山襄陵；下民昏垫。予乘四载，随山刊木。暨益奏庶鲜食。予决九川，距四海；浚畎浍，距川。暨稷播奏庶艰食、鲜食，懋迁有无化居。烝民乃粒，万邦作乂。"②

引文是说明大禹如何勤劳治水，直接简单地反映大禹治水的史实。

西周时期，未有明显证据证明大禹具有神性。《诗经·商颂》："洪水芒芒，禹敷土下方"③，与燹公盨铭文的首言"天命禹敷土，随山浚川，乃厘方设征"，虽同属一义，却只能对大禹的神性存疑，因为禹有能力敷土，未必是超自然能力。当然，这并非说商周时期，大禹的记载没有非神性的元素，例如《山海经》、《尚书·洪范》就有神怪之说和"洪范"大法，正如上文所言，这些都是大禹神化的一面，但亦不能忘记两点：一、洪范和治水联系起来，应起自西汉时期；二、这时期的大禹神性化只出现在治水传说之中。所以，这段时期，有关大禹的记载总体上都比较理性实在。

中国人文主义思想在西周时期抬头。陈来就指出：

> 西周以来文化内部原有的理性化、德性化的因素明显地在这个时期积累、成长起来，为诸子时代文化思想的丰富发展准备了充分条件……
>
> 从春秋思想文化的发展来看……承继着西周文化的发展趋向，

---

① 方玉润：《诗经原始》，北京：中华书局，1986年，第643页。
② 孔颖达疏：《尚书正义》卷五《益稷》，第141页。
③ 郑玄笺，孔颖达疏：《毛诗正义》卷二十《商颂·长发》，第626页。

充满实证精神的、理性的、世俗的对世界的解释越来越重要，而逐渐忽视宗教的信仰、各种神力及传统的神圣叙事。①

这种思潮的出现虽然在中国思想史上成为定论，但却不能解释东周时期，是大禹神化的一个重要阶段。大禹在文献中产生与前期极大不同的形象。从大禹出生方面而言，《归藏》、《世本》、《尸子》、《山海经》、《天问》等都记载大禹是非正常生产所出，把大禹的出生披上神秘的色彩。

春秋战国之世，诸子百家为了抬高己派所尊崇的包括大禹在内的英雄，纷纷把他（祂）神化。《韩非子·显学》云：

> 孔子、墨子俱道尧舜，而取舍不同。皆自谓真尧、舜；尧、舜不复生，将谁使定儒、墨之诚乎？②

《韩非子》的话准确地揭示出各家的学术取舍和目的，结果造成他们不断制造神化人物，把历史人物演变为神话人物。儒家的孔孟为大禹神化奠下基础。孔子言"菲饮食，而致孝乎鬼神；恶衣服，而致美乎黻冕；卑宫室，而尽力乎沟洫"③，把大禹定型为儒家理想中的典范君王，是为首次对大禹作为圣王形象的描绘。在上文引用的《子羔》篇，肯定了禹、契、后稷均为天帝之子，进一步把大禹的降生神话化。孟子继承孔子的大禹观，赞颂大禹治水时言：

> 禹八年于外，三过其门而不入。④

这段话为后世大禹因公无私定下基础。孟子再言：

> 禹掘地而注之海，驱蛇龙而放之菹。水由地中行，江、淮、河、汉是也。险阻既远，鸟兽之害人者消，然后人得平土而居之。⑤

---

① 陈来：《古代思想文化的世界：春秋时代的宗教、伦理与社会思想》，第12—13页。
② 王先慎：《韩非子集解》卷十九《显学第五十》，第457页。
③ 邢昺疏：《论语注疏》卷八《泰伯第八》，第2487—2488页。
④ 孙奭疏：《孟子注疏》卷五下《滕文公上》，第2705页。
⑤ 孙奭疏：《孟子注疏》卷六下《滕文公下》，第2714页。

后世描绘大禹治水时加入神怪元素与上引文不无关系。

墨家与儒家俱道尧舜禹，主张从古而治，而古之圣贤的思想学说，墨子以为均保存在书本中。墨家先认为大禹是兼爱之君和节葬之君，《墨子》书中言：

> 古者禹治天下，西为西河、渔窦，以泄渠孙皇之水；北为防原泒，注后之邸、嘑池之窦，洒为底柱，凿为龙门，以利燕、代、胡、貉与西河之民，东方漏之陆，防孟诸之泽，洒为九浍，以楗东土之水，以利冀州之民；南为江、汉、淮、汝，东流之，注五湖之处，以利荆、楚、干、越，与南夷之民。此言禹之事，吾今行兼矣。①

又言：

> 今逮至昔者三代圣王既没，天下失义，后世之君子，或以厚葬久丧以为仁也，义也，孝子之事也；或以厚葬久丧以为非仁义，非孝子之事也。曰二子者，言则相非，行即相反，皆曰："吾上祖述尧舜禹汤文武之道者也。"而言即相非，行即相反，于此乎后世之君子，皆疑惑乎二子者言也。②

《墨子》进一步把大禹神化，在记载禹征三苗的事件中，《墨子》言：

> 昔者三苗大乱，天命殛之，日妖宵出，雨血三朝，龙生于庙，犬哭乎市，夏冰，地坼及泉，五谷变化，民乃大振。高阳乃命玄宫，禹亲把天之瑞令以征有苗，四电诱祇，有神人面鸟身，若瑾以侍，搤矢有苗之祥，苗师大乱，后乃遂几。禹既已克有三苗，焉磨为山川，别物上下，卿制大极，而神民不违，天下乃静。则此禹之所以征有苗也。③

---

① 孙诒让：《墨子间诂》卷四《兼爱中第十五》，第107—111页。
② 孙诒让：《墨子间诂》卷六《节葬下第二十五》，第169—170页。
③ 孙诒让：《墨子间诂》卷五《非攻下十九》，第146—147页。

《墨子》认为大禹具有神的威力,能够承上天的意志以征三苗,协调神民关系。儒墨两派比较之下,大禹神化的形象可谓先于孟子,而完成于墨家。

古代各派思想中,推崇大禹有儒墨两家,法家则质疑大禹(论述见本书第七章第七节)。儒墨两家的文献都着力塑造大禹完美的政治道德模范,例如《孟子·万章上》言:

> 舜之相尧,禹之相舜也,历年多,施泽于民久。启贤,能敬承继禹之道。①

后来三国时王肃撰的今本《孔子家语》则言:

> 高阳之孙,鲧之子也。曰夏后,敏给克齐,其德不爽,其仁可亲,其言可信,声为律,身为度,穆穆为纪为纲,其功为百神主,其惠为民父母。②

《孔子家语》属儒家类著作,与经部的《孟子》都充斥儒家思想,这些文献就充分表现大禹的德性,出土器物燹公盨铭文共有六个"德"字,讲述的都是大禹的事迹,是以大禹作为君王的典范,说明治民者应该具德。③这与墨家思想是一致的,虽然《墨子》把大禹神化,但其尊称大禹为"圣王",崇敬之心不下于儒家学派,《墨子》一书曾多次提到"尧、舜、禹、汤、文、武……"或"尧、舜、禹、汤、文、武之道",是首次把这六位"圣王"并列。而这种排列跟儒家"道统"中的"尧、舜、禹、汤、文、武、周公、孔子"一致。④由此可见,儒墨两派都是把大禹定型

---

① 孙奭疏:《孟子注疏》卷九下《万章上》,第2738页。
② 王肃:《孔子家语》,《五帝德第二十三》,第65页。
③ 李学勤:《论燹公盨及其重要意义》,收入氏著:《中国古代文明研究》,上海:华东师范大学出版社,2005年,第135页。
④ 有关"道统"的研究,可参张永儁:《宋儒之道统观及其文化意识》,《国立台湾大学文史哲学报》1990年第38期,第273—312页;张亨:《朱子的志业——建立道统意义之探讨》,《台大中文学报》1992年第5期,第31—80页;谢政谕:《中国正统思想的本义、争论与转型——以儒家思想为核心的论述》,《东吴政治学报》1995年第4卷,第241—266页。

为"圣王"的形象。

在战国时期，诸子借大禹以建立自己的思想观，从儒墨角度而言，他们要维护大禹道德模范来为禅让说和圣王形象服务①，而对法家而言，则是对大禹形象的重新塑造。此外，先秦时期已有大禹神化的记载，但这些都是部分学派为了自身学说已强加于大禹之上，人文主义的抬头直至汉赋中已可见其遗留。②

先秦时期古史系统繁复，至汉代时，司马迁据《帝系》和《五帝德》写成《五帝本纪》，把夏代以前各族宗神和各神话人物及古帝当作信史记录下来③，而大禹亦被确立为"黄帝之玄孙"。④论者谓秦火以后的汉代典籍，已失去先秦时期的原貌。汉代学者们努力地改造先秦典籍，在原有的先秦典籍上打上汉人的时代和思想烙印，但也保存了部分先秦的基础。⑤这个观念在大禹传说上得到验证。大禹的记载一方面秉承先秦与秦代以来的人文主义色彩，如汉赋中的大禹治水形象就是鲜明的民众领袖；但另一方面，汉代流行的阴阳谶纬思想为大禹传说注入新的元素，符瑞（天佑的表示）就是最明显的例子，大禹的出生方式、治水时得河图洛书与洪范和神

---

① 《孟子·万章上》篇对禅让之论有详细的讨论。详参孙奭疏：《孟子注疏》卷九下《万章上》，第2737—2738页。孟子肯定了尧舜之间的禅让，但认为这并非人为的私相授受，而是直接受禅于天。要得到天的禅让，受禅者的德行政绩及民心之向背至为关键。根据孟子所述，舜有卓越的德行和治绩，得到诸侯百官及人民的拥戴，因此共推其"践天子位"。至于禹传子一事，万章问得很白：是否禹年老德衰，选择传子不传贤？孟子极力否定，并认为大禹遵照尧舜朝之禅让制，本已禅位予益，但百官及民众以为益之贤不及大禹子启之贤，最终推举后者继大禹之位。虽然墨子尚贤，但《墨子》一书明确提到尧舜禹禅让一事，却只有《墨子·尚贤中》一节。详参孙诒让：《墨子间诂》卷二《尚贤中九》，第56—58页。墨子认为尚贤乃为政的根本，古代圣王重视尚贤，甚至将天下委之予贤者，而最典型莫过于尧舜禅让一事。墨子把禅让与尚贤思想等同起来。有关春秋战国时期两家对禅让制的讨论，可参许景昭：《禅让、世袭及革命：从春秋战国到西汉中期的君权传承思想研究》（香港浸会大学哲学博士论文，2009年）一文。

② 有关汉赋中人文主义的论述，请参本书第三章第二节。

③ 王明珂认为，秦汉时期创造了黄帝作为华夏民族的共同始祖，是与同时期建立的共同族称（华夏）、设定族群边界（夷戎蛮狄）同时出现，随之出现的秦汉帝国，就是执行华夏存在目的与意图的政治体。详参王明珂：《"什么是中国人"再思考》，载氏著：《华夏边缘：历史记忆与族群认同》，第16页。

④ 司马迁：《史记》卷二《夏本纪第二》，第49页。

⑤ 熊铁基：《汉代对先秦典籍的全面改造》，《光明日报》2005年第7月19日7版。

龙之助、娶涂山女传说加入九尾狐等，都是汉晋时代神学经学内容的附会之说，理性的知识分子固然斥之为"虚妄"和"迷信"，但这些传说无非是汉人对当时社会的热衷和思想发展的必然。葛兆光就认为，纬书中充满种种关于先人的光荣与耻辱的故事，并掺入了神秘的、来自天命的、有关得失的传说，都是汉人为当下政治社会提供借鉴①，先秦儒学缺乏的天人感应观，在汉武帝独尊儒术后，加入天命一类的宇宙自然观，也是弥补先秦文化，特别是孔儒思想的不足。此外，汉晋时期大禹圣王形象牢不可破，这是承先秦儒家的标准而来，再加汉廷把儒学定于一尊后的结果，最后出现《后汉书》中"仲尼长东鲁，大禹出西羌"②，把大禹与孔子相提并论的现象。

论者谓魏晋史学与秦汉史学相比，是横广式的发展，虽然没有班马《史》、《汉》的史学巨著和大家，但在史书种类上却有所增多，史学亦从经、子门类中分离出来，蔚成中国学术之大宗。③从建安年间曹操实际掌权到魏晋时代，国家对品评人物的风气一直是采取压制政策④，但收效不大，品评人物依旧风行，人们热衷对历史人物的评价，袁宏的《后汉纪》、范晔的《后汉书》、裴松之的《三国志注》、萧子显的《南齐书》等都有不少评论历史人物的见解。可惜的是，时人似乎不太关心大禹。当时重视当代史编撰之风盛，少有有关上古史的史籍，梁武帝编的《通史》为通史体史著⑤，记载"起三皇，讫梁"⑥，可惜现已散佚⑦，具体内容无从得

---

① 葛兆光：《中国思想史》第一卷，上海：复旦大学出版社，2001年，第291页。
② 范晔：《后汉书》卷八十三《逸民列传第七十三·戴良》，第2773页。
③ 吴怀祺：《题记》，载庞天佑：《中国史学思想通史·魏晋南北朝卷》，合肥：黄山书社，2003年，第1—2页。
④ 有关这点，请参胡宝国：《汉唐间史学的发展》，北京：商务印书馆，2003年，第147—153页。
⑤ 虽然，《隋书·经籍志》、《旧唐书·经籍志》及《新唐书·艺文志》都标明《通史》的作者是梁武帝，其实此书作者应是吴均。不过，如此大部头的书，参加撰写的人肯定不止吴均一位，只是史书未载，无从可考。参姚思廉：《梁书》卷四十九《吴均传第四十三》，北京：中华书局，1973年，第699页。
⑥ 魏徵等：《隋书》卷三十三《经籍志第二十八》，第956页。又，《梁书·吴均传》记载更详："寻有敕召见，使撰《通史》，起三皇，讫齐代，均草本纪、世家，功已毕，惟列传未说"，姚思廉：《梁书》卷四十九《吴均传第四十三》，第699页。
⑦ 据近人考证，《通史》当在五代末年至宋朝初年散佚。详参郝润华：《六朝史籍与史学》，北京：中华书局，2005年，第216页。

知。此外，受到道、佛冲击，儒学在思想文化上的垄断地位在魏晋时期被打破，但受统治者的影响和史学的推崇，史著中仍不乏儒家思想，不过，作为儒家圣王的大禹传说在此时并没有突破性的发展。

不难发现，唐代以后，大禹的传说已少有添加新的元素，大禹形象基本定型。大禹传说在唐代以后变成评价为主，主题则不出先秦以来的范围，作品体裁亦跟随诗之大盛而使之成为主要载体。咏禹诗多作肯定大禹功德，是秉承先秦儒家的意见。此外，大禹神化的传说始于两汉时期，至魏晋亦曾流行志异小说，例如后秦方士王嘉的《拾遗记》，都是记载上古奇诡之说[1]，降至明清，通俗小说大行其道，大禹传说亦多了小说一体作载体和媒介。而明清祭典风盛，出现多篇祭禹文字，祭文多由皇帝亲撰或授意大臣所撰，对于确立大禹功德作为国家模范起了重要作用。

清代以还古史研究蔚成风气，马骕《绎史》、李锴《尚史》都是清代古史研究的代表作，近代疑古学派亦促进一股古史研究之风。崔述对古史的质疑，对顾颉刚提出"大禹是条虫"有深远影响。然而，崔述在基于维护儒家道统，才对古史起疑，他始终视儒家经典为金科玉律[2]，但顾颉刚虽然思想上是承传崔述[3]，却比崔述更彻底地否定儒家经典。[4] 疑古派的

---

[1] 逯耀东：《志异小说与魏晋史学》，载氏著：《魏晋史学的思想与社会基础》，北京：中华书局，2006年，第159页。

[2] 邵东方：《崔述与中国学术史研究》，北京：人民出版社，1998年，第4页。有关崔述与近代中国史学界关系的考察，可参Joshua A. Fogel, "On the 'Rediscovery' of the Chinese Past: Cui Shu and Related Cases," in *The Cultural Dimension of Sino-Japanese Relations-Eassays Nineteenth and Twentieth Centuries*, Armonk, New York: M. E. Sharpe, 1995, pp. 3-21.

[3] 顾颉刚在《古史辨》第一册的《自序》中坦言读到崔述的《东壁遗书》时"高兴极了"，因为该书目的"在于驱除妨碍圣道的东西，辨伪也只是他的手段"，因此，顾颉刚认为"要比他进一步……作彻底的整理"，顾颉刚：《自序》，载氏编：《古史辨》第一册，第25页。而顾颉刚亦曾说崔述辨史目的是"考诸经以信史"，而自己则是"求于史以疑经"，认为二人走"不同的路线"。顾颉刚：《予与崔述辨史目的不同》，载氏著：《耄学丛记（二）》，收入氏著：《顾颉刚读书笔记》卷十四，第218页。

[4] 顾颉刚在读完《考信录》之后，写了一封给胡适的信就提到，崔述"虽但疑史传杂说而仍信经，令人不满意"（顾颉刚：《论伪史例书》，载氏编：《古史辨》第一册，第39页），又认为崔"只是儒者的辨古史，不是史家辨古史"（顾颉刚：《与钱玄同先生论古史书》，载氏编：《古史辨》第一册，第75页）。换言之，顾颉刚认为崔述仍然走不出儒家经典的框架。有关顾颉刚对崔述学术的传承，可参林庆彰：《顾颉刚学术渊源》，台北：万卷楼图书股份有限公司，2017年，第63—90页。

古史研究，亦由前期顾颉刚的"层累造成说"，演变到后期杨宽、童书业为代表的"神话分化演变说"，杨宽就言："关于夏以上古史传说之论述，系统粗具，而于古史传说出于神话演变分化之说，自信益坚"①，认为商周以上的历史只是传说，这些传说源于神话，由此演变出黄帝下至夏代的世系，三皇五帝和夏代的历史是完全不存在。②无论"疑古派"的观点成立与否，可以肯定的是，"整个古史领域并没有因疑古派的破坏而衰落下去"③，反而得到长足的发展。

大禹传说的文本有保存较多的是神话成分，也有的已经完全衍为历史化的传说，前者如《山海经》或小说作品；后者则如《尚书》，还有介于两者之间的文本（以《天问》为代表）。④神话是一个世界性的现象，只要稍具历史的民族，都经历过神话的阶段。在人文主义及科学宇宙观未出现以前，人的心灵就只可能落入两种可能性中：神话或者空白。⑤《山海经》一类的神话作品却在出土器物（如燹公盨）和传世历史文献之后才被演化出，这个现象说明大禹本是历史上的记载，后来因应某些需要以加添更多元素。大禹在中国文化上具有很强的历史性，同时又是半神的英雄。是故论者认为综合多方因素而言，他应为中华民族英雄的第一人。⑥自司马迁在《五帝本纪》中把大禹的功绩形容为"唯禹之功为大"⑦后，愈后期的文献中可以发现，大禹逐渐成为华夏文化圈中的集体模范，而官方或民间对他（祂）均尊敬有加，尊他（祂）为圣贤、仁者，甚至具有神秘的色彩。

在官方统治意识上，秦汉以后，历朝配合儒学思想的统一和大一统帝国统治的需要，为了凝聚华夏民族的集体性，大禹遂成为举足轻重的模

---

① 杨宽：《中国上古史导论》，收入吕思勉、童书业编著：《古史辨》第七册，第41页。
② 《古史辨》派"由层累造成说"到神话分化演变说的研究可参考张京华：《古史辨派与中国现代学术走向》，第289—322页。
③ 杨宽：《历史激流：杨宽自传》，台北：大块文化出版股份有限公司，2005年，第90页。
④ 吕微：《神话何为：神圣叙事的传承与阐释》，北京：社会科学文献出版社，2001年，第60页。
⑤ 孙隆基：《禹神话的研究》，第6页。
⑥ 茅盾：《中国神话研究初探》，上海：上海古籍出版社，2011年，第88—89页。
⑦ 司马迁：《史记》卷一《五帝本纪第一》，第43页。

范。历代君臣把大禹塑造成华夏民族共同祖先之一或仁君圣王的身份，也就符合中国人的要求并得到中国人的认同。[①] 从民间而言，大禹已成为道德典范，是民众追捧的对象，与此相关的文化，如石头崇拜和生殖生育崇拜等，业已成为中国古代民间信仰的一部分。近代以来，中国学界都强调一个或多个"起源"，延续、分化、糅合而成为今天血缘或文化上的"中国人"或"中华民族"，但是在西方后现代主义思潮下，当代的民族与文化"传统"只是国族主义下知识分子或精英阶层集体建构的"想象社群"（imagined community）[②]，此刻对"国族认同"或"国族"下的民族区分，都纷纷被建构起来，此一建构或可称作"近代建构论"[③]。有趣的是，"近代建构论者"只是解构近代以来被建构的"历史"与"国族"，他们对古代历史毫无兴趣。事实上，每个民族都强调其起源和始祖或一些重要的大事件，成为该民族的集体记忆。换言之，大禹是以英雄圣王形象来凝聚华夏民族集体历史记忆的标志之一，以遗忘、修正、添加、重建，乃至虚构历史记忆的方式，调整和创造中国人的共同根基。[④] 由先秦创造的英雄大禹形象，汉晋间地区上被族群所采用的记忆（如四川士人称禹生石纽），到最后全民化的崇拜（如明清官方和民间祭禹活动），可见大禹传说由族

[①] 人类学家艾德华·普理查德（E. E. Evans-Pritchard）在其 *The Nuer* 一书中提到，东非的努尔人（Nuer）忘记一些祖先或特别记得一些祖先，是他们家庭发展与分化的原则。人类学家格利弗（P. H. Gulliver）据此提出"结构性失忆"（Structural Amnesia），他注意到一些民族的家族谱系记忆在父子两代之间便有相当大的差别，认为许多民族均以忘记或虚构祖先以重新整合族群范围。中国人被说成"炎黄子孙"也就是华夏民族同样加入"某神"作自己的祖先，大禹即被四川士人视为己族祖先。详参 E. E. Evans-Pritchard, *The Nuer*, Oxford: Oxford University Press, 1940, pp. 199-200; P. H. Gulliver, *The Family Herds: A Study of Two Pastoral Tribes in East Africa, the Jie and Turkana*, London: Routledge, 1998, pp. 108-117.

[②] Eric Hobsbawm & Terence Ranger (eds.), *The Invention of Tradition*, Cambridge: Cambridge University Press, 1983; Benedict Anderson, *Imagined Communities*, Rev-edition, London: Verso, 1991.

[③] 王明珂：《中国民族起源与形成》，载氏著《英雄祖先与弟兄民族：根基历史的文本与情境》，台北：允晨文化实业股份有限公司，2006年，第21页。

[④] 许多相关研究一再证实一个社会群体透过"过去"来创造自身的共同传统，以便界定该群体的本质，旨在树立群体的边界（boundary）以维系群体内部的凝聚。苏格兰格子裙与苏格兰国族认同之关系就是一个有趣的具体史例，参 Hugh Trevor-Roper, "The Invention of Tradition: The Highland Tradition of Scotland," in Eric Hobsbawm, Terence Ranger (eds.), *The Invention of Tradition*, pp. 15-41.

群扩展至社会,由社会延伸至国家,成为华夏文化共同始祖式英雄和圣贤之一,对增进民族认同有莫大贡献。①

第九节 小结

社会或国家的集体记忆,是由人群当代经验与过去的历史、神话、传说构成,借由文献、口述、行为仪式(如庆典、纪念仪式)与形象化物体(如画像、塑像)为媒介。② 本章结合文学作品、传统仪式,或官方或民间,由上层至下层,试图多角度理解在不同时代,中国人对大禹的评价,发现大禹在古人或今人心中都占有非常重要的地位,人们特别爱歌颂其治水之功,谓其对国家有利无害,亦有表扬其大公无私的牺牲精神。官方带头祭禹,无非是以自上而下的方式,把大禹事迹塑造成道德教化的事例。这些都把大禹创造成华夏文化的集体记忆。大禹的历史形象在先秦时期属平实朴素,但东周的思想家为了宣扬己见,已经开始为大禹添加不同色彩的传说。汉代时,把大禹确立为"黄帝之玄孙",是把大禹与其他传说的圣人贤者帝王同列,开始为后代大禹形象定型奠下基础,这种基础最终在唐代以后完全定型。毫无疑问,大禹在历史上的接受程度以正面为主,只是有个别学者一反传统意见,认为大禹因公忘私而治水,是抛妻弃子的行为,这种见解在大禹传说研究中也只是寥寥可数。

---

① 本段强调大禹是"始祖式英雄和圣贤",是因为华夏文化有其他"始祖",同样被中国人视为本族文化的"始祖"记忆。汉代时,黄帝成了所有华夏民族的共同始祖,就是华夏民族源流之"根"。有别于大禹只是首位英雄传奇的人物。所以,受华夏文化影响的中国人只会说是"炎黄子孙",而不会说"大禹子孙",大禹也只是"凝聚华夏民族集体历史记忆的标志之一",因为"之二"、"之三"者大有人(神)在。黄帝由战国末开始,被不同的知识精英塑造成华夏之祖先,至司马迁撰写《史记》时,黄帝为他心目中信史的第一个原始帝王,且为夏、商、周三代帝王家系的共同祖先。Charles Le Blanc 就注意到黄帝既是某些家系的始祖(系谱始祖性,genealogical ancestrality),又是统治一时代或各部族的帝王(典范性帝王,paradigmatic emperorship)。而黄帝在战国至汉初从众多帝王间脱颖而出,成为华夏民族的始祖,同样是华夏形成的关键。相关研究见 Charles Le Blanc, "A Re-examination of the Myth of Huang-ti," *Journal of Chinese Religions*, vol. 13, 14, 1985-1986, pp. 45-63;沈松侨:《我以我血荐轩辕——黄帝神话与晚清的国族建构》,《台湾社会研究》1997 年第 28 卷,第 1—77 页;王明珂:《论攀附:近代炎黄子孙国族建构的古代基础》,《历史语言研究所集刊》2002 年 73 本 3 分,第 583—624 页。

② 王明珂:《华夏边缘:历史记忆与族群认同》,第 314 页。

结　语

本书以大禹传说作为主线，探讨大禹传说的本源及其发展，不难发现，大禹传说并非一种单纯和简单的神话传说发展史，而是对中国史学、中国文化的发展，乃至华夏民族的形成和认同等都有着密切关系。

20世纪的"古史辨运动"，揭橥大禹研究的序幕。百年过去，大禹研究虽在史实考证上取得突破，但是有关大禹传说的发展研究却裹足不前，无论前辈学者用"故事"眼光，或"传说"角度，或"神话"视野来研究，大禹传说也未曾被系统地置于史学发展中考察。本书以"不立一真，惟穷流变"的方法，追求大禹传说的变化，而不求其历史真相，发现大禹传说在不同时代被不同社会阶层的人物"各取所需"地赋予不同的解释，反映古人有意识地保存、修改、演化其传说，形成传说和历史真相互相融合。不同时代的人们，因应环境潮流，塑造不同的大禹传说，因而造成大禹传说在中国史学中出现纷乱之象，使大禹在不同类型的古籍中出现或历史人物，或神格化人的形象，彼此交融和变化，传说本身亦多元混合，既真又假。

大禹不同传说中各自保留不同的文化元素。出生传说中的石头崇拜、治水时划分九州的地理观、娶妻时出现的九尾狐、铸鼎传说反映的政治权力，都与中国文化密不可分，可见古人在塑造大禹传说或形成时，有意或无意地，渗透不少中国文化色彩于其中。此外，大禹作为华夏民族的治水英雄，其"三过家门而不入"，大公无私之美德，成为华夏民族追捧的对象，因此他同时具有超自然英雄的身份和立国始祖的身份。再者，其个人修养亦得到思想家，特别是儒家和墨家的推崇，"兼善天下"的理想追求在大禹传说中得到充分发挥。

近代的大禹传说研究不能脱离20世纪的"古史辨运动"，与之同时或略晚的西方实验心理学学者巴特雷特，与社会学学者哈伏瓦斯相继提出有关人类社会记忆（social memory）之开创性新说①。事实上，顾颉刚提出的古帝王"层累造成说"，已有社会记忆学说的雏形。以顾颉刚为首的疑古学者与维护古史者之间的激辩，正好反映双方皆对真实的民族起源历史有深切的渴求。加上稍后时期中国考古学的兴起，考古学家的新议题则为探讨中国人类与人种起源、文明起源等②，而传统历史学与生俱来的思维，都是把当下的人群不断追溯到遥远的"过去"。本书发现，大禹传说不断演化之后，大禹本以"黄帝之玄孙"的身份，成功加入黄帝的"家族"，而后世的华夏统治者皆以"黄帝后裔"此一"血缘"来凝聚其民族及巩固其帝国的统治。换言之，只要某人加入"黄帝后裔"这个族群，即成华夏民族一员，大禹以圣王英雄形象加入此"家族"，并成黄帝的玄孙，对往后的华夏民族来说，就是一个集体回忆。对该民族而言，不但要牢记某些部分（对大禹而言，治水英雄就为最重要"牢记"的部分），亦要努力地"遗忘"一些部分（如唐代以后，罕见对大禹的批评，大禹神话色彩浓厚的传说亦逐渐少见），在符合民族意识形态下，把大禹的传说转化成华夏民族的精神象征。

事实上，如果我们把以上三点结合考察，不难发现，大禹传说贯穿其中。从上文可知，古人透过实质文物和文献来记载大禹传说，这是当时史学意识之记载。同时，这类媒介又能保存、强化或重温许多集体回忆，当中反映的元素正是华夏民族的文化。

从大禹的传说流变中可见，古人一直谈论真正存在或不真正存在的事物。假如你问我，"你相信大禹真的存在过吗？"我只能回答："我不知道。"我只知道对古人来说：大禹作为"非物质文化遗产"来追述，那当然是存在的，但透过这些追述性质的记载，我们只能知道当时的人是如何看待大禹的。我们的重点不在于考究这些事情的真实性，而是探讨为何这

---

① Frederic Bartlett, *Remembering: A Study in Experimental and Social Psychology*, Maurice Halbwachs, *On Collective Memory*.

② 可参张岂之编：《中国近代史学学术史》，第446—507页。

些事让人们，特别是华夏民族，能够拥有想象，编织出种种共同共享的虚构故事。两个素未谋面的"中国人"能够在黄河泛滥时说要一起到灾区救灾，原因就在于他们同样相信"大禹治水"。

附表一 历代咏禹诗词知见录

序号	时代	作者	篇目	原文	出处
1	先秦		信南山	信彼南山,维禹甸之。	郑玄笺,孔颖达疏:《毛诗正义》卷十三《小雅·信南山》,第470页。
2	先秦		文王有声	丰水东注,维禹之绩。四方攸同,皇王维辟。	郑玄笺,孔颖达疏:《毛诗正义》卷十六《大雅·文王有声》,第526页。
3	先秦		韩奕	奕奕梁山,维禹甸之。	郑玄笺,孔颖达疏:《毛诗正义》卷十八《大雅·韩奕》,第570页。
4	先秦		閟宫	有稷有黍,有稻有秬。奄有下土,缵禹之绪。	郑玄笺,孔颖达疏:《毛诗正义》卷二十《鲁颂·閟宫》,第614页。
5	先秦		长发	洪水茫茫,禹敷土下方,外大国是疆,幅陨既长。	郑玄笺,孔颖达疏:《毛诗正义》卷二十《商颂·长发》,第626页。
6	南朝梁	庾肩吾	乱后经禹庙	金简泥新发,龙门凿始通。配天下失旧,为鱼微此功。秦皇观大海,魏帝逐飘风。去国嗟行迈,频年任转蓬。月上关山北,乡临天汉东。申胥犹有志,荀息本怀忠。待见欃枪灭,归来松柏桐。	邹志方点校:《〈会稽掇英总集〉点校》卷八,第119页。
7	唐	宋之问	题禹庙	夏王乘四载,兹地发金符。峻命终不易,报功畴敢渝?先驱总昌会,后至伏灵诛。玉帛空天下,衣冠耀海隅。旋闻厌黄屋,更道出苍梧。林表祠转茂,山阿井讵枯?舟迁龙喷壑,田变鸟耘芜。旧物森如在,天威肃未殊。玄夷届瑶席,玉女侍清都。奕奕闱闼邃,轩轩仗卫趋。气青连曙海,云白洗春湖。	邹志方点校:《〈会稽掇英总集〉点校》卷八,第120页。

续表

序号	时代	作者	篇目	原文	出处
7	唐	宋之问	题禹庙	(接上页)猿啸有时答,禽言长自呼。灵歆异蒸稭,至乐匪笙竽。茅殿今文袭,梅梁古制无。运遥日崇丽,业盛咨昭苏。伊昔力云尽,而今功尚敷。揆材非美箭,精享愧生刍。郡职昧为理,邦空宁自诬?下车霰已积,摄事露行濡。人隐冀多佑,曷唯露薄躯。	邹志方点校:《〈会稽掇英总集〉点校》卷八,第120页。
8	唐	宋之问	游禹穴回出若耶	禹穴今晨到,耶溪此路通。著书闻太史,炼药有仙翁。鹤往的犹挂,龙飞剑已空。石帆遥海上,天境落湖中。水底寒云白,山边坠叶红。归舟何虑晚,日暮使樵风。	邹志方点校:《〈会稽掇英总集〉点校》卷八,第117页。
9	唐	李白	公无渡河	黄河西来决昆仑,咆哮万里触龙门。波滔天,尧咨嗟。大禹理百川,儿啼不窥家。杀湍湮洪水,九州始蚕麻。其害乃去,茫然风沙。被发之叟狂而痴,清晨径一作临流欲奚为?旁人不惜妻止之,公无渡河苦渡之。虎可搏,河难凭,公果溺死流海湄。有长鲸白齿若雪山,公乎公乎挂罥于其间,箜篌所悲竟不还。	王琦注:《李太白全集》卷之三,第160页。
10	唐	徐浩	谒禹庙	亩浍敷四海,川源涤九州。既膺玄命锡,乃建洪范畴。鼎革固天启,运兴匪人谋。肇开宅土业,永庇昏垫忧。山足灵庙在,门前清镜流。象筵陈玉帛,容卫俨戈矛。探穴图书朽,卑宫堂殿修。梅梁今不坏,松祏古仍留。负责故乡近,曷来申俎羞。为鱼知造化,叹凤仰徽猷。不复闻夏乐,唯余奏楚幽。婆娑非舞羽,镗鞳异鸣球。盛德吾无间,高功谁与俦?灾淫破凶慝,祚圣拥神休。出谷莺初语,空山猿独愁。春晖生草树,柳色暗汀州。恩贷题舆重,荣殊衣锦游。宦情同械系,生理任桴浮。地极临沧海,天遥过斗牛。精诚如可谅,他日寄冥搜。	邹志方点校:《〈会稽掇英总集〉点校》卷八,第122页。

续表

序号	时代	作者	篇目	原文	出处
11	唐	杜甫	禹庙	禹庙空山里，秋风落日斜。荒庭垂橘柚，古屋画龙蛇。云气嘘青壁，江声走白沙。早知乘四载，疏凿控三巴。	《杜少陵集详注》卷十四，第79页。
12	唐	孟简	题禹庙	九土昔沦垫，八方抱殷忧。哲王受《洪范》，群物承天休。源委有所在，勤劳会东州。稽山何峻极，清庙居上头。律度非外事，辛壬宁少留？歌谣自不去，覆载将何求？灵长表远绩，经启蒙宏猷。孰敢备佑命？天吴与阳侯。元功余玉帛，茂实结松楸。盖影庇风雨，湖光摇冕旒。质明箫鼓作，通昔礼容修。骈牢设旧物，洿水配庶羞。深沉本建极，傲很亦思柔。阴怪尚奔走，灵徒如献酬。恍疑仙驾动，静见宿云收。竹树依积润，菰蒲托清流。谬兹领百越，忽复历三秋。丹恳谅可荐，庶几无年尤。	邹志方点校：《〈会稽掇英总集〉点校》卷八，第121页。
13	唐	白居易	自蜀江至洞庭湖口有感而作	江从西南来，浩浩无旦夕。长波逐若泻，连山凿如劈。千年不壅溃，万姓无垫溺。不尔民为鱼，大哉禹之绩。导岷既艰远，距海无咫尺。胡为不讫功，余水斯委积？洞庭与青草，大小两相敌。混合万丈深，淼茫千里白。每岁秋夏时，浩大吞七泽。水族窟穴多，农人土地窄。我今尚嗟叹，禹岂不爱惜！邈未究其由，想古观遗迹。疑此苗人顽，恃险不终役。帝亦无奈何，留患与今昔。水流天地内，如身有血脉。滞则为疽疣，治之在针石。安得禹复生，为唐水官伯？手提倚天剑，重来亲指画。疏河似剪纸，决壅同裂帛。渗作膏腴田，踏平鱼鳖宅。龙宫变闾里，水府生禾麦。坐添百万户，书我司徒籍。	《白居易集笺校》第一册卷八，第428—429页。

续表

序号	时代	作者	篇目	原文	出处
14	唐	元稹	拜禹庙	恢能咨岳日，悲慕羽山秋。父陷功仍继，君名礼不雠。洪水襄陵后，玄圭菲食由。已甘鱼父子，翻荷粒咽喉。古庙苍烟冷，寒亭翠柏稠。马泥真骨劝，龙画活睛留。祀典稽千圣，孙谋绝一丘。道虽污世载，恩岂酌沈浮。洞穴探常近，图书即可求。德崇人不隋，风在俗斯柔。菱色湖光上，泉声雨脚收。歌诗呈志义，箫鼓渎清猷。史亦明勋最，时方怒校酋。还希四载术，将以拯虔刘。	邹志方点校：《〈会稽掇英总集〉点校》卷八，第121页。
15	唐	薛苹	禹庙神座，顷服金紫。苹自到镇，申牒礼司，重加衮冕。今因祈雨，偶成八韵	玉座新规盛，金章旧制非。列城初执礼，清庙重垂衣。不睹千箱咏，翻愁五稼微。只将蘋藻洁，宁在饩牢肥？徙市行应谬，焚巫事亦违。至诚期必感，昭报意犹希。海日明朱槛，溪烟湿画旗。回瞻郡城路，未欲背山归。	邹志方点校：《〈会稽掇英总集〉点校》卷八，第116—117页。
16	唐	李绅	禹庙	削平水土穷沧海，畚锸东南尽会稽。山拥翠屏朝玉帛，穴通金阙架云霓。秘文镂石藏青壁，宝检封云化紫泥。清庙万年长血食，始知明德与天齐。	邹志方点校：《〈会稽掇英总集〉点校》卷八，第117页。
17	唐	李绅	登禹庙回降雪五言二十韵	金奏云坛毕，同云拂雪来。玉田千亩合，琼室万家开。湖暗冰封镜，山明树变梅。裂缯分井陌，连璧混楼台。麻引诗人兴，盐牵谢女才。细疑歌响尽，旅作舞腰回。着水鹅毛失，铺松鹤羽摧。半崖云掩映，当砌月裴回。遇物纤能状，随711巧若裁。玉花全缀萼，珠蚌尽呈胎。志士书频照，鲛人杼正催。妒妆凌粉匣，欺酒上琼杯。海使迷奔辙，江涛认暗雷。疾飘风作驭，轻集霰为媒。剑客休矜利，农师正念摧。瑞彰知有感，灵贶表无灾。尧历占新庆，虞阶想旧陪。粉凝莺阁下，银结凤池隈。鸡树花惊笑，龙池絮欲猜。劳歌会稽守，遥祝永康哉。	《全唐诗》卷四百八十一，第5480—5481页。

续表

序号	时代	作者	篇目	原文	出处
18	唐	胡曾	嶓冢	夏禹崩来一万秋，水从嶓冢至今流。当时若诉胼胝苦，更使何人别九州？	《全唐诗》卷六百四十七，第7432页。
19	唐	胡曾	涂山	大禹涂山御座开，诸侯玉帛走如雷。防风谩有专车骨，何事兹辰最后来？	《全唐诗》卷六百四十七，第7432页。
20	唐	崔词	题禹庙	惟舜禅功始，惟尧锡命初。九州方奠画，万壑遂横疏。受箓尝开洞，过门不下车。诸侯会玉帛，沧海荐图书。玄默将遗世，崇高亦厌居。耘田自有鸟，浚泽岂为鱼？家及三王嗣，殷因百代如。灵容肃清宇，衮服闭荒墟。枣径愁云暮，松扉撤祭余。叨荣陵寝邑，怀古益踌躇。	邹志方点校：《〈会稽掇英总集〉点校》卷八，第120页。
21	唐	严维	陪皇甫大夫谒禹庙	竹使羞殷荐，松龛拜夏祠。为鱼歌德后，舞羽降神时。文卫瞻如在，精灵信有期。夕阳陪醉止，塘上鸟咸迟。	《全唐诗》卷二百六十三，第2921页。
22	唐	周昙	夏禹	尧违天孽赖询谟，顿免洪波浸碧虚。海内生灵微伯禹，尽应随浪化为鱼。	《全唐诗》卷七百二十八，第8338页。
23	唐	周昙	再吟	万古龙门一旦开，无成甘死作黄能。司空定有匡尧术，九载之前何处来。	《全唐诗》卷七百二十八，第8338页。
24	五代	钱俶	题禹庙	千古英灵孰令论，西来神宇压乾坤。尘埃共锁梅梁在，星斗俱分剑鞬存。蟾殿夜寒摇翠幌，麝炉春暖酬琼樽。会稽山下秋风里，长放松声入庙门。	邹志方点校：《〈会稽掇英总集〉点校》卷八，第117页。
25	宋	潘阆	癸未岁秋七月祷禹庙	万古稽山下，森森大禹祠。幽人来暗祷，灵魄望潜知。帝虑河频决，民忧业旋移。自惭无异策，载拜泪只垂。	邹志方点校：《〈会稽掇英总集〉点校》卷八，第118页。
26	宋	潘阆	泊禹祠	禹庙高高万木齐，蟾蜍影里月光低。出中不惯闻寒漏，一夜猿惊与鸟啼。	邹志方点校：《〈会稽掇英总集〉点校》卷八，第118页。
27	宋	范仲淹	夏后氏	景命还将伯益传，九川功大若为迁。讴歌终在吾君子，岂是当时不让贤。	《夏后氏》，收入《全宋诗》卷一百六十六，第1879页。
28	宋	释智圆	禹庙	洪水不为害，黎元受赐多。道尊由揖让，功大匪干戈。任上诸侯贡，贻谋五子歌。稽山千古在，宫阙倚嵯峨。	《全宋诗》卷一百四十，第1564页。
29	宋	梅尧臣	涂山	古传神禹迹，今向旧山阿。莫问辛壬娶，从来甲子多。夜淮低激яр，朝江上嵯峨。荒庙立泥骨，岩头风雨过。	《宛陵先生集》，收入《四部丛刊》第七册卷三十四，据明万历间梅氏祠堂刊本景印，缺页数。

续表

序号	时代	作者	篇目	原文	出处
30	宋	张伯玉	会稽山	稽山何崔巍，莫此东南区。群山状趋附，万壑流萦纡。畴昔大禹来，简计天下书。诸侯率麇至，万玉争凫趋。防风独强梁，后至行趑趄。天威不可舍，败骨盈高车。至今憔悴烟，惨淡藏封隅。遂令百世后，尊王无异图。乃知圣人心，赏罚尽贻谟。	邹志方点校：《〈会稽掇英总集〉点校》卷五，第81页。
31	宋	张伯玉	题禹庙	宝穴千峰下，严祠一水傍。夜声沧海近，秋势越山长。薄葬超前古，贻谋启后王。万灵何以报，终古咏怀襄。	邹志方点校：《〈会稽掇英总集〉点校》卷八，第118页。
32	宋	张伯玉	书大禹寺壁	萧寺禹祠傍，人间白日长。讽经闻海穴，洗钵动湖光。台殿留风月，烟云起栋梁。游人晚回首，松竹自苍苍。	邹志方点校：《〈会稽掇英总集〉点校》卷九，第133页。
33	宋	张伯玉	访禹穴至阳明洞	宛委山前舣画船，攀萝渐入太霄边。因寻大禹藏书穴，深入阳明古洞天。万壑秋光含细籁，数峰寒玉立苍烟。宝函金篆久稀阔，欲就皇人讲数篇。	邹志方点校：《〈会稽掇英总集〉点校》卷八，第118页。
34	宋	司马光	谒三门禹庙	信矣禹功美，独兼人鬼谋。长山忽中断，巨浸失横流。迹与天地久，民无鱼鳖忧。谁能报盛德，空尔荐醪羞。劂賡青崖裂，喧豗白浪豪。客舟浮木叶，生理脱鸿毛。柏映孤峯短，铭书绝壁高。河师不耕织，容易戏风涛。	《全宋诗》卷五百七，第6164页。
35	宋	钱公辅	禹穴	一朵云根压众岚，古传深坎自天鑿。藏书未必先王事，好怪惟闻太史探。洞府闲来何寂寞，龙髯垂处认鬖鬖。近岩更剖知章字，谩识奇踪意自甘。	邹志方点校：《〈会稽掇英总集〉点校》卷八，第119页。
36	宋	王安石	九鼎	禹行掘山走百谷，蛟龙窜藏魑魅伏。心志幽妖尚觊觎，以金铸鼎空九牧。冶云赤天涨为黑，鞴风余吹山拔木。鼎成聚观变怪索，夜人行歌鬼昼哭。功施元元后无极，三姓卫守相传属。弱周无人有宜出，况之九幽拆地轴。始皇区区求不得，坐令神奸窥邑屋。	王安石著，李之亮补笺：《王荆公诗注笺》卷十八，成都：巴蜀书社，2000年，第333页。

续表

序号	时代	作者	篇目	原文	出处
37	宋	刘彝	题禹庙壁	皇祐二年（1050）秋，予自闽由太末登天台，川陆间行，至于郡，凡数千里。观山泽之可树植者，或荒潆焉；田亩之可浍畎者，或漫灭焉。自剡而西，遇雨数日，农田甚丰，垂获而遭霖潦之害，春夏斯民饥莩癞痹未起者，重困是水，予心哀焉。呜呼！宜树殖而荒潆，冻馁之源也；宜畎浍而漫灭，水旱之道也。天地非不生且育，然而吾民重罹饥困，赞乎化育之道未至焉耳。夜过鉴湖，人指南山而告予曰："禹庙也。"予具冠带瞻望，内起恭肃，不觉感叹泣下。既而欲志其事。厥明，次于会稽之门，遂写屋壁。其歌曰：地生财兮天生时，圣贤之赞育兮咸适其宜。畎浍距川兮川距海，水旱罔至兮民无冻饥。亩田是起兮帝载以照，万世永赖兮胡不践履而行之。呜呼禹乎！谁知予心之增悲？	邹志方点校：《〈会稽掇英总集〉点校》卷二十，第307—308页。
38	宋	苏轼	宿余杭法喜寺寺后绿野亭望吴兴诸山怀孙莘老学士	徙倚秋原上，凄凉晚照中。水流天不尽，人远思何穷，问谍知秦过，看山识禹功。	苏轼：《宿余杭法喜寺寺后绿野亭望吴兴诸山怀孙莘老学士》，载氏著：《苏东坡全集》第一册卷七，第305页。
39	宋	苏辙	涂山	娶妇山中不肯留，会朝山下万诸侯。古人辛苦今谁信，只见清淮入海流。	苏辙：《涂山》，《和子瞻濠州七绝》，载氏著：《栾城集》卷三，第43页。
40	宋	赵构	中和堂诗并序	六龙转淮海，万骑临吴津。王者本无外，驾言苏远民。瞻彼草木秀，感此疮痍新。登堂望稽山，怀哉夏禹勤。神功既盛大，后世蒙其仁。愿同越勾践，焦思先吾身。艰难务遵养，圣贤有屈伸。高风动君子，属意种蠡臣。	厉鹗：《宋诗纪事》卷一，上海：上海古籍出版社，1983年，第12页。
41	宋	王十朋	夏禹	洪流浩浩浸寰区，民杂蛇龙鸟兽居。长叹当时微帝力，苍生今日尽为鱼。	王十朋著，梅溪集重刊委员会编：《王十朋全集》卷十，上海：上海古籍出版社，1998年，第142页。

续表

序号	时代	作者	篇目	原文	出处
42	宋	王十朋	禹庙歌	君不见蜂日英雄吞四海，血祀初期千万载。稽山木像弃长江，逆溯波涛鬼无餍。鸟喙辛勤十九年，平湖霸越世称贤。故国无人念遗烈，山间庙貌何凄然。马守开湖利源回，岁沃黄云九千顷。年来遗迹半湮芜，庙锁湖边篆烟冷。吴越国王三节还，尽将锦绣裹江山。自从王气息斗牛，庙比昭王屋一间。乃知流光由德厚，祀典谁能如夏后。九年洪水滔天流，下民昏垫尧心忧。帝惧万国生鱼头，锡禹洪范定九州。功成执玉朝冕旒，奔走讼狱归歌讴。南巡会稽觐诸侯，书藏魅穴千丈幽。蝉蜕尘寰不肯留，千古灵庙依松楸。吾皇盛德与禹侔，菲食卑宫恶衣裘。思禹旧绩祀事修，小臣效职躬荐羞。仰瞻戴冕怀远猷，退惜分阴惭惰偷。嗟乎！越山高兮，可夷而丘。鉴湖深兮，可理而畴。惟有《禹贡》声名长不朽，告成世礼无时休。	王十朋著，梅溪集重刊委员会编：《王十朋全集》卷十二，第186页。
43	宋	王十朋	禹庙	越国遗民念帝功，稽山庙貌胜卑宫。少陵莫叹丹青落，纸上丹青自不穷。	王十朋著，梅溪集重刊委员会编：《王十朋全集》卷十三，第207页。
44	宋	王十朋	禹穴	好古贪奇司马迁，胸中《史记》越山川。如今禹穴无寻处，洞锁阳明石一拳。	王十朋著，梅溪集重刊委员会编：《王十朋全集》卷十三，第207页。
45	宋	刘一止	禹庙一首	苗山风驭日翩翩，人道桐棺葬此岭。今事独闻鸦种麦，故村不见鸟耘田。远忧边塞清无日，更望仓箱屡有年。收揽封疆归禹贡，忍看胡羯污山川。	《全宋诗》卷一四四八，第16698页。
46	宋	喻良能	禹帝祠有序	余往来越中廿五年，未尝不致疑于禹陵。以龙瑞之禹穴为是耶，则其大曾不盈咫；以告成之窆石为是耶，则自昔以为葬衣冠，皆非陵也。淳熙戊戌（1178）四月十一日，斋宿祠下，同孙签判次襄、夏察判蹈中自窆石登山。披榛荆至绝顶，见其地正平，中起大冢，前对群峰，下瞰窆石，巍然俨然，真前代王者之陵寝也。于是前日之疑始释，因相与再拜喜而赋诗云：几岁钦文命，今朝拜禹陵。稽山新雨霁，鉴水暮云凝。更睹玄圭锡，悬知四载乘。川灵泊河伯，千古获依凭。	《全宋诗》卷二三四七，第26966页。

续表

序号	时代	作者	篇目	原文	出处
47	宋	陆游	禹祠	我昔下三峡，南宾系归舻。 渡江谒神禹，拜手荐俎壶。 寿藤枝如虬，巨柏腹若刳。 门庭虽日荒，殿寝犹枝梧。 巴俗喜祷祠，解牛舞群巫。 巍巍黻冕古，食与夷鬼俱。 圣度固相容，臣愤独不摅。 还乡瞻庙貌，赢政久已除。 岳牧俨如生，想象闻都俞。 廊清虽可喜，欲退复跨踟。 念昔平水土，棋布画九区。 岂知千岁后，戎羯居中都。 老朽失大刑，今复传其雏。 直令挽天河，未濯腥膻污。 夷鬼细事耳，披攘直须臾。 天下雠不复，大耻何时袪。 蚩蚩谓固然，此责在吾徒。 挥涕洒庭草，谁怜小臣愚。	《剑南诗稿》，收入《陆游集》第二册卷二十二，第628页。
48	宋	陆游	春晚出游	禹吾无间圣所叹，治水殆与天同功。 三千年事一炊顷，空石嵯峨烟霭中。	《剑南诗稿》，收入《陆游集》第三册卷五十六，第1376页。
49	宋	陆游	稽山行	稽山何巍巍，浙江水汤汤。 千里亘大野，勾践之所荒。 春雨桑柘绿，秋风秔稻香。 村村作蟹椴，处处起鱼梁。 陂放万头鸭，园覆千畦姜。 春碓声如雷，私债逾官仓。 禹庙争奉牲，兰亭共流觞。 空巷看竞渡，倒社观戏场。 项里杨梅熟，采摘日夜忙。 翠篮满山路，不数荔枝筐。 星驰入侯家，那惜黄金偿。 湘湖莼菜出，卖者环三乡。 何以共烹煮，鲈鱼三尺长。 芳鲜初上市，羊酪何足当。 镜湖澹众水，自汉无旱蝗。 重楼与曲槛，潋滟浮湖光。 舟行当以车，小伞遮新妆。 浅坊小陌间，深夜理丝簧。 我老述此诗，妄继古乐章。 恨无季札听，大国风泱泱。	《剑南诗稿》，收入《陆游集》第二册卷二十六，第1546页。
50	宋	陆游	新秋往来湖山间	禹祠巍巍阅千代，广殿修廊半倾坏。 屹然遗奠每摩挲，石长苔侵字犹在。 去年已愧曳杖来，今者更用儿扶拜。 聊持一酹荐丹荑，衰疾龙钟神所贷。	《剑南诗稿》，收入《陆游集》第四册卷七十二，第1698页。

续表

序号	时代	作者	篇目	原文	出处
51	宋	陆游	禹寺	禹寺荒残钟鼓在，我来又见物华新。绍兴年上曾题壁，观者多疑是古人。	《剑南诗稿》，收入《陆游集》第四册卷七十五，第1760页。
52	宋	王炎	题大禹庙	夏后南巡地，登临一慨然。卑宫今造寺，菲饮孰名泉。古道知难复，人情信误传。不随时俗改，惟有旧山川。	《全宋诗》卷二五六六，第29803页。
53	宋	王阮	禹穴一首并序	昔鲧治水，汩陈五行。至禹反之，天锡九畴，得于龟负，儒者纪述详矣。至《遁甲开山图》，乃谓宛委之神奏玉匮之书十二卷，禹未及持，其四入泉，其四上天，余乃图也，用以治水已，乃缄之洞穴。而道家者流，谓为《灵宝玉札符经》就使有之。按黄帝玄女兵法载，黄帝负图之胜，六甲阴阳之遁，藏之会稽之山，坎深千尺，镇以盘石，又似非禹缄也。抑禹之缄者，又非此书邪？绿字煌煌锡禹畴，厥初龟负即天休。转为《玉札符经》论，果有书藏此穴不？	王阮著，朱瑞熙、孙家骅校注：《义丰文集校注》，上海：华东师范大学出版社，2005年，第78页。
54	宋	王阮	禹庙一首	万世衣裳脱介鳞，一祠宁足报恩深。长教天下江河顺，始慰胼胝手足心。	《义丰文集校注》，第80页。
55	宋	王阮	禹陵一首	禹驾黄龙入九霄，空山阴有百神朝。翠微不用态罴守，乞与遗民共采樵。	《义丰文集校注》，第81页。
56	宋	张镃	题禹庙二首	从来大智特闲闲，手足胼胝意不艰。千古夏王崇庙祀，睿川功用只崇山。为人心切屡忘家，力量方知有等差。莫信空山葬冠剑，且吟古屋画龙蛇。	《全宋诗》卷二六八七，第31641页。
57	宋	吴文英	齐天乐·与冯深居登禹陵	三千年事残鸦外，无言倦凭秋树。逝水移川，高陵变谷，那识当时神禹？幽云怪雨，翠萍湿空梁，夜深飞去。雁起青天，数行书似旧藏处。寂寥西窗坐，久故人悭会遇，同剪灯语。败藓残碑，零圭断璧，重拂人间尘土，霜红罢舞，漫山色青青，雾朝烟暮。岸锁春舡，画旗喧赛鼓。	收入嵇曾筠：《浙江通志》，《景印文渊阁四库全书·史部二八四·地理类·艺文二十》，册五二六，卷二七八，第590页下。

续表

序号	时代	作者	篇目	原文	出处
58	宋	高斯得	禹柏行	往年上会稽，凌空禹穴曾得窥。今年浮沅湘，又见禹柏蹲山陂。茫茫禹迹遍天下，独此二物称神奇。凌云意气销铄尽，根心就化空存皮。樛柯入地枯不死，反更上擢青铜枝。被以九龙名，流传自何时。得非木宿苍龙精，储英萃异成雄奇。头角崔嵬讶撑挂，牙须砾裂相纷披。孔明庙柏信称古，上距何翅千年奇。杜陵口藻一何陋，遗落鼻祖收孙枝。诿云此地不身到，何由得集衡湘诗。呜呼，衡之山巍巍，湘水之弥弥。地气何太偏，独于草木乎钟之。柏兮手植自神禹，竹也种传由舜妃。谁能为天分此界人物，庶几可使悍俗嚣风移。	《全宋诗》卷三二三〇，第38566页。
59	宋	苏洞	八月十五日游禹祠告成观	度密穿青且意行，穷居谁识万人英。山当凿处终须好，水到平时自不鸣。夏德真应参太始，禹功那复告其成。登临遗庙秋风里，不尽今来古往情。	《全宋诗》卷二八四八，第33935页。
60	宋	赵戣	咏史二十二首（其三）	地已还三壤，彝方次九畴。基图天与子，典则我贻谋。	《全宋诗》卷三〇八七，第36825页。
61	宋	林同	禹	伤心九载绩，焦思八年中。启亦呱呱泣，惟思度土功。	《全宋诗》卷三四一八，第4064页。
62	宋	刘黻	题禹庙	云痴雨妬不相干，古庙深山万木寒。水土平治今几载，犹听父老说艰难。	《全宋诗》卷三四二四，第40728页。
63	宋	王恽	大禹泣辜图	真淳气散不复古，科条渐似秋茶深。道逢胥靡涟洏泣，灼见当时罪己心。	《秋涧集》，收入《元人文集珍本丛刊》，册一，卷二十九，台北：新文丰出版股份有限公司，1985年，第430页。
64	宋	林景熙	禹庙在会稽东南十二里	万国曾朝会，群山尚郁盘。严祠镇玄壁，故代守黄冠。窆入云根古，梁归雨气寒。年年送春事，来拂薜碑看。	《全宋诗》卷三六三三，第43511页。
65	宋	苏舜钦	大禹寺	鉴湖尽处众峰前，古寺萧疏水石间。殿阁面北垂连禹庙，松筠东去入稽山。坐中岩鸟自上下，吟久溪云时往还。我厌区区走名宦，未能来此一生闲。	邹志方点校：《〈会稽掇英总集〉点校》卷九，第132—133页。

续表

序号	时代	作者	篇目	原文	出处
66	宋	齐唐	题禹庙	削断龙门剑力闲,遗祠终古鉴湖边。昆墟到海曾穷地,石穴藏书不记年。春色门墙花滴雨,晓光台殿水浮烟。涂山万国梯航集,告禅录坛岂偶然?	邹志方点校:《〈会稽掇英总集〉点校》卷八,第118页。《全宋诗》卷一百六十三。
67	宋	蒋白	题禹庙	大禹归天后,南惟此庙存。屋腥龙挂影,岩黑电烧痕。夜祭云间火,春礜浪里门。到今疏凿水,敢不向东奔?	邹志方点校:《〈会稽掇英总集〉点校》卷八,第118页。
68	宋	诸葛兴	大禹陵	瞻越山兮镜之东,郁得木兮丛。倚青霞兮窒石,枕碧流兮宝宫。端黻冕兮穆穆,列俎豆兮雍雍。梅为梁兮挟风雨,倏而来兮忽而去。芝产殿兮间见,橘垂庭兮犹古。壁腾辉兮桂荐瑞,书金简兮缄石黄。朝万玉兮可想,探灵文兮何秘。嗟泽水兮潢流,民昏垫兮隐忧。运大智兮无事,锡洪范兮攸畴。身劳兮五岳,迹书兮九州。亶王心兮不矜,迄四海兮歌讴。猗圣宋兮中兴,驻翠跸兮稽城。独怀勤兮旷代,粲奎文兮日星。扬竽兮拊鼓,吴歈兮郑舞。奠桂酒兮兰肴,庶几仿佛兮菲食卑宫之遗矩。	收入嵇曾筠:《浙江通志》,《景印文渊阁四库全书·史部二八四·地理类》,册五二六,卷二六〇《艺文二》,第38页上下。
69	金	梁襄	谒禹王庙	波涵九域民为鱼,帝奋忠勤亲决除。水涸茫茫尽桑稼,万世永赖功谁如。功高受享宜宏久,庙貌方方无不有。砥柱神灵最传奇,会稽血食尤隆厚。火山所建在空山,库殿短廊才数间。题碣人多题字闹,祭祀礼少牺牲闲。钦惟帝道崇勤俭,此郡民繁地硗嶮。辛苦耕耘衣食粗,孚佑乞遍无令欠。	阎凤梧、康金声编:《全辽金诗》上册,太原:山西古籍出版社,1999年,第754页。
70	元	杨维桢	禹穴	会稽山为南镇,见《周礼·职方》,至于今祀典不废。人以不见《禹贡》为疑。《禹贡》书治水起止,自扬州至于震泽,故会稽与浙河皆不登载。禹穴在会稽山,见《皇览》,又见《太史公书》。人以葬衣冠之疑。考帝少康封庶子于会稽,以奉守禹之祀,则禹真在会稽无疑也。《真诰》以禹醉钟山而仙去,此异说之谬也。又以穴藏禹治水秘策者,尤谬。故辨其说以为赋:追太史之东游兮,蹑夏后之巡踪。过会稽之巨镇兮,登宛委之神峰。	杨维桢:《丽则遗音》,收入《景印文渊阁四库全书·集部一六一·别集类》,册一二二二,卷二,第153页上下。

续表

序号	时代	作者	篇目	原文	出处
70	元	杨维桢	禹穴	（接上页）曰群圣之所栖兮，辟阳明之洞府。问东巡之故陵兮，固已失其窆所，绕古屋之云气兮，瞻衮冕之穹窿。雷霆掣夫铁锁兮，梅之梁兮已龙。愀空山其无人兮，挂长松之落日。枕荒草之阡眠兮，栖专车之朽骨。忽白日其有烂兮，射五色之神晶。窥神迹于一窦兮，眩太阴之窈冥。世以为衣冠之圹兮，神书之窦也。圭璧出乎畊土兮，彼巨石者不可扣也。曰玉匮之发书兮，遘困沦而天飞。赖余策以泪鸿兮，复韫椟以闷之。夫以四载之跋履兮，亦云行其无事。锡玄圭以告成兮，始龟文之来瑞。何诞之夸毗兮，异九畴而不经。使穴书之不泄兮，夫岂汨陈其五行。观连天之巨石兮，妙斧凿之无痕。南笴削乎其玉立兮，东娥接其雷奔。涂峰归其西北兮，执玉帛者为亿。夫既游而遂息兮，吾又何疑乎窀穸。绵祀典之常尊兮，石岂泐乎一拳。妄钟山之金酒兮，又何附会于妖仙。噫嘻！南望苍梧兮，东上会稽。九疑颀洞兮，窆石悽迷。秦之望兮低佪，悲沙丘兮不西。客有酾酒荒宫而和之以歌曰：稽之镇兮南之邦，纷万国兮来梯航。若有人兮东一方，酌予菲兮荐予芳。舞大夏兮象德泳，东海兮西江。	杨维桢：《丽则遗音》，收入《景印文渊阁四库全书·集部一六一·别集类》，册一二二二，卷二，第153页上下。
71	元	张之翰	谒禹庙	万壑千岩费应酬，不逢佳处未能休。禹王庙上题诗了，才是东南第一游。	《西岩集》，收入《景印文渊阁四库全书·集部一四三·别集类》，册一二〇四，卷十，第439页上。
72	明	刘基	会稽	会稽南镇夏王封，蔽日腾空紫翠重。阴壑烟霞辉草木，古祠风雨出蛟龙。玄夷此日归何处，玉简他年岂再逢？安得普天休战伐，不令竹箭困输供。	刘基：《刘基集》，杭州：浙江古籍出版社，1999年，第440页
73	明	刘基	谒夏王庙有感	茫茫禹迹兮画为九州，侯伯牧守兮职贡是。修女或不臣兮天讨阁，偷夫胡兮世仇敌国同舟。呜呼哀哉兮吾谁与谋。	刘基：《刘基集》，第478页。

续表

序号	时代	作者	篇目	原文	出处
74	明	张宪	右观光操	一片宫垣粉腰新，前王陵庙在松筠。玉书金简归天地，贝叶昙花诧鬼神。沧海波涛纤职贡，山川草木望时巡。苗顽未狎虞阶舞，空使忠良泪满巾。	《玉笥集》卷三《古乐府》，北京：中华书局，1985年，第60页。
75	明	李东阳	禹穴	江南禹穴奇天下，司马文章实似之。颇忆江山有神助，满窗风雨坐题诗。	收入《李东阳集》卷十九，长沙：岳麓书社，1984年，第432页。
76	明	杨慎	禹碑歌	禹碑在衡山绝顶，韩文公诗云：岣嵝山尖神禹碑，字青石赤形模奇。科斗拳身薤倒披，鸾漂凤泊拏虎螭。事严迹閟鬼莫窥，道士独上偶见之。我来咨嗟涕连洏，千搜万索何处有。森森绿树猿猱悲，详诗语始终。公盖至其地矣，未见其碑也。所谓青字赤石之形模，科斗鸾凤之点画。述道士口语耳，若见之矣。发挥称赞，岂在石皷下哉。追宋朱张同游南岳访求，复不获，后晦翁着韩文考异，遂谓衡山实无此碑。反以韩诗为传闻之误云，再考六一集古录，赵明诚金石录郑渔仲金石略，之三家者古刻胪列无遗，独不见所谓禹碑者，则自昔好古名流，得见是刻亦罕矣。碧泉张子得墨本于楚，持以贶予，予抚卷而叹曰：嗟乎！韩公所谓事严迹閟者信夫，不然，何三千余年而完整无泐如此。何昔之晦，何今之显。晦者何或翳之，显者何或启之。天寿珍物，神饫吾嗜。不必以生世太晚为恨也已，作禹碑歌以纪之。 神禹碑在岣嵝尖，祝融之峰凌朱炎。龙画傍分结搆古，螺书匾刻戈锋铦。万八千丈不可上，仙扃灵钥幽以潜。昌黎南迁曾一过，纷披芙蓉窣水帘。天柱夜瞰星辰下，云堂朝见阳辉暹。追寻夏载赤石峻，封埋古刻苍苔黏。拳科倒薤形已近，鸾漂凤泊辞何纤。墨本流传世应罕，青字名状人空瞻。永叔明诚及夹漈，集古金石穷该兼。胪列箴铭暨欵识，横陈鼾魋和釜鬵。胡为至宝反弃置，捃摭磨蚁捐乌蟾。又闻朱张游岳麓，雾雪天风影佩襜。搜奇索秘迹欲遍，春倡撞和诗无厌。七日崎岖信有觏，一字膏馥宁忘拈。	杨慎：《升庵集》卷二十四，上海：商务印书馆，1937年，第240—241页。

续表

序号	时代	作者	篇目	原文	出处
76	明	杨慎	禹碑歌	（接上页）非关嶪嶱阻登陟，定是藤葛笼窥觊。 好古子生嗟太晚，拜嘉君觊情深饮。 老眼增明若发覆，尺喙禁斸如施箝。 七十七字筚螭虎，三千余岁兆蛇蚺。 忆昔乾坤漏息壤，荡析蒸庶依苓椮。 帝嗟怀襄咨文命，卿佐泽洞分忧惔。 洲并渚混没营窟，鸟迹兽迒交门檐。 曷来南云又北梦，直馨西被仍东渐。 黄熊三足变鲧服，白狐九尾歌庞神。 后乘包湖受玉箓，前列温洛呈畴鼬。 永奔窜舞那辞胚，平成天地犹垂谦。 华岳泰衡祇镇定，麕塞昏徙逃喁喵。 文章绚烂悬日月，风雷呵护环屏黔。 君不见周原石皷半已泐，秦湫楚沮全皆殱。 此碑虽存岂易得，障有岚霭峰嵁岩。 蹬音夐绝柱藜藿，吊影飓瑟森櫹梢。 湘娥遗佩冷斑竹，山鬼结旗零翠菼。 造物精英忘泄露，祇恐羽化难留淹。 欲摹拓本镌崖壁，要使好事传缃缣。 著书重订琳琅谱，装帖新耀琼瑶籖。 麝煤轻翰蝉翅楮，烦君再寄西飞鹣。	杨慎：《升庵集》卷二十四，上海：商务印书馆，1937年，第240—241页。
77	明	孙承恩	夏禹王	大禹为君日，勤劳恤万民。 钟簴求善切，典则贻谋真。 饮酒疏仪狄，当车泣罪人。 龟畴叙常道，三圣实同伦。	《文简集》，收入《景印文渊阁四库全书·集部一四三·别集类》，册一二七一，卷二，第65页下—66页上。
78	明	徐渭	禹陵	年来只读景纯书，此日登临似启予。 葬罢桓碑犹竖卵，封完玉字不通鱼。 杨梅树下人谁解，菖蒲须中气所居。 即遣子长重到此，不过探胜立须臾。	徐渭：《徐文长三集》卷七，收入《徐渭集》，北京：中华书局，1983年，2003年重印，第247页。
79	明	徐渭		时老师值生日，叶自太平远来，亦避贺生也。叶与老师昔同官南部。 长沙太守西曹吏，从在南都数往还。 旧日为郎俱白首，今朝称寿对青山。 万松夹道将成石，一水当阶恰抱环。 陵寝年年谒春旦，偶因嘉客得皇攀。	徐渭：《徐文长逸稿》卷四，收入《徐渭集》，第814—815页。
80	明	徐渭	禹穴	师是马迁才，探奇禹穴来。 重临江水阔，好灌豫章材。	徐渭：《徐文长逸稿》卷七，收入《徐渭集》，第833页。

续表

序号	时代	作者	篇目	原文	出处
81	明	陈凤梧	禹王赞	文命四敷，三圣一心。有典有则，克俭克勤。成功不伐，善言则拜。九州攸同，万世永赖。	载岳浚等：《山东通志》，收入《景印文渊阁四库全书·史部二九九·地理类》，册五四一，卷三五之七，第434上页下。
82	明	袁宏道	禹穴	窆石立如人，鼻穿腰半折。不看碑头字，哪知是禹穴。栏楯半摧残，古文尽磨灭。山高仰瘦容，松老添孙鬣。古屋闭狐妖，香台蹲豹迹。	袁宏道：《袁中郎诗集》，卷二十七，收入《袁中郎全集》，台北：伟文图书出版社有限公司，1976年，第1278—1279页。
83	明	张岱	窆石歌	留此四千年，荒山一硕石。闻有双玉珪，苍凉闭月日。血皴在肤理，摩挲见筋泐。呵护则龙蛇，烟云其饮食。中藏故神奇，外貌反璞立。所储金简书，千秋犹什袭。此下有衣冠，何时得开出？	《张子诗粃》卷二，收入氏著，夏咸淳：《张岱诗文集》，上海：上海古籍出版社，1991年，第20—21页。
84	明	蔡衍鎤	禹王庙	精一帝传心帝王原无异道，平成天锡范天地岂有私心。	《操斋集》，收入《清代诗文集汇编》，册二〇八，卷二十二《骈部》，上海：上海古籍出版社，2010年，第580页。
85	明	陈确	谒大禹陵	夏王遗庙柏森森，草莽书生肃拜心。万国衣裳留断碣，六陵风雨共悲吟。峰回南镇云相护，水出东江泽正深。太息勤劳吾辈事，誓从衰老惜分阴。	陈确：《陈确集》，《诗集》下册卷八，北京：中华书局，1979年，第773页。
86	明	陈子龙	谒禹陵	夏王南狩日，会计此山阳。玉帛朝群后，旌旗拥大荒。防风膏斧钺，苍水贡文章。九鼎山河奠，双珪日月光。桥陵遗剑碧，梧野出云黄。庙貌垂千祀，神功启百王。烟霞移石壁，雷雨暗梅梁。白鹤留飞羽，丹枫落晓霜。银池坟不起，金简穴能藏。湍道钲音发，风檐铃语扬。冕旒瞻律度，圭璧侍班行。鸟鼠游神座，龙蛇静帝乡。庚辰来上佐，癸甲授元良。玄女精灵尽，黄熊哀慕长。《夏书》存浑浑，《越绝》纪茫茫。万古终河洛，其咨永不忘。	陈子龙：《陈子龙诗集》下册卷十六，上海：上海古籍出版社，2006年，第553页。
87	明	杜肇勋	禹陵	振蛰松涛满，鸣春谷鸟同。山光春抱日，林气绿含风。金简苔痕没，雕梁梅影空。夕阳幽照里，樵背杜鹃红。	收入邹志方注：《稽山镜水诗选》，杭州：浙江人民出版社，1985年，第77页。

续表

序号	时代	作者	篇目	原文	出处
88	明	黄宗羲	寻禹穴	昔者太史公，万里探禹穴。余为会稽人，至老游尚缺。久息风尘慕，何故违清辙。茫茫问禹迹，居人且来决。多言定石是，更无他曲折。又言三百里，不为一隅说。稽古按唐碑，阳明洞为核。吾友董无休，门人施胜吉。共坐黑箸篷，十里如电灭。稍憩宗镜庵，放步迷烟霓。攀萝迟遥响，不顾行縢裂。窥刊崩石下，恍然玉堂设。题名唐宋年，被彼怪藤啮。摩挲手眼劳，方读忽又锲。幸哉一字通，胜拾古环玦。闻昔有洞门，今已遭阑截。金简玉字文，护持有鬼孽。惟有人间书，聊为太史窃。我来三叹息，欲撞锢门铁。洞中风飕飕，天空飞绛雪。	《南雷诗历》卷十一《黄宗羲全集》。
89	明	李渔	谒禹庙	少读箕畴颂禹功，及瞻陵庙已成翁。寻碑一半皆无字，探穴微茫仅可通。禽语似闻韶乐乐，松涛浑揖夏时风。遨游未得山川助，载笔深惭太史公。	李渔：《笠翁一家言诗词集》第二册卷二，收入《李渔全集》，杭州：浙江古籍出版社，1991年，第226页。
90	明	顾炎武	龙门	亘地黄河出，开天此一门。千秋凭大禹，万里下昆仑。入庙群蒿接，临流想像存。无人书壁问，倚马日将昏。	顾炎武著，王蘧常辑注：《顾亭林诗集汇注》下册卷四，第881页。
91	明	顾炎武	禹陵	大禹巡南守，相传此地崩。礼同虞帝陟，神契鼎湖升。窆石形模古，墟宫世代仍。探奇疑是穴，考典或言陵。玉帛千年会，山河一气凭。御香来敕使，主守付髡僧。树暗岩云积，苔深壑雨蒸。鸺鹠呼冢柏，蝙蝠下祠灯。余烈犹于越，分封并杞鄫。国诒明德祚，人有霸图称。往者三光坠，江干一障乘。投戈降北固，授子守西兴。冲主常虚己，谋臣动自矜。普天皆晋禄，无地使贤能。合战山回雾，穷追海践冰。蠡城迷白草，镜沼烂红菱。樵采冈陵遍，弓刀坞壁增。遗文留仆碣，厃径长荒藤。望古频搔首，嗟今更抚膺。会稽山色好，凄恻独攀登。	顾炎武著，王蘧常辑注：《顾亭林诗集汇注》下册卷四，第747页。

续表

序号	时代	作者	篇目	原文	出处
92	清	蒋平阶	禹陵	撬辇逢尧祀，垂裳拜舜年。剖圭开日月，瘗玉镇山川。南幸游方豫，东巡驾不还。衣冠辞兵牧，剑舄步神仙。寝庙春常闭，宫车夜自悬。千秋明德远，万众守心虔。海阔沧江外，星临斗柄前。金茎留晓露，碧殿锁青烟。魑魅犹留鼎，蛟龙想负船。秦碑荒草合，汉畤白云连。苍水书难得，玄狐箓可传。按图通百粤，泪尽九疑天。	《晚晴簃诗汇》，收入《续修四库全书·集部·总集类》，册一六三〇，卷五十一，第182页下。
93	清	宋征舆	禹陵	大禹东巡竟不还，万年祠庙锁空山。陵前江海朝宗地，殿侧皋夔侍从班。溪水自流青嶂口，乱峰遥拱白云间。乔松翠柏风萧瑟，犹拜冠裳识圣颜。	陈子龙、李雯、宋征舆：《云间三子新诗合稿》卷七，沈阳：辽宁教育出版社，第137页。
94	清	毛奇龄	禹庙	夏王四载告成功，别禅苗山起閟宫。玉帛千秋新祼荐，衣冠万国旧来同。金书瘗井封泥紫，窆石悬花映篆红。一自百川归海后，长留风雨在江东。	沈德潜编：《清诗别裁集》卷十一，第210页。
95	清	刘体仁	禹庙	玉帛昔何地，空山禹庙留。画湄寻癸甲，树乳失春秋。涛白鼋鼍出，风清鸂鶒浮。金堤沉璧马，辛苦望安流。	《七颂堂诗集》，收入《四库全书存目丛目补编》卷四，第484页下。
96	清	蒋楛	夏本纪第二 大禹	平成还忆冀州初，八载刊随始奠居。屈指中原多事后，人生何必不为鱼。	《天涯诗钞》，收入影印《四库未收书辑刊》捌辑第23册，第576页。
97	清	朱彝尊	谒大禹陵二十韵	夏后巡游地，茅峰会计时。双圭开日月，四载集辎輂。国有防风戮，书仍宛委披。贡金三品入，执帛万方随。相古洪流割，钦承帝曰咨。寸阴轻尺璧，昆命有元龟。自授庚辰籍，宁论癸甲期。清都留玉女，恶浪鑱支祁。荒度功攸赖，平成理自宜。神奸魑魅屏，典则子孙贻。明德由来远，升遐亦在兹。丘林无改列，弓剑祇同悲。回首辞群后，伤心隔九疑。鸟耘千亩遍，龙负一舟移。断草山阿井，空亭岳麓碑。芒芒怀旧迹，肃肃礼荒祠。黄屋神如在，桐棺记有之。筵谁包橘柚，队或守熊罴。共讶梅梁失，因探窆石遗。揭来凭吊处，拜手独陈辞。	朱彝尊：《曝书亭集》，收入《曝书亭全集》卷三，长春：吉林文史出版社，2009年，第67页。

续表

序号	时代	作者	篇目	原文	出处
98	清	朱彝尊	禹庙	众水分疏凿,群峰自郁盘。云霞山殿古,松桂石坛寒。往事梅梁失,遗封玉简残。南巡祠庙在,拜舞肃衣冠。	朱彝尊:《曝书亭集外稿》,收入《曝书亭全集》卷二,第847页。
99	清	屈大均	禹庙	龙蛇盘禹穴,窈窕万峰连。玉简藏何处,梅梁失几年。双珪开日月,九鼎奠山川。终古思明德,讴歌俎豆前。	《翁山诗外》,收入《屈大均全集》,册一,卷六《五言律》,北京:人民文学出版社,1996年,第340页。
100	清	王士禛	忠州谒禹庙	空山神禹庙,终古对巴台。玉座秋苔长,江云暮雨来。八蛮通道路,九鼎没蒿莱。黑水梁州地,茫茫问劫灰。	王士禛:《渔洋精华录集释》中册卷六,上海:上海古籍出版社,1999年,第927页。
101	清	戴名世	父子治水	治水殊途意向同,父遭杀戮子为雄。因堙疏凿堤防便,功罪难容只手蒙。	《戴名世集》,第436页。
102	清	爱新觉罗·玄烨	禹陵颂有序	朕阅视河淮。省方浙地,会稽在望,爰渡钱塘,展拜大禹陵庙。瞻眺久之。敕有司修葺,春秋苾裸粢盛牷醴,必丰必虔,以志崇报之意。时康熙二十八年二月十四日也。缅惟大禹,接二帝之心传,开三代之治运。昏垫既平,教稼明伦,由是而起。其有功于后世不浅,岂特当时利赖哉。朕自御宇以来,轸怀饥溺,留意河防,讲求疏浚,渐见成绩。周行山泽,益仰前人。爰作颂曰:下民其咨,圣人乃生。危微精一,允执相承。克勤克俭,不伐不矜。随山刊木,地平天成。九州始辨,万世永宁。六府三事,政教修明。会稽巨镇,五岳媲灵。兹惟其藏,陵谷式经。百神守护,松柏郁贞,仰止高山,时切景行。	《康熙帝御制文集》,《二集》卷三十五,台北:学生书局,1966年,第1139页上下。
103	清	爱新觉罗·玄烨	谒大禹陵	古庙青山下,登临晓霭中。梅梁存旧迹,金简纪神功。九载随刊力,千年统绪崇。兹来荐繁藻,瞻对率群工。	《康熙帝御制文集》,《二集》卷四十四,第1263页上。
104	清	王慧	禹陵	明德弥苍昊,神功迈大庭。怀襄方尽力,胼胝极劳形。草木开蒙昧,龙蛇涤秽腥。铸金九土贡,志怪八方经。苍水先呈简,防风后至刑。相传弓剑弃,此地隧泉扃。三古遗祠庙,千秋共荐馨。璧牲前代典,碑版列朝铭。深殿从群后,空山走	收入黄秩模编,付琼校补:《国朝闺秀诗柳絮集校补》卷二十三,北京:人民文学出版社,2011年,第1021页。

续表

序号	时代	作者	篇目	原文	出处
104	清	王慧	禹陵	（接上页）百灵。旧闻云罕驻，今见翠华停。心法传河洛，天章焕日星。殊恩沾后裔，异数出明廷。肃穆瞻新像，登临泊小舲。城垣辞镂琢，户牖炯丹青。莫觅藏书穴，徒看窆石亭。萝长鼯窜迹，松老鹤修翎。众水环襟带，诸峰列嶂屏。桥山同故事，寂寞对秋坰。	收入黄秩模编，付琼校补：《国朝闺秀诗柳絮集校补》卷二十三，北京：人民文学出版社，2011年，第1021页。
105	清	陈梓	禹陵	石纽难寻李白书，此间陵寝未荒芜。翻闻附会存王迹，遂使平成颂海隅。菲饮秘图供眺览，玉书金简半虚无。九河故道多湮没，溉泽徒传夏盖湖。	《删后诗存》，收入《清代诗文集汇编》，册二五四，卷八，第295页。
106	清	钱陈群	夏禹随山刊木	禹敷下土，四载是乘。决浚因势，力靡弗胜。爰暨益稷，功能克承。祇台之德，不伐不矜。既诡山川，乃定贡赋。锡圭告成，赐姓表胙。百神用饗，民宗度数。惟日孜孜，惜阴成务。	钱陈群：《夏禹随山刊木》，载氏著：《香树斋诗集》，收入《四库未收书辑刊》第玖辑，册十八，卷十二《古今体诗八十九首》，第280页。
107	清	胡天游	窆石行	禹穴祠前窆石在，苔苔寸向四千岁。大抵一丈含青蒸，海鲸牙穿厚地背。桐棺下葬悬绋丽，故老流传未茫昧。但看鼻娷不敢论，数字八分东汉代。俗人不知礼所敬，溪女来过樵童扪。禹时藏书果何有？道道金琢玉符此所守。向石再拜问有无？生世益晚徒悲呼！	《石笥山房集》，收入《续修四库全书·集部·总集类》，册一四二五，卷四《诗卷》，第501页下。
108	清	宋盛慎	神禹碑	岣嵝碑峰峨峨，万仞出云雾。禹碑在其巅，攀陟疑无路。千古篆文垂，八年心迹著。山径积苍藓，埋没匪朝暮。不有樵者知，空对苍苍树。忆昔随刊初，昏垫民无措。四载履艰阻，岂无神天助。石赤字复青，风雨长呵护。我读今文书，伏女传无误。我惊此碑文，先后争译注。已非蝌蚪书，况殊典谟句。如何元圭锡，别有奇文附。明德怀终古，下拜心悚惧。	收入黄秩模编，付琼校补：《国朝闺秀诗柳絮集校补》卷四十二，第1983页；又收入贝京点校：《湖南女士诗钞》，《初集》卷第二，第34页。
109	清	爱新觉罗·弘历	谒大禹庙恭依皇祖元韵	得莅稽山峻，言瞻禹庙崇。碑文拟衡岳，井穴达龙宫。问讯传工部，栖迟遇义公。鼛于寻岂在，窆柱恨难穷。帆石终邻诞，梁梅久付宝。惟应敷土际，天地并鸿功。	《御制诗二集》，收入《清高宗（乾隆）御制诗文全集》第二册卷二十五，北京：中国人民大学出版社，1993年，第502页上。

续表

序号	时代	作者	篇目	原文	出处
110	清	爱新觉罗·弘历	禹庙览古	得莅稽山峻，言瞻禹庙崇。碑文拟衡岳，井穴达龙宫。问讯传工部，栖旨遇义公。鐏于寻岂在，窆柱恨难穷。帆石终邻诞，梁梅久付宝。惟应敷土际，天地并鸿功。	《御制诗二集》，收入《清高宗（乾隆）御制诗文全集》第二册卷二十五，北京：中国人民大学出版社，1993年，第502页上。
111	清	爱新觉罗·弘历	夏禹	山川州泽各分九，暨稷播种与耕耩。弁冕端委临诸侯，微禹其鱼刘子讲。贡金象物铸以鼎，恶旨疏狄绝诸杯。东序养老别尊卑，下车泣罪息谗訴。不于无间识本源，何异望海航断港。	《御制诗四集》，收入《清高宗（乾隆）御制诗文全集》第七册卷四十九，第53页下。
112	清	袁牧	禹陵二十四韵	天地平成始，皇王禅让终。一人生石纽，万古辟蚕丛。玉斗胸垂象，金韬耳启聪。寻书斋委宛，受牒作司空。地险龙门凿，人功鸟道通。为鱼援赤子，干盅慰黄熊。学裸姑徇俗，乘檋又转蓬。庚辰禽水怪，竖亥步崆峒。贰负甘双桎，将军号百虫。尝闻下车泣，忍过羽山东。破石佳儿出，开山遁甲中。勤能师罍子，威不赦防风。息壤波乏奠，扶桑日更红。过门心淡泊，造粉事朦胧。铸鼎神奸列，遐方玉帛同。偶然巡越甸，遽尔堕轩弓。身自跳天上，榉应葬穴中。葛绷烟露冷，阴晒水云空。复土来苍鸟，南风送祝融。江山犹拱侍，庙貌更穹隆。真冷怀文命，偏枯想圣躬。两厢环岳牧，九殿拜儿童。窆石摩挲古，《衡碑》刻划工。微臣擎旨酒，不敢献玄宫。	《小仓山房诗集》，收入氏著：《袁枚全集》第一册卷二十六，第551—552页。
113	清	袁牧	禹陵大松歌	我来禹陵见大松，身横九亩疑防风。当日定为苍鸟种，后来不受秦王封。扶桑遮日松遮雨，名护神圣安玄宫。旁有窆石形奇古，堪与千年松作伍。想见龙牵引绋时，呱呱后启犹摩抚。诸侯会葬纷来朝，此松未必无枝条。苍水使者来挂绦，百虫都军不敢烧。山风吹松作涛起，仿佛洪水声滔滔。我欲呼松问禹状，松不能言徒崛强。且折松枝满载归，惊夸法物商周止。	《小仓山房诗集》，收入氏著：《袁牧全集》第一册卷二十六，第553页。

续表

序号	时代	作者	篇目	原文	出处
114	清	蒋士铨	禹陵	殿陛崔嵬肃冕旒,成天平地八年收。导江海河归三派,区土田人画九州。干戈有加虞舜孝,投艰独释帝尧忧。龙蛇满壁香烟熄,不见祠官守故丘。禹甸芒芒下夕曛,当时王会想风云。心同揖让传贤子,局定征诛及暴君。杞故无征难考据,舜先野死亦传闻。摩挲窆石为封树,万古人心立此坟。	蒋士铨:《忠雅堂诗集》,收入《忠雅堂集校笺》卷十五,上海:上海古籍出版社,1993年,第1109页。
115	清	赵翼	丹阳道中	疏凿痕犹见,舟行似峡中。岸高帆少力,潮逆橹无功。畚锸当年集,舟衍万古通。莫嗤隋炀帝,此举禹王同。	赵翼撰:《瓯北集》卷四十,第979页。
116	清	谢启昆	禹陵十六韵	江南会群岳,事毕此升遐,心为怀襄切,身忘道路賖,圣王无择葬,四海自成家,后世陵空号。	《树经堂诗初集》,收入《续修四库全书·集部·别集类》,册一四五八,卷十三,第165页上。
117	清	洪亮吉	禹庙	禹都安邑今有墟,亦越五载来省徐。南巡重瞳兆权舆,衡岳阔远非人居。涂山作国淮所猪,会水为澳戴石岨。乾坤赫焉集衣裾,帛熏黄元玉瑶玗。四岳九牧行衙衙,我稽职方及州间。九千六百数已余,要荒肓爽感化湑。亦职玉帛同趑趄,来同翩翩合万旟。晔若朝日辉琼琚,明德远矣众所懔。《夏小正》刊月后余,实集万国太史书。予嘉乃功有奖誉,享以巚卫以周庐。谁何牧竖秒智谞,掘强沟壑同鑫鑫。终涝其邦作厉虚,汪芒大人迹迂俱。天轩地阖行步蘧,帝资其血成川渠。崇崇者陵骨难异,尼山读书乐知且。千年能详骨专车,博物讵止知夔魖。峨峨鼎成谁敢举,惶惑百姓行人吁。夷坚志之亦欷歔,白日屏息冀子梦。侈哉黄熊三足孥,好事河伯烦吹嘘。稍耻刻画来鲸咕,男丁女壬生剋除。颓然空山梦其初,一首九尾劳卷舒。服妖德圣颜则好,留之三日非踌躇。呱呱者生实国储,狐鸣涉波牵子祛。后此一纪能归予,白鱼身长傅懊懊。伛行而前若蓬徐,画界白壁夜揭㯱。三来阓本俗都袪,太室即立神人胥。民巅于巢下则渔,予口悴豬手拮据。熺熺赫赫天地炉,十日照野枯栎楮。滔滔者流其涸诸,驽输其首难始纤。龙轩其颡不足屠,	洪亮吉:《附鲭轩诗》,收入《洪亮吉集》第五册卷四,北京:中华书局,2001年,第1981—1982页。

续表

序号	时代	作者	篇目	原文	出处
117	清	洪亮吉	禹庙	（接上页）神知逃诛值孟涂。女娲华星缀衣裀，束缚乌脚羁蟾蜍。佐子木德相诛鉏，淮流汤汤未淀淤。台桑猥积而崎虚。丰年厌惟黍与与。登高旷览怀古撼。大水作凌小水墙。快如挈瓶注尾闾。酬功欲陈水土苴，大哉非禹吾其鱼！	洪亮吉：《附鲒轩诗》，收入《洪亮吉集》第五册卷四，北京：中华书局，2001年，第1981—1982页。
118	清	黄景仁	涂山禹庙	铁花已绣支祈胶，闪尸罔象逃鞭鞘。文命治水河精教，玉斗爇胸星冠颥。梦中饮河不用胞，庚辰亥竖供趫趬。奰仲挟策驱犠犣，趍风白水躬曲勺。玄圭乃得天贶佼，娶涂旧国山峣峣。日暮失嗣心孔恔，祥狐候立风尾捎。南音歌始正不咬，出门那顾儿啼嗷。台桑莽莽云气寠，断山出脉水纳胂。蜃珠吐孕璞剖胞，精焰浮烁波蒸烋。作贡用逐橘柚包，日月拱璧霓垂旓。典瑞辑玉争来趍，乐作言产兼沂巢。趍风振珮敛衼梢，峨峨冠冕参间夊。更摄荒邈来圻郊，贯胸长肱目或勺。操蛇名卉颜涂麫，兜离僸佅声咬咬。窦瘟首龙雕题鲛，或乘飞黄发垂髾。或乘驹吾驾神蛟，千诡万状穷撮抄。各望声教奔如廌，有不用命遭击挢。汪冈骨轴专车抛，相柳血瀌合不苞。省方用代重瞳庖，威爽万劫留岩坳。越三载会山登茅，记传两地争譊譊。编年塚竹差不消，辛壬癸甲史笔氉。两日生子后所嘲，众论概勿深推敲。黄熊怒气余咆哮，鳖躯鹿足驱银泡。女娲化石立地胶，风荡日晕微晴窅。宫殿相望同豁庨，承尘玉座垂蠨蛸。松耶柏耶虬龙梢，岁时杂遝神巫跑。罗列百戏喧钟铙，肥羊满控牛折胉。至今熊白忌荐肴，余怆尚与人心交。灵旗肃肃风颼飇，送迎曲短神无声。	黄景仁：《两当轩集》卷七，上海：上海古籍出版社，1983年，第186—187页。
119	清	阮元	会稽山谒大禹陵	会稽巨镇东南雄，宛委峦嶂摩青空。文命之陵据吕墨，朝衣九拜扬春风。典谟有字迁不纪，岂假弱笔陈丰功。惟思禹德在于俭，无间再叹世折衷。山川主石遍天下，此山不载《禹贡》中。扬州域广渐海表，刊定未纪夷与戎。东教躬劳遂道死，参耕垄亩封葛陵。陵者葬陵泽葬泽，苍梧之野将毋同。岂如后人诡且侈，沙邱	阮元：《揅经室四集》，收入《揅经室集》下册卷二，北京：中华书局，1993年，第780—781页。

续表

序号	时代	作者	篇目	原文	出处
119	清	阮元	会稽山谒大禹陵	（接上页）还至咸阳宫。子元诞妄太白陋，乱引《汲竹》疑重瞳。夏家天下子亦圣，曷为薄葬于越东。试以吾言问二子，无稽之说将立穷。我拜既毕题窆石，白云满穴春阳红。帝之瑞应气郁郁，神所出入光熊熊。重黎受命地天绝，惟有陵镇犹相通。	阮元：《揅经室四集》，收入《揅经室集》下册卷二，北京：中华书局，1993年，第780—781页。
120	清	舒位	禹陵	首出神明数在躬，山分南北水朝东。灵承四海敷文命，蠢伐三苗纪武功。先甲痛心占干蛊，后期挥手戮防风。万重玉帛思《王会》，一卷金书凿鬼工。传子讴歌羞益避，配天俎豆与尧同。陈畴早协元龟卜，铸鼎能教怪像穷。别有荒唐开九尾，须知付托闭重瞳。放巢惭德原称变，霸越阴谋也自雄。野史几时残纪竹，谷神此地俭留桐。佳城郁郁瞻云气，片石乾坤共始终。	舒位：《瓶水斋诗集》下册卷十五，上海：上海古籍出版社，2009年，第645—646页。
121	清	张鉴	分水大禹庙	南来禹庙此河溪，想象雙圭日月新。挽粟至今严贰负，董工终古役唇辰。飞沙夜灌灵旗雨，带水朝回玉座春。闻道桑干秋汛恶，绿章谁与至尊陈。	《冬青馆集》，收入《续修四库全书·集部·别集类》，册一四九二，《甲集》，卷一，诗一，第6页下。
122	清	李兆洛	禹穴探奇	委宛书已空，窆石字可数。如何司马迁，独自有千古。	《养一斋集》，收入《续修四库全书·集部·别集类》，册一四九五，《诗集》，卷三，第431页下。
123	清	曾益	禹庙后壁画梅歌并序	吾越禹庙，经乱颓毁。顺治九年壬辰重修，焕然一新。仲冬同朱腾之、张宗子、林叔含、魏子煌谒祠。适诵杜甫"古屋画龙蛇"句，及梅梁化龙事。诸君顾余曰："盖画梅于壁以代之。"因援笔作二梅，并书梅龙二字于上。字径四尺，壁广二丈有四，高二丈有八，遂作歌以纪。高天一声飞霹雳，回首禹庙双龙失。屋头古画黯无存，梁间水藻久犹湿。我来怀古试一探，寂寞空山忾今昔。手无竹枝可投陂，兼少渔梭挂虚壁。偶拈秃管画双梅，浓处无尘淡无迹。眠者如龙屈曲蟠，昂者干霄作龙立。是花不藉三郎催，有石都如五丁劈。胎含向背学阴阳，萼吐参商间疏密。由来神物解通灵，此梅宁肯终潜蛰？	阮元辑：《两浙輶轩录》，收入《续修四库全书·集部·总集类》，册一六八三，卷三，第213页上。

续表

序号	时代	作者	篇目	原文	出处
123	清	曾益	禹庙后壁画梅歌并序	（接上页）虬髯垂地低可攀，驴背寻春杳难得。五字高吟老杜诗，寻常笔砚思抛掷。宛委依然在眼前，赤文千载藏瑶册。平成巨业仗神灵，转向彤阶歌治绩。	阮元辑：《两浙輶轩录》，收入《续修四库全书·集部·总集类》，册一六八三，卷三，第213页上。
124	清	谭宗浚	禹庙	明德千秋溯，奇功八载昭。随刊资伯益，协赞比神尧。绿甲灵符授，黄麑远道招。休祥征刻检，辛苦为乘樏。遂启元夷篆，全平柳谷妖。铸金群牧萃，执玉万邦遥。秘典龙威贮，奇文鸟篆雕。羽渊弥宿憾，越纽衍余苗。肹蠁明禋肃，崇祠旧榜标。红鸾开宝幄，丹凤降云韶。章服仍絺绣，词歌奏管箫。提携童稚拜，飒爽鬼神朝。梧柏参天郁，鼋鼍跋浪骄。风云犹北路，波浪自南条。祀格仍终古，英灵儵九霄。江防今日要，怅望意萧寥。	《荔村草堂诗钞》，收入《续修四库全书·集部·别集类》，册一五六四，卷二《出门集》，第175页下—176页上。
125	清	高炳麟	禹陵诗	维年癸丑春二月，我来会稽探禹穴。乍看庙貌极巍峨，松柏森然动魂魄。阴崖疑有鬼神护，深泽或恐龙蛇出。八年自昔集辐辏，万国于兹朝玉帛。生前宫室制不崇，葬后山林无改列。鸟耘后世不可知，三寸桐棺此遗迹。俗儒小生好傅会，往往神奇骋其说。金简绿字竟侈陈，童律庚辰矜创获。不感明德夸异闻，罔识当年疏瀹策。遂令四载随刊功，徒为神仙饰鸿烈。岂知мож贡纪方略，不用山经纷诡谲。往者洪流遍中国，下民昏垫何由释。帝咨岳牧惊怀襄，天顾蒸氓生圣哲。北安冀兖载壶口，南治荆扬过震泽。九河其浚九州同，四海分流四隩宅。乃因土地定征赋，竟奠山川免巢窟。贡金铸鼎罔两避，班师舞羽苗民格。身成绩用尽终干，民尽讴歌世难绝。东巡会稽事如昨，祀典煌煌重于越。遐思终古此区宇，经岁圣神为计划。盘皇辟地娲补天，载笔荒唐贤者斥。羲农轩学递相嬗，礼乐兵刑渐增设。佃用耒耨渔网罟，陆居栋宇水舟楫。唐虞考绩先五臣，百姓昭明万邦协。当时禹亦共赓扬，独锡元圭登北阙。	《晚晴簃诗汇》，收入《续修四库全书·集部·总集类》，册一六三二，卷一六〇，第599页下。

续表

序号	时代	作者	篇目	原文	出处
125	清	高炳麟	禹陵诗	（接上页）后来汤武及周孔，征诛笔削严斧钺。是皆功与姒王并，天壤纷纷留墓碣。我生好古先此览，不觉涕零霑石。井溿山阿永自深，碑存亭畔犹无缺。荒祠拜手独归去，夕阳西下波声咽。	《晚晴簃诗汇》，收入《续修四库全书·集部·总集类》，册一六三二，卷一六〇，第599页下。
126	清	于右任	访禹迹	（其二）石纽山前沙尚飞，刳儿坪上黍初肥。茫茫禹迹从何得，蹀躞荒山汗湿衣。（其六）禹王明德古今传，那计汶川与北川。四海横流复昏垫，再平水土是何年？	《禹生北川》，第90页。

附表二　历代论禹文章知见录

序号	时代	作者	篇目	原文	出处
1	汉	桓谭	琴道	大声不震哗而流漫，细声不湮灭而不闻。八音广博，琴德最优。古者圣贤，玩琴以养心。夫遭遇异时，穷则独善其身而不失其操，故谓之"操"。"操"以鸿雁之音。达则兼善天下，无不通畅，故谓之"畅"。《尧畅》经逸不存。《舜操》者，昔虞舜圣德玄远，遂升天子，喟然念亲，巍巍上帝之位不足保，援琴作"操"，其声清以微。《禹操》者，昔夏之时，洪水襄陵沈山，禹乃援琴作"操"，其声清以溢，潺潺志在深河。《微子操》：微子伤殷之将亡，终不可奈何，见鸿鹄高飞，援琴作"操"，其声清以淳。《文王操》者，文王之时，纣无道，烂金为格，溢酒为池，宫中相残，骨肉成泥，璇室瑶台，蔼云翳风，钟声雷起，疾动天地，文王躬被法度，阴行仁义，援琴作"操"，故其声纷以扰，骇角震商。《伯夷操》，《箕子操》，其声淳以激。	《新论》卷下，上海：上海古籍出版社，1976年，第640页。
2	三国	曹植	夏禹赞	吁嗟夫子，拯世济民。克卑宫室，致孝鬼神。蔬食薄服，绋冕乃新。厥德不回，其诚可亲。亹亹其德，温温其仁。尼称无间，何德之纯！	严可均辑：《全三国文》卷十七，第171页。
3	三国	曹植	禹治水赞	嗟夫夏禹，实劳水功，西凿龙门，疏河导江，梁歧既辟，九州以同，天赐玄圭，奄有万邦。	严可均辑：《全三国文》卷十七，第171页。
4	三国	曹植	禹渡河赞	禹济于河，黄龙负船，舟人并惧，禹叹仰天，予受大运，勤功恤民，死亡命也，龙乃弭身。	严可均辑：《全三国文》卷十七，第171页。
5	三国	曹植	禹妻赞	禹娶涂山，土功是急。闻启之生，过门不入。女娇达义，明勖是执。成长圣嗣，天禄以袭。	严可均辑：《全三国文》卷十七，第171页。
6	晋	挚虞	夏禹赞	决堤疏河，刊山敷土。四陕既宅，彝伦攸叙。卑宫菲食，以宁区宇。	收入梅鼎祚编：《西晋文纪》，《景印文渊阁四库全书·集部三三七·总集类》，册一三九八，卷十三，第285页下。

续表

序号	时代	作者	篇目	原文	出处
7	晋	陶渊明	夏禹孝传赞	夏禹有天下以奉宗庙,然躬自菲薄以厚其孝。孔子曰:"禹,吾无间然矣。菲饮食,而致孝乎神;恶衣服,而致美乎黻冕。"禹之德于是称闻。圣人之德无以加于孝敬,孝敬之道,美莫大焉。	收入袁行霈:《陶渊明集笺注》外集,北京:中华书局,2003年,第565页。
8	唐	韩愈	对禹问	或问曰:"尧舜传诸贤,禹传诸子,信乎?"曰"然"。"然则禹之贤,不及于尧与舜也欤?"曰:"不然。尧舜之传贤也,欲天下之得其所也;禹之传子也,忧后世争之之乱也。尧舜之利民也大,禹之虑民也深。"曰:"然则尧舜何以不忧后世?"曰:"舜如尧,尧传之;禹如舜,舜传之。得其人而传之,尧舜也;无其人,虑其患而不传者,禹也。舜不能以传禹,尧为不知人;禹不能以传子,舜为不知人。尧以传舜为忧后世,禹以传子为虑后世。"曰:"禹之虑也则深矣,传之子而当不淑,则奈何?"曰:"时益以难理,传之人则争,未前定也;传之子则不争,前定也。前定虽不当贤,犹可以守法,不前定而不遇贤,则争且乱。天之生大圣也不数,其生大恶也亦不数。传诸人,得大圣,然后人莫敢争;传诸子,得大恶,然后人受其乱。禹之后四百年,然后得桀;亦四百年,然后得汤与伊尹。汤与伊尹不可待而传也。与其传不得圣人而争且乱,孰若传诸子,虽不得贤,犹可守法。"曰:"孟子之所谓'天与贤,则与贤;天与子,则与子'者,何也?"曰:"孟子之心,以为圣人不苟私于其子以害天下。求其说而不得,从而为之辞。"	收入董诰编:《全唐文》卷五百五十九,第5566页上下。
9	唐	柳宗元	涂山铭并序	惟夏后氏建大功,定大位,立大政,勤劳万邦,和宁四极,威怀九有,仪刑后王。当平洪流方割,灾被下土,自壶口而导百川,大功建焉。虞帝耄期,顺承天历,自南河而受四海,大位定焉。万国既同,宣省风教,自涂山而会诸侯,大政立焉。功莫崇乎御大灾,乃锡元圭,以承帝命;位莫崇乎执大象,乃辑五瑞,以建皇极;政莫先乎齐大统,乃朝玉帛,以混经制。是所以承唐虞之后,垂子孙之丕业,立商周之前,树帝王之洪范者也。呜呼! 天地之道尚德而右功,帝王之政崇德而赏功。故尧舜至德,而位不及嗣;汤武大功,而祚延于世。有夏德配于二圣,而唐虞让功焉;功冠于三代,而商周让德焉。宜乎立极垂统,贻于后裔,	收入《柳河东集》,卷二十,第350—352页。

续表

序号	时代	作者	篇目	原文	出处
9	唐	柳宗元	涂山铭并序	（接上页）当位作圣，着为世准。则涂山者，功之所由定，德之所由济，政之所由立，有天下者宜取于此。追惟大号既发，华盖既狩，方岳列位，奔走来同，山川守神，莫敢逗宁，羽族四合，衣裳咸会，虔恭就列，俯偻听命。然后示之以礼乐，和气周浃；申之以德刑，天威震耀。制立谟训，宜在长久。厥后启征有扈，而夏德始衰；羿距太康，而帝业不守。皇祖之训不由，人亡政坠，卒就陵替。向使继代守文之君，又能绍其功德，修其政统，卑宫室，恶衣服，拜昌言，平均赋入，制定朝会，则诸侯常至，而天命不去矣。兹山之会，安得独光于后欤？是以周穆通追遗法，复会于是山，声垂天下，亦纪前轨，用此道也。故予为之铭，庶后代朝诸侯制天下者，仰则于此。辞曰：惟禹体道，功厚德茂。会朝侯卫，统一宪度。省方宣教，化制殊类。咸会坛位，承奉仪矩。礼具乐备，德容既军。乃举明刑，以弼圣谟。则戮防风，遗骨专车。克明克威，畴敢以渝。宣昭黎宪，底定襄区。传祚后允，丕承帝图。涂山岩岩，界彼东国。唯禹之德，配天无极。即山刊碑，贻后作则。	收入《柳河东集》卷二十，第350—352页。
10	唐	谢观	禹拜昌言赋	大禹君临，勤求意深，苟一言之入耳，必载拜以明心，盖以励华夷，形古今。所以旨酒盈前，莫纵弹丝之响；美词将贡，俄闻撼玉之音。岂不以询彼刍荛，防乎骄逸。既可大而可久，亦无固而无必。所以嘉谋乍，听当业業以折腰；语才聆，复虔虔而屈膝。盖以广乎所见，求其所闻，欲使善恶之源自别。贤愚之路斯分。况乎传舜之规，受尧之命，得不固社稷根本，察风俗利病。是以臣不能谏君兮非曰忠，君不能纳谏兮非曰圣。执至理以垂教，采昌言而化人。苟有言可佐王道，正人伦，陶也不得不进。禹也不得不遵。所以闻妙略以开容，拖冕旒而拂地，览宏谟而致敬，低珩佩以锵身。惧沟洫之未通，忧礼乐以将坏。以正为镜，以忠谠为规戒。是以蕴昌言兮不可不陈，闻昌言兮不可不拜。遂使共守丕业，长光帝基。若鱼水相逢之日，同云龙会合之时。符郊畤以陈仪，固难比矣；望竹宫而设礼，曷可方之！我皇绍九圣之雄图，举百王之令典，急于求士，乐于闻善，所以献昌言之忠臣，必待之台铉。	收入《全唐文》卷七百五十八，第7869页上下。

续表

序号	时代	作者	篇目	原文	出处
11	唐	郑鲂	禹穴碑铭并序	惟帝圣世时，必有符命。在昔黄帝始受河图而定王籙，宓羲得神蓍而垂皇策，尧配璇玑玉衡以齐七政，舜继成六德，文王获赤雀丹书而演道定谟。予亦以谓禹探其穴，得开世之符而成平水功。夫神人合谋而行变化，天地定位，阴阳潜交，五行迭王，斗建司节，岳尊山而渎长川，乃至日星雷风，祯祥秘奥，三纲五纪，万乐百礼，人人物物，各由身生，无非元功冥持，至数胼合以及之者。王者奉天而行，故圣神焉，帝皇焉。彼圣如仲尼，有德而无应，故位止于旅人，福弗及生灵，乃叹曰："凤鸟不至，河不出图，吾已矣夫。"然后知元命者轩，告命者羲，受命者曰唐与虞，成命者禹，备命者文。仲尼不受命，乃假人事而言，故有宗子之说，后代无作焉，立言者一仁义以束世教，謍謍蚩蚩，使绝其非望，职业之外，存而不论。予读《夏书》无是说。司马子长《自叙》，始云："登会稽，探禹穴。"不然，万何传焉，惑矣！苍山之潏，呀如渊如，陵徙百迁，此中不骞，雨洗烟空，咸然莫穷。嘻！实禹迹之所始终。唐兴二百八祀，宝历庚午秋九月，予从事于是邦。感上圣遗轨，而学者无述，作禹穴碑。廉察使旧相河南公见而铭之。曰：禹穴宜载，夏与秦胡为而不载？古而不载，迁与郑胡为而载？予以谓：天德统万，止言其盖；地德统万，止言其载。尧德统万，止言其大。千川万山，皆言其会。一符一穴，不足为最。故夏与秦俱不之载，而人以之昧。虽山之坚，虽洞之邃，有时而堙，有时而兑。岁其万千，风雨淘汰。亡其嵌呀，丛是翳荟。惟郑与迁，斯碑斯载，斯时之赖。	姚铉编：《唐文粹》卷五十四《碑五·古迹》，台北：世界书局，1972年，第1—2页。
12	宋	陆游	禹庙赋	世传禹治水，得玄女之符。予从乡人以暮春祭禹庙，徘徊于庭，思禹之功，而叹世之妄，稽首作赋。其辞曰：呜呼！在昔鸿水之危害也，浮干端，浸坤轴。裂水石，卷草木。方洋徐行，弥漫平陆。浩浩荡荡，奔放洞伏。生者寄丘阜，死者葬鱼腹。蛇龙骄横，鬼神哭器。其来也组练百万，铁壁千仞。日月无色，山岳俱震。大堤坚防，攻龁立尽。方舟利楫，辟易莫进。势极而折，千里一瞬。莽乎苍苍，继以饥馑。于是舜谋于庭，尧咨于朝。窜羲和，忧皋陶。伯夷莫施于典礼，后夔何假乎箫韶。禹于是时，	载毛晋辑：《放翁逸稿》，收入《景印文渊阁四库全书·集部一○二·别集类》，册一一六三，卷上，第710页下—711页上。

续表

序号	时代	作者	篇目	原文	出处
12	宋	陆游	禹庙赋	（接上页）惶然孤臣。耳目手足，亦均乎人。张天维于已绝，极救命于将湮。九土以奠，百谷以陈。阡陌鳞鳞，原隰畇畇。仰事俯育，熙熙终身。凡人之类至于今不泯者，禹之勤也。孟子曰：禹之行水也，行其所无事也。天以水之横流，浩莫之止，而听其自行，则冒汝之害，不可治己。于传有之，禹手胼而足胝，宫卑而食菲，娶涂山而遂去肾，不暇视其呱泣之子，则其勤劳亦至矣。然则孟子谓之行其所无事，何也？曰：世以己治水，而禹以水治水也。以己治水者，己与水交战，决东而西溢，堤南而北圮。治于此而彼败，纷万绪之俱起。则沟浍可以杀人，涛澜作于平地。此鲧所以殛死也。以水治水者，内不见己，外不见水，惟理之视。避期怒，导其驶，引之江为河为济为淮，汇之潭为渊为沼为泚。盖于性之所安，而行乎势之不得已。方其怀山襄陵，驾空滔天，而吾以见其有安行地中之理矣。虽然，岂惟水哉。禹之服三苗，盖有得乎此矣。使禹有胜苗之心，则苗亦悻然有不服之意。流血漂杵，方自此始，其能格之干羽之间，谈笑之际耶？夫人之喜怒忧乐，始生而具。治水而不忧，伐苗而不怒，此禹之所以为禹也。禹不可得而见之矣，惟淡然忘我，超然为物者，其殆庶乎。	载毛晋辑：《放翁逸稿》，收入《景印文渊阁四库全书·集部·一〇二·别集类》，册一一六三，卷上，第710页下—711页上。
13	宋	计有功	大禹庙记	圣法天，以身任道。天作圣，以地发祥。舜生于诸冯，文王生于岐周，生异地而治同功。乃知上天为生民挺生神圣，有开必先，皆非偶然者。松高长发，流播雅颂。推原本始，盖万世以不可忘也。《方册》所载："禹生石纽，古汶山郡也。崇伯得有莘氏女，治水行天下而生禹于此。"稽诸人事理或宜然，因人事以验天心。其可考者，禹功自汶。《河图括地象》曰："岷山之精，上为井络。帝可会昌，神以建福。"太史公《本纪》谓："岷为汶，故曰汶。岷山导江，岷嶓既艺。"天生圣人，发神于此，而万世之功亦起于此。其可忘哉！然而自汶山、西山、扦江碛、巫铃庙绝，箫鼓鱼菽，犹为俚人之社。汶以东至于石泉，虽缙绅未尝言之，尝求其故，大抵山川夐邈，代远时移，郡邑名号，废置离合。而石纽故处，莫适主名。秦汉而下，为国曰冉駹，为道曰绵虒；为邑曰广柔，其实一也。汉灵帝	周复俊编：《全蜀艺文志》，收入《景印文渊阁四库全书·集部三二〇·总集类》，册一三八一，卷三十七，第456页上—458页上。

序号	时代	作者	篇目	原文	出处
13	宋	计有功	大禹庙记	（接上页）析而郡之曰汶山。后周又析而邑之曰汶山。唐贞观八年又析而县之曰石泉。唐以前石泉之名未立，谯周、陈寿、皇甫谧皆指石纽为汶山之地。周曰："禹生于汶山广柔之石纽，其地为刳儿坪。"寿曰："禹生汶山石纽，夷人不敢牧其地。"自石泉之名立，其后唐《地理志》，国朝《职方书》、《先儒舆地记》皆以石纽归石泉。虽莫辨其故，然汶山之山铁豹，沔水出焉。汶山之山曰玉垒，湔水出焉。石泉之山曰石纽，大禹生焉。合之则一，离之则散，处于三邑之近，无可疑者。石泉始于茂，国朝熙宁割隶于绵，政和抚戎，又升而军之。礼乐文物，日浸月长，且谓石纽夷地，置而弗论。太守赵公元勋世胄，以笑谈坐镇，披谍考古，将庙祀禹，而疑论未释，郡士计有功，版曹尹商彦多闻博雅，绎究数千年，事灿如目击，庙议遂决。卜郡左四百举武，比倚层峰，江自西来，雷奔箭驻，发汇于庙下。如及本念德，大渊洄翔舞，迤逦绕出，如朝宗得途。庙以门计一十有八，有形丽势胜，神明拥会，涓刚落成，乃烹乃奏。芬芳璀灿，礼荐乐彻，缙绅耆老，手抔情激，劝九叙之歌，叹明德之远。贤哉！禹功于是乎大，乃以图不书，以学官李繁暨尹君之文，属记有功。或曰：士有一方尽一节，论封庙食，千里襁负，无有誓命，如加明刑。禹功绝德，谁不厥享。而阙庙之功，无阙无名，禹无阙由焉，而不知所以为绝德也。夫使人之灵，畏祸于尸祝之间，则何以为禹。然惟功大德盛，故称神禹，末世万取臆地咨祈阙计，河伯示图，沧水援简，茅怪幻而神之。至其祠祀，则巫记胼胝之云，鸟耕山阴之冢，汉祈开母之石，晋享黄熊之厉。由是观之，阙于阙王，汶川之民祠禹阙汶王。石纽置而弗论，无足怪者，阙曰：礼也者，反本修古，不忘其所由生。越之人曰："吾禹之会稽。"楚之人曰："吾禹之宛委。"思其人，宝其地，使汶之人不曰吾禹之石纽。是不知天降神，地发祥，人允赖也。公一举三善皆得，且遐方邃古而惓惓然，其在今日远矣。报上之心为何如哉。宜请于朝，崇载祀典，以陟伟绩于灵源，耿休光于遐裔，惟禹之神弥天地，布六合，于是为反本之祀。	周复俊编：《全蜀艺文志》，收入《景印文渊阁四库全书·集部三二〇·总集类》，册一三八一，卷三十七，第456页上—458页上。

续表

序号	时代	作者	篇目	原文	出处
13	宋	计有功	大禹庙记	（接上页）系之词曰： 有汶惟山，诞生帝禹。 汶水发源，降神之所。 帝指其处，以启神功。 厥土既敷，四海会同。 蠢蠢群生，茫茫万古。 岂享其利，而忘其故。 石纽山名，石泉之虚。 近在耳目，讵迷厥初。 禹色山融，禹声汝注。 长发其祥，地灵常聚。 地秘其灵，朝烟夕霁。 粤岁三千，公其发之。 乃涓乃卜，乃朝乃祀。 报本反始，此方斯址。 大江西来，如揖如顾。 且路朝宗，洋洋东去。 惟公承宣，德感化行。 咨询民瘼，究民之生。 民生于禹，禹生于此。 庙则咫尺，心兮远矣。 公推是心，以仁昌时。 以抚民夷，神人是依。 前乎数千年，其愧于斯。 后乎亿千年，其作于斯。	周复俊编：《全蜀艺文志》，收入《景印文渊阁四库全书·集部三二〇·总集类》，册一三八一，卷三十七，第456页上—458页上。
14	宋	王十朋	禹论	尧舜禹皆圣人也，惟其传贤传子之不同，而后世不能无异论也。自孟子之前，人皆以为禹德衰，故不传于贤，而传于子。万章以是发问，孟子辩其不然，曰："天与贤则与贤，天与子则与子。"然后学者以传贤与子，一本于天，而无有以议禹也。至韩子作禹对，而其说又不然，曰："尧、舜之传贤也，欲天下之得所也；禹之传子也，忧后世争之之乱也。尧舜之利民也大，禹之虑民也深。"且谓孟子求其说而不得，又从而为之辞。近世善议论者莫如苏子，苏子之言曰："今夫人之爱其子，是天下之通义也，有得焉而思与其子孙，人情之所皆然也。尧舜之传贤，是不得已，而禹之传子，盖圣人之不喜异也。"自万章之问，至苏子之辩，其说有四，然而圣人至公之心，卒未明焉。以为德衰而传子者，是以迹论圣人，其说也固陋矣。而孟子归之于天下，亦未免乎不通也。尧之传舜，舜之传禹，禹之传子，其大计固已定于生前，不待身	王十朋著，梅溪集重刊委员会编：《王十朋全集》，《文集》卷七，第675—677页。

续表

序号	时代	作者	篇目	原文	出处
14	宋	王十朋	禹论	（接上页）死之后始听天命，人心之自归也。谓舜、禹避朱、均，而益避启者，其说盖亦不经矣。韩子以为忧后世，苏子以为不为异，韩子之言也近正，苏子之言也近人情，然皆未得夫圣人之心者，盖圣人以天下为公器，其视贤于子一也。贤可传而传，不以传贤为疏，而害天下之公器；子可传而传，不以传子为私，而有慊于心也。昔吾夫子以大道而传之学者，夫以人情论之，夫子岂不欲私其子哉？然而过庭之训止于诗、礼，陈亢始以异闻为问，卒以君子远其子为喜。亢以私心量圣人，而其问与喜，皆不然也。夫子尝谓才不才亦各言其子者，人之情也，至于所欲传道之心，视回与鲤一也。坚高之妙在回，而诗、礼之外无以告鲤者，岂亲门人而远其子哉？使回如鲤，鲤如回，则诗、礼之训在彼而坚高之妙在此矣。道与天下皆公器，所以传道与天下者，不以贤与子而二其心，然后为大圣人。尧舜禹之传天下，如吾夫子之传道，尧舜非远其子，禹非亲之也。民之所安，吾从而与之，不知传贤之为逊天下，传子之为世吾家，尚何不得已与惧夫为异也哉！若夫忧后世争之之乱而以之传子者，固可以为天下后世法矣。原其所以传之之心，出于以天下为公，而视贤与子为一，无有不得已与惧夫为异之事，亦非有忧之虑之心，而委曲为之计也。爱其子而私有与之者，人之情也；忧后世而为之计者，君子之法；不以亲疏内外二其心者，圣人至公大同之道。知此三者之说，然后知尧、舜、禹之不二其心，而传贤与子一也。	王十朋著，梅溪集重刊委员会编：《王十朋全集》，《文集》卷七，第675—677页。
15	宋	刘彝	题禹庙壁	皇祐二年秋，予自闽由太末登天台，川陆间行，至郡凡数千里。观山泽之可树植者，或荒潴焉；田亩之可浍畎者，或漫灭焉。自剡而西，遇雨数日，农田甚丰垂获，而遭霖潦之害，春夏斯民饥莩瘵瘠未起者，重困是水，予心哀焉。呜呼！宜树殖而荒潴，冻馁之源也；宜畎浍而漫灭，水旱之道也。天地非不生且育，然而吾民重罹饥困，赞乎化育之道未至焉耳。夜过鉴湖，人指南山而告曰："禹庙也。"予具冠带瞻望，内起恭肃，不觉感叹泣下。既而欲志其事。厥明，次于会稽之门，遂写屋壁。其歌曰：	《全宋文》卷一〇四四，成都：巴蜀书社，1994年，第568页。

续表

序号	时代	作者	篇目	原文	出处
15	宋	刘彝	题禹庙壁	（接上页）地生财兮天生时，圣贤之赞育兮咸适其宜。畎浍距川兮川距海，水旱罔至兮民无冻饥。亩田是起兮帝载以熙，万世永赖兮胡不践履而行之。呜呼禹乎！谁知予心之增悲。	《全宋文》卷一〇四四，成都：巴蜀书社，1994年，第568页。
16	宋	范祖禹	大禹夏后氏	大禹夏后氏，若稽古，文命敷于四海，祗承于帝，闻善言则拜，思日孜孜，作训以戒子孙曰："民可近不可下。民惟邦本，本固邦宁。予视天下，愚夫愚妇，一能胜予。一人三失，怨岂在明？不见是图。予临兆民，懔乎若朽索之驭六马，为人上者奈何不敬？"又曰："内作色荒，外作禽荒。甘酒嗜音，峻宇雕墙。有一于此，未或不亡。"禹为人敏给克勤，恶旨酒而好善言。师曰：大成挚学于西王国，禹惜寸阴，见耕者耦立而式，过十室之邑必下。	范祖禹：《帝学》，收入《景印文渊阁四库全书·子部二·儒家类》，册六九六，卷一，第732页上下。
17	宋	王恽	手植夏禹像赞	衡岳有怪柏一株，世传夏传手植。长沙温将军得斯木一枝，坚劲芝芬，爱仰不已，以为神明之物也。刻帝像以奉之，亦臣子历舜九疑，叫云苍梧之义也。求润色于余，秋润王恽拜首稽首，而为之赞曰：壹穆神禹，玄功格天，见之羹墙，况手植之所刊。带不下而道存，体虽微而俨然。所谓敛之管窥，浩浩渊渊。呜呼！三代吾不得而见之，得视斯像，固足以揭吾之虔。是将同启石而不朽耶？抑以与九畴而共传也？	收入李修生编：《全元文》第六册卷二百，南京：江苏古籍出版社，1999年，第673页。
18	元	邓文元	帝禹庙碑	至大辛亥，绍兴路重修帝禹庙成，江浙行中书省平章政事臣某等，遣使驿闻，请记其事，镵诸乐石，而以命臣文原，制曰可。顾臣愚陋，尝待罪词林，今又职司儒校，敢不对扬丕显，式昭惢祀，垂宪来今。谨案史载，帝即位，会诸侯江南，计功而崩，因葬焉。其事与《礼记》言虞帝南巡葬苍梧者，皆谓相传已久。至于封泰山，禅会稽，则尤为后世侈功好大者之论，而非圣人崇德务本意也。尝以五服计其道里遐迩，则会稽实在要荒之外。先王省方肆觐，政教是敷，非若骋八骏，乐观游，除道周卫，而勤民于远。然帝自肇功，疏凿告成，锡圭躬膺历数年，逾百岁矣，犹不肯一日自暇逸，以居于万民之上，则夫子所谓有天下而不与者，岂非万世之大训哉！厥初巨浸稽天，民用昏垫，孰任己溺，懋于奋庸。天启圣仁，声律身度，勋躬胝胝，以宣地利，以奠民极，功施无穷。考礼报本，非越人	收入苏天爵编：《元文类》卷二十，上海：商务印书馆，1936年，第294—251页。

续表

序号	时代	作者	篇目	原文	出处
18	元	邓文元	帝禹庙碑	（接上页）所私。爰自少康之庶子无余，始封而命祀。盖少康距帝仅五世，婴时投艰，复修坠绪。一成一旅，祀夏配天，不失旧物，繄帝之德，足以系属天下。而庶子无余，亦克胙于东土，世席休光，以及周之末季。凡越之人，群居耕凿，服习声教，溯原而上，曷可食息忘也。矧睹其因山之制，而遗衣服藏焉。历世推崇，或著祯祥，神兹顾享。皇元受命，义周仁洽，绥定幅员。稽古版图，贡输则在。昔九州区域，止及海内，职方之大，轶古无伦。追惟有夏，治格幽明，山川鬼神，壹是宁谧。列圣继承，用宏兹道。诞降玺书，凡在祀典者，命有司肃修时祭。栋宇倾圮，官为缮完。若浙江所理，圣王之祀，宜莫先会稽焉。戊申岁，越土荐饥，疾疠仍臻，民多流殍，臣某以季冬来领郡事，慨然曰：古者二千石期以共理，当为民省忧，吾岂敢怠忽。明年春，白于宰臣，凡荒政若干事。既得请，还谒祠下，周视梁橑，风雨欹压，黻冕弗治，丹雘漫漶。先是，宋政和间，即庙为观，迩年更为寺，岁侵视菌，百废莫兴，乃首议复庙田之私质于民者，以赡众鸠工，充其佣役。唯是钮荒斧坚，民士竞劝，砻石以楣，陶甓以甓，庭观严厂，殿庑翼卫，若帝临止，川谷贲辉。以帅府命，给中统楮币二百七十一定有奇。是役之兴，庶几乎知成民而后致力于神者矣。窃惟帝之平水土也，九赋既均，又曰六府三事，以示天下万世治道之本。独《洪范》九畴，未尝为虞帝敷陈其说，后千有余年，箕子始以为武王告。使箕子蒙难而不获信其志，又无武王者兴，则九畴将遂湮而无传乎！自夏历商孰传之，而至箕子其事远，莫可考。世知帝功与天地并，而《洪范》九畴鲜有能研精理奥，究诸力行者，使其书徒以言语传。汉儒旁摭庶征，推致五行，其言非不较着明甚，而先王综理天人之奥，亦已微矣。八卦九畴，道相经纬，天所以畀圣王，夫岂偶然哉！圣上缵承大宝，丕建皇极，中外大臣，务肩忠荩，谟协赞襄，盖将挈斯世而跻之三王之盛，神人具孚，岁则顺成，庆浃华裔。惟帝降灵兹土，嘉饫德馨，亦永永亿万年无 。臣谨稽首再拜，而为之诗。诗曰：湔河之东，有山郁苍。镇于南土，夷视崇冈。	收入苏天爵编：《元文类》卷二十，上海：商务印书馆，1936年，第294—251页。

续表

序号	时代	作者	篇目	原文	出处
18	元	邓文原	帝禹庙碑	（接上页）昔帝会同，圭璧斯皇。翩其飙驭，若帝陟方。若彼桥山，弓剑是藏。唯是横流，溃溃怀襄。燥川静谷，成赋定疆。帝躬菲恶，俾民乐康。铸鼎象列，谨训范防。功加九有，道尊百王。世严秩祀，登荐肃将。牧臣有惕，顾视榛荒。乃堂乃构，遂宇周墙。吉蠲来享，云旅龙章。翳帝赞育，时厥雨旸。物消疵疠，岁咏茨粱。永佑皇图，储庆发祥。即山勒铭，德远弥光。	收入苏天爵编：《元文类》卷二十，上海：商务印书馆，1936年，第294—251页。
19	明	杨慎	禹穴	司马子长自叙云："上会稽，探禹穴。"此子长自言遍游万里之目。上会稽，总吴越也；探禹穴，言巴蜀也。后人不知其解，遂以为禹穴在会稽。而作地理志者，以禹庙旁小坎如春臼者当之。噫！是何有奇而辱子长之笔耶？按：蜀之石泉，禹生之地，谓之禹穴。其石杳深，人迹不到。顷巡抚仪封刘远夫修蜀志，搜访古碑，刻有"禹穴"二字，乃李白所书，始知会稽禹穴之误。大抵古人作文，言简而括。若禹穴在会稽，而上云"上会稽"，下又云"探禹穴"，不胜其复矣。如《禹贡》曰："云土梦作"，云在江南，梦在江北，五言而括千余里。又曰："蔡蒙旅平"，蔡山在雅州，蒙山在云南，今名蒙乐山，上有碑，具列其事，亦四字而括千余里。郑玄、孔颖达、蔡沈、夏僎皆所未至，而缪云蒙山亦在雅州。如此，则《禹贡》所纪山川，无乃俗所谓："关门闭户掩柴扉乎？"古人立言，说义理性命，恐其不明，则不厌复。如《易》曰："明辨析也"，《诗》曰："昭明有融，高朗令终"之类。言山川物产则一言尽之。如镂、铁、丝、枲、橘、柚，如微、卢、彭、濮、庸、蜀、羌、髳之类，更不复书，此易之耳。	梁佐编：《丹铅余录》，《总录》，收入《景印文渊阁四库全书·子部一六一·杂家类》，册八五五，卷二，第353页下—354页上。
20	明	杨慎	禹九州	禹贡奠高山大川，其九州之名以地名州。而不以州分地，盖荆衡万古不徙之山，而河济者万古不泯之水也。以故荆兖之名，得附河济荆衡而不减。万世而下，求禹贡九州之域者，皆可得而考也。九州淮冀无所至者，举八州而界自见，亦所以别帝都而大一统也。九畴之皇极贡法之公田，见于此矣。扬不言南青雍不言北，则以其境接蛮狄提封，叛服不常乎。	杨慎：《升庵集》卷四十二，上海：商务印书馆，1937年，第400—401页。

续表

序号	时代	作者	篇目	原文	出处
21	明	郑善夫	禹穴记	禹穴在会稽山阴，昔黄帝藏书处也。禹治水至稽山，得黄帝《水经》于穴中，按而行之，而后水土平，故曰禹穴。世莫详其处，或曰即今阳明洞是已。又云，禹既平水土，会诸侯，稽功于涂山，寻崩，遂葬于会稽之阴，故山曰会稽，穴曰禹穴，至今窆石尚存。或然也。后二千余年，而司马迁氏来探，书禹穴，归而作《史记》，文章焕然，为百代冠，说者谓是山川之助也。又后千余年而晋安郑善夫氏及山阴朱君节、王君琥氏，来复探禹穴，寻黄帝藏书处，乃玩梅梁，摩挲窆石，睹先圣王遗像，得禹穴于菲井之上，徘徊瞻眺，想其卑宫而菲食，为之喟然兴怀。又想其执中用智与皋夔稷卨之为臣，又为之怃然自失也。夫自禹迹以后三千年间，游者不知其几，而惟司马氏显此山川之能，发为文章亦惟司马氏。夫三千年而仅得一人于山川顾止，以文章显何哉？岂山川之能仅足以焕人文章邪？世有不为文章者，于山川何取也？自昔至人，见转蓬而造车，观游鱼而造舟，得河图而成卦，因洛书而作范，咸取诸物也。余乃今知所取于山川矣。	《少谷集》，收入《景印文渊阁四库全书·集部·二〇八·别集类》，册一二六九，卷十，第153页上下。
22	清	吴见思	史记论文·夏本纪	此纪全述禹之明德，故禹贡、皋谟、益稷，罗列于篇。首既重矣，故后只借《甘誓》一篇衬贴。自太康以后，一顿点次即完，局势然也，故即少康、后羿之事，亦不及详序。在文论文，法不得不如是也。若不论轻重，不论堆垛，一概排列，乃甲乙账，而非史公之书矣。《禹贡》一篇，是千古奇文，《尚书》中浑厚天然。前段如九州分划，疆界井井；后段同众流奔凑，气势汹汹。乃经史公加数字点次，便觉眉目分明，另是一种姿致，岂非奇才！评"太史公曰"：闲闲借会稽一结，姿致天然。	《史记论文》，上海：上海古籍出版社，2008年，第12页。
23	清	屈大均	大别山禹庙碑	大别山之南有禹庙焉。大别者，江汉之水所汇，而山为之镇。昔禹导漾及沱潜至此，其迹尚存，故祀之欤。然何以名大别也？当洪水时，江汉混而为一，渺茫无际，而是山横亘于其中，其脉自嶓冢绵延荆山以内方而来，形狭而长，若石城磅礴，以隔二水，故大禹名之为别欤。江汉者，南渎之大，故云大别欤。江之南岸为黄鹄，北为大别，二山夹江而出。江之北无大别山，则江水	《翁山文钞》，收入《屈大均全集》，册三，卷三《碑》，第322—323页。

续表

序号	时代	作者	篇目	原文	出处
23	清	屈大均	大别山禹庙碑	（接上页）与汉口之二湖相连，二湖又将与汉水相连，而汉口之地皆鱼矣。二湖者，一在汉口之北岸，一在南岸，所谓明月二湖也。二湖之水，在昔皆为汉水，二湖夹汉，二山夹江，故汉口至今常有涨潦之患焉。岁之己未，大均侨居汉口，以暇日，攀跻大别而望，西蟠冢，东洞庭，云梦沧浪，烟波千里，与江汉朝宗之大势，潇湘映带之微茫，皆一目可尽，洋洋乎诚三楚之大观也哉！禹庙在大别之麓，有《岣嵝碑》，凡七十七字，倒薤拳蚪，状法流水，大可二寸许，吴人毛会建所摹勒者。读之，益见禹功焉。殿曰文命，中坐禹稷，左伯益，右皋陶、契，斸木搏土皆为之像。禹稷则衮冕垂旒，楚之人，俎豆甚虔。岁时歌舞祭赛之，以报明德云。尝考禹为司空，稷为田正，益为虞工。三人者，相偕治水，故禹之言曰：予乘四载，随山刊木，暨益，奏庶鲜食。予决九川，距四海，浚畎浍，距川，暨稷，播奏庶艰食。当是时，益与后稷相从艰苦，禹不能忘，而为帝称述其功如此。微禹之言后世孰从知之。此舜所以称其不矜不伐，而天下莫与之争其功能者欤。则以益稷并祀之，岂非禹之意欤？若契、皋陶，则禹未尝言同事也。然史称契长而佐禹治水有功，而独皋陶无闻焉。而楚人并祀之者,岂以其同为舜之五臣欤？然禹受禅为天子，则益、稷、皋陶、契皆为其臣矣。皆为其臣，而左右配享焉，可矣。何以后稷独与禹并欤嘻嘻，像之作，不知其所始，无有知礼者起而正之。延至于今，岂非一太阙典！大均尝至庙宫肃拜，以为禹天子也，当独居中，如会稽禹陵所祠，其制始合。以语汉阳罗子世珍，世士珍伟大均言，请先为碑镌之，以待后之欲正典礼者，且使为祀神乐歌焉。大均谓，《禹贡》两称"至于大别"，则大别之山，所系于江汉者甚大，固禹之神灵所凭依者也。山不见于祀典，祀禹其中，即所以祀大别矣。然楚人尚鬼而好祀，当战国时，太乙、云中、湘君、河伯之属，巫觋莫不祠之，而独不及禹。致我三闾大夫亦不得而更定其乐歌，此非楚之憾事欤！于是，大均拜首稽首，而敬为之辞，以拟《九歌》，曰：嗟洪水兮为殃，江连汉兮汤汤。洒之口兮崩决，	《翁山文钞》，收入《屈大均全集》，册三，卷三《碑》，第 322—323 页。

续表

序号	时代	作者	篇目	原文	出处
23	清	屈大均	大别山禹庙碑	(接上页)怀大别兮微茫。导漾东兮至三澨,南入江兮以安行。莫高丘兮此土,接神气兮内方。西小别兮为臂,东大别兮为梁。庙宫枕兮山首,受朝宗兮中央。作岳渎兮神主,连俎豆兮衡湘。四圣来兮同食,随文命兮回翔。纷歌舞兮愉帝,扬光灵兮龙堂。思明德兮纷古,沐平成兮无疆。	《翁山文钞》,收入《屈大均全集》,册三,卷三《碑》,第322—323页。
24	清	爱新觉罗·弘历	茅山正讹	壬午春巡,将发金陵,道句容,征三茅之胜。而邑志率摭《吴越春秋》:禹改茅山曰会稽为兹山,数典所自,是援越入吴。疆域紊而世代淆,予不可以不辨。案《史记》注引《越传》:禹到大越,上苗山。苗与茅古字通而小异,其为属越则均。《水经注》"渐江"条云:会稽,古防山,亦谓之茅山。别传称防者,盖以防风后至故。而浙江即渐江,其山隶今绍兴境明甚。若句容之茅山,本名句曲,亦名已山,自后汉茅盈兄弟学仙于此,三茅之名始著,距吴越时既远,与绍兴又绝不相蒙。辑志无识者,沿名窜附,牵连为一,谓会稽同出异名,若良常、秦望、海江、仙韭之属,二十有六,实为一山,且注出《吴越春秋》。今核全书,初无是语;况自绍兴至句容,道逾千里,中隔一江,三茅即号地肺,安能呼吸一气?若此,使其言然,则方内累累宫霍蜀绎者畴,不当名之曰昆仑、岱宗乎?再考《江宁郡志》,良常、秦望、仙韭诸山并与句曲壤接,道里可数,更于绍兴无涉。即以所引秦望言,绍兴、句容皆有,要各自为一山,未可强而合之,独于茅山乎何疑?或曰会稽为古扬州镇山,后汉移会稽郡治越,秦初置时本治吴,焉知会稽始名之茅山,不可通于句曲后著之茅山也?予得仍以《吴越春秋》正之,其书凡六卷,前《吴传》三,后《越传》三,茅山之改名会稽入越外传,不入吴内传。当时方隅所限,讵不较然风马牛哉!用觑缕析之,以俟后之订山经者。	《御制文二集》,收入《清高宗(乾隆)御制诗文全集》,册十,卷十四,第430页下—431页上。
25	清	李绂	敕修夏禹王陵庙碑记	《虞书》有乃圣乃神之颂,故帝王之德曰圣德,功曰神功。然自古帝王之兴,皆得称圣人,其神称者,则帝惟炎帝神农,王惟夏后氏称神禹,意其所重在功,德非思虑所及,所谓圣不可知者耶!删书断自唐虞,神农氏或疑荒远。禹则虞帝所称,	陈廷敬编:《皇清文颖》卷二十,海口:海南出版社,2000年,第360页下—362页上。

续表

序号	时代	作者	篇目	原文	出处
25	清	李绂	敕修夏禹王陵庙碑记	（接上页）万世永赖，而孔子所谓无间然者。盖圣人之功之盛，未有过于神禹者也。禹葬会稽，始见于《越绝书》《吴越春秋》，然司马迁自叙已称上会稽，探禹穴，刘向亦言禹葬会稽，不改其列，而《史记正义》引《会稽旧记》以窆石证葬处，故累朝祀典，凡祭禹陵，必于会稽。宋乾德四年，始诏吴越立禹庙，置守陵五户。绍熙三年重修，明洪武三年复大加修葺，五百步内禁樵采，有司督近陵人看守。盖帝王代兴，并致尊崇，然未有若我朝之盛者也。康熙二十八年，圣祖仁皇帝南巡，阅视黄河，慨然念神禹功德，特幸会稽致祭，发帑金二百两赐其后裔，增守祠二人，复御书"地平天成"四大字悬殿额，又书"江淮河汉思明德精一危微见道心"十四字榜于柱。大哉圣言，百世以俟圣人，不能易一辞矣。旧庙像设修伟，殿陛嵯峨，龙尾螭坳，辇道斋宫咸备，岁久渐就陊剥。雍正十一年，世宗宪皇帝诏所在防护历代帝王陵寝，浙江大吏始谋修葺，经费未定。十三年，总督臣郝玉麟因修海神庙成，欲以余金助修。布政使臣张若震料量修费需白金一万二千两有奇。是冬，大学士臣嵇曾筠奉今上特旨，至浙江监修海塘，即兼管巡抚事，遂缮疏以告，下部臣覆准。以乾隆元年三月鸠工庀材，明年告成。恭遇世宗皇帝祔庙配天，分遣卿贰祭告历代帝王陵寝，而詹事臣李绂适奉命祭告夏禹王陵。八月朔昧爽，恪将祀事，敬瞻新庙，佳气郁郁葱葱，黝含烟云，丹耀日星，神灯闪睒，明威歆享，百灵欲欸，閟宫有侐，咸有助焉。礼既成，臣若震述臣曾筠言，属臣绂为修庙记。臣绂才薄识暗，不足以铺张国家盛典，因以对扬圣天子尊崇古帝王之休命。唯是庙始落成，而臣绂首奉祭告之命，趋跄灌献于殿陛之间，盖不易得之遭逢，不敢以不敏辞。谨叙重修端末，系之诗，以示后之任封疆者得取法焉。 诗曰： 　　天位乎上，地位乎下。 　　人参其中，三才乃著。 　　继天立极，是惟圣人。 　　圣不可知，乃进于神。 　　惟夏后氏，开王之始。 　　继帝之绪，独称神禹。	陈廷敬编：《皇清文颖》卷二十，海口：海南出版社，2000年，第360页下—362页上。

续表

序号	时代	作者	篇目	原文	出处
25	清	李绂	敕修夏禹王陵庙碑记	（接上页）玉帛万国，会于涂山。会稽陟方，乃葬斯原。代致奠礼，国朝益备。新庙奕奕，祗荐祀事。窆石发左，菲泉滥前。丽牲之碑，纪以兹篇。万世明禋，陵寝是恃。后有作者，念兹勿替。	陈廷敬编：《皇清文颖》卷二十，海口：海南出版社，2000年，第360页下—362页上。
26	清	阮元	大禹陵庙碑	粤昔五德代兴，纪号天中，二典递禅，立都西北。惟神禹之陟绛，皆在江水；治水之终始，皆在会稽，何则？履已西夷，生薏苡于石纽，江之原也。忧民东教，封葛桐于会计，江之委也。若夫黄帝中经所载，宛委覆釜所藏，登临梦，发金简玉琭出焉。洒沈澹灾，底定者千八百国，通水之理，实始于会稽。及其会诸侯，诏群臣，诛后至者，而大计其功，䵷踽已甚，绞绖犹薄。迄于今，参耕之畦宛然，非古之上陇与？然则月逾庚子，年加申酉，亦终乎此矣。或谓九州修贡，山川成书，会稽主名不著于册。然三江分派，以浙水为南支；万里岷流，指山阴为归宿。古今迁异，俗儒骇之。是知胼胝劳绩，必登茅山之巅；成旅中兴，实存大越之祀也。《吴越春秋》谓少康封庶子无余于越，春秋祠禹墓于会稽。《汉书·地理志》：会稽山有禹井、禹祠。是故陵之有庙，其来已古。我朝列圣相承，缵旧绩以平水土，东南江海闲几劳大仆之驾焉。今嘉庆岁星次庚申，圣天子孝祀配天，望辩维嵩，乃命阶坛，勤丹臕，用承祀事。巡抚阮元来拜庙下，以考其成。巖壑盘郁，江海深阻，维兹庙貌，巍然镇之。蠋精玉帛，如来百神之朝；驰慕风云，或降二龙之驾。郁郁乎，苍水探穴于其初，元圭镇德于其既，固夏后氏神圣之所发藏，亦吾圣天子之所以稽古帝报功德之，爰作颂诗，铭诸乐石。其辞曰：浙为南江，地临越绝。青泥藏书，白云出穴。陵者葬陵，迹留檩橜。农不变徒，树不改列。厥有原庙，肇祀少康。山川风雨，日月阴阳。阶扶窆石，栋抗梅梁。聿新世室，载启元堂。昂皇孕珠，舍山辑玉。皷冕天容，龙蚯古屋。伯益奉经，庚辰侍犇。封并苍梧，庙同岳麓。龙飞五载，障淮塞河。钱唐楗石，海无惊波。新庙奕奕，南镇峨峨。神功圣德，今古若何。马祠遗法，鸟田修祀。䯰享金鼎，符探玉苕。渐海仡声，登山刻字。被碑以文，载之翩员。	阮元：《揅经室四集》，收入《揅经室集》下册卷二，第733—734页。

附表三　明清两代祭禹文知见录

皇帝	题目	祭文	出处
明太祖	洪武四年皇帝遣臣告祭	曩者有元失驭，天下纷纭。朕由此集众平乱，统一天下，今已四年矣。稽诸古典，自尧舜继天立极，列圣相传，为蒸民主者，陵各有在。虽去古千百余载，时君当修祀之。朕典百神之祀，故遣官赍牲醴奠祭修陵。君灵不昧，尚惟歆享。	萧良幹：《万历绍兴府志》，收入《四库全书存目丛书·史部二百·地理类》，卷二十《祠祀志二》，第700页。
明宣宗	宣德元年皇帝遣臣告祭夏禹王文	惟王丕崇王道，宁济生民，伟烈鸿谟，光垂万世。予嗣承大统之初，谨用祭告。惟神昭格，佑我邦家。尚飨。	萧良幹：《万历绍兴府志》，收入《四库全书存目丛书·史部二百·地理类》，卷二十《祠祀志二》，第700页。
明英宗	正统元年皇帝遣臣告祭夏禹王文	惟王奠安海宇，致治之功，民用永赖。予嗣承大统，祗严祭告，用祈佑我家国，永底隆平。尚飨。	萧良幹：《万历绍兴府志》，收入《四库全书存目丛书·史部二百·地理类》，卷二十《祠祀志二》，第700页。
明英宗	天顺元年皇帝遣臣告祭夏禹王文	惟王平治水土，民物奠安，功德之隆，万世永赖。兹予复正大位，祗严祀事，用祈佑我家邦，永底康乂。尚飨。	萧良幹：《万历绍兴府志》，收入《四库全书存目丛书·史部二百·地理类》，卷二十《祠祀志二》，第700页。
明宪宗	成化元年皇帝遣臣告祭夏禹王文	惟王肇启王业，以家天下，治水神功，万世赖焉。兹予祗承天序，式修明祀，用祈鉴佑，垂福我邦家。尚飨。	萧良幹：《万历绍兴府志》，收入《四库全书存目丛书·史部二百·地理类》，卷二十《祠祀志二》，第700页。
清圣祖	康熙七年遣周之桂致祭夏禹王文	自古历代帝王，继天立极。朕奉天眷，绍缵丕基。躬亲庶政，明禋肇修。敬遣端官，代将牲帛，用申殷荐，惟神鉴焉。尚飨。	李亨特修：《乾隆绍兴府志》卷首，上海：上海书店，1993年，第21页上。
清圣祖	康熙十五年遣李廷松致祭夏禹王文	自古历代帝王，维天眷命，抚御鸿图，懋建元储，前徽是景，明禋大典，亟宜举行。敬遣端官代将牲帛，爰昭殷荐之忱，聿修钦崇之礼，伏维格歆，尚其鉴享。	乾隆《绍兴府志》卷首，第21页上下。

续表

皇帝	题目	祭文	出处
清圣祖	康熙二十一年遣徐诰武致祭夏禹王文	自古帝王受天显命，继道统而新治统，圣贤代起先后，一揆成功，盛德炳如日星，朕诞膺眷佑，临制万方扫灭凶残，廓清字县，告功古后，殷礼筆称。敬遣端官代将牲帛，爰修禋祀之诚，用展景行之志，仰企神灵尚其鉴享。	乾隆《绍兴府志》卷首，第21页下。
清圣祖	康熙二十七年遣色特致祭夏禹王文	自古帝王受天明命，御历膺图时代虽殊，而继治同道后先，一揆朕承眷佑，临制万方，稽古礼文，肃修祀事，兹以皇祖妣孝庄仁宣诚宪恭懿翊天启圣文皇后神主升祔太庙礼成，特遣专官代将牲帛，虔修禋祀之典，用抒景行之忱，仰冀明灵鉴兹诚悃。	乾隆《绍兴府志》卷首，第22页上。
清圣祖	康熙二十八年圣祖仁皇帝亲祭夏禹王文	惟王精一传心，俭勤式训。道由天锡，启皇极之图畴；功在民生，定中邦之井牧。四载昔劳胼胝，永赖平成；九叙早著谟谋，惟歌附事。行其无间，德远益新。朕省方东南，道经吴越，睹长江之浩渺，心切溯洄；瞻高巘之嵯峨，企深仰止。幸矣！松楸伊迩，俨然律度可观。特荐馨香，躬修祀事，惟祈灵爽，尚克来歆。	乾隆《绍兴府志》卷首，第22页下。
清圣祖	康熙三十五年遣王材任致祭夏禹王文	自古帝王继天出治，道法兼隆，莫不慈惠嘉师，覃恩遐迩。朕勤恤民依，永期殷阜。迩年以来，郡县水旱间告，年谷歉登，早夜孜孜，深切轸念。用是端官秩礼，为民祈福，冀灵爽之默赞，溥乐利于群生。尚鉴精忱，俯垂歆格。	乾隆《绍兴府志》卷首，第22页下。
清圣祖	康熙三十六年遣王焯致祭夏禹王文	自古帝王受天景命，制治绥猷必禁暴除残，以乂黎庶，缅怀往烈，道实同符。朕钦承帝祉，临御九围，兹以狡寇跳梁，亲征漠北，荡涤寇氛，廓清边徼，永消兵革，以与普天率土，乐育太和，敬遣专官代将牲帛，昭告古先哲后虔修禋祀式，彰安攘之模，用展景行之志，仰企明灵俯垂鉴飨。	乾隆《绍兴府志》卷首，第23页上。
清圣祖	康熙四十二年遣李旭升致祭夏禹王文	自古帝王继天立极，出震承干，莫不道洽寰区，仁周遐迩。朕钦承丕绪，抚驭兆民，思致时雍，常殷惕励，历兹四十余载。今岁适届五旬，宵旰兢兢，无敢暇逸，渐致民生康阜，世运升平。顷因淮黄告成，亲行巡历，再授方略善后，是期睹民志之欢欣，滋朕心之轸恤，遄回銮驭，大沛恩膏。用遣端官，敬修祀典，冀默赞郅隆之治，益宏仁寿之麻。尚鉴精忱，俯垂昭格。	乾隆《绍兴府志》卷首，第23页下。

续表

皇帝	题目	祭文	出处
清圣祖	康熙四十八年遣卢起龙致祭夏禹王文	朕惟古帝王正位临民，代有令德，是以享祀千秋，用昭巨典。朕仰荷天庥，抚临海宇，建元立良，历三十余载。不意婴狂易之疾，深惟祖宗洪业及万邦生民所系至重，不得已而有退废之举。嗣后渐次体验，当有此大事时，性生奸恶之徒，各庇邪党，藉端构衅。朕觉其日后必成乱阶，随不时究察，穷极始末，因而确知病原，皆由镇厌，亟为除治。幸赖上天鉴佑，平复如初。朕此因此事，耗损精神，致成剧疾。皇太子晨夕左右，忧形于色，药饵必亲，寝膳必视，惟诚惟谨，历久不渝，令德益昭，丕基克荷。用是复正诸位，永固国本。特遣端官，敬申殷荐，尚祈歆格。	乾隆《绍兴府志》卷首，第24页上。
清圣祖	康熙五十二年遣周文渭致祭夏禹王文	自古帝王继天出治，建极绥猷，莫不泽被生民，仁周寰宇。朕躬膺宝历，仰绍前徽，夙夜孜孜，不遑暇逸。兹御极五十余年，适当六旬初届。所幸四方宁谧，百姓乂和，稼穑岁登，风雨时若，维庶征之协应，爰群祀之虔修，特遣端官式循旧典，冀益赞雍熙之运，尚永贻仁寿之休，俯鉴精诚用垂歆格。	乾隆《绍兴府志》卷首，第24页下。
清圣祖	康熙五十八年遣田文镜致祭夏禹王文	自古帝王受天景命，建极绥猷，垂万世之，经常备一朝之典礼。朕钦承帝祉，临御九围，夙夜惟寅，敬将祀典，兹以皇妣孝惠仁宪端懿纯德顺天翼圣章皇后神主升祔太庙礼成，特遣专官代将牲帛用展苾芬之敬，聿昭禋祀之虔，仰冀明灵尚其歆享。	乾隆《绍兴府志》卷首，第25页上。
清世宗	雍正元年遣穆理浑致祭夏禹王文	自古帝王继天出治，建极绥猷，莫不泽被生民，仁周海宇。惟我皇考峻德鸿勋，媲美前古，显谟承烈，垂裕后昆。朕以眇躬，缵膺大宝。兹当嗣位之始，宜修享祀之仪。特遣端官，虔申昭告，惟冀时和岁稔，物阜民安，淳风遍治乎寰区，厚德长孚于率土。尚其歆格，鉴此精诚。	乾隆《绍兴府志》卷首，第25页下。
清世宗	雍正二年遣大理寺卿觉罗常太致祭夏禹王文	自古帝体天立极，表正万邦，恺泽遍于寰区，仁风及于奕祀。朕丕承大统，遥契曩徽，兹于雍正元年十一月二十五日恭奉圣祖合天运文武睿哲恭俭宽裕孝敬诚信功德大成仁皇帝主配享圜丘礼成，特遣专官虔申昭告，惟冀永赞修和之治，益昭安阜之庥，鉴此精诚，尚其歆格。	乾隆《绍兴府志》卷首，第25页下。

续表

皇帝	题目	祭文	出处
清高宗	乾隆元年遣朱必阶致祭夏禹王文	礼崇祀典,光俎豆于前徽;念切景行,荐馨香于往哲。惟王继天建极,抚世诚民,丰功焜耀于生前,骏烈昭垂于宇宙。溯典型于在昔,凛法监之常存。朕以藐躬,继登大宝。属膺图之伊始,宜展祀以告虔。特遣端官,祗遵彝典。芯芬在列,备三献之隆仪;灵爽式凭,仰千秋之明德。尚其歆格,永锡鸿禧。谨告。	乾隆《绍兴府志》卷首,第26页上。
清高宗	乾隆二年高宗纯皇帝遣詹事府詹事李致祭夏禹王文	自古帝王,宪天出治,建极绥猷,德泽洽于万方,轨范昭于百世,缵承鸿绪,景仰前徽。兹于乾隆二年四月十六日,恭奉世宗敬天昌运建中表正文武英明宽仁信义大孝至诚宪皇帝主配享圜丘礼成,特遣端官,虔申昭告,惟冀永祐,雍熙之盛,益昭安阜之隆,庶鉴精诚,尚其歆格。	乾隆《绍兴府志》卷首,第26页上。
清高宗	乾隆十四年高宗纯皇帝遣鸿胪卿伊喇齐致祭夏禹王文	帝王继天建极,抚世绥猷,敬孝莫先于事亲,治内必兼乎安外,典型在望,缅怀至德要道之归;景慕维殷,心希武烈文谟之盛。兹以边徼粹宁,中宫摄。兹宁晋号,庆洽神人。敬遣端官,用申殷荐。仰维歆格,永锡鸿禧!	乾隆《绍兴府志》卷首,第26页上。
清高宗	乾隆十六年高宗纯皇帝亲祭夏禹王文	惟王神灵首出,文命宣昭。平地成天,万世仰随刊之绩;府修事治,兆人歌功叙之休。绍统绪于见知,亲承帝训;际都俞之交赞,时拜昌言。成允成功,继勋华而媲美;不矜不伐,诵谟典而兴怀。追维窆石之封,想象导河之烈。朕省方问俗,莅止会稽,瞻閟殿之穹隆,式临南镇;仰神功之巍焕,永奠中邦。俎豆亲陈,芯芬载荐。	乾隆《绍兴府志》卷首,第27页上。
清高宗	乾隆二十年遣国子监祭酒宗室良诚致祭夏禹王文	惟帝王建极,乘时绥猷。驭世制临无外,德盛之服远者神,教化有原,孝道以尊亲为大。景典型在昔,实天经地义之不昭;宏佑启于方来,惟文治武功之交凛。兹以平定准葛尔大功告成,加上皇太后徽号。神人洽庆,中外蒙庥。敬遣端官,用申禋祀,伏惟鉴格!	乾隆《绍兴府志》卷首,第28页下。
清高宗	乾隆二十一年遣吏部右侍郎恩丕致祭夏禹王文	惟帝王本仁祖义明,物察伦修,人纪以绥猷,则天经而立极。缅羹墙其可接,先后攸同。奉俎豆以常新,楷模斯在。兹以慈闱万寿,懋举鸿仪,敬晋徽称,神人庆洽,展尊亲之义思克,绍夫前型,宏锡类之仁期永,绥夫后禄。爰申祀告,式荐馨香。尚鉴捆忱,俾膺多福。	乾隆《绍兴府志》卷首,第29页下。

附表四　禹迹一览表

分类	省份	地点	禹迹	具体情况
出生	四川	北川	石纽山	山腰石林有二巨石纽结，石上有阳刻"石纽"二字。每字高、宽均为40厘米。
			岣嵝碑（禹碑）	明嘉靖四十年(1561)刻建。正碑高2.55米，宽1.55米，厚25厘米。上刻蝌蚪文77字，以及楷书释文、跋文。
			禹庙	建于石纽山麓。
			望崇山	相传鲧外出治水时，常年不归。大禹母登此山望鲧归，故曰"望崇山"。
			禹穴	大禹诞生地。
		汶川	刳儿坪	大禹诞生地。
			涂山	海拔1938米，自绵池镇岷江而上4公里，相传大禹所娶的涂山氏即住于此。
			禹王宫	本有禹王像，现已无存。
			禹王庙	位于石纽山半山之上，殿前供大禹像。
			禹穴	禹王庙左上50余米。岩石上有"禹穴"二字，迄今仍存。
			洗儿池	相传为禹母生禹，到此处生涤。
			血红草	洗儿池小道上，有一簇四季旺盛血红色茅草。相传禹母生禹后去洗儿池时曾在此坐下休息，滴血染红茅草。
	河南	禹州	玲珑湖	大禹故宅外的湖。
婚配	浙江	绍兴	涂山	绍兴县安昌镇东，相传大禹娶妻于此。
	河南	登封	涂山太室阙	纪念大禹之妻而建。
		禹州	禹山	大禹结婚时拜天的地方。
	安徽	蚌埠	涂山	相传大禹娶妻于此。
	重庆		涂山	涂山氏望大禹归来而站立之处。

续表

分类	省份	地点	禹迹	具体情况
治水	河南	开封、洛阳、偃师、具茨、禹州	三门峡、禹王台、禹石	相传大禹治水经过之地。
	山西	龙门、陶城、夏县	禹门口、夏陵坟冢	相传大禹治水经过之地。
	浙江	绍兴	宛委山、夏盖山、夏履桥、禹余粮、了溪、岣嵝碑	相传大禹治水经过之地。
	山东	具丘、郯城	禹迹亭、禹王台、禹登山	相传大禹治水时曾留住此城，又登山视察水势。
墓葬	浙江	绍兴	大禹陵	大禹葬处。
			禹祠	无余守获大禹时创建，是供奉大禹的宗祠。
			禹庙	供奉大禹的庙宇。
			窆石	位于禹庙正殿东侧，上覆以亭，相传为大禹下葬时所用的石。

参考书目

（甲）中文资料

一、古籍

1. 孔晁注：《逸周书》，北京：中华书局，1985 年。
2. 王充：《论衡》，上海：商务印书馆，1939 年。
3. 王先慎：《韩非子集解》，北京：中华书局，1998 年。
4. 王先谦：《荀子集解》，北京：中华书局，1988 年。
5. 王圻：《续文献通考》，台北：文海出版社，1979 年。
6. 王肃：《孔子家语》，沈阳：辽宁教育出版社，1997 年。
7. 王应麟：《玉海》，台北：华联出版社，1964 年。
8. 司马光撰，胡三省注：《资治通鉴》，北京：中华书局，1956 年。
9. 司马迁：《史记》，北京：中华书局，1959 年。
10. 杨伯峻：《列子集释》，北京：中华书局，1979 年。
11. 佚名：《古本竹书纪年》，济南：齐鲁书社，2000 年。
12. 吕不韦：《吕氏春秋》，上海：上海古籍出版社，1996 年。
13. 永瑢：《四库全书总目》，北京：中华书局，1965 年。
14. 宋衷注，秦嘉谟等辑：《世本八种》，北京：中华书局，2008 年。
15. 李冗：《独异志》，北京：中华书局，1985 年。
16. 李吉甫：《元和郡县志》，上海：上海古籍出版社，1987 年。
17. 李昉：《太平御览》，北京：中华书局，1960 年。
18. ——：《文苑英华》，北京：中华书局，1966 年。
19. 李超孙辑：《诗氏族考》，北京：中华书局，1985 年。
20. 李焘：《续资治通鉴长编》，北京：中华书局，1979 年。
21. 沈约注：《竹书纪年》，台北：台湾商务印书馆，1956 年。
22. ——：《宋书》，北京：中华书局，1974 年。
23. 阮元校刻：《皇清经解》，台北：复兴书局，1961 年。
24. ——：《十三经注疏》，北京：中华书局，1980 年。
25. 朱熹：《楚辞集注》，上海：上海古籍出版社，2010 年。

26. 俞樾：《古书疑义举例》，上海：上海古籍出版社，2007 年。
27. 皇甫谧：《帝王世纪》，上海：商务印书馆，1936 年。
28. 胡曾：《咏史诗》，《景印文渊阁四库全书》本，台北：台湾商务印书馆，1985 年。
29. 范晔：《后汉书》，北京：中华书局，1965 年。
30. 孙家鼐等辑：《钦定书经图说》，台北：文海出版社，1968 年。
31. 孙诒让：《墨子间诂》，台北：世界书局，1974 年。
32. 班固：《汉书》，北京：中华书局，1962 年。
33. 袁宏：《后汉纪》，北京：中华书局，2002 年。
34. 马端临：《文献通考》，北京：中华书局，1986 年。
35. 马骕撰，王利器整理：《绎史》，北京：中华书局，2002 年。
36. 常璩：《华阳国志》，北京：中华书局，1985 年。
37. 张玉书等编：《佩文韵府》，上海：上海古籍出版社，1983 年。
38. 张华：《博物志》，北京：中华书局，1985 年。
39. 张澍辑：《十三州志》，北京：中华书局，1985 年。
40. 梁玉绳：《汉书人表考》，上海：商务印书馆，1937 年。
41. ——：《史记志疑》，北京：中华书局，2006 年。
42. 许慎著，段玉裁注：《说文解字注》，台北：艺文印书馆，1960 年。
43. 郭庆藩：《庄子集释》，北京：中华书局，1961 年。
44. 郭璞注：《穆天子传》，北京：中华书局，1985 年。
45. 陈立：《白虎通疏证》，北京：中华书局，1994 年。
46. 陈寿：《三国志》，北京：中华书局，1959 年。
47. 彭定求等编：《全唐诗》，上海：上海古籍出版社，1986 年。
48. 程本：《子华子》，《景印文渊阁四库全书》本。
49. 黄奭：《河图》，上海：上海古籍出版社，1993 年。
50. 董仲舒：《春秋繁露》，北京：中华书局，1991 年。
51. 董斯张：《广博物志》，台北：台湾商务印书馆，1985 年。
52. 戴德：《大戴礼记》，北京：中华书局，1985 年。
53. 管仲：《管子》，上海：上海古籍出版社，1989 年。
54. 赵晔：《吴越春秋》，北京：中华书局，1985 年。
55. 刘向：《新序》，北京：中华书局，1985 年。
56. ——《说苑》，上海：商务印书馆，1939 年。
57. ——《战国策》，香港：商务印书馆，1963 年。
58. 刘安：《淮南子》，上海：上海古籍出版社，1989 年。
59. 刘昫：《旧唐书》，北京：中华书局，1975 年。
60. 欧阳忞：《舆地广记》，成都：四川大学出版社，2003 年。

61. 欧阳修：《新唐书》，北京：中华书局，1975 年。

62. 欧阳询：《艺文类聚》，上海：上海古籍出版社，1982 年。

63. 郑樵：《通志》，上海：商务印书馆，1935 年。

64. 萧统编：《六臣注文选》，《景印文渊阁四库全书》本。

65. 韩愈著，马其昶校注：《韩昌黎文集校注》，上海：上海古籍出版社，1987 年。

66. 韩婴：《韩诗外传》，北京：中华书局，1985 年。

67. 罗泌：《路史》，台北：台北中华书局，1965 年。

68. 严可均校辑：《全上古三代秦汉三国六朝文》，北京：中华书局，1987 年。

69. 阚骃纂，张澍辑：《十三州志》，北京：中华书局，1985 年。

70. 郦道元著，陈桥驿校证：《水经注校证》，北京：中华书局，2007 年。

71. 龚士炯：《历代帝王世系图》，台北：世界书局，1963 年。

二、专著

1. 丁山：《中国古代宗教与神话考》，上海：上海书店，2011 年。

2. ——：《古代神话与民族》，北京：商务印书馆，2006 年。

3. 中国山海经学术讨论会编：《山海经新探》，成都：四川社会科学院，1986 年。

4. 中国先秦史学会编：《禹城与大禹文化文集》，北京：中国文联出版社，2007 年。

5. ——：《夏文化研究论集》，北京：中华书局，1996 年。

6. ——：《夏史论丛》，济南：齐鲁书社，1985 年。

7. 中国社会科学院考古研究所、中国社会科学院古代文明研究中心编：《中国文明起源研究要览》，北京：文物出版社，2003 年。

8. 中国社会科学院考古研究所夏商周考古研究室编：《三代考古》，北京：科学出版社，2004 年。

9. 中国社会科学院考古研究所编：《中国考古学：夏商卷》，北京：中国社会科学出版社，2003 年。

10. ——：《中国考古学：新石器时代卷》，北京：中国社会科学出版社，2010 年。

11. 井中伟、王立新编：《夏商周考古学》，北京：科学出版社，2013 年。

12. 尹荣方：《社与中国上古神话》，上海：上海古籍出版社，2012 年。

13. 扎拉嘎：《展开 4000 年前折叠的历史：共工传说与良渚文化平行关系研究》，北京：中央民族大学出版社，2009 年。

14. 文史哲编辑部编：《"疑古"与"走出疑古"》，北京：商务印书馆，2010 年。

15. 文物编辑委员会编：《文物考古工作三十年》，北京：文物出版社，1979 年。

16. 方诗铭、王修龄：《古本竹书纪年辑证》，上海：上海古籍出版社，2005 年。

17. 王小林：《从汉才到和魂：日本国学思想的形成与发展》，台北：联经出版事业股份有限公司，2013 年。

18. 王玉哲：《中国上古史纲》，上海：上海人民出版社，1959 年。
19. ——：《中华远古史》，上海：上海人民出版社，2008 年。
20. 王仲孚：《中国上古史专题研究》，台北：五南图书出版有限公司，1996 年。
21. 王汎森：《古史辨运动的兴起》，台北：允晨文化实业股份有限公司，1987 年。
22. 王孝廉：《中国的神话世界 —— 各民族的创世神话及信仰》，台北：时报文化，1987 年。
23. ——：《中国神话世界》，台北：洪业文化事业有限公司，2006 年。
24. ——编：《神与神话》，台北：联经出版事业股份有限公司，1988 年。
25. 王昆吾：《中国早期艺术与宗教》，上海：东方出版社，1998 年。
26. 王明珂：《英雄祖先与弟兄民族：根基历史的文本与情境》，台北：允晨文化实业股份有限公司，2006 年。
27. ——：《华夏边缘：历史记忆与族群认同》，杭州：浙江人民出版社，2013 年。
28. 王建华编：《海峡两岸大禹文化研究》，北京：中国社会科学出版社，2010 年。
29. 王星光：《生态环境变迁与夏代的兴起探索》，北京：科学出版社，2004 年。
30. 王国维：《今本竹书纪年疏证》，台北：艺文印书馆，1974 年。
31. ——：《古史新证》，长沙：湖南人民出版社，2010 年。
32. ——：《观堂集林》，北京：中华书局，1959 年。
33. 王晖：《古史传说时代新探》，北京：科学出版社，2009 年。
34. 王震中：《中国文明起源的比较研究》，西安：陕西人民出版社，1994 年。
35. ——：《中国古代文明的探索》，昆明：云南人民出版社，2005 年。
36. ——：《重建中国上古史的探索》，昆明：云南人民出版社，2015 年。
37. 王学典、陈峰：《二十世纪中国历史学》，北京：北京大学出版社，2009 年。
38. 王献堂：《炎黄氏族文化考》，济南：齐鲁书社，1985 年。
39. 北京大学震旦古代文明研究中心等编：《早期夏文化与先商文化研究论文集》，北京：科学出版社，2012 年。
40. 四川省大禹研究会编：《大禹及夏文化研究》，成都：巴蜀书社，1993 年。
41. ——：《大禹研究文集》，1991 年。
42. 玄珠（沈德鸿）：《中国神话研究 ABC》，上海：上海书店据 1929 年世界书局版影印，1992 年。
43. 田兆元：《神话与中国社会》，上海：上海人民出版社，1998 年。
44. 田旭东：《二十世纪中国古史研究主要思潮概论》，北京：中华书局，2003 年。
45. 田继周：《先秦民族史》，成都：四川民族出版社，1988 年。
46. 白光琦：《先秦年代续探》，北京：首都师范大学出版社，2016 年。
47. 朱天顺：《中国古代宗教初探》，上海：上海人民出版社，1982 年。
48. ——：《原始宗教》，上海：上海人民出版社，1978 年。

49. 朱芳圃：《中国古代神话与史实》，郑州：中州书画社，1982 年。

50. 朱渊清：《知识的考古——朱渊清自选集》，上海：上海人民出版社，2012 年。

51. ——：《书写历史》，上海：上海古籍出版社，2009 年。

52 江林昌：《中国上古文明考论》，上海：上海教育出版社，2005 年。

53. ——：《考古发现与文史新证》，北京：中华书局，2011 年。

54. ——：《夏商周文明新探》，杭州：浙江人民出版社，2001 年。

55. 何光岳：《中原古国源流史》，南宁：广西教育出版社，1995 年。

56. 何星亮：《图腾与中国文化》，南京：江苏人民出版社，2008 年。

57. 何新：《诸神的起源——中国远古神话与历史》，北京：生活·读书·新知三联书店，1986 年。

58. 余英时：《论天人之际：中国古代思想起源试探》，台北：联经出版事业股份有限公司，2014 年。

59. 吴少珉、赵金昭主编：《二十世纪疑古思潮》，北京：学苑出版社，2003 年。

60. 吴莉苇：《当诺亚方舟遭遇伏羲神农：启蒙时代欧洲的中国上古史论争》，北京：中国人民大学出版社，2004 年。

61. 吴荣臻、吴曙光编：《苗族通史》，北京：民族出版社，2007 年。

62. 吴锐：《中国思想的起源》第一卷至第三卷，济南：山东教育出版社，2003 年。

63. ——编：《后古史辨时代之中国古典学》，台北：唐山出版社，2006 年。

64. ——：《中国上古的帝系构造》，北京：中华书局，2017 年。

65. 吕宗力、栾保群编：《中国民间诸神》，台北：台湾学生书局，1991 年。

66. 吕思勉：《先秦史》，上海：上海古籍出版社，1982 年。

67. 吕振羽：《史前期中国社会研究》，北京：生活·读书·新知三联书店，1961 年。

68. 吕浩坤：《古史探索与古籍研究》，台北：贯雅文化事业有限公司，1990 年。

69. 吕琪昌：《青铜爵、斝的秘密：从史前陶到夏商文化起源并断代问题研究》，杭州：浙江大学出版社，2007 年。

70. 吕微：《神话何为：神圣叙事的传承与阐释》，北京：社会科学文献出版社，2001 年。

71. 宋建忠：《发现中国——陶寺考古与华夏文明之根》，太原：山西人民出版社，2006 年。

72. 宋镇豪：《夏商社会生活史》，北京：中国社会科学出版社，1996 年。

73. 岑家梧：《图腾艺术史》，上海：学林出版社，1986 年。

74. 李小树编：《秦汉魏晋南北朝史学史稿》，北京：中国人民大学出版社，2007 年。

75. 李民、张国硕：《夏商周三族源流探索》，郑州：河南人民出版社，1998 年。

76. 李民：《尚书与古史研究》，虞城：中州书画社，1983 年。

77. ——：《夏代文化》，北京：中华书局，1980 年。

78. ——：《夏商史探索》，郑州：河南人民出版社，1985 年。

79. 李玉洁：《中国古史传说的英雄时代》，北京：科学出版社，2010 年。
80. 李先登：《夏商周青铜文明探研》，北京：科学出版社，2001 年。
81. 李伯谦：《文明探源与三代考古论集》，北京：文物出版社，2011 年。
82. 李步嘉：《越绝书研究》，上海：上海古籍出版社，2003 年。
83. 李劼（陆伟民）：《中国文化冷风景》，台北：允晨文化实业股份有限公司，2013 年。
84. 李宗侗：《中国古代社会史》，台北：中国文化大学出版社，1987 年。
85. 李修松：《先秦史探研》，合肥：安徽大学出版社，2006 年。
86. 李绍明编：《夏禹文化研究》，成都：巴蜀书社，2000 年。
87. 李绍连：《华夏文明之源》，郑州：河南人民出版社，1992 年。
88. 李零：《简帛古书与学术源流》，北京：生活·读书·新知三联书店，2004 年。
89. ——：《我们的中国》，北京：生活·读书·新知三联书店，2016 年。
90. 李剑国：《中国狐文化》，北京：人民文学出版社，2002 年。
91. 李学勤、郭志坤：《中国古史寻证》，上海：上海科技教育出版社，2002 年。
92. 李学勤：《中国古代文明十讲》，上海：复旦大学出版社，2003 年。
93. ——：《走出疑古时代》，长春：长春出版社，2007 年。
94. ——：《简帛佚籍与学术史》，南昌：江西教育出版社，2001 年。
95. ——编：《中国古代文明与国家形成研究》，台北：知书房出版社，2004 年。
96. 李龙海：《汉民族形成之研究》，北京：科学出版社，2010 年。
97. 李济：《中国文明的开始》，上海：上海人民出版社，2007 年。
98. 杜正胜编：《中国上古史论文选集》，台北：华世出版社，1979 年。
99. ——：《考古、文明与历史》，台北：中央研究院历史语言研究所，1999 年。
100. 杜金鹏、焦天龙：《文明起源史话》，北京：社会科学文献出版社，2011 年。
101. 杜勇：《中国早期国家的形成与国家结构》，北京：中国社会科学出版社，2013 年。
102. 沈长云、张翠莲编：《中国古代文明与国家起源学术研讨会论文集》，北京：科学出版社，2011 年。
103. 沈建中：《大禹陵志》，北京：研究出版社，2005 年。
104. 沈颂金：《考古学与二十世纪中国学术》，北京：学苑出版社，2003 年。
105. 辛树帜：《禹贡新解》，北京：农业出版社，1964 年。
106. 周光敏、刘文松：《华夏龙根觅源：人祖伏羲、炎黄二帝、舜、禹故里览胜》，郑州：大象出版社，2005 年。
107. 周光华：《远古华夏族群的融合：禹贡新解》，深圳：海天出版社，2013 年。
108. 周策纵：《五四运动史》，台北：龙田出版社，1984 年。
109. 岳南：《千古学案 —— 夏商周断代工程纪实》，杭州：浙江人民出版社，2001 年。
110. ——：《考古中国：夏商周断代工程解密记》，海口：海南出版社，2007 年。
111. 易华：《夷夏先后说》，北京：民族出版社，2012 年。

112. 林庆彰：《顾颉刚的学术渊源》，台北：万卷楼图书股份有限公司，2017 年。

113. 河南省考古学会、河南省博物馆编：《夏文化论文选集》，郑州：中州古籍出版社，1985 年。

114. 邵东方：《文献考释与历史探研》，桂林：广西师范大学出版社，2005 年。

115. ——：《崔述与中国学术史研究》，北京：人民出版社，1998 年。

116. 金景芳：《中国奴隶社会史》，上海：上海人民出版社，1983 年。

117. 侯仰军：《考古发现与夏商起源研究》，哈尔滨：黑龙江人民出版社，2009 年。

118. 侯云灏：《20 世纪中国史学思潮与变革》，北京：北京师范大学出版社，2007 年。

119. 保利艺术博物馆编：《燹公盨：大禹治水与为政以德》，北京：线装书局，2002 年。

120. 姚政：《先秦文化研究》，成都：巴蜀书社，2004 年。

121. 洛阳文物二队编：《夏商文明研究》，郑州：中州古籍出版社，1995 年。

122. 洪认清：《中国史学思想通史·近代后卷》，合肥：黄山书社，2002 年。

123. 胡厚宣：《古代研究的史料问题》，台北：谷风出版社，1986 年。

124. 胡逢祥、张文建：《中国近代史学思潮与流派》，上海：华东师范大学出版社，1991 年。

125. 胡万川：《真实与想象：神话传说探微》，新竹：清华大学出版社，2003 年。

126. 茅盾（沈德鸿）：《中国神话研究初探》，上海：上海古籍出版社，2011 年。

127. 夏含夷（Edward L. Shaughnessy）：《古史异观》，上海：上海古籍出版社，2005 年。

128. 夏商周断代工程专家组：《夏商周断代工程 1996—2000 年阶段成果报告简本》，北京：世界图书出版公司，2000 年。

129. 夏鼐：《中国文明的起源》，北京：文物出版社，1985 年。

130. 孙淼：《夏商史稿》，北京：文物出版社，1987 年。

131. 孙庆伟：《追述三代》，上海：上海古籍出版社，2015 年。

132. ——：《鼏宅禹迹——夏代信史的考古学重建》，北京：生活·读书·新知三联书店，2018 年。

133. 徐中舒：《徐中舒先秦史讲义》，天津：天津古籍出版社，2008 年。

134. 徐旭生：《中国古史的传说时代》，桂林：广西师范大学出版社，2003 年。

135. 徐杰舜：《汉民族发展史》，成都：四川人民出版社，1992 年。

136. 晁福林：《先秦社会形态研究》，北京：北京师范大学出版社，2003 年。

137. ——：《夏商西周的社会变迁》，北京：北京师范大学出版社，1996 年。

138. 班大为（David W. Pankenier）著，徐凤先译：《中国上古史实揭秘——天文考古学研究》，上海：上海古籍出版社，2007 年。

139. 耿少将：《羌族通史》，上海：上海人民出版社，2010 年。

140. 袁珂：《山海经校注》，上海：上海古籍出版社，1980 年。

141. ——：《中国神话史》，上海：文艺出版社，1988 年。

142. ——：《中国神话通论》，成都：巴蜀书社，1991 年。
143. ——：《中国神话传说：从盘古到秦始皇》，北京：世界图书出版公司北京公司，2011 年。
144. ——：《神话论文集》，上海：上海古籍出版社，1992 年。
145. ——：《袁珂神话论集》，成都：四川大学出版社，1996 年。
146. 马士远：《周秦尚书学研究》，北京：中华书局，2008 年。
147. 马承源编：《上海博物馆藏战国楚竹书》，上海：上海古籍出版社，2001 年。
148. 马新、齐涛：《中国远古社会史论》，北京：科学出版社，2003 年。
149. 高光晶：《中国国家起源及形成》，长沙：湖南人民出版社，1998 年。
150. 高明：《中国古文字学通论》，北京：北京大学出版社，1996 年。
151. 高师弟：《禹贡研究论集》，上海：上海古籍出版社，2006 年。
152. 张之恒、周裕兴：《夏商周考古》，南京：南京大学出版社，1995 年。
153. 张文安：《中国与两河流域神话比较研究》，北京：中国社会科学出版社，2009 年。
154. 张立东、任飞编：《手铲释天书》，郑州：大象出版社，2001 年。
155. 张光直、徐苹芳等：《中国文明的形成》，北京：新世界出版社，1986 年。
156. 张光直：《中国青铜时代》，台北：联经出版事业股份有限公司，2005 年。
157 ——：《中国青铜时代》第二集，台北：联经出版事业股份有限公司，2007 年。
158. 张京华：《古史辨派与中国现代学术走向》，厦门：厦门大学出版社，2009 年。
159. 张炎兴：《大禹传说与会稽山文化演变研究》，北京：中华书局，2018 年。
160. 张春生：《山海经研究》，上海：上海社会科学院出版社，2007 年。
161. 张振犁：《中原古典神话流变论考》，上海：上海文艺出版社，1991 年。
162. 张书学：《中国现代史学思潮研究》，长沙：湖南教育出版社，1998 年。
163. 张岂之编：《中国近代史学学术史》，北京：中国社会科学出版社，1996 年。
164. 张国安：《终结疑古》，北京：人民出版社，2017 年。
165. 张富祥：《竹书纪年与夏商周年代研究》，北京：中华书局，2013 年。
166. ——：《东夷文化通考》，上海：上海古籍出版社，2008 年。
167. 张童心、吕建昌、曹峻编：《考古发现与华夏文明》，上海：上海大学出版社，2009 年。
168. 张越：《五四时期中国史坛的学术论辩》，南昌：百花洲文艺出版社，2004 年。
169. ——：《新旧中西之间——五四时期的中国史学》，北京：北京图书馆出版社，2007 年。
170. 张爱萍：《中日古代文化源流——以神话比较研究为中心》，杭州：浙江大学出版社，2005 年。
171. 张新斌、王青山编：《登封与大禹文化》，郑州：大象出版社，2016 年。
172. 许兆昌：《夏商周简史》，福州：福建人民出版社，2002 年。

173. 许宏：《何以中国：公元前 2000 年的中原图景》，北京：生活·读书·新知三联书店，2014 年。

174. ——：《最早的中国》，北京：科学出版社，2009 年。

175. 许冠三：《新史学九十年》，长沙：岳麓书社，2003 年。

176. 许进雄：《中国古代社会——文字与人类学的透视》，北京：中国人民大学出版社，2008 年。

177. 许顺湛：《五帝时代研究》，郑州：中州古籍出版社，2005 年。

178. 郭永秉：《帝系新研——楚地出土战国文献中的传说时代古帝王系统研究》，北京：北京大学出版社，2008 年。

179. 郭沂：《郭店竹简与先秦学术思想》，上海：上海教育出版社，2001 年。

180. 郭沫若：《中国古代社会研究》，石家庄：河北教育出版社，2004 年。

181. ——：《奴隶制时代》，北京：中国人民大学出版社，2005 年。

182. 郭泳：《夏史》，上海：上海人民出版社，2015 年。

183. 郭静云：《夏商周：从神话到史实》，上海：上海古籍出版社，2013 年。

184. 郭宝钧：《中国青铜器时代》，北京：生活·读书·新知三联书店，1963 年。

185. 闫德亮：《中国古代神话文化寻踪》，北京：人民出版社，2011 年。

186. 闫德亮：《中国古代神话文化观照》，北京：人民出版社，2008 年。

187. 陈旭：《夏商文化论集》，北京：文物出版社，2000 年。

188. 陈旭：《夏商考古》，北京：文物出版社，2001 年。

189. 陈志明：《顾颉刚的疑古史学》，台北：商鼎文化出版社，1993 年。

190. 陈其泰、张京华编：《古史辨学说评价讨论集：1949—2000》，北京：京华出版社，2001 年。

191. 陈其泰：《中国近代史学的历程》，郑州：河南人民出版社，1994 年。

192. 陈岸峰：《疑古思潮与白话文学史的建构——胡适与顾颉刚》，济南：齐鲁书社，2011 年。

193. 陈泳超：《尧舜传说研究》，南京：南京师范大学出版社，2000 年。

194. 陈直：《史记新证》，北京：中华书局，2006 年。

195. 陈虎：《远古传说与史学的产生》，北京：知识产权出版社，2006 年。

196. 陈剩勇：《中国第一王朝的崛起——中华文明和国家起源之谜破译》，长沙：湖南出版社，1994 年。

197. 陈瑞苗、周幼涛：《大禹研究》，杭州：浙江人民出版社，1995 年。

198. 陈嘉礼编：《先秦两汉政治得失》，香港：Hong Kong New Media Limited，2014 年。

199. 陈梦家：《殷虚卜辞综述》，北京：中华书局，1988 年。

200. 陶磊：《巫统、血统与古史传说》，杭州：浙江古籍出版社，2010 年。

201. ——：《从巫术到数术》，济南：山东人民出版社，2008 年。

202. 陆思贤：《神话考古》，北京：文物出版社，1995 年。

203. 傅锡壬：《中国神话与类神话研究》，台北：文津出版社，2005 年。

204. 彭忠德：《秦前史学史研究》，武汉：湖北人民出版社，2004 年。

205. 彭明辉：《疑古思想与现代中国史学的发展》，台北：台湾商务印书馆股份有限公司，1991 年。

206. 童恩正：《古代的巴蜀》，成都：四川人民出版社，1979 年。

207. 童书业：《春秋左传研究》，北京：中华书局，2006 年。

208. 冯时：《中国天文考古学》，北京：中国社会科学出版社，2007 年。

209. ——：《中国古代的天文与人文》，北京：中国社会科学出版社，2006 年。

210. 冯广宏：《西羌大禹治水丰功史》，北京：民族出版社，2017 年。

211. 黄海烈：《顾颉刚"层累说"与 20 世纪中国古史学》，北京：中华书局，2016 年。

212. 黄崇岳：《黄帝、尧、舜和大禹的传统》，北京：书目文献出版社，1983 年。

213. 黄震云、孙娟：《汉代神话史》，长春：长春出版社，2009 年。

214. 杨向奎：《中国古代社会与古代思想研究》，上海：人民出版社，1962 年。

215. ——：《宗周社会与礼乐文明》，北京：人民出版社，1992 年。

216. 杨博：《战国楚竹书史学价值探研》，上海：上海古籍出版社，2019 年。

217. 杨栋：《夏禹神话研究》，北京：中华书局，2019 年。

218. 杨宽：《古史新探》，北京：中华书局，1965 年。

219. ——：《先秦史十讲》，上海：复旦大学出版社，2006 年。

220. 万全文：《长江中游先秦考古学文化》，武汉：湖北教育出版社，2006 年。

221. 叶林生：《古帝传说与华夏文明》，哈尔滨：黑龙江教育出版社，1999 年。

222. 叶舒宪：《中国神话哲学》，北京：中国社会科学出版社，1997 年重印。

223. 董琦：《虞夏时期的中原》，北京：科学出版社，2000 年。

224. 裘锡圭：《中国出土古文献十讲》，上海：复旦大学出版社，2004 年。

225. 詹子庆：《走进夏代文明》，长春：东北师范大学出版社，2006 年。

226. ——：《夏史与夏代文明》，上海：上海科学技术文献出版社，2007 年。

227. 路新生：《中国近三百年疑古思潮研究》，上海：上海人民出版社，2001 年。

228. 邹衡：《夏商周考古学论文集》，北京：文物出版社，1980 年。

229. ——：《夏商周考古学论文集·续集》，北京：科学出版社，1998 年。

230. ——：《夏商周考古学论文集·再续集》，北京：科学出版社，2011 年。

231. 闻一多：《神话与诗》，长沙：湖南人民出版社，2010 年。

232. 蒙文通：《古史甄微》，成都：巴蜀书社，1999 年。

233. 蒙默等：《四川古代史稿》，成都：四川人民出版社，1989 年。

234. 蒲慕州：《追寻一己之福——中国古代的信仰世界》，上海：上海古籍出版社，2007 年。

235. 赵平安：《新出简帛与古文字古文献研究》，北京：商务印书馆，2009 年。
236. 赵望秦：《古代咏史诗通论》，北京：中国社会科学出版社，2010 年。
237. ——：《史记与咏史诗》，西安：三秦出版社，2012 年。
238. 赵铁寒：《古史考述》，台北：中正书局，1965 年。
239. 刘俐娜：《顾颉刚学术思想评传》，北京：北京图书馆出版社，1999 年。
240. 刘家思编：《大禹与中国传统文化研究》，合肥：安徽文艺出版社，2017 年。
241. 刘训华编：《大禹文化学概论》，武汉：武汉大学出版社，2012 年。
242. 刘起釪：《古史续辨》，北京：中国社会科学出版社，1991 年。
243. ——：《尚书学史》，北京：中华书局，1989 年。
244. ——：《顾颉刚先生学述》，北京：中华书局，1986 年。
245. 刘学铫：《历代胡族王朝之民族政策》，台北：知书房出版社，2005 年。
246. 刘龙心：《知识生产与传播——近代中国史学的转型》，台北：三民书局，2019 年。
247. 潜明兹：《中国古代神话与传说》，北京：商务印书馆，1996 年。
248. 蒋俊：《中国史学近代化进程》，济南：齐鲁书社，1995 年。
249. 卫聚贤：《古史研究》第一册，上海：商务印书馆，1934 年。
250. 郑杰文：《中国墨学通史》，北京：人民出版社，2006 年。
251. 郑杰祥：《夏史初探》，郑州：中州古籍出版社，1988 年。
252. ——：《新石器时代与夏代文明》，南京：江苏教育出版社，2005 年。
253. ——编：《夏文化论文选集》，郑州：中州古籍出版社，1985 年。
254. ——编：《夏文化论集》，北京：文物出版社，2002 年。
255. 谌中和：《夏商时代的社会与文化》，兰州：甘肃人民出版社，2006 年。
256. 钱茂伟编：《浙东史学研究述评》，北京：海洋出版社，2009 年。
257. 钱穆：《古史地理论丛》，北京：生活·读书·新知三联书店，2005 年。
258. ——：《黄帝》，台北：三民书局股份有限公司，1978 年。
259. 谢保成：《民国史学述论稿：1912—1949》，上海：上海人民出版社，2011 年。
260. 谢维扬：《中国早期国家》，杭州：浙江人民出版社，1996 年。
261. 钟利戡、王清贵编：《大禹史料汇集》，成都：巴蜀书社，1991 年。
262. 钟宗宪：《中国神话的基础研究》，台北：洪叶文化事业有限公司，2006 年。
263. ——：《先秦两汉文化的侧面研究》，台北：知书房出版社，2005 年。
264. 庞天佑：《秦汉历史哲学思想研究》，北京：中国社会科学出版社，2002 年。
265. 顾潮、顾洪：《顾颉刚评传》，南昌：百花洲文艺出版社，1993 年。
266. 顾潮：《历劫终教志不灰——我的父亲顾颉刚》，上海：华东师范大学出版社，1997 年。
267. 顾颉刚、刘起釪：《尚书校释译论》，北京：中华书局，2005 年。
268. 顾颉刚：《中国上古史研究讲义》，北京：中华书局，2002 年。

269. ——：《当代中国史学》，上海：上海古籍出版社，2006 年。

270. ——：《顾颉刚全集》，北京：中华书局，2011 年。

271. ——：《顾颉刚读书笔记》，北京：中华书局，2011 年。

272. ——等编著：《古史辨》，海口：海南出版社，2005 年。

三、期刊及专集论文

1. 于凯：《从上海博物馆所藏楚简〈容成氏〉看夏商史迹》，《中南民族大学学报》（人文社会科学版）2006 年第 26 卷第 1 期，第 18—20 页。

2. 孔令谷：《禹生石纽与禹为上帝辨》，《说文月刊》1929 年第 2 卷第 6、7 期，第 23—30 页。

3. 尹弘兵：《禹征三苗与楚蛮的起源》，《武汉科技大学学报》（社会科学版）2011 年第 13 卷第 2 期，第 136—142 页。

4. 方燕明：《中华文明探源工程中中原地区的考古发现与研究》，《郑州大学学报》（哲学社会科学版）2008 年第 41 卷第 4 期，第 88—93 页。

5. 牛庸懋：《关于大禹的功绩与夏代文学问题的我见》，《河南师大学报》1980 年第 1 期，第 69—77 页。

6. 牛继清：《"走出疑古时代"的顾颉刚史学研究》，《淮北煤炭师范学院学报》（哲学社会科学版）2004 年第 25 卷第 1 期，第 25—30 页。

7. 王向辉、王海彬：《大禹与传统文化模式研究的现代转换》，《宝鸡文理学院学报》（社会科学版）2011 年第 31 卷第 1 期，第 44—50 页。

8. 王克林：《论夏族的起源》，《文物世界》1997 年第 3 期，第 31—40 页。

9. 王定璋：《〈尚书〉所载的大禹》，《天府新论》2007 年第 3 期，第 127—130 页。

10. 王青：《鲧禹治水传说新探》，《南京师范大学文学院学报》2003 年第 3 期，第 40—45 页。

11. ——：《大禹治水的地理背景》，《中原文物》1999 年第 1 期，第 34—42 页。

12. 王慎行：《卜辞所见羌人考》，载氏著：《古文字与殷周文明》，西安：陕西人民教育出版社，1992 年，第 113—142 页。

13. 王晖：《大禹治水方法新探》，《陕西师范大学学报》（哲学社会科学版）2008 年第 37 卷第 2 期，第 27—36 页。

14. ——：《春秋战国时期历史经验总结的思潮与史书》，《史学史研究》1998 年第 4 期，第 26—33 页。

15. 包丽虹、蔡堂根：《大禹娶亲传说新解》，《西南交通大学学报》（社会科学版）2004 年第 5 卷第 6 期，第 81—84 页。

16. 北京钢铁学院冶金史组：《中国早期铜器的初步研究》，《考古学报》1981 年第 3 期，第 287—302 页。

17. 田昌五：《夏文化探索》，《文物》1981年第6期，第53—56页。

18. 白鸟库吉：《中国古传说之研究》，载刘俊文、黄约瑟等译：《日本学者研究中国史论著选译》第1卷，北京：中华书局，1992年，第1—10页。

19. 白剑：《大禹亦大鱼——华夏民族古代的神灵图腾》，《四川文物》2001年第1期，第12—14页。

20. 仲红卫：《共工・鲧・禹——论中国洪水神话中的人物原型》，《陕西师大学报》（哲学社会科学版）1995年第24卷第4期，第81—84页。

21. 安志敏：《论文明的起源》，《考古》1987年第5期，第235—245页。

22. 曲英杰：《禹画九州考》，收入唐晓峰编：《九州》第3辑，北京：商务印书馆，2003年，第14—33页。

23. 朱渊清：《〈容成氏〉夹州、涂州、叙州考》，载上海大学古代文明研究中心、清华大学思想文化研究所编：《上博馆藏战国楚竹书研究续编》，上海：上海书店，2004年，第412—424页。

24. 朱凤瀚：《燹公盨铭文初释》，《中国历史文物》2002年第6期，第28—34页。

25. 江林昌：《燹公盨铭文的学术价值综论》，载饶宗颐编：《华学》第六辑，北京：紫禁城出版社，2003年，第35—49页。

26. 艾兰（Sarah Allan）著，余瑾译：《浅析燹公盨》，载江林昌等主编：《中国古代文明研究与学术史：李学勤教授伉俪七十寿庆纪念文集》，保定：河北大学出版社，2006年，第34—38页。

27. 何根海：《大禹治水与龙蛇神话》，《安徽大学学报》（哲学社会科学版）2003年第27卷第6期，第8—14页。

28. 吴少珉：《近50年来"古史辨派"研究述评》，《洛阳大学学报》2000年第15卷第1期，第70—74页。

29. 吴少珉：《夏文化初探》，《中国史研究》1979年第2期，第132—141页。

30. 吴文胜、葛金胜：《夏朝前夕洪水发生的可能性及大禹治水真相》，《第四纪研究》2005年第25卷第6期，第741—749页。

31. 吴汝祚：《关于夏文化及其来源的初步考察》，《文物》1978年第9期，第70—73页。

32. 吴其昌：《宋代之地理学史》，《国学论丛》1927年第1卷第1期，第37—96页。

33. 吕思勉：《共工、禹治水》，载氏著：《吕思勉读书札记》，上海：上海古籍出版社，1982年，第72—76页。

34. 吕微：《中国洪水神话结构分析》，《民间文学论坛》1986年第2期，第59—66页。

35. 岑仲勉：《禹与夏有无关系的审查意见书》，《东方杂志》1947年第43卷第2期，第33—39页。

36. 巫鸿：《九鼎传说与中国古代美术中的"纪念碑性"》，载氏著，郑岩等译：《礼仪中的美术：巫鸿中国古代美术史文编》上卷，北京：生活・读书・新知三联书店，2005年，第 45—69 页。

37. 李仲立：《大禹出生地辨析》，《甘肃高师学报》2003 年第 8 卷第 6 期，第 54—57 页。

38. 李成珪：《汉武帝的西域远征、封禅、黄河治水和禹、西王母神话》，载臧振华主编：《史前与古典文明》，台北："中央研究院"历史语言研究所，2003 年，第 177—220 页。

39. 李亚光：《大禹治水是中华文明史的曙光》，《史学集刊》2003 年第 3 期，第 84—88 页。

40. ——：《对大禹治水的再认识》，《社会科学辑刊》2008 年第 4 期，第 114—118 页。

41. 李岩：《大禹治水与中国国家起源》，《学术论坛》2011 年第 10 期，第 4—7 页。

42. ——：《历史上对大禹形象的认识》，《安徽师范大学学报》（人文社会科学版）2010 年第 38 卷第 4 期，第 433—437 页。

43. 李旻：《重返夏墟：社会记忆与经典的发生》，《考古学报》2017 年第 3 期，第 287—316 页。

44. 李绍明：《"禹兴西羌"说新证》，《阿坝师范高等专科学校学报》2006 年第 23 卷第 3 期，第 1—3 页。

45. 李复华：《关于夏禹的两个问题》，《四川文物》1999 年第 5 期，第 5—8 页。

46. 李道和：《昆仑：鲧禹所造之大地》，《民间文学论坛》1990 年第 4 期，第 12—20 页。

47. 李零：《论燹公盨发现的意义》，《中国历史文物》2002 年第 6 期，第 35—45 页。

48. ——：《中国古代地理的大视野》，载氏著：《中国方术续考》，北京：中华书局，2007 年重印，第 194—205 页。

49. 李学功、张广志：《涂山考源》，《青海师范大学学报》（哲学社会科学版）2001 年第 3 期，第 87—92 页。

50. 李学勤：《论燹公盨及其重要意义》，《中国历史文物》2002 年第 6 期，第 4—13 页。

51. ——：《一九九七年"夏商周断代工程"研究》，载氏著：《重写学术史》，石家庄：河北教育出版社，2002 年，第 36—40 页。

52. ——：《夏商周断代工程的性质、内容和目的》，载氏著：《重写学术史》，石家庄：河北教育出版社，2002 年，第 80—100 页。

53. ——：《夏商周断代工程的新进展》，载氏著：《重写学术史》，石家庄：河北教育出版社，2002 年，第 129—131 页。

54. ——：《夏商周断代工程与古代文明研究》，《天津师范大学学报》（社会科学版）2003 年第 1 期。第 22—27 页。

55. ——：《燹公盨与大禹治水传说》，载氏著：《李学勤文集》，上海：上海辞书出版社，2005 年，第 59—61 页。

56. 李衡梅：《禹的两种出生说试释》，《齐鲁学刊》1985 年第 4 期，第 70—71 页。

57. 杜正胜：《夏代考古及其国家发展的探索》，《考古》1991 年第 1 期，第 43—56 页。

58. ——：《无征不信的学风——夏史答问》，载氏著：《新史学之路》，台北：三民书局，2004 年，第 341—353 页。

59. 杜金鹏：《夏商周考古学论要》，载氏著：《夏商周考古学研究》，北京：科学出版社，2007 年，第 1—13 页。

60. ——：《试论夏文化探索》，北京：科学出版社，2007 年，第 199—216 页。

61. 沈松侨：《我以我血荐轩辕——黄帝神话与晚清的国族建构》，《台湾社会研究》1997 年第 28 卷，第 1—77 页。

62. 沈长云：《论禹治洪水真相兼论夏史研究诸问题》，载氏著：《上古史探研》，北京：中华书局，2002 年，第 1—14 页。

63. ——：《夏后氏居于古河济之间考》，载氏著：《上古史探研》，北京：中华书局，2002 年，第 15—33 页。

64. ——：《禹都阳城即濮阳说》，载氏著：《上古史探研》，北京：中华书局，2002 年，第 34—48 页。

65. ——：《说"夏族"——兼及夏文化研究中一些亟待解决的认识问题》，载文史哲编辑部编：《早期中国的政治与文明》，北京：商务印书馆，2011 年，第 1—20 页。

66. 沈建华：《读燹公盨铭文小札》，载饶宗颐编：《华学》第六辑，第 26—30 页。

67. 沈叶鸣：《源远流长的涂山大禹文化》，《江淮文史》2000 年第 3 期，第 141—150 页。

68. 周述椿：《四千年前黄河北流改道与鲧禹治水考》，载史念海编：《中国历史地理论丛》1994 年第 4 辑，第 71—83 页。

69. 周凤五：《燹公盨铭初探》，载饶宗颐编：《华学》第六辑，第 7—14 页。

70. 屈万里：《论禹贡著成的时代》，载"中央研究院"历史语言研究所编：《历史语言研究所集刊》，台北："中央研究院"历史语言研究所，1964 年，35 本（1964 年 9 月），第 53—86 页。

71. 易宁：《〈尚书·甘誓〉"予则孥戮汝"考释》，《史学史研究》2002 年第 1 期，第 56—58 页。

72. 易德生：《上博楚简〈容成氏〉九州刍议》，《江汉论坛》2006 年第 5 期，第 106—108 页。

73. ——：《从楚简〈容成氏〉九州看〈禹贡〉的成书年代》，《江汉论坛》2009 年第 12 期，第 77—80 页。

74. 林向：《"禹兴于西羌"补证——从考古新发现看夏蜀关系》，《阿坝师范高等专科学校学报》2004 年第 21 卷第 3 期，第 7—10 页。

75. 林慧瑛：《共工神话新探——兼论"鲧非共工"》，《东方人文学志》2008 年第 7 卷第 3 期，第 1—30 页。

76. 河南省博物馆：《建国以来河南考古的重要收获》，《文物》1972 年第 10 期，第 2—5 页。

77. 邵望平：《〈禹贡〉"九州"的考古学研究》，载苏秉琦主编：《考古学文化论集》第 2

册，北京：文物出版社，1987年，第11—30页。

78. 金景芳：《禹在历史上的伟大作用》，载氏著：《古史论集》，济南：齐鲁书社，1982年，第88—94页。

79. 侯仰军：《考古发现与大禹治水真相》，《古籍整理研究学刊》2008年第2期，第85—87页。

80. 俞伟超：《由夏文化探宗引发出的考古学文化与族群关系的争论》，载氏著：《古史的考古学探索》，北京：文物出版社，2002年，第117—120页。

81. 姚政：《论夏族的起源》，《西南师范学院学报》1982年第4期，第53—61页。

82. 姚义斌：《洪水传说与中国早期国家的形成》，《史学月刊》1997年第4期，第11—14、111页。

83. 姜亮夫：《释禹与冀》，载氏著：《古史学论文集》，上海：上海古籍出版社，1996年，第249—254页。

84. ——：《夏商两民族若干问题汇述》，上海：上海古籍出版社，1996年，第255—332页。

85. 胡阿祥：《"芒芒禹迹，画为九州"述论》，收入唐晓峰编：《九州》第3辑，北京：商务印书馆，2003年，第34—47页。

86. 胡万川：《捞泥造陆——鲧、禹神话新探》，载氏著：《真实与想象：神话传说探微》，新竹：清华大学出版社，2004年，第1—42页。

87. 苗利娟、陈钦龙：《三苗来源考》，《江汉考古》2009年第4期，第56—63页。

88. 唐嘉弘、张建华：《论大禹的有关问题》，《菏泽师专学报》1997年第3期，第1—5、100页。

89. 孙作云：《蚩尤、应龙考辨》，收入氏著：《中国古代神话传说研究》，开封：河南大学出版社，2003年，第160—173页。

90. ——：《蚩尤考》，收入氏著：《中国古代神话传说研究》，开封：河南大学出版社，2003年，第174—240页。

91. 孙致中：《论鲧治水的功过及其不同遭遇的原因》，《齐鲁学刊》1982年第3期，第42—47页。

92. 孙国江、宁稼雨：《死而复生观念与"鲧腹生禹"故事的历史根源》，《中国文学研究》2010年第1期，第73—76页。

93. 孙国江：《先秦儒家话语体系中的大禹传说》，《华中科技大学学报》（社会科学版）2010年第24卷第4期，第8—13页。

94. ——：《20世纪以来大禹传说研究综述》，《长春师范学院学报》（人文社会科学版）2010年第29卷第6期，第86—89页。

95. 孙华：《关于二里头文化》，《考古》1980年第6期，第515—525页。

96. 徐中舒：《夏史初曙》，《中国史研究》1979年第3期，第12—14页。

97. ——：《论尧舜禹禅让与父系家族私有制的发生和发展》，载氏著：《徐中舒历史论文选辑》下，北京：中华书局，1998 年，第 971—993 页。

98. ——：《禹鼎的年代及其相关问题》，载氏著：《徐中舒历史论文选辑》下，北京：中华书局，1998 年，第 994—1021 页。

99. 徐旭生：《禹治洪水考》，《新建设》1957 年第 7 期，第 26—31 页。

100. ——：《1959 年夏豫西调查"夏墟"的初步报告》，《考古》1959 年第 11 期，第 592—600 页。

101. ——：《谈谈研究夏文化的问题》，《新建设》1960 年第 3 期，第 62—65 页。

102. 徐坚：《追寻夏文化：二十世纪初的中国国家主义考古学》，《汉学研究》2000 年第 18 卷第 1 期，第 291—307 页。

103. 晁福林：《论古史重构》，载李雪山等编：《甲骨学 110 年：回顾与展望——王宇信教授师友国际学术研讨会论文集》，北京：中国社会科学出版社，2009 年，第 131—139 页。

104. 晏昌贵：《〈上海博物馆藏战国楚竹书（二）〉中〈容成氏〉九州柬释》，《武汉大学学报》（哲学社会科学版）2004 年第 57 卷第 4 期，第 503—506 页。

105. ——：《〈容成氏〉中的禹政》，载上海大学古代文明研究中心、清华大学思想文化研究所编：《上博馆藏战国楚竹书研究续编》，第 358—366 页。

106. ——：《新出土文献与大禹治水分州——以〈古史辨〉为中心的讨论》，载徐少华编：《荆楚历史地理与长江中游开发》，武汉：湖北人民出版社，2009 年，第 499—509 页。

107. 殷玮璋：《二里头文化探讨》，《考古》1978 年第 1 期，第 1—4 页。

108. ——：《二里头文化再探讨》，《考古》1984 年第 4 期，第 352—356 页。

109. 秦照芬：《夏初王权确立之战——论〈尚书·甘誓〉篇》，载王仲孚编：《中国上古史研究专刊》第 4 期，台北：兰台出版社，第 1—22 页。

110. 袁延胜：《新出〈汉景云碑〉及相关问题》，《中原文物》2007 年第 3 期，第 58—63 页。

111. 袁广阔：《从古文献与考古资料看夏文化的起始年代》，《河南大学学报》（社会科学版）2000 年第 40 卷第 1 期，第 35—38、46 页。

112. 马少侨：《"窜三苗于三危"新释》，《中央民族大学学报》（哲学社会科学版）1981 年第 2 期，第 90—93、64 页。

113. 高有鹏：《〈古史辨〉学派与现代神话学》，《中原文化研究》2013 年第 2 期，第 101—107 页。

114. 高重源：《中国古史上禹治洪水的辩证》，《国立武汉大学文哲季刊》1930 年第 1 卷第 3 号，第 789—819 页。

115. 常金仓：《由鲧禹故事演变引出的启示》，载氏著：《二十世纪古史研究反思录》，北京：中国社会科学出版社，2005 年，第 78—88 页。

116. 张永山：《燹公盨铭"陸山叡川"考》，载饶宗颐编：《华学》第六辑，北京：紫禁城出版社，2003 年，第 31—34 页。

117. 张光直：《对中国先秦史新结构的一个建议》，载氏著：《中国考古学论文集》，台北：联经出版事业股份有限公司，2004 年，第 25—35 页。

118. 张长寿：《陶寺遗址的发现和夏文化的探索》，载文物出版社编辑部编：《文物与考古论集》，北京：文物出版社，1986 年，第 110—113 页。

119. 张培瑜：《〈史记〉与三代纪年》，载李纪祥编：《史记学与世界汉学论集》，台北：唐山出版社，2011 年，第 9—34 页。

120. 张得祖：《鲧禹治水传说与先夏文化东渐新探》，《青海师范大学学报》（哲学社会科学版）2007 年第 3 期，第 47—50 页。

121. 张华松：《大禹治水与夏族东迁》，《济南大学学报》（社会科学版）2009 年第 19 卷第 2 期，第 1—4 页。

122. 张泽洪：《岷江上游羌族的大禹崇拜——以禹生石纽说为中心》，《黑龙江民族丛刊》2003 年第 4 期，第 91—96 页。

123. 张锟：《共工与伯夷的考古学观察》，载江林昌等主编：《中国古代文明研究与学术史：李学勤教授伉俪七十寿庆纪念文集》，第 244—249 页。

124. 曹定云：《古文"夏"字考》，《中原文物》1995 年第 3 期，第 65—75 页。

125. 梁刚：《涂山再考》，《唐都学刊》2001 年第 17 卷专辑（二），第 171—173 页。

126. 庄春波：《舜征三苗考》，《中南民族学院学报》（哲学社会科学版）1988 年第 1 期，第 36—42 页。

127. 许顺湛：《夏代文化探索》，《史学月刊》1964 年第 7 期，第 15—21 页。

128. ——：《夏代文化探索》，载氏著：《许顺湛考古论集》，郑州：中州古籍出版社，2001 年，第 207—229 页。

129. 陈旭：《关于夏文化问题的一点认识》，《郑州大学学报》（社会科学版）1980 年第 3 期，第 67—72、79 页。

130. 陈志良：《禹生石纽考》，《禹贡半月刊》1936 年第 6 卷第 6 期，第 39—48 页。

131. ——：《禹与四川的关系》，《说文月刊》1943 年第 3 卷第 9 期，第 38—47 页。

132. 陈昭昭：《大禹神话传说及治水英雄崇拜研究》，《嘉南学报》2005 年第 31 期，第 528—551 页。

133. 陈致：《夷夏新辨》，收入氏著：《诗书礼乐中的传统：陈致自选集》，上海：上海人民出版社，2012 年，第 330—353 页。

134. 陈伟：《禹之九州与武王伐商的路线——以竹书〈容成氏〉为例看楚简的史料价值》，载《珞珈讲坛》编委会编：《珞珈讲坛》第 2 辑，武汉：武汉大学出版社，2007 年，第 216—226 页。

135. 陈连山：《鲧、禹神话原型研究中的"捞泥造陆说"献疑》，《百色学院学报》2010 年第 23 卷第 1 期，第 41—44 页。

136. 陈剩勇：《大禹出生地考实》，《浙江学刊》1995 年第 4 期，第 9、11—13 页。

137. 陈嘉礼：《中国卜筮文化的形成 —— 从甲骨文的"贞"到〈周易〉的"贞"》，载周佳荣、范永聪编：《东亚世界：政治·军事·文化》，香港：香港三联书店，2014 年，第 2—18 页。

138. ——：《再问"谁是中国人？"——大禹出生传说与华夏民族的建构》，载黄湘阳编：《第二届中华文化人文发展国际学术研讨会论文集》，香港：珠海学院中国文学及历史研究所，2017 年，第 921—941 页。

139. ——：《谁是中国人？神话传说与华夏民族的建构 —— 以大禹治水传说为例》，载黄湘阳编：《第一届中华文化人文发展国际学术研讨会论文集》，香港：珠海学院中国文学及历史研究所，2017 年，第 377—394 页。

140. ——：《战争与传说：大禹传说中的对外战争及其流传》，《汉籍与汉学》2019 年总第 4 期，第 69—92 页。

141. 陈怀荃：《简论大禹治水和夏王朝的建立》，载复旦大学历史地理研究中心编：《面向新世纪的中国历史地理学—— 2000 年国际中国历史地理学术讨论会论文集》，济南：齐鲁书社，2001 年，第 170—179 页。

142. 陈显泗、戴可来：《河南地区的夏文化》，《郑州大学学报》（社会科学版）1978 年第 2 期，第 90—93 页。

143. 傅斯年：《夷夏东西说》，收入氏著：《傅斯年全集》卷 3，长沙：湖南教育出版社，2003 年，第 181—232 页。

144. 彭邦本：《禹娶涂山新探》，《西南民族大学学报》（人文社科版）2004 年第 25 卷第 5 期，第 159—161 页。

145. 景生魁：《"窜三苗于三危"考辨 —— 中国古代民族史研究札记之一》，《阿坝师范高等专科学校学报》2005 年第 22 卷第 1 期，第 9—11 页。

146. 汤夺先、张莉曼：《"大禹治水"文化内涵的人类学解析》，《中南民族大学学报》（人文社会科学版）2011 年第 31 卷第 3 期，第 10—13 页。

147. 程元敏：《天命禹平治水土》，载上海大学古代文明研究中心、清华大学思想文化研究所编：《上博馆藏战国楚竹书研究续编》，第 311—326 页。

148. 程德祺：《夏为东夷说略》，载《中国古代史论丛》编委会：《中国古代史论丛》，福州：福建人民出版社，1982 年，第 34—40 页。

149. 程蔷：《鲧禹治水神话的产生和演变》，载马昌仪编：《中国神话学文论选萃》下编，北京：中国广播电视出版社，1994 年，第 200—222 页。

150. 童书业：《"姬姜"与"氐羌"》，载氏著：《中国古代地理考证论文集》，上海：中华书局，1962 年，第 130—134 页。

151. 逯宏：《〈甘誓〉中"五行"与"三正"新解》，《洛阳师范学院学报》2009 年第 28 卷第 4 期，第 47—49 页。

152. 逯耀东：《志异小说与魏晋史学》，载氏著：《魏晋史学的思想与社会基础》，北京：中华书局，2006 年，第 155—177 页。

153. 冯家昇：《洪水传说之推测》，《禹贡半月刊》1934 年第 1 卷第 1 期，第 8—14 页。

154. 冯汉骥：《禹生石纽辨》，载氏著，张勋燎、白彬编：《川大史学·冯汉骥卷》，成都：四川大学出版社，2006 年，第 19—39 页。

155. 冯广宏：《大禹三考》，《四川文物》2000 年第 2 期，第 31—39 页。

156. ——：《夏禹文化研究三题》，《阿坝师范高等专科学校学报》2004 年第 21 卷第 2 期，第 12—15 页。

157. ——：《禹生西羌广柔考》，《阿坝师范高等专科学校学报》2007 年第 24 卷第 3 期，第 10—13 页。

158. 冯庆余：《"甘之战"简析》，《社会科学辑刊》1983 年第 2 期，第 100—103 页。

159. 黄中模：《大禹"娶于涂山"考》，《重庆社会科学》2000 年第 3 期，第 66—69 页。

160. 黄正术：《从大禹治水看夏人起源》，《青海社会科学》2003 年第 5 期，第 80—82 页。

161. 黄彰健：《论中国的古史系统》，载氏著：《中国远古史研究》，台北："中央研究院"历史语言研究所，1996 年，第 1—63 页。

162. 黄震云：《〈吴越春秋〉、〈越绝书〉大禹治水神话比较》，《黄冈师范学院学报》2006 年第 26 卷第 4 期，第 70—73 页。

163. 杨向奎：《〈夏本纪〉、〈越王勾践世家〉地理考实》，《禹贡半月刊》1935 年第 3 卷第 1 期，第 3—7 页。

164. ——：《夏代地理小记》，《禹贡半月刊》1935 年第 3 卷第 12 期，第 14—18 页。

165. ——：《夏民族起于东方考》，《禹贡半月刊》1937 年第 7 卷第 6、7 合期，第 61—79 页。

166. 杨明照：《四川治水神话中的夏禹》，《四川大学学报》1959 年第 4 期，第 1—15 页。

167. 杨东晨：《古史传说时代研究中涉及的问题考辨》，《南通师范学院学报》（哲学社会科学版）2003 年第 19 卷第 3 期，第 123—127 页。

168. 杨善群：《论燹公盨铭与大禹之"德"》，《中华文化论坛》2008 年第 1 期，第 5—8 页。

169. 杨栋：《共工非鲧考——兼及与禹之关系》，《古籍整理研究学刊》2009 年第 6 期（2009 年 11 月），第 81—86 页。

170. ——：《"禹生于石"神话传说与石的文化意蕴》，《浙江师范大学学报》（社会科学版）2011 年第 3 期，第 19—23 页。

171. 叶文宪：《"禹娶涂山"的考古学考察》，《中原文物》2002 年第 4 期，第 28—31 页。

172. 叶达雄：《夏文化之谜》，载王任光教授七秩嵩庆论文集编委会编：《王任光教授七秩嵩庆论文集》，台北：文史哲出版社，1988 年，第 55—78 页。

173. 董其祥：《涂山新考》，《重庆师范大学学报》（哲学社会科学版）1982 年第 1 期，第 52—60 页。

174. 裘锡圭：《燹公盨铭文考释》，《中国历史文物》2002 年第 6 期，第 13—27 页。

175. 贾兵强：《大禹治水精神及其现实意义》，《华北水利水电学院学报》（社会科学版）2011 年第 27 卷第 4 期，第 28—31 页。

176. 廖名春：《上博简〈子羔〉篇感生神话试探》，《福建师范大学学报》（哲学社会科学版）2003 年第 6 期，第 65—72 页。

177. ——：《上博简〈子羔〉篇释补》，《中州学刊》2003 年第 6 期，第 85—90 页。

178. 熊笃：《禹展涂山氏地址考》，《重庆大学学报》（社会科学版）2002 年第 8 卷，第 58—61 页。

179. 蒙默：《"禹生石纽"续辨》，《西华大学学报》（哲学社会科学版）2010 年第 29 卷第 4 期，第 18—23 页。

180. 赵光贤：《古代汉苗二族关系史辨误》，《历史研究》1989 年第 5 期，第 24—34 页。

181. ——：《关于大禹治水的传说》，《历史教学》1955 年 4 月号，第 12—15 页。

182. 赵铁寒：《舜禹征伐三苗考》，载氏著：《古史考述》，台北：正中书局，1965 年，第 30—44 页。

183. ——：《禹与洪水》，同上，第 45—61 页。

184. ——：《夏民族与巴蜀的关系》，同上，第 88—103 页。

185. 齐觉生：《大禹治水之研究》，台北《国立政治大学学报》1963 年第 7 期，第 199—250 页。

186. 刘亦冰：《大禹出生神话的历史文化内涵》，《绍兴文理学院学报》2008 年第 28 卷第 2 期，第 50—51、68 页。

187. 刘书惠：《从〈子羔〉篇看三代始祖感生神话》，《古籍整理研究学刊》2010 年第 3 期，第 102—108 页。

188. 刘素娜、陈小妹：《治水的成功与夏王朝的建立》，《东方人文学志》2009 年第 8 卷第 2 期，第 1—6 页。

189. 刘起釪：《〈禹贡〉写成年代与九州来源诸问题探研》，收入唐晓峰编：《九州》第 3 辑，第 2—13 页。

190. 刘洁：《禹娶"涂山氏"考论》，《许昌学院学报》2010 年第 29 卷第 6 期，第 81—84 页。

191. 刘黎明：《夏禹出生歧说解》，《民间文学论坛》1987 年第 6 期，第 46—48 页。

192. 刘晔原：《普罗米修斯之火与鲧之息壤》，《民间文学论坛》1986 年第 5 期，第 53—59 页。

193. ——：《禹的神话传说串及其在中华文化系统中的位置》，载《中国神话》编辑委员会编：《中国神话》第一集，北京：中国民间文艺出版社，1987，第 222—230 页。

194. 潘殊闲：《论苏轼对大禹的接受与传播》，《乐山师范学院学报》2011年第26卷第8期，第1—6页。

195. 蒋祖棣：《西周年代研究之疑问——对"夏商周断代工程"方法论的批评》，载《宿白先生八秩华诞纪念文集》编辑委员会编：《宿白先生八秩华诞纪念文集》，北京：文物出版社，2002年，第89—108页。

196. 郑杰祥：《夏部族起源的探讨》，《河南大学学报》（社会科学版）1980年第5期，第25—30页。

197. 龙显昭：《夏禹文化与四川的禹庙》，《四川文物》1999年第1期，第28—34页。

198. 谢维扬：《从豳公盨、〈子羔〉篇和〈容成氏〉看古史记述资料生成的真实过程》，《上海文博论丛》2009年第3期，第56—62页。

199. 韩建业、杨新改：《禹征三苗探索》，载氏著：《五帝时代：以华夏为核心的古史体系的考古学观察》，北京：学苑出版社，2006年，第1—16页。

200. 魏建震：《禹治水与夏代社祭祀》，《古籍整理研究学刊》2008年第2期，第80—84页。

201. 罗香林：《夏族源流考》，《珠海学报》1973年第6期，第1—28页。

202. 罗琨：《燹公盨铭与大禹治水的文献记载》，载饶宗颐编：《华学》第六辑，第15—25页。

203. 罗独修：《大禹治水与国家起源一些关键问题之探讨》，载中国上古史研究专刊编辑部编：《中国上古史研究专刊》第三期，台北：兰台出版社，2003年，第67—82页。

204. 谭继和：《禹文化西兴东渐简论》，《四川文物》1998年第6期，第8—13页。

205. ——：《禹生石纽简论》，《阿坝师范高等专科学校学报》2008年第25卷第1期，第1—4页。

206. 饶宗颐：《由不同文化交流与部族分布谈古史上"时"与"地"的复杂性》，载氏著：《古史之断代与编年》，台北："中央研究院"历史语言研究所，2003年，第1—22页。

207. ——：《西南文化》，载氏著：《饶宗颐二十世纪学术文集》编辑委员会编：《饶宗颐二十世纪学术文集》第6卷《史学》下，台北：新文丰出版股份有限公司，2003年，第957—1006页。

208. ——：《燹公盨与夏书佚篇〈禹之总德〉》，载氏编：《华学》第六辑，第1—6页。

209. 顾颉刚：《息壤考》，载氏著，洪治纲编：《顾颉刚经典文存》，上海：上海大学出版社，2003年，第193—204页。

210. 顾晔峰：《先秦典籍中的大禹形象》，《江苏教育学院学报》（社会科学版）2011年第27卷第2期，第111—114页。

211. 龚维英：《涂山氏的源流和变迁》，《中州学刊》1988年第5期，第87—89页。

四、学位论文

1. 王黎:《从上博简〈容成氏〉说中国早期国家的起源与统治形式》,天津师范大学硕士论文,2007年。
2. 田春锋:《中国古史传说时代"征三苗"问题新探》,陕西师范大学硕士论文,2008年。
3. 李玲云:《先秦诸子书中的尧舜禹传说研究》,河北师范大学硕士论文,2006年。
4. 李伟泰:《先秦典籍所述上古史料研究》,台湾大学中文研究所博士论文,1977年。
5. 李扬眉:《方法视野中的"古史辨派"》,山东大学博士论文,2005年。
6. 沈楠:《共工及其文献资料研究》,东北师范大学硕士论文,2007年。
7. 岳红琴:《〈禹贡〉与夏代社会》,郑州大学博士论文,2006年。
8. 林景苏:《中国古代神话中人神关系之研究》,高雄师范大学国史研究所硕士论文,1986年。
9. 林翠凤:《王国维对商周古史之研究》,高雄师范大学国文史研究所硕士论文,1991年。
10. 范颖:《论大禹治水及其影响》,武汉大学硕士论文,2005年。
11. 孙飞燕:《〈容成氏〉文本整理及研究》,清华大学博士论文,2010年。
12. 孙隆基:《禹神话的研究》,台湾大学历史所硕士论文,1970年。
13. 高江涛:《二里头遗址与夏都》,郑州大学硕士论文,2003年。
14. 杨栋:《神话与历史:大禹传说研究》,东北师范大学博士论文,2010年。
15. 杨树刚:《早期夏文化研究》,郑州大学硕士论文,2002年。
16. 叶忆如:《顾颉刚古史神话观研究》,高雄师范大学硕士论文,1993年。
17. 刘铁丽:《先秦时期黄河水患述论》,哈尔滨师范大学硕士论文,2010年。
18. 邓贤瑛:《现代中国神话学研究(1918—1937)》,台北政治大学硕士论文,2006年。

(乙)日文资料

一、专著

1. 内藤虎次郎:《支那上古史》,收入氏著:《内藤湖南全集》第十卷,东京:筑摩书房,1969年,第2—239页。
2. 出石诚修:《支那神話傳說の研究》,東京:中央公論社,1943年。
3. 白川静:《中国古代の文化》,東京:講談社,1979年。
4. 池田末利:《中国古代宗教史研究》,東京:東海大学,1981年。
5. 冈村秀典:《夏王朝:王権誕生の考古学》,東京:講談社,2003年。
6. ——:《夏王朝:中国文明の原像》,東京:講談社,2007年。
7. 森安太郎:《黄帝傳説:古代中国神話の研究》,京都:京都女子大学人文学会;朋友书店,1970年。
8. 饭岛武次:《夏殷文化の考古学研究》,東京:山川出版社,1985年。

9. ——：《中国夏王朝考古学研究》，東京：同成社，2012 年。

10. 增淵龍夫：《中国古代の社会と国家》，東京：弘文堂，1960 年。

二、期刊及专集论文

1. 桥木增吉：《书経の研究（1）》，《東洋学報》1912 年第 2 卷第 1 号，第 283—316 頁。

2. ——：《书経の研究（2）》，《東洋学報》1913 年第 3 卷第 3 号，第 331—394 頁。

3. ——：《书経の研究（3）》，《東洋学報》1914 年第 4 卷第 1 号，第 49—76 頁。

4. ——：《书経の研究（4）》，《東洋学報》1914 年第 4 卷第 3 号，第 369—412 頁。

5. ——：《龙の由来について》，《東洋学報》1928 年第 17 卷第 1 号，第 282—298 頁。

6. ——：《竹書紀年について》，《東洋学報》1949 年第 32 卷第 2 号，第 191—228 頁。

7. 秋山進午：《河南龍山文化と二里頭文化》，《古史春秋》1986 年第 3 號，第 3—22 頁。

8. 小南一郎：《大地の神話——鯀・禹傳説原始》，《古史春秋》1985 年第 2 號，第 2—22 頁。

9. 青木正兒：《堯舜傳説の構成》，載氏著：《青木正兒全集》，東京：春秋社，1970 年，第 409—424 頁。

10. 赤冢忠：《鯀禹と水盘の纹》，《甲骨学》1961 年第 9 期，第 135—136 頁。

11. ——：《鯀、禹と殷代銅盤の鼃、竜図像》，收入氏著：《赤塚忠著作》第一卷，东京：研文社，1988 年，第 343—387 頁。

12. 林巳奈夫：《中国古代の神巫》，《东方学報》1967 年第 38 卷，第 199—224 頁。

13. 淺原達郎：《夏文化探索の道》，《古史春秋》1984 年第 1 號，第 18—28 頁。

（丙）英文资料

一、专著

1. Allan, Sarah, *The Heir and the Sage: Dynastic Legend in Early China*, San Francisco: Chinese Materials Center, 1981.

2. ——. *The Shape of the Turtle: Myth, Art, and Cosmos in Early China*, New York: State University of New York Press, 1991.

3. ——. (ed.), *The Formation of Chinese Civilization: An Archaeological Perspective*, New Haven: Yale University, 2005.

4. Bilsky, Lester J., *The State Religion of Ancient China*, Taipei: Orient Cultural Service, 1975.

5. Birrell, Anne, *Chinese Mythology: An Introduction*, Baltimore: The Johns Hopkins University Press, 1999.

6. Chang, Kwang-Chih, *Early Chinese Civilization: Anthropological Perspectives*, Cambridge, Mass.: Harvard University Press, 1976.

7. ——. The *Archaeology of Ancient China*, New Haven and London: Yale University Press, 1977.

8. Creel, Herrlee Glessner, *The Birth of China: A Study of the Formative Period of Chinese Civilization*, London: Peter Owen, 1958.

9. ——. *Studies in Early Chinese Culture*, Philadelphia: Porcupine Press, 1978.

10. Fiskesj, Magnus and Xingcan Chen, *China Before China: Gunnar Andersson, Ding Wenjiang, and the Discovery of China's Prehistory*, Stockholm: Museum of Far Eastern Antiquities, 2004.

11. Fogel, Joshua A., *Politics and Sinology: The Case of Naitō Konan (1866-1934)*, Cambridge, Mass and London: Havard University Press, 1984.

12. Frazer, James G., *Folk-lore in the Old Testament*, London: MacMillan & Co., 1999.

13. Hirth, Friedrich, *The Ancient History of China to the End of the Chou Dynasty*, New York: Columbia University Press, 1908.

14. Hsu, Cho-yun, *Ancient China in Transition: An Analysis of Social Mobility, 722-222 B.C.*, Stanford, Ca.: Stanford University Press, 1965.

15. Kang Xiaofei, *The Cult of the Fox: Power, Gender, and Popular Religion in Late Imperial and Modern China*, New York: Columbia University Press, 2006.

16. Keightley, David N. (ed.), *The Origins of Chinese Civilization*, Berkeley: University of California Press, 1983.

17. Lai, Guolong, *Excavating the Afterlife: The Archaeology of Early Chinese Religion*, Seattle: University of Washington Press, 2015.

18. Lagerwey, John and Marc Kalinowski (eds.), *Early Chinese Religion: Part One: Shang through Han (1250 B.C.-220A.D.)*, Leiden; Boston: Brill, 2011.

19. Lattimore, Owen, Inner Asian Frontiers of China, New York: *American Geographical Society*, 1951 2nd. ed.

20. Lewis, Mark Edward, *The Flood Myths of Early China,* Albany: State University of New York Press, 2006.

21. Li, Feng, *Early China*, Cambridge: Cambridge University Press, 2013.

22. Li Liu, and Xingcan Chen, *State Formation in Early China*, London: Duckworth, 2003.

23. Liu, Li, *The Chinese Neolithic: Trajectories to Early States*, Cambridge: Cambridge University Press, 2004.

24. Loewe, Michael and Edward L.Shaughnessy (eds.), *The Cambridge History of Ancient China*, New York: Cambridge University Press, 1999.

25. Metropolitan Museum of Art (ed.), *Treasures from the Bronze Age of China*, New York : Metropolitan Museum of Art: Ballantine Books, 1980.

26. Poo, Mu-chou, *In Search or Personal Welfare: A View of Ancient Chinese Religion*, Albany: State University Press, 1998.

27. Rawson, Jessica, *Ancient China: Art and Archaeology*, London: British Museum Publications, 1980.

28. Schaberg, David C., *A Patterned Past: Form and Thought in Early Chinese Historiography*. Cambridge, Mass: Harvard University Asia Center, 2001.

29. Shaughnessy, Edward L., *Before Confucius: Studies in the Creation of the Chinese Classics*. Albany: State University of New York Press, 1997.

30. ——. (ed.), *New Sources of Early Chinese History: An Introduction to the Reading of Inscriptions and Manuscripts*, Berkeley: Society for the study of Early China and the Institute of East Asian Studies, University of California, 1997.

31. ——. *Ancient China: Life, Myth and Art*, London: Duncan Baird, 2005.

32. ——. *Rewriting Early Chinese Texts*, Albany: State University of New York Press, 2006.

33. Storrie, Paul, *Yu the Great: Conquering the Flood: A Chinese Legend*, Minneapolis: Graphic Universe, 2007.

34. Wang, Fan-sen, *Fu Ssu-nien: A Life in Chinese History and Politics*, New York: Cambridge University Press, 2000.

35. Wang, Q. Edward, *Inventing China Through History: The May Fourth Approach to Historiography*, Albany: State University of New York Press, 2001.

36. Watson, William, *Early Civilization in China*, New York: McGraw – Hill Book Company, 1966.

37. Wittfogel, Karl A., *Oriental Despotism*, New Haven & London: Yale University Press, 1967.

38. Wu, Hung, *Monumentality in Early Chinese Art and Architecture*, Stanford, California: Stanford University Press, 1995.

39. Xu, Zhuoyun, *Bibliographic Notes on Studies of Early China*, Hong Kong: Chinese Materials Center, 1982.

40. Xiaoneng Yang, *Reflections of Early China: Décor, Pictographs, and Pictorial Inscription*, Seattle: In association with the University of Washington Press, 2000.

41. ——. (ed.), *New Perspectives on China's Past: Chinese Archaeology in the Twentieth Century*, New Haven: Yale University, 2004.

二、论文

1. Allan, Sarah, "Son of Suns: Myth and Totemism in Early China". *Bulletin of the School of Oriental and African Studies* 44, no. 2, June 1981, pp. 290-326.

2. ——. "The Myth of Xia Dynasty", *Royal Asiatic Society of Great Britain & Ireland Journal* 116, no. 2, April 1984, pp. 242-256.

3. ——. "Erlitou and the Formation of Chinese Civilization: Toward a New Paradigm", *The Journal of Asian Studies* 66, no. 2, May 2007, pp. 491-496.

4. ——. "The Jishi Outburst Flood of 1920 BCE and the Great Flood Legend in Ancient China: Preliminary Reflections", *Journal of Chinese Humanities*, vol. 3, 2017, pp. 23-34.

5. Birrell, Anne, "The Four Flood Myth Traditions of Classical China", *T'oung Pao* 83, 1997, pp. 213-259.

6. Boltz, William G., "Myth and the Structure of the Shyy Jih", *Asiatische Studien/Études Asiatiques* 56.3, 2002, pp. 573-585.

7. Cammann, Schuyler, "Some Early Chinese Symbols of Duality", *History of Religions* 24, no.3, February 1985, pp. 227-231.

8. Chan, Ka-lai, "Literature and History are Inseparable: The Great Yu in Poetry", *International Journal of Literature and Arts* 10, no. 4, July 2022, pp. 195-202.

9. Chen Zhi, "From Exclusive Xia to Inclusive Zhu-Xia: The Conceptualisation of Chinese Identity in Early China", *Journal of the Royal Asiatic Society* Third Series, 14, no. 3, November 2004, pp. 185-205.

10. Cook, Constance A., "Sage King Yu and The Bin Gong Xu", *Early China*, vol. 35/36, 2012–2013, pp. 69-103.

11. Diamond, Norma, "Defining the Miao", in Stevan Harrell (ed.), *Cultural Encounters on China's Ethnic Frontiers*, Seattle: University of Washingtion Press, 1995.

12. Chang-Qun Duan, Xue-Chun Gan, Jeanny Wang and Paul K. Chien, "Relocation of Civilization Centers in Ancient China: Environmental Factors", *Ambio* 27, no. 7, November 1998, pp. 572-575.

13. Alan Dundes, "Earth-Diver: Creation of the Mythopoeic Male," in *Sacred Narrative, Readings in the Theory of Myth*, Berkeley: University of California Press, 1984.

14. Dunstan, Helen, "Heirs of Yu the Great: Flood Relief in 1740s China", *T'oung Pao* 96, nos. 4-5, December 2010, pp. 471-542.

15. Falkenhausen, L.von. "The Regionalist Paradigm in Chinese Archaeology", in P. L. Kohl and C. Fawcett (eds.), *Nationalism, Politics, and the Practice of Archaeology*, Cambridge: Cambridge University Press, 1995.

16. Fitzgerald-Huber, L.,"Qijia and Erlitou: The Question of Contacts with Distant Cultures", *Early China* 20, 1995, pp. 17-68.

17. Fogel, Joshua A., "On the 'Rediscovery' of the Chinese Past: Ts'ui Shu and Related Cases", In his *The Cultural Dimension of Sino-Japanese Relations-Eassays Nineteenth and*

Twentieth Centuries, Armonk, New York: M. E. Sharpe, 1995.

18. Frühauf, Manfred, Mythologie und Astronomie im *Mu tianzi zhuan, Bochumer Jahrbuch zur Ostasienforschung* 38, 2015, pp. 245-259.

19. Goldin, Paul R, "The Myth that China has No Creation Myth", *Monumenta Serica* 56, 2008, pp. 1-22.

20. Hon, Tze-ki, "Ethnic and Cultural Pluralism: Gu Jiegang's Vision of a New China in His Studies of Ancient History", *Modern China* 22, no. 3, July 1996, pp. 315-339.

21. Johnson, Elizabeth Childs, "Symbolic Jades of The Erlitou Period: A Xia Royal Tradition", *Archives of Asian Art* 48, 1995, pp. 64-92.

22. Lee Yun-Kuen, "Building the Chronology of Early Chinese History", *Asian Perspectives* 41, no. 1, Spring 2002, pp. 15-42.

23. Li, Xueqin, "The Xia-Shang-Zhou Chronology Project: Methodology and Results", *Journal of East Asian Archaeology* 4.1-4, 2002, pp. 321-334.

24. ——. "Walking out of the 'Doubting of Antiquity' Era", *Contemporary Chinese Thought* 34.2, 2002-03, pp. 26-49.

25. Liu, Li, "Academic Freedom, Political Correctness, and Early Civilisation in Chinese Archaeology: The Debate on Xia-Erlitou Relations", *Antiquity* 83, September 2009, pp. 831-843.

26. McNeal, Robin, "Constructing Myth in Modern China", *The Journal of Asian Studies* 71, no. 3, August 2012, pp. 679-704.

27. Moloughney, Brian, "Myth and the Making of History: Gu Jiegang and the *Gushibian I* Debates," in Brian Moloughney and Peter Zarrow (eds.), Tansforming History: *The Making of a Modern Academic Discipline in Twentieth-Century China,* Hong Kong: The Chinese University Press, 2011.

28. Nivison, David N. and Kevin D. Pang, "Astronomical Evidence for the Bamboo Annals' Chronicle of Early China", *Early China* 15, 1990, pp. 87-95.

29. Nivison, David S., "The Xia-Shang-Zhou Chronology Project: Two Approaches to Dating", *Journal of East Asian Archaeology* 4.1-4, 2002, pp. 359-366.

30. Pang, Kevin D., Kevin K. Yau and Hung-hsiang Chou, "Absolute Chronology of the Xia, Shang and Zhou Dynasties by Dating 17 Eclipses", in K. S. Cheng and K. L. Chan (eds.), *21st Century Chinese Astronomy Conference*, Hong Kong: World Scientific, 1997.

31. Pines Yuri, "Political Mythology and Dynastic Legitimacy in the Rong *Cheng shi* Manuscript", *Bulletin of the School of Oriental and African Studies* 73.3, 2010, pp. 503-529.

32. Porter, Deborah Lynn, "See Yü Later: A New Interpretation of Chinese Flood Myths", in her *From Deluge to Discourse: Myth, History, and the Generation of Chinese Fiction*, Albany: State University of New York Press, 1996.

33. Schaberg, David C., "Remonstrance in Eastern Zhou Historiography", *Early China* 22, 1997, pp. 133-179.

34. Shaughnessy, Edward L., "Chronologies of Ancient China: A Critique of the Xia-Shang-Zhou Chronology Project", in Clara Wing-chung Ho (ed.), *Windows on the Chinese World: Reflections by Five Historians*, Lanham, Md: Lexingtion Books, 2009.

35. Wills, John E., "Yu", in his *Mountain of Fame: Portraits in Chinese History*, Princeton: Princeton University Press, 1994.

36. Wu, Qinglong, "Outburst flood at 1920 BCE Supports Historicity of China's Great Flood and the Xia dynasty", *Science* 353, 2016, pp. 579-582.

三、学位论文

1. Kristina Laun, "A Documentation of Bronze Age Ritual Vessels from the Shang Dynasty of China within the Collection of the Buffalo Museum of Science, Buffalo, New York", MA Dissertation, The State University of New York, Buffalo, 2008.

2. Schaberg, David C., "Foundations of Chinese Historiography: Representation in the *Zuozhuan* and *Guoyu*", Ph. D. Dissertation, Harvard University, 1996.

3. Wang Ming-ke, "The Ch'iang of Ancient China through the Han Dynasty: Ecological Frontiers and Ethnic Boundaries", Ph. D. Dissertation, Harvard University, 1992.

后　记

这本书是在我的博士论文基础上修改而成的。我在 2014 年向香港浸会大学提交题为《芒芒禹迹——大禹传说源流考》的博士论文，此后，我继续在大禹的课题上探索，并尽力拓展传说与民族建构的关系，几年过去，如今把此书出版，可以视为我在此领域的一个里程碑。

相信很多古史学者与我一样，对古史产生兴趣都是受顾颉刚先生的影响。我在本科二年级的"史学理论"课上读到顾氏的"层累说"，竟不能自拔，马上狂啃他的著作，后来即转到古史研究上。此后硕士和博士都以研究古史为主。博士论文以大禹传说的研究为主题，就是自觉延续顾颉刚的研究。读博时期，我关注的是大禹传说在历朝历代的接受情况，发觉大禹传说有多种的添加或删减，无非都是人们要建立心中"相信"的大禹传说。博士毕业后，我把此扩充到民族的起源和建构，认为华夏民族以大禹传说作为（治水）英雄来维系和团结民族。事实上，我对此课题的关心很受我成长的时代影响。出生于香港的我，在香港接受英国殖民地传统的教育，却对中国历史和文化感到极大兴趣，自幼受中西文化熏陶，成长于华洋杂处的东方之珠。1997 年香港回归中国，"一国两制"成功在香港实现。及至 2003 年"非典"，香港经济受创，中央政府于是开放"自由行"政策，香港与内地在各方面的交往日渐密切，遍及旅游、商务、文化、学术等交流。对我这个土生土长的"香港仔"来说，"我是谁"成为一个亟待解决的问题。"我"在国籍上是"中国香港"，而非"中华人民共和国"；"我"从香港返回内地，使用的是"港澳通行证"；"我"在内地入住酒店是"外宾"；"我"从淘宝网购物寄到香港，香港算是"海外地区"；但，"我"，至少我在文化上是"中国人"，"我"在农历新年会穿传统汉服；"我"重视家庭团聚的节日；"我"热爱中国文化……这些客观上的差异，令我不能不反思"谁是中国人"这个问题。这本小书的出版只能从传说的角度作很初步的讨论，成果如何，待学界验证。

出版此书，要感激多位老师的教导和勖勉。首先要深深感谢芝加哥大学东亚系的夏含夷教授。他在我读博时期，邀请我到他任主任的顾立雅中国古文字中心进修甲骨文，此后他在我的治学路上时刻对我的研究多加提点。博士毕业后，我在香港数间大学任职，及至2019年转职山东大学，这几年间，夏教授一直对我的学术工作多所关心。此书书稿写完后，我请夏教授惠赐序言，得他一口答应，更为拙稿纠正诸多错误以及不精确的地方。夏教授多年来的指导和帮助，成为我一生中最珍视的部分。特别感谢北京师范大学港浸大联合国际学院历史文化中心的韩子奇教授多年来的教诲。韩教授是我博士论文的校外评审委员，记得论文答辩前，收到韩教授的书面报告，觉得提问很尖锐，生怕答辩时会被问得哑口无言，怎料答辩时蒙教授肯定，此后韩教授多次为论文提出修改意见，如今更赐序言为拙著增光，致由衷的谢意。感谢香港浸会大学历史系刘咏聪教授，她未嫌吾资质愚钝而纳入门下，指导和启发我撰写博士论文，她多次阅读拙稿，实在劳苦功高。从受业师门到毕业后，刘教授一直对我多所提携，多年师徒之情，铭记于心。

这些年来，我很幸运得到很多同行友好无私地与我分享学术，丰富我的学术生命，他们包括：龙炳颐教授、伍荣仲教授、麦劲生教授、张光裕教授、吕宗力教授、李伯重教授、陈致教授、Prof. Glen Peterson、雷晋豪博士、游逸飞博士、李建深博士、廖蔼欣博士、谭家齐博士、范永聪博士、罗婉娴博士、许建业博士、游瑭娜博士（Donna Brunero）、何宇轩博士、林稚晖博士。而我在2019年入职山东大学后，大学的同事亦时刻关心我的学术，又助我融入济南的生活，他们包括：李平生教授、王学典教授、赵卫东教授、翟奎凤教授、西山尚志博士、黄杰博士，在此致上最诚意的感谢。

家人陪我渡过诸多难关，使我这几年的生活并不孤单。祖父母一直支持我攻读历史，父母体贴关怀我的工作和研究，岳父岳母关心我的事业。而几年来，我心中都记挂顾颉刚《古史辨》第一册自序的一段话：

> 我的大女儿住在校里，屡屡写信归来，说："请爹爹给我一封信罢！"我虽是心中很不忍，但到底没有依她的请求。二女儿写好一张字帖，要我加上几圈，我连忙摇手道："送给你的母亲去罢！"我的忙甚至使我对于子女的疼爱之心也丢了，这真太可怜了！

我固非自比顾颉刚，但深知我早出晚归的工作，加上时常四处参会公干，自觉亏欠妻女甚多，由衷感谢内子晋旻和小女端静，晋旻持家有道，理解和支持我的研究事业；端静日渐长大，渐明事理，作为父亲，欣感安慰。

拙著出版，更加提醒我，学术之路漫漫其修远，学问精密博大，我力犹不逮，其道尚遐，只能抱战战兢兢、夙夜匪懈的态度，望能进功夫于万一，从而得自信而从容，充实而静谧。

陈嘉礼
2020年春记于香港西贡

图书在版编目（CIP）数据

谁是中国人？大禹传说与华夏民族的建构 / 陈嘉礼著. ——北京：商务印书馆，2023（2025.1重印）
（尼山文库）
ISBN 978-7-100-20850-5

Ⅰ.①谁… Ⅱ.①陈… Ⅲ.①禹—人物研究 Ⅳ.①K827=1

中国版本图书馆CIP数据核字（2022）第041004号

权利保留，侵权必究。

尼山文库
谁是中国人？大禹传说与华夏民族的建构
陈嘉礼 著

商 务 印 书 馆 出 版
（北京王府井大街36号　邮政编码 100710）
商 务 印 书 馆 发 行
三河市尚艺印装有限公司印刷
ISBN 978-7-100-20850-5

2023 年 8 月第 1 版　　　开本 680×960　1/16
2025 年 1 月第 2 次印刷　　印张 20 3/4　彩插 1

定价：98.00 元